Johann Georg Batton

Örtliche Beschreibung der Stadt Frankfurt am Main

Johann Georg Batton

Örtliche Beschreibung der Stadt Frankfurt am Main

ISBN/EAN: 9783743491335

Hergestellt in Europa, USA, Kanada, Australien, Japan

Cover: Foto ©Lupo / pixelio.de

Manufactured and distributed by brebook publishing software (www.brebook.com)

Johann Georg Batton

Örtliche Beschreibung der Stadt Frankfurt am Main

Inhalts-Verzeichniss.

	Seite
Weckmarkt	1
A. Häuser auf der Südseite (M. 210. 211)	2
B. „ „ „ Westseite	7
C. Läden „ „ Morgenseite	7
Samuelsgasse	8
Plätzchen am Roseneck (M. 17. 18. 19)	9
Gumprechtsgasse	10
Schlachthausgasse (M. 78. 92. 93)	12
Fischergasse (M. 216. 20—24. 28—37. 39—47. 72—75)	15
Kleine Fischergasse	32
„ gegen dem Brückhofe über (M. 25—27)	33
Wageplätzchen	35
Hinter der Mauer in der Fischergasse (M. 57—65)	36
Lörgasse (jetzt kleine Fischergasse) (M. 48—50. 56. 66. 70.)	37
Gässchen in der Lörgasse (zum Kirschgarten) (M. 51—55)	40
Kumpengässchen (M. 73)	41
Metzgergasse (M. 213. 79—91. 77)	42
Hospitalgasse (M. 94—101. 214. 102—110)	48
H. Geistgässchen	57
Saalgasse	59
A. Häuser auf der Südseite (M. 111—119. 122—126. J. 68)	65
B. „ „ „ Nordseite (M. 78. J. 79. 80. 69. M. 127—139. 141)	81
Wobelinsgasse	96
Brodhalle	96
Dreckgässchen, Scharngässchen, alte Häringshock	101
Neue Häringshock	103
Gläsergässchen	105
H. Geistgässchen (M. 215. 120. 121)	106
Vicus dividens	109
Am Fahrthore (J. 64—67)	110
Römerberg	116
A. Häuser auf der Südseite (Nicolauskirche. J. 86)	122
B. „ „ „ Ostseite (J. 87)	129
C. „ „ „ Nordseite (K. 129—134)	137
D. „ „ „ Westseite (J. 156. Der Römer. J. 153. 158—165)	142
Unter den neuen Krämen	164
A. Häuser auf der Westseite (K. 47—52. 88. 89. 93—95. 136)	173
B. „ „ „ Ostseite (K. 135. 96—105. G. 68—62)	188

Liebfrauberg	Seite 207
A. Häuser auf der Nordseite (G. 16. Liebfrauenkirche. G. 17. 18)	210
B. „ „ „ Ostseite (G. 54. 55.)	228
C. „ „ „ Südseite (G. 61. 62)	230
D. „ „ „ Westseite (K. 42—46)	234

Beschreibung des niedern Theils der alten Stadt.

Bleidengasse	241
A. Häuser auf der Nordseite (G. 1—16)	242
B. „ „ „ Südseite (K. 171. 172. I. 6. 7. 14. 33—41)	252
Flarmaulsgässchen (K. 2—5)	261
Rothe Löwengässchen (K. 8—13)	263
Faustgässchen	264
Brunenfelsgässchen	265
Grosse Sandgasse	266
A. Häuser auf der Nordseite (K. 54. 25. 55—57. 61)	267
B. „ „ „ Südseite (K. 62—69. 85—88)	273
Kleine Sandgasse	283
A. Häuser auf der Westseite (K. 16—24)	284
B. „ „ „ Ostseite (K. 26—32)	286
Rittergässchen (K. 58—60)	289
Gässchen neben Starkenburg	291
Barfüssergässchen (K. 69—73. 81—84)	293
Gässchen, sonst der Grede von Speyer Hof	294
Barfüsserplätzchen (K. 74—80)	494
Barfüssergasse	300
A. Häuser auf der Südseite (K. 148-150. Barfüsserkirche. K. 91. 92.)	301
B. „ „ „ Nordseite (K. 90. 151. 152. 154—157)	308
Gässchen hinter dem Einhorn (K. 153)	313
Kastengässchen	313
Platz bei der Barfüsserkirche	313
Wedelgasse	314
A. Häuser auf der Südseite (J. 170. 114)	315
B. „ „ „ Nordseite (K. 137. J. 113—111)	320
Kaltelochgasse (J. 105—107. K. 138—143)	321
Kälbergasse (J. 108—110. 151. 150)	329
Hinter dem Römer	331
Herrnstubengasse (J 154)	331

[Dieses Heft, das dritte der Häuserbeschreibung, bringt den Schluss der *Oberstadt* und den Anfang der *Niederstadt*. — Auf Seite 301 ist Nordseite in *Südseite* zu verbessern.]

Weckmarkt.

Unter dieser Benennung wird heut zu Tage der freie Platz vor der Stadtwage und dem Leinwandhause von dem Garküchenplatze bis zur Saalgasse verstanden. Seine Entstehungsgeschichte ist die nämliche, wie die des Garküchenplatzes. Ein Theil des alten Pfarrkirchhofs, ein Theil der Judengasse, und die Affengasse haben sich durch ihn im Jahr 1537 unsern Augen entzogen.

Am 1. März 1569 wurden schon kleine Hütten beim Frasskeller erbauet, darinn die Bäcker ihr Brod feil bieten sollten, damit man sie zu finden wisse, und 1573 am 27. Februar wurden noch mehrere solcher Häuser wider der Kirchhofmauer gegen dem Leinwandhause über errichtet, die sich in dem nämlichen Jahre und im folgenden noch mit andern vermehrten. Chron. I. 24 und 25. Die Bäckerhütten verschafften der Gegend den Namen des Weckmarktes. Weil der mittlere Theil der Saalgasse vorher gleichen Namen führte, so ist auf das Alter der Handschriften, worin der Namen vorkömmt, wohl Acht zu haben; weil dieses allein für diese oder jene Gegend die Entscheidung geben kann. Die Bäckerhütten wurden in der Zeitfolge alle in Scharnen verwandelt, die nun die neue Scharne und die Metzger die Neuschärner genannt werden. Die Häfner von Sachsenhausen hatten von undenklichen Jahren her ihr Geschirr an den Mittwochen und Samstägen auf dem Weckmarkte feil. Weil aber das Fuhrwesen nach und von der Stadtwage ihnen mancherlei Ungelegenheiten verursachte, so liess der Rath ihnen im Jahr 1685 das kleine Gässchen zwischen dem neuen Kaufhause und dem Leinwandhause gegen einen jährlichen an das Rechneiamt zu bezahlenden Zins einräumen.

Chron. II. 568. Von Bäckerläden ist in der ganzen Gegend nur noch ein einziger wider dem . . . . . . wahrzunehmen.[1]

Häuser auf der Südseite.

I.

Zwischen dem Plätzchen am Roseneck und dem Töpferhofe.

Lit. M. No. 210. *Das alte Kaufhaus. Die Stadtwage.* Ein doppeltes Eck.

Dieses alte Gebäude ist wahrscheinlich in der letzten Hälfte des XV. Jahrhunderts aufgeführt worden. Dass es 1448 noch nicht gestanden hat, ist aus dem Testamente des Sängers von Liebfrau, Thielmann Clein, abzunehmen, der unserm Stifte einen Gulden Zins von dem Ecke am Lörhofe vermachte. Dieses Haus wird nun gegen Gelen Milwern und Steffan Wyszgerber, und unserer Kirche über beschrieben. Die Häuser der genannten Personen können demnach nirgends wo anders, als auf dem Platze der Stadtwage gestanden haben. L. r. S. f. 3. Die erste zuverlässige Nachricht von dem Alter dieses Gebäudes ist vom Jahr 1497. Damals schwoll der Main zu einer so ungewöhnlichen Höhe an, dass das Wasser bis an die Treppe der Kirchenthüre S. B. *gegen der Wage über* ging. Chron. I. 533. Zuweilen hört man die Stadtwage auch die Lederwage nennen.[2]

Neues Kaufhaus oder das Bestätter-Amt. Das Eck am Töpferhofe. A 1677, wo die Stadt-Einkünfte bei weitem nicht hinreichten, die grossen Kriegssteuern und ausserordentlichen Ausgaben zu bestreiten, sah sich der Rath genöthigt, zu neuen

---

[1] Lt. Stdt. Rechng. de 1616. zahlet noch immer die Beckerzunft die Messabgabe à 5 fl. von 10 Beckerhütten vffem Weckmarkt. F.

[2] Da im Jahr 1462 die Juden diese ihre alte Strasse verlassen mussten (siehe III. S. 31), so gibt dieses Datum den Beweis, wann die Stadtwage und das Leinwandhaus (an deren Stellen zuvor Judenhäuser gestanden) erbaut worden, also nach 1462.

Auflagen seine Zuflucht zu nehmen. Er ordnete deswegen ein neues Kaufhaus an, nach Art desjenigen, so im 30jährigen Kriege Statt hatte, und 1651 wieder aufgehoben wurde. Am 14. März wurde die erste Sitzung neben der Stadtwage gehalten und mussten Bürger und fremde Handelsleute 1 fl. vom 100 erlegen Hierüber beschwerten sich aber die meisten Kaufleute, und beklagten sich bei ihren Landesherren, die hierauf scharfe Schreiben an die Stadt erliessen, und mit Repressalien droheten, daher dieses Kaufhaus in aller Stille wieder geschlossen und abgeschafft wurde. *Orth* Abhandl. von der Frkf. Messen S. 319. *Lersner* Chron. II. 531.[3])

Gegenwärtig befindet sich das Bestätteramt darinn, und von ihm führet nun das Haus den Namen.

II.

Zwischen dem Töpferhofe und der Schlachthausgasse.

Lit. M. No. 211. *Leinwandhaus. Leinwatwage.*[4]) Ein doppeltes Eck. Die letzte Benennung kömmt in Actis fabricae f. 314

---

[3]) Lt. Stdt. Rchng. de 1589 wird des neuen Kaufhauses sub rubro: Einnahm aus der Stadtwage zum erstenmal erwähnt und wird damit ständig fortgefahren; dessen Jahres-Ertrag war 1590 in Sa. 1562 fl. 8 β. 6 h. sub rubro *Hausgeld*.

— 1591 wird der *neue Kaufhausverwalter* mit 50 fl. Jahrgehalt angestellt.

— 1600 u. folg. Jahre 2 Kaufhausverwalter (zusammen mit 1000 fl. Gehalt p. Jahr).

— 1608 in der Rechnung heisst es: und vom Laden neben dem Kaufhause — im Diurnal aber gar: von der Alment am newen Kaufhaus.

— 1613. Die Stadt bezieht Zinss (Miethe) vom Keller, *das Judenbad* genannt, vnder dem neuen Kaufhause (modo Leinwandhaus) à fl. 6, welche zuvor in die Wagengefälle dem Wagenmeister erfielen.

— 1615 — Zins aus dem Keller jm Newen Kaufhaus, da mann zur Schirn hinnein geht. 16 fl. F.

[4]) G. Br. 1334. II. gelegin an unserm Rat hobe allirnest (in dorso der Urkunde bemerkt eine neuere Hand, dies sei das jetzige Leinwandhaus).

— 1405. II. zum Storck gen der Stede Schribery.

in der Beschreibung der neu aufzuführenden Kirchhofmauer vor, wo es heisst: „Von der Leinwatswagen vber biss ann die hinder Kirchenn-Drabb," diese ist die Treppe neben dem Frasskeller.

Das Gebäude ist nach gothischer Bauart auf den Ecken mit eingeschnittenen Thürmchen gezieret und wahrscheinlich noch im XIV. Jahrhundert aufgeführt worden. [*Gwinner* Künste, S. 511.] Es war 1404 die Stadtschreiberei, *Lersner* Chron. II. 99, aber 1411 schon das Leinwathaus. Denn in den damaligen Wahltagshandlungen K: Sigismunds wird erzählt, dass sich der Bürgermeister mit dem Stadtpaniere und wohl 200 Bewaffneten während der Wahl in dem Linwathuss befand, und auch eine Chorthüre und eine Kirchenthüre gegen dem Linwathuss zu besetzt hielt. *Olenschlager* Erläut. der G. B. im Urk. B. S. 235.

O. U. 1379. H. u. Gesesse gelegen an der Stad Huss da der Stede Schrebere itzund jnne wonen hinden an der etc.

Stdt. Rchnbch. de 1399. It. xiiij ß. von xiiij Nachten in dem nuwen Linwathause zu wachen.

— 1406. It. 4 ℔ hat vns die Frauwe im Linwathuse gegebin zu Husszinss von einem halben Jare vz *der alden stedte Notary*.

O. U. 1439. H. u. Gesesse gelegen uff dem Ort hard hinden an unserer Stadte Leiwathuse.

Stdt. Rchnbch. de 1462. It. — Messe und Hussgeld jm Linwathusse in der Vastenmesse. It. ij ℔ i ß. sei gefallen jm *Garnhuse* die Vastemesse über vi alte torn.

O. U. 1479. H. gen der alten Schribery uber, das itzunt das Linwathuss genant sy hinden zushen dem Gesesse zum Storcke genant und Peter Heckebecher Metzler etc.

Sdt. Rchnbch. de 1487. Immer noch Linwathuss vnd Garnhuss unterschieden.

— 1496. It. i ℔ geben dem gemeyn Fischerhantwerg vom Fronewasser vss dem Garnhusse verfallen in der Herbstmesse prout in der Dutschenherrn Rechnung.

— 1498. Das Garnehuss kommt noch immer besonders vor.

— 1499. Die Profey des Gefengnisses im Lynwathause zu fegen.

— 1501. Den Stangenknechten die haltgefasse zu follen in dem Linwathuse. — etc.

— 1502. 59 Achtel Hallisch Salz in das Garnhaus kommen, das achtel für 22 ₰.

A. 1414 und vorher, wo man noch keine Posten hatte, und die Briefe durch Boten abgeschickt werden mussten, hatte man beeidigte Stadtboten, welche zu Pferde und bewaffnet die Briefe beförderten. Diese wohnten im Rothenhof und im Leinwandhause; auch anderswo. Chron. II. 817.

A 1419 wurde das Gefängniss darinn nebst einer Wohnung mit zwei Stuben gemacht. Chron. I. 22

[A. 1688] hielt die reformirte Gemeinde eine Zeit lang ihren Gottesdienst auf dem Leinwandhause, s. *Hausknechts* Abschieds-Predigt. [Es wurde 1688—1690, als eine Abtheilung hessischer Kriegsvölker zum Schutze der Stadt hier gelagert war, vom

---

Stdt.-Rchgs. (Ausg.) 1502. — Das Fischerhantwerk besitzt eine Gülte in Betreff des Frohn- oder Fahrwassers à i ff vff dem *Lynwat* oder *Garnhuss*. — Das *Garnhuss* war jedoch ein abgesonderter Theil des *Lynwathuses*.

— 1508. — Des Raths Waagen- (Stadtwage) und Inkuff- (Leinwand) Huss..

— 1523. — Die Gefangenen im Lynwathusse.

— 1529. — Das Schuldengefängniss (wie jetzt die Mehlwage).

— 1539. — Haus gegen der Metzeler Porten vber am ort stoisst hinden an das Lynwathuss und neben Augustin Hirbsten (Herbestein) Metzler und Meckel, Jörg Scherers Wittwe; wird vom Rathe verkauft.

— 1542. Den Stangenknechten, etliche Fasse jne das Garnhaus zu furen geben etc. —

— 1544. Der Rath legt eine Gülte ab von einem abgebrochenen Hause hinten am Leinwandhaus gegen der Metzlerpforten gelegen.

— 1553. Das Leinwandhaus ist noch Stadtgefängniss.

— 1555. Saltz im Garnhaus, das an die Bürgerschaft verkaufsweise vorgeschossen wird. (Ob nicht wie später der Salzschenden von Soden?)

— 1567. Sub rubro Einnahm vom Leinwathaus erscheint auch das *Garnhauss*.

Lt. Stdt. Rchng. de 1583. Mehrere muthwillige Jungen, Bürgers Söhne, haben zu Straf geben 36 fl., vffer dass sie auch im Leinwathhauss 8 Tage mit Wasser vnd Brodt *herlich* (ironisch) gespeisst und getränkt worden dieweil sie die Scharwechter am Zeughauss *vbergeben* (injurirt) hatten.

— 1592 noch Gefangene im Leinwathauss.

— 1684. Vnterschiedene Bumeister im Leinwaudhauss und *Stltzenschirn*. F.

Rathe gestattet, für dieselben einen Gottesdienst zu halten, an welchem auch die reformirte Gemeinde Theil nahm. Vergl. Vorträge bei der Feier des fünfzigsten Jahrestages der Einweihung der deutschen ref. Kirche, 1843, S. 18.]

A. 1791 wurde das Leinwandhaus unten mit Messläden besetzt, und in der Herbstmesse das erste Mal darinn feil gehalten. Bei der neuen Einrichtung brach man allenthalben Fenster, und vergrösserte hinten gegen dem Metzgerthore über die Thüre, um dem Hause dadurch mehr Licht und Bequemlichkeit zu verschaffen. Auswendig an dem Hause befinden sich zwei an den Thorsteinen befestigte eiserne Ellen, damit Jedermann zu untersuchen im Stande ist, ob seine Elle mit dieser genau übereinstimme. Von diesen zwei Ellen geschieht in der Chron. I. 259 Meldung; aber Dr. *Orth* schreibt in seiner Abhandlung von den Frankf. Messen S. 265: „Vom hiesigen Elenmaass sollen deren drei am Leinwandhaustore, nach dem Töpferhofe zu, mit Eisen in die dasige Mauer fest gemachet sein, darunter die mittlere, so den Frankf. Adler hat, die richtigste ist und der Schreiner im Brückhofe die hiesigen Elen darnach zu machen pflegt."

An der Stelle, wo nun das Leinwandhaus steht, haben vorher die drei folgenden Judenhäuser gestanden. [5]

Domus Stral Judaei:

„Sita in vico judeorum, latere meridionali infra vicos ambos transitus carnificum et judeorum in acie respiciente septentrionem et orientem vici orientalis transitus prenot. ex opposito

---

[5] Lt. eines Verzeichnisses der Censuum de domibus Judeorum extra cimiterium de 1357 (als einliegend dieser Stadt-Rechnung):
   a) Liepmann zum storcke.
   b) Jacob filius Helfrici de domo zur Schalin.
   c) de domo apud fontem piscatorum.
   d) Notarius civitatis — de domo sua.
   e) Item vff der Aduchin.
   f) Item estuarium Judeorum.
   g) de curia et habitatione judeorum prope curiam zum Wobelin.
   h) de area in acie ubi itur in piscatores ex opposito Samuel Glocke. F.

porto meridionalis occidentalis cemiterii Sancti Barthol. supradicti." L. r. B. de 1350. f. 7.

Domus dicti Physis Judaei:
„Sita in vico judeorum, latere meridionali, infra orientalem et occidentalem vicos transitus vicorum carnificum et judeorum, ex opposito posterioris partis ecclesie Sancti Barthol. — latere predicto tres tantum sunt domus, hec media, habens contiguas domum in acie versus orientem et domum dictam zu der Schalin in acie versus occidentem." Ibid. f. 4.

Zur Schaale:
„Domus dicta zu der Schalin sita in vico, latere, et infra vicos iam notatos, in acie respiciente occidentem et septentrionem, contigua domui iam dicte versus occidentem ex opposito aciei respicientis meridiem et occidentem cemiterii ecclesie Sancti Bartholomei supradicto". l. c.

Häuser auf der Westseite.

Das Eck s. M. No. 142 in der Saalgasse.
Frienstein.[6] Das Haus zwischen den zwei Ecken, von deren einem es vermuthlich abgerissen wurde. Bei dem Eckhause zum Hunger an der Bendergasse wird es 1452 Frienstein genannt. Es wurde nicht numerirt, weil der Besitzer des Ecks an der Saalgasse M. 142 zugleich der Besitzer dieses Hauses war.
H. zu Friensteyn an der Ecken gein der Stede Wagen über Inszbch. de 1429.

Das Eck s. M. No. 143 in der Bendergasse.

Läden auf der Morgenseite.

Wann und für wen die ersten Läden wider der neuen Mauer des Pfarr-Kirchhofs erbaut wurden, ist vorher bei dem

---

[6] O. U. 1395. H. u. G. — genant Frienstein gelegin hard am Baumgarthen gein dem Frasskeller über.

O. U. 1493. H. genant zum grossen Frienstein mitsampt eynem Hindergehuse dahinder gein unserer Stedte Wage uber gelegen neben Cleyn Frienstein und dem Sachsenstein. F.

Weckmarkte schon gesagt worden. Und was in Hinsicht des Kirchhofs und der Kirche von denselben bemerkt werden muss, ist bei den Läden auf dem Garküchenplatze nachzusehen. Die Fischerbrunnenrolle lässt vermuthen, dass sich die Veränderung der Bäckerläden in Scharnen gegen die Mitte des vorletzt abgewichenen Jahrhunderts zugetragen hat. Daselbst wird auch die Bemerkung gemacht: „1670 verglichen sich die Brunnen-Maister und die Metzger von der Newenschirn, dass in Zukunft ein jeder Neuschierner jährlich 4 Batzen Brunnengeld zahlen sollte, die aber schon in der Roll begriffen sind, nur halb. Actum auf der Rechney 1670. Den 25. Junii."

Die Läden gehören alle bis auf einen der Rechnei. Von dem Frasskeller bis zur Thüre des Fabrikgartens stehen ... Metzgerläden. Zwischen gedachter Thüre und dem Kirchhofthore beim Garküchenplatze befinden sich ... Läden, davon . . von den Metzgern besetzt sind, die übrigen von andern Leuten. Der Laden aber vor der Thüre des mittägigen Kirchenflügels gehört der Kirche; denn da die Kirchenthüre wegen des allzustarken Zugs der Luft geschlossen wurde, liess das Stift, um den Eingang zwischen den magistratischen Läden nicht offen und unbenutzt zu lassen, diesen Laden errichten.

Samuelsgasse.

Auch Sauwels- und Samvelsgasse.

War vor Zeiten ein schmales Gässchen zwischen dem alten Lörhofe und der Stadtwage über, das den Namen von einem jüdischen Anwohner erhielt. Seine Lage wird in den Nachrichten von zwei Häusern in der alten Judengasse und in der Fischergasse bewiesen. Das erste, des Juden Costermann Haus, so nun einen Theil des Fürstenecks ausmacht (s. auf dem Garküchenplatze) wird 1350 „in vico judeorum latere meridionali, infra vicos fargazze et Samvels gazze" beschrieben; das andere, des Bäckers Starkerad Haus: „in vico piscatorum latere septentrionali, infra vicos dictos Mosemans et Samuels gazze, in acie respiciente meridiem et occidentem Samuelsgazze prenotati." L. r. B. de 1350. f. 22. Die Mosemannsgasse war die kleine Fischergasse, wie ich gelegentlich zeigen werde, und des Starkerads Haus war das Eck im Samuelsgässchen und vom ehemaligen Lörhofe, der aus mehreren Häusern bestand. Nicht selten erscheint das Gässchen namenlos; es wird aber alsdann durch verschiedene Beschreibungen seiner Lage kenntlich gemacht, und diese sind:

„Transitus piscatorum et judeorum ad portam meridionalem orientalem cemiterii ecclesie Sancti Bartholomei."

„vicus proprior vico fargasz versus occidentem atque a vico judeorum ad vicum piscatorum descendens." L. C. de 1390. f. 82.

„v Solid. de domo sita in antiquo (oppido) superiore parte vico judeorum latere meridionali infra vicos fargasse et propriorem huic versus occidentem atque à vico judeorum dicto ad vicum piscatorum descendente, in acie respiciente occidentem et septentrionem vici descendentis ex opposito porte ad piscatores cimiterii ecclesie S. Bartholomei inter Judeos." R. C. de 1390. fol. 82.

„viculus inter judeos ex oposito porte cimiterii versus piscatores" ex Ms. Sacc. XV.

„justa cimiterium ubi itur ad estuarium." L. Annivers. do 26. Jun.

Als ungefähr gegen die Mitte des XVI. Jahrhunderts ein grosser Theil des alten Lörhofs niedergerissen wurde, verschwand das Gässchen, und es entstand ein freier Platz, der noch lange Zeit den Namen *auf dem Lörhofe* beibehielt, und auch der Loerhofplan genannt wurde. Gegenwärtig sind diese Namen erloschen, und Niemand weiss die Gegend anders, als am Rosenecke oder das Plätzchen am Rosenecke zu nennen.

Häuser auf dem Plätzchen am Rosenecke.

Ochsenkopf, s. beim Garküchenplatze III. S. 339.

Das Haus hinten in der Ecke, so zum Kl. Rosenbusche Lit. M. No. 15 auf dem Garküchenplatze gehört.

Lit. M. No. 17. *Rosenbusch.*
Lit. M. No. 18.
Lit. M. No. 19. *Roseneck.* Ein Gasthaus und doppeltes Eck.[7]) Chron. I. 433.

Gumprachtsgasse.

Ein jüdischer Anwohner, Namens Gumpert, dessen Haus unten vorkommen wird, hat zweifelsohne den Namen des Gässchens veranlasst, das nach der Sprache des XIV. Jahrhunderts die Gumprachisgazze hiess. Mit dem Namen Gumpert hat es die nämliche Beschaffenheit, wie mit den Namen Albert, Adelbert, Gerbert u. a., die sich öfters in Albrecht, Adelbracht und Gerbracht veränderten; weil das Wort bracht mit bert (berühmt) einerlei Bedeutung hatte. Laut der Baldemar'schen Beschreibung war diese Gasse der „Transitus orientalis vicorum carnificum et Judeorum ad portam meridionalem occidentalem cimiterii ecclesie S. Bartholomei." In den Zinsbuche von 1390 f. 83 wird sie beschrieben: „vicus a vico Sancti Spiritus seu cimitori ecclesie Sancti Bartholomei ad portam Mogi carnificum descendens." Und eine ähnliche Beschreibung findet man in dem Z B. von 1405. f. 5: „vicus descendens a vico Sancti Spiritus seu cymiterio ecclesie Sancti Bartholomei ad portam Mogini." Die Gasse wurde nachmals die neue Scharn, bis den Metzgern im Jahr 1685 die gegenüber wider der Kirchhofmauer erbauten Hütten oder Läden angewiesen wurden. Noch in dem nämlichen

---

[7]) S. P. 1452. H. untern Fischern gelegen, gen der Juden Schule über, genannt Ruseneck.

O. U. 1531 et 1532. H. gegen unserer Stadt Wagen auf dem Loerholgen gelegen, stosst hinten auf das Herrgottshaus.

Stdt. Rchng. de 1536. Haus *Roseneck,* am Ort gen dem Grabborn vber, war der Stadt, die es vermiethete. —

Mpt. XVIII. Sec. H. *Roseneck* gen der Stadtwag über auf dem Loerhof. F.

Jahre räumte man die Gasse den Häfnern ein (s. Weckmarkt), und damit diese ihr Geschirr durchs ganze Jahr da aufbewahren konnten, wurde sie an beiden Enden mit Thoren geschlossen, und erhielt dadurch den Namen des Töpferhofs.

Häuser.

I. Auf der Ostseite.

Der Juden Tanzhaus.[s]) In dem Zinsbuche von 1390. f. 93 wird ein Haus beschrieben:

„Sita in antiquo opido superiore parte vico descendente a vico Sti Spiritus seu cimiterii ecclesie Sti Bartholomei 'ad portam Mogi carnificum latere orientali contigua domui corearum judeorum."

„ij ß. den. de domo chorearum judeorum sita in antiquo opido superiore parte (in) vico (vici) Sti. Spiritus seu cymiterii ecclesie Sti Barth. ad portam Mogini carnificum descendente." L. C. de 1405. f. 83.

II. Auf der Westseite

Domus Gumperti Judaci.

„Sita in vico orientali latere occidentali, et vico occidentali latere orientali transitus vicorum carnificum et judeorum, quasi in medio super ambos vicos prenotatos." L. r. B. de 1350 f. 7.

„Sex den. de domo Gumperti judci, sita — in vicis dictis Gumprachis gazze latere occidentali, et Storckis gazze latere orientali, quasi in medio super ambos vicos prenotatos." Ibid. f. 14. Das Haus verlor sich durch die Erweiterung des Leinwandhauses.

---

[s]) O. U. 1360. Der Juden *Spielhaus* an der Judenschul zu F.
Stdt. Rchnbch. de 1489. It. iiij ℔ die Profeyen zu fegen in der *Judenwirthen Husse.* (Ob hieher gehörig?) F.
[*Kriegk* Fr. Bürgerzwiste S. 426, Note 3, S. 445, und Anmerk. 217.]

Schlachthausgasse.

Sie hat ihren Eingang nächst bei der Saalgasse zwischen dem Leinwandhause und dem Storche, und senkt sich nach dem Schlachthause hin, das ihr vermuthlich schon im XIV. Jahrhunderte den Namen verschaffte; indem in dem S. G. P. von 1405 „die Slagehussgasse" bereits vorkömmt.[9] Früher hat sie *Storchgasse* von dem Eckhause dieses Namens geheissen; oder wie die Alten sprachen, die Storkisgazze, Storgkesgasze und zuweilen auch Storcksgazze. Man nimmt diese verschiedene Namarten bei dem Hause des Juden Gumpert, und bei den Häusern der ihr nächst gelegenen Gassen wahr. Die Zinsbücher änderten nicht gern die alten Namen, und daher fand ich auch in keinem ältern Zinsbuche als von 1581 den Namen der Schlachthausgasse. Wo ihrer ohne Namen gedacht wird, war sie der „vicus transitus carnificum et judeorum occidentalis" s. bei Baldemar. Oder der „vicus ab ecclesia S. Bartholomei ad domum Slahus (Schlachthaus) descendens" s. Spiegel in der Saalgasse. „Die gaisse als man zu dem Schlaghuessz zu gehet" s. unten Lit M. No. 93.

Häuser auf der Ostseite.

Das Leinwandhaus, s. auf dem Garküchenplatze. Domus Gumperti Judaei. Es stand ungefähr in der Mitte der Gasse, und wurde zum Leinwandhause gezogen, s. in der Gumprachtsgasse.

Lit. M. No. 78. Steht wider dem Leinwandhause.

Häuser auf der Westseite.

I.

Zwischen der Metzgergasse und der Spitalgasse.

Das Eck, s. M. No. 91 in der Metzgergasse.

---

[9] Ex org. hosp. S. Spir. 1487. 2 H. an einander gelegen in der Schlaghusgasse unter den Metzelern neben dem h. Geist. F.

Lit. M. No. 92. Das Eck gab unserer Praesenz auf Martini 1 fl. 15 kr. Grundzins.

II.

Zwischen der Spitalgasse und der Saalgasse.

Lit. M. No. 93. *Goldner Ring. Alte Schreiberey.* [10]) Das Eck an der Spitalgasse, so der Praesenz des S. B. Stifts gehörte, und 1805 von der Administration verkauft wurde. Das Haus soll zur Zeit, als das Rathhaus noch an der Stelle des Pfarrthurms stand, die Gerichtsschreiberey gewesen sein, und daher den Namen der alten Schreiberey (Gerichtskanzlei) beibehalten haben. Die Stelle von 1380: „In Stupa domus notariae Francof., d. h. in der Schreiberei oder Kanzlei," wie sie in der Chronik II. 99 bemerkt wird, hat wahrscheinlich auf dieses Haus ihren Bezug. Es ist leicht zu denken, dass das Haus zu selbiger Zeit von einem grössern Umfang müsse gewesen sein, und ich glaube, dass der hintere Theil des Storchs ehemals dazu gehörte. Der eigentliche Hausname aber war zum goldnen Ringe; indem die Praesenz-Rechnungen ausdrücklich bemerkten, dass der Grundzins an das Lederhaus vom Hause zum goldnen Ringe zu entrichten sei.

„gein der alden Schribery uber uff dem orthe an dem Storcke." I. B. von 1427.

„Domus acialis dye alde scribery a retro contingens domum zum Storck ex opposito posterioris domus Linwathus." R..C. de 1450. f. 29.

---

[10]) Sdt. Rchnbch. de 1371. It. 2½ ₰ 6 β. vmb laden zu brieven und eyn Studorium Meyster Hermannen vnde vmb Bencke, iu sin Hus dar he dartzu bedurffte.

O. U. 1438. Ortshusse gein der alden Schribery uber und hinden an dem Storcken stossend.

S. G. P. 1439. H. hinter dem H. zum Storck uf dem Orte hinten gen dem Lynwathuse ubir.

— 1451. H. in der Metzlergasse gen dem Linwathuse uber an dem H. zum Storck.

O. U. 1496. H. — neben der alten Schriebery an dem Lynwathuss und einem Orthuss gein dem Slagehuss uber etc.

„de domo aciali in parvo vico carnificum quo itur a retro ad capellam Sti Spiritus à retro contingens domum zum Storgk ex exposito posterioris domus Linwathusz dicta dye alde Schribery." Orig. Urk. von 1452.

„xxiij ß. hll. de domo aciali in parvo vico carnificum quo itur a retro contingens domum zum Storgk ex oposito posterioris domus linwathusz dicta dye alde Schribery." L. C. de 1452 f. 31.

„die alde Schribery untern metzlern by dem Schlachthus." S. G. P. von 1466.

„vnser gemeynen presentz behusung jn der gaissen, als man zu dem Schlaghuessz zü gehet, gegen dem Leynwats hüessz vber gelegen. Ex lit. clocat. de 1538.

Auskunft über den Grundzins vom Hause zum goldnen Ringe, und wie dieses Haus an unsere Praesenz gekommen ist.

Die 15 kr. Grundzins, so die Praesenz jährlich auf Martini an die Löwenburg oder das Lederhaus an der Höllgasse entrichten musste, wurden von dem vorgedachten Hause, der alten Schreiberey, gegeben. Zum Beweise dienen folgende Stellen.

„Item vj ß. pro censu domus vnder den metzlern Martini erschenen gewesen Cerdonibus." Ex Comp. Praesentiae do 1511. inter exposita.

„6 ß. Coriariis de domo die alt Schreiberey dicta." Ex regist. cens. de 1563. f. 83.

Wenn ein Haus mit Zinsen beschwert war, und baufällig wurde, der Eigenthümer aber nicht vermögend war, dasselbe neu zu bauen, so fiel die Bauschuldigkeit auf den jüngsten Zinsherrn, der alsdann das Eigenthum des Hauses erhielt, und dagegen sich verpflichtet sah, die übrigen darauf haftenden Zinsen in der Zukunft zu berichtigen. Wollte er die Baulast nicht über sich nehmen, so war er auf immer seines Zinses verlustiget. Bei dem erwähnten Stiftsbause ereignete sich wirklich der Fall, dass der Eigenthümer sein zerfallenes und mit 4 Zinsen beschwertes Haus lieber den Zinsherrn überliess, als dass er es von Grunde aus neu erbaute. Es entstanden daher im J. 1508 zwischen dem Stifte, dem Löher Zunftmeister, Frau Catharina Schaubruck, und Jacob Stralenburg als Zinsherrn ratione prioritatis Streitigkeiten, so dass sie auf Samstag nach Bartholomaei vor den Rath gingen, ihre Briefe und Zinsregister vorlegten, und um die gerichtliche Entscheidung ansuchten, welche von ihnen die Aeltesten oder die Jüngsten wären. Hierauf wurde Frau Catharine Schaubruck mit ihren Kindern und Jacob Stralenberg für die Jüngsten erkannt, und weil diese nicht bauen wollten, mussten sie auf ihre Zinsen Verzicht leisten. Die Reihe kam nun an das Stift, welches auf Freitag nach Praesentationis Mariae 1510 das Haus übernahm um 56 kr. 1 h. Grundzins nicht zu verlieren, und dasselbe aus der Praesenz neu erbaute. Von dieser Zeit an musste sie aber auch die 6 β. oder 15 kr. Grundzins an das Lederhaus bezahlen, und da gemäss dem kais. Edict von 1616 die hiesigen Zunfthäuser verkauft werden mussten, wurde mit dem Hause auch der Grundzins verkauft, den die Praesenz von der Zeit an dem jedesmaligen Besitzer des Hauses entrichtete. Ich habe diese Nachricht geflissentlich mitgetheilt, weil sie über das alte Grundzinswesen einiges Licht verbreitet, und zeigt, wie das Stift für 56 kr. 1 Häller Grundzins das Eigenthum eines Hauses erhielt.

Das Eck s. M. No. 111 in der Saalgasse.

Fischergasse.

Der vicus Piscatorum oder die Fischergasse [11]) nimmt bei dem Fischerpförtchen ihren Aufang, und endiget sich auf der mit-

---

[11]) S. G. P. 1340. Engeln unter den Fischern.
— 1385. II. unter den Fischern 1395.
O. U. 1393. II. *Hauenstein* in der Fischergasse gelegen.
Stdt. Rchnbch. de 1407 wird eines Brandes vnder den Fischern erwähnt.
— 1460. It. lx Gulden Conradt Gantzen vnd Greden seiner Hussfrauen vmb ein Husschin under den Fischern, daz eigen sey, zu des Rades Mulen kaufft.
O. U. 1599. II. unter den Fischern in dem Nebengesschin gein der Stedte Muren gein des *Rathes Moln-Stalls* uber.

tägigen Seite beim Metzgerthore, und auf der mitternächtigen bei der Gumprachtsgasse, die nun der Töpferhof heisst, und weil sie gegen dem Metzgerthore über liegt, schon als ein vicus transitus Carnificum et Judaeorum beschrieben wird. Dass die Fischergasse unter die Zahl der Winkelgassen gehöre bedarf kaum einer Erinnerung. Sie erhebt sich von Süden gegen Norden, und wendet sich von dem Fischerbrunnen abwärts gegen Westen. Anstatt in vico Piscatorum oder in der Fischergasse, liesst man öfters inter Piscatores oder unter den Fischern, und von dieser Art, die Namen abzukürzen, ist schon anderswo Meldung geschehen. Von einem Plätzchen, das sich ehemals bei der Fischerpforte befand, wird bei der obern Fischerpforte die Rede sein.

Häuser auf der Nordseite.
I.
Zwischen dem Töpferhofe und dem Plätzchen am Rosenecke.

Die alte Judenschule. [12]) Schola Judaeorum 1395. Synagoga Judeorum 1450. Ist das alte steinerne Gebäude gegen der Schmiedstube über, und das Eck an der Gumprachtgasse oder dem Töpferhofe.

O. U. 1608. H. *zum Karpfen* genannt, unter den Fischern etc.
Stdt. Rchnbch. de 1680 verkauft der Ruth ein Haus in der Fischergassen, da hiebevor der Nachtwächter innen gewohnt vnb 400 fl. an Paul Götz.
Mspt. XVII. Sec. H. zum Rosenbaum unter den Fischern. F.

[12]) O. U. 1330. Gülte uf der Judenschule und uf dem Juden Kirchhove und uf den Husen dabie.
— 1336. Der Judenschulkirchhof zu F.
Sdt. Rchng. de 1357. It. zu graben in der Judenschule iiij ℔ ij ß.
— It. zu graben vff der Judenhobestadin zu graben.
— It. den Canonyken zu saut(?) zu Valendin von der Judenhofestedin 30 ß. und eynem Helbeling: 6 Pfennig von Marpurg zu Zinse.
— 1359/60 desgleichen dem Stifte zu S. Bartholomä etc.
Stdt. Rchnbch de 1361. Einnahme. It. 300 ℔ xxiij vmb zween Judinflecken Herrn Johann Hochhuser wordin.
— It. von den Schuchworten von Judinfleckin ij ℔ und x ℔.

„ij sol. den. de domo scholarum judeorum sita in antiquo opido superiore parte: vico a vico Sancti Spiritus seu Cimiterii ecclesie Sancti Barthol. ad portam Mogi Carnificum descendente latere orientali in acie respiciente meridiem et occidentem." L. C. de 1390. f. 83. Dadurch, dass die Juden im J. 1462 auf den Wollgraben versetzt wurden, fiel das Gebäude an die Stadt und der Rath liess, zum Zeichen des Eigenthums, einen grossen

---

Stdt. Rchnbch. de 1361. Ausgab. It. 7½ Schilling dem von Schonekin von zwein Juden Hoffstaden zu Zinse, die gelegen sind by dem Stadtschreiber.

— 1362. do. It. viij Schilling dem von Schonecken zu Czinse von zwein Juden Hofestedten by der Stadt Notary gelegen.

G. Br. 1363. zwölff marg geldes gelegen uff der *Judenschole* uff dem *Schulhoffe* uf dem fleckin und *hoffestedin* und was darzu gehorit gelegin in der Stad zu F. und uf dem *Judenkirchoffe* uf husen *hoffestedin* und garten und was darzu gehorit gelegin uff dem *Fischerfelde*. (Diese hoffestede deuten auf den früheren Brand bei der Judenverfolgung.) Cfr. Lüueburg. 22.

Stdt. Rchnbch. de 1374/75. It. Sabbatho ipso die S. S. Fabiani et Sebastiani 1375. 26 fl. 16 ß. Werncher von Echzyl, also wir gutlich mit ihme gerichtet worden, vmb eyn Sestetheyl vnde vmb ein Dryttheil eines Sechstetheyls an der Judenschule vnde Judenkirchhoffe nach des Briefes Sage die wir daruber haben. (Desgleichen kaufte die Stadt Theile und Theilchen der Agnes Wyssen und Herdenbuches ab.)

— 1382 (verkauft die Stadt vm 6 fl. ein Vleckilchin in dem Loerhofe entzwenne Witz Ysackes des grossen Juden, an Cleynhenne etc.).

S. G. P. 1402. H. untern Fischern gen der Judenschule über.

— 1407. Die Judenschule.

Beedbuch. 1414. It. der Schalants Juden Huss (ohnweit der Fischergasse).

— It. der Juden Kirchhoff.

— It. der Pfaffen Huss zur Parre (von da geht es in die Fischergasse).

S. G. P. 1445. H. an dem Loerhof gen der Judenschule über.

O. U. 1464. Die alte Judenschule.

— 1473. Cath. Clstr. fer. 5. post Mathiae Apostol. Der hiesige Rath bekennt: da auf Geboth des Kaisers die Judischheit by uns vor etlichen Jahren von der Kirchen zu St Bartholmi, dabei und um sie der Zeit wohnten, zwischen der alten Stadt F. Gräben zu ziehen geordnet; auch mit Erlaubniss des Papstes ihnen daselbst eine neue Judenschule zwischen den

einfachen Adler an dasselbe malen, der noch wirklich daran zu sehen ist. Es hiess von nun an die alte Judenschule; aber auch der Vorhof und die darin gestandenen Häuser bis an das Eck hinter der Stadtwage wurden nachmals unter eben diesem Namen begriffen. A. 1473 verlegte der Rath 5 fl. 8 ß. h., die Johann von Glauburg jährlich von der alten Judenschule, dem Schulhofe und der darin befindlichen Häusern fielen, auf die neue Judenschule bei dem Wollgraben. In der darüber ausge-

Graben machen lassen, deren sie sich jetzt gebrauchen; die alte Judenschule aber bei der Kirch zu S. Barthol. gelegen mit dem Hofe und den Häusern darinn wüste stehn und je mehr vergänglich werden, das Kl. S. Cather. aber ½ fl. Gülte darauf liegen habe, so verlegt der Rath diese Gülte von der alten Judenschule dem Schulhof und den Häusern darin auf die neue Judenschule, dem Schulhof und den Häusern darinn zwischen dem vorgemeldten Graben.

Stdt. Rchnbch. 1489 (wurde das benöthigte Brennholz dem Keyser in sine Herberge *vff der Judenschulen* zugefahren).

— 1503. Die Stadt lässt durch ihre Buwenmeister *das neue Wagenhuss* bauen und feria 3tia post vocem jucunditatis 1513 wird der Grundstein dazu in der alten Judenschule neben des Rates *Garnehuss* gelegt respect. das Fundament zu graben angehoben.

O. U. 1508. f. 2. p. Lucie hiesiger Rath bekennt, als auf Kaiserlich Geboth und Befehl vor etlichen Jahren, *die Judischheit* bey uns von der Kirche zu S. Bartolomai daby und umb sie die Zyt woneten, zu ziehen verordneten, zwischen der alten Stadt Fr Gräben, Heusser gebauet, sie da zu wohnen gefasst. Auch mit Erlaubniss des heil. Vaters, des Pabstes, ein new *Judenschul* machen lassen der sie sich seither gebraucht etc. Als die alte Judenschule bi der Kirche St. Bartholome gelegen, mit dem Hofe und den Häussern, darinne unerbraucht wust stehet, an Bau vergänglich sind und je mehr werden, und Johann Wolf zum Stern Elschin ux. ffrgeben, dass sie auf der Judenschule, dem Schulhof und den Häusern darauf jährlich 1½ fl. ewiger Gülte fallen gehabt, so ist der Rath übereingekommen, dass diese Gülde auf die neue Judenschule und dem Schulhof zwischen den Gräben verlegt worden, welche Gülde die Juden zu F. wohnhafft, wie sie dieses zuvor gegeben, nun auch zahlen sollen

— 1563. Eckhauss — *die Judenschule* genannt unter den Fischern. neben einem Allmend gelegen.

Lt. Stdt. Rechng. de 1647. Haus *zur Judenschul* an der Wagen zinset an den Rath. F.

fertigten Urkunde heisst es: „und alss die alte Judenschul by der Kirchen S. Bartolomeus gelegen mit dem Hof und dem Husern darinne ungebruchet und wüste stet." *Schudt* jüd. Merkwürdigk. II. 379.

Weil die alte Judenschule, wie die Urkunde sagt, bei der Kirche gelegen war, so entsteht die Vermuthung, dass das neue Kaufhaus zwischen der Stadtwage und dem Leinwandhause damals auch als ein Vorhof oder Haus zur Judenschule gehörte. [13])

A. 1571 am 20. Dec. wurde das Haus zur Judenschule zu einer Kupferwage eingerichtet, und mussten hierbei die Nachbarn in der Fischergasse frohnen, und jeder 4 Pfennig an Geld erlegen. Chron. I. 24.

Lit. M. No. 216. *Neues Schlachthaus. Kälberschlachthaus.* Das Eck hinter der Stadtwage, das auch die Judenschule genannt wird. Schudt sagt im IV. Theile seiner Jüd. Merkw. Contin. 2. S. 10, dass das Eck hinter der Stadtwage noch heut zu Tage auf dem Rechneiamte zur alten Judenschule eingeschrieben sei. Es war aber die eigentliche Judenschule nicht; sondern nur ein Vorhof oder Vorgebäude derselben. Vor ungefähr 80 Jahren, wo das Metzgerhandwerk noch in die Alt- und Neuschärner abgetheilt war, schlachteten die Letzteren auch das grosse Rindvieh darinn. 1786

II.

Zwischen dem Plätzchen am Roseneeke und der kleinen Fischergasse.

Curia Cerdonum oder der *Loerhof.* War das Eck an der Samuelsgasse, s. auf dem Garküchenplatze. In dem Zinsbuche von 1450 f. 25 ist bei den Häusern der Fischergasse zu lesen: „Curia Cerdonum sita latere septentrionali"

Roseneck, s. nach der Samuelsgasse.

Lit. M. No. 20. *Stadt Darmstadt.* Das Eck und Gasthaus so auf beiden Seiten eine Almei hat.

---

[13]) Dies bestätigt vollkommen obige Urkunde von 1363, in Note 12. F.)

Dannenbaum. [14]) Wird in der Brunnenrolle von 1648 in diese Gegend gesetzt, und in der Chron. I. 433 beim J. 1704 als ein Gasthaus bemerkt.

Höchst wahrscheinlich hat die Stadt Darmstadt vorher der Dannenbaum geheissen.

L. M. No. 21. *Kleines Judeneck.* [15])
L. M. No. 22.
L. M. No. 23.
L. M. No. 24. *Grüner Baum.* [16]) Ein Gasthaus, was es 1704 schon war. Chron. I. 433.

„j ℞ 3 β. olim 2 ℞ de duobus domibus dictis *furian* modo zum grunen baum sita latere septentrionali ex opposito fontis piscatorum." R. C. de 1581. f. 29.

In dem Zinsbuche von 1452. f. 29. heisst es: „de domibus dicti Furian" und in einem andern von 1499. fol. 28. (25.) „de domibus Hermani Furian." Der grüne Baum gab unserer Praesenz auf Peter und Paul 57 kr. 2 h. Grundzins. Ferner auf Decollationis S. Joannis 2 fl. 30 kr., die von dem folgenden mit ihm vereinigten Hause herrührten. Er steht zwischen zwei Almeien.

---

[14]) Eckbehausung — zum *Dannenbaum* genannt in der Fischergassen neben N. gelegen, stosse hinten an ein Allment.

Lt. Stdt. Rchng. de 1633 und schon viel früher verungeltet der Wirth zum *Dannenbaum* sein Zapfgetränk. F.

[15]) O. U. 1527. Behausung clein Juden-Eck genant unter den Fischern gegen dem Backhauss uber — stoisst hinden auf das Haus zum gulden Hirsch. F.

[16]) O. U. 1572. H. unter den Fischern neben der Behausung zum alten grünen Baum uff einer und der *Secklerzunftstuben* uff der andern Seiten gelegen.

Stdt. Rchng. de 1592 u. 1594. Der Wirt *zum grünen Baum.*

O. U. 1605. H. zum grünen Baum in der Fischergassen.

O. U. 1623. Behausung zum grünen Baum unter den Fischern neben N. einer und der Behausung zu den Sauwköpfen, wie auch hinden gelegen etc.

Stdt. Allmendbch. de 1688. Allment in der Fischergasse am grünen Baum. F.

Weisser Hahn. (Zum Hahn 1586.)[17]
„3 ℔ (2 fl. 30 kr.) de domo dicta zum weissen han — sita latere septentrionali infra ficum (vicum) fahrgass et planitiem lohrhoff, quasi ex opposito fontis piscatorum." R. C. de 1581. f. 29. s. beim vorigen Hause, mit dem es vereiniget wurde.

Häuser auf der Ostseite.

Das Eck, s. M. No. 27 in der kleinen Fischergasse.
Lit. M. No. 28. *Stift*, vorher *Steinkopf, alter Steinkopf.*[18]) War 1423 ein Backhaus, und im Anfange des XVI. Jahrh. der Weissgerber Zunfthaus An demselben steht mit goldnen Buchstaben geschrieben: Hier zum Stift. Es nahm in der Zeitfolge das Haus Salmenstein zu sich.

„Steinkop sita in vico piscatorum latere orientali infra portam eorum et vicum arcum (arctum) — ex opposito putei piscatorum." L. r. B. de 1350. f. 3.

„Steynkop sita — in vico piscatorum, latere orientali opposito quasi acici respicienti septentrionem et orientem vici prenotati." L. V. B. Sacc. XIV. vic. xxiiij.

„xj sol. den. de tribus domibus contiguis dicti Steinkop,

---

[17]) Stdt. Rchng. 1502. Baubesichtigung eines Hauses zum weisen Hahn vnder den Fischern.
O. U. 1527. H. zum weisen Hahn unter den Fischern gegen dem Fischerborne über, stösst hinten auf eine Almey. F.

[18]) Bürgerbuch de 1334. kommt vor Heylemann Steinkopp untir den Vyschirn.
O. U. 1336. Dictus Steinkopp inter piscatores et uxor sua legitima obligaverunt omnia bona sua mobilia et immobilia etc.
— 1359. „uff Steynkoppes Huse unter den fischern etc." Confer. *Würdtwein* Diöc. mag. II. 593.
— 1394 Backhuss gelegin under den Fischern genand zum jungen Steinkopph — gein dem Borne uber etc.
G. Br. 1423. backhus güt zum Steynen Koppe gelegen by dem fischerborn an dem eckhus.
— 1466. Backhus unter den Fischern gen dem Fischerborn über neben dem Eckhuse genannt *fligasts Huse.*

sitis in antiquo opido frank. superiore parte, vico piscatorum latere orientali, propius vico dicto Mosemannis gazze." Ibid. Vic. L. xiiij.

„Hus untern Fischern, genant der steinen koppe." S. G. P. von 1422.

A. 1336 verkief Heylmann Steinkopp an Frau Hillen drei Häuser unter den Fischern zum alten Steinkopfe genannt. Ex Docum. famil. de Holzhausen.

A. 1423 fer. V. post Conceptionis Mariae verkiefen Gerlach von Ergersheim und Else an Henrich Goldstein 4½ ß h. ewiger auf Pfingsten fälliger Gült, und gelegen „uff dem baghuse genant zum Steinkoppe gelegen by dem Fischerborn zu Franckenfurd — an dem ecke." Ex docum. l. c.

Salmenstein. [19]) Zuvor *Steinkopf.* Gehörte 1732 schon zu dem vorigen Hause; denn in dem hiesigen Intellig. Blatte von g. J. No. 50 wird der beiden Häuser zusammen gedacht, und sie wurden vor ungefähr 25 Jahren unter ein Dach gebracht.

Das Hinterhaus von den drei halben Monden in der Fahrgasse, das vor Zeiten Judeneck hiess (s. daselbst) und vermuth-

---

O. U. 1499. H. mit allem Hussrath der Gesellschaft gehörig — unter den Fischern gegen dem Fischerborn uber gelegen. (Auf dieses wurde von den Zunfftmeistern der Wissgerber, Peranner, Büteler, Nesseler, Deschenmacher Handwerks eine Gülte verkaufft.)

— O. U. 1512. H. unter den Fischern genannt zum *Steinkopf* zwuschen N. u. N. Fischer. (Hierauf als dem Handwerk der Wyssgerber, Buttler, Nesseler, Deschenmacher einer und derselben Zunfft gehörig wurde eine Gülte verkauft à 1 fl.)

— 1603. Behausung under den Vischern neben dem Haus zu den dreien Mohren einer, und der Seckler Zunftstuben andersseits gelegen, stosse hinten uff die Behausung *zur Stadt Cöln* genannt.

Mpt. XVII. Sec. II. zum *obern, mittlern* und *untern Steinkopf* untern Fischern, sind drey Häuser. F.

[19]) S. G. P. 1361. Gerhart zu Salmenstein. 1393. Jungfrau Elchin Salmensteins Frauen Schwester. 1409. Emerich Salmenstein seel. Bruder Katrinens Jekel Nuhuss seel. Witwe.

— 1369. H. Salmenstein unter den Fischern 1390. F.

lich zuletzt eines von den drei Häusern war, die den Namen Steinkopf führten.

Lit. M. No. 29.
Lit. M. No. 30.
Lit. M. No. 31. Zahlte der Praesenz auf Palmarum 1 fl. 3 kr. 3 h., und der Fabrik an eben diesem Tage 10 kr. Grundzins.
Lit M. No. 32.
Lit. M. No. 33. Von ihm erhielt die Praesenz auf Martini 1 fl. 40 kr. Grundzins.

Susenberg. „in vico piscatorum ex opposito domus zu deme Crebitz" (Krebs). L. C. de 1390. f. 112.

Lit. M. No 34. Gab der Praesenz auf Maria Himmelfahrt 50 kr. Grundzins.

Lit. M. No. 35. Die *Fischerstube*. Der Fischer Zunftstube. Domus Communitatis Piscatorum, vormals das Eck beim Fischerpförtchen. [20])

---

[20]) Beedbch. 1365. It. der Fischer Drinkstobin.

O. U. 1444. des gemeynen Fischer Handwerks Huss und Gesesse — in der Fischergassen an der Fischer Porten und stossen uff unserer Stedte Muren etc.

G. Br. 1470. Zwei Huser under einem Dache gelegen unter den Fischern, stossen hart an die Rinck muren gein der alten Judenschule ubir, und ist vor Ziden der Fischer Drinckstobe gewest.

O. U. 1473. Des Fischer Handwerks *Trinckstube* gelegen under den Fischern und stoisst vff Unserer Stede Alimende gein dem Main.

Stdt. Rchnbch de 1476. It. — vmb — Kolen zu einer Brutlauft oft der Fischerstoben.

Allmdbch. de 1521 eine Allmey in des jungen N. Haus an der Brücken, stosst auf die Fischerstube.

Stdt. Rchnbch. de 1526. eine Almey hinder Hans Switzers Kurseners Huss und hinder der Fischer Trinkstoben. jährl. Zinss 12 β.

G. Br. 1541. Zunfthaus der Fischer an der Fischerpforten stosst an die Stadtmauern.

Stdt. Rchnbch. de 1577. Der Gang oder die Almende zwischen der Fischerstube und der Stadt-Mauer wird um 60 fl. verkaufft.

Stdt. Allmdbch. de 1688. Allmend an der Brücken uff der rechten Hand im Eck und hat hinten am Fischerthor durch die Fischerstube seinen Ausgang. F.

„Domus Hartradis piscatoris sita in vico piscatorum latere orientali in acie respiciente meridiem et occidentem propiore parte eorundem. Modo est stuba piscatorum." L. V. de 1453 fol. 16.

Domus Petri Gebehardi piscatoris sita in vico piscatorum latere orientali in acie respiciente occidentem et meridiem et est domus proximior porte et est domus communitatis piscatorum." Ibid. fol. 114.

„iiij ʒ. iiij hall. Martini olim xx den. et j pull. de domo communitatis piscatorum, vulgo die Fischer stobe, sita in parvo vico piscatorum prope portam. dant die fischer Zunfft meyster. Comp. O. DD. de 1563. f. 9.

Das Haus war das Eck am Zwinger, der sonst auch die kleine Fischergasse genannt wurde. Durch die Verbauung des Zwingers hörte es aber auf, ein Eck und durch das Kaiserl. Edict v. 1616 auch der Fischer Zunftstube zu sein. Man ging sonst unter diesem Hause durch, und kam vermittelst einer Stiege durch ein anderes Haus nach der Fahrgasse. Dieser Durchgang, der nur bei Tage Statt hatte, scheint keine willkürliche Vergünstigung der beiden Hauseigenthümer, sondern vielmehr eine wirkliche noch von dem ehemaligen Gässchen herrührende Servitut gewesen zu sein, die nach dem Abbruche des Brückenthurms, wo das Haus daneben grosse Veränderungen erlitt, endlich auch aufhörte.

Häuser auf der Westseite.

Lit. M. No. 36. Das Eck gegen dem Fischerpförtchen über.

Krebs: „Sex sol. den. de domo dicta zu dem Crebize, sita in vico piscatorum latere occidentali in acie respiciente orientem et meridiem propiore porte eorundem." L r. B. de 1350. f. 3.

„Sita in antiquo opido superiore parte vico piscatorum prope portam corum in acie respiciente orientem et meridiem: modo sunt tres domus ex opposito muri opidi." L. C. de 1390. fol. 70.

„Hus zum Krebs unter den fischern." S. G. P. von 1466.

A. 1350 waren die Zwinger noch nicht so eng verbauet, wie anjetzt. Es kann also die erste Beschreibung dieses Eckhauses keinen Bezug auf das obige Eck haben. Die Verbauung der Zwinger wurde erst von Kaiser Carl IV. gestattet, und der Besitzer des Krebses erhielt bald darauf, wie ich glaube, den vorliegenden freien Platz, riss sein Haus nieder, und vertheilte die beiden Plätze in die drei Häuser, deren die zweite Beschreibung erwähnt.

Lit. M. No. 37.

Lit. M. No. 39. *Steinkopf.* Gab der Praesenz auf Martini 30 kr., die vorher der Vikarie B. M. V. zweiter Stiftung gehörten.

Lit. M. No. 40. *Hoher Salmenstein.*

„Hohen Salminsteyn sita in antiquo Frank. superiore parte vico piscatorum latere occidentali secunda ab acie respiciente orientem et septentrionem." P. B. de 1356. f. 12.

„domus dicta Salminsteyn sita in vico piscatorum latere occidentali infra aciem respicientem septentrionem et orientem huius lateris et portam piscatorum." L. V. B. Saec. XIV. vic. S. Annae.

A. 1581 war dieses Haus die *Säcklerstube*, wie das Z. R. von g. J. S. 29 bezeugt. Und in der Brunnenrolle vom XVI. Jahrhundert heisst es: „Der Seckler vnd Weisgerber Zunftstube zum Salminstein genant." Wie das kaiserl. Edict von 1616 die Zunftstuben abschaffte, davon ist schon mehrmal geredet worden. Das Haus hatte der Praesenz auf Martini 50 kr. Grundzins zu bezahlen.

Lit. M. No. 41. *Salmenstein*, nach der Aussage des Eigenthümers.[21])

Häuser auf der Südseite.

Lit. M. No. 42. Das Eck beim Fischerbrunnen.

„Domus Willonis vechers sita in antiquo opido superiore parte, vico piscatorum, latere meridionali, in acie respiciente

---

[21]) O. U. 1500. H. under den Fischern am Eck zum *kleynen Salmen*. F.

septentrionem et orientem vici, et ex oposito fonti seu puteo piscatorum, et nunc sunt due domus." L. R. B. f. 61. Das nämliche Haus wird in einem kleinen Z. B. vom XV. Jahrh. beschrieben:

„Sita latere orientali contigua *pisterno* ex oposito fontis versus occidentem." Wir wissen nicht, ob der goldne Löwe oder das folgende Haus ein Backhaus gewesen, weil uns unbekannt ist, ob der abgerissene Theil dem Ecke zur Rechten oder zur Linken steht.

L. M. No. 43. *Goldner Löwe. Kleiner goldner Löwe* [22]) Wird in der Brunnenrolle beim J. 1648 der goldne Löw genannt, und hat hinten in der Reil nach der Stadtmauer einen Ausgang.

Lit. M. No. 44. *Stadt Schönburg. 1736. Offenbach.* [23]) Vermuthlich führte das vorige Haus diesen Namen.

„Hus Ofenbach untern Fischerhof hinden vnd vorn gen dem Fischerborn ubir." S. G. P. von 1452.

„Eyn husz — gelegen vnder den fischern gein dem fischerborne uber genant Ofenbach." J. B. von 1451.

Lit M. No. 45. *Kelsterbach.*

„Sex den. de domo Kelsterbechers sita in vico piscatorum latere meridionali in medio quasi infra puteum et vicum impertransibilem (Lörgasse) eorundem " L. R. B. 1350. f. 3.

---

[22]) O. U. 1588. Behausung unter den Fischern neben der Behausung zum Gulden Lewen. F.

[23]) O. U. 1362. 3 H. u. Gesezse undir den Fischern gelegin, das eyne daz mitte lyget, da he itzund inne wonet, genannt *Ovenbach* und die andern zwey vff jeglicher Seiten eyn.

— 1407. 2 H. u. Gesesse genannt *Ofenbach* und eins genannt *Schellenberg* under den Fischern gelegen gein dem Born uber.

— 1448. H. und G. mit dem hoffechin Stallung Flecken daran und hinderhusschin — genannt *Ofenbach* gelegen unter den Fischern gein dem Fischerborne daselbst uber zushen N. und dem Gesesse *Salmenstein*.

S. G. P. 1464. H. Offenbach untern Fischern.

O. U. 1561. H. unter den Fischern Ofenbach genannt, stosst hinten gegen der Scheuwer zu uf eine gemeine Gasse. F.

„1 ℔ heller — de domo dicta Kelsterbach sita latere meridionali infra pistrinam et fontem piscatorum." R. C. de 1581. fol. 29.

Dieses Pfund Hüller (50 kr.) wurde von der Praesenz auf Michaelis erhoben.

Lit M. No. 46.

Lit. M. No. 47. *Christophel*. Das Backhaus und Eck am Plätzchen.[24])

„j pfunt haller geldes gelegen undir den Fischern uff dem baghuss an der hobestad dass etzwanne ein badestube wass." *Jacquin* Chron. Ms. T. I. No 57.

„das Backhus gelegen vnder den fischern gein der Juden Heckhuse uber an dem gesesse gnt Kelsterbach." J. B. von 1440.

„10 β. 6 haller de domo pistrina modo zum Christoffel dicta et est acialis respiciens occidentem et septentrionem habens planum sive aream ante se." R. C. de 1581. f. 31.

Es gab der Praesenz auf Michaelis noch die 10 β. 6 h. oder 26 kr. 2 h. Grundzins.

Der *Fischer Badstube*.[25]) Sie war das Eck an der Lörgasse neben dem Christophel, Eingangs linker Hand, die samt ihrem Gebäude schon im XIV. Jahrh. durch ein unbekanntes Schicksal aufhörte. Dies gibt eine Urkunde von 1367 zu erkennen, die das vorige Backhaus an der *Hofstatt*, die etwann *eine Badstube* war, beschreibt. Sie wird auch in dem Zinsbuche von 1412 mit nachstehenden Worten bemerkt: „area que quon-

---

[24]) S. G. P. 1435. Back H. untern Fischern.

O. U. 1439. Backhuss unter den Fischern uff dem Ecke an dem Gesesse gein der Judenheckhuse uber. F.

[25]) Beedbuch de 1320. Winterus piscator, worauf folgt: Gertrudis prope estuarium.

— 1326. Aestuarium inter piscatores.

O. U. 1330. H. by der fischer badstoben an dem hove da Muselin der lower inne wonit by *Judenporten*.

G. B. 1365. H. untern fischern gen der *alten Badstube* uber gelegen (war Starkeradis des Beckers). F.

dam fuit estuarium sita in acie vici parvi dirigentis by deme Kirsbaum." Man nennt diese Hofstatt nun das Plätzchen in der Fischergasse, oder an der Lörgasse.

„Estuarium piscatorum situm in opido antiquo parte superiore vico piscatorum latere meridionali." R. C. de 1390. f. 112.

II.
Zwischen der Lörgasse und dem Kumpengässchen.

Lit. M. No. 72. *Stadt Nürnberg*. Vorher der *Judenheckhaus*.[26]) Das Eck an der Lörgasse. Das Haus scheint zuerst ein Backhaus gewesen zu sein und wurde nachmals der Juden Heckhaus (Wein- und Wirthshaus).

„Item sex solidi den. levium cedunt in vico piscatorum de et super domo fundo ac tota habitacione *pistoris* sitis circa Synagogam in dextro latere vici dirigentis ab ecclesia sti Barthol. vnder die fischer *contiguis* aree que quondam fuit estuarium sita in acie vici parvi dirigentis by deme Kirsbaum." L. C. Lt. M. et G. de 1412. f. 19.

Der vicus dirigens ab ecclesia war eigentlich die Samuelsgasse, und die Lörgasse lag ihr gegenüber. Beide werden hier gleichsam als eine Gasse angesehen, und die Lage des Hauses wäre dadurch dunkel geblieben, wenn es nicht auch neben dem Plätzchen, und als das Eck der Gasse, wo man nach dem Kirschbaum gehet, beschrieben worden wäre.

„das alt Judenheckhaus in der Fischergass gen der alten Judenschule ubir." S. G. P. von 1469.

---

[26]) Saalbch d. d. O. Commende allhier. 1360 hat der deutsche Orden zu Sachsenhusen Ansprache wegen der Marck Gelds auf *der Juden Spielhaus:* an der Judenschul zu F.

S. G. P. 1456. Der Juden Heckehuse unter den Fischern.

O. U. 1479. Backhuss gelegen under den Fischern vff dem Orte an der *Hofestat* daselben gein dem Husse genannt der Judenheckhuss uber.

S. G. P. 1480. Das alte Heckehus untern Fischern.

— 1482. H. unter den Fischern neben dem alten Heckhus gen dem Backhus uber. F.

Noch genauer entscheidet über die Lage dieses Hauses ein Insatzbrief von 1440, der das andere Eck der Lörgasse noch als ein Backhaus „under den Fischern gein der Juden Heckhuse uber" beschreibt. Die Weinwirthe pflegen noch an manchen Orten Bäume vor ihre Häuser zu setzen oder grüne Reiser daran zu stecken, und sie werden desswegen Häckenwirthe und ihre Häuser Häckenwirthshäuser genannt, von welchen der abgekürzte Name Häckchaus abstammt.

Die folgende Beschreibung aus einem Zinsbuche des Liebfraustifts vom XVI. Jahrh. gibt zu erkennen, dass dieses Haus mit dem Ecke am Kumpengässchen vor Zeiten ein Haus ausgemacht hat. „$^1/_2$ marca de duabus domibus contiguis nunc acialibus prope aream latere orientali in dem kleinen Fischergesslin ex opposito domus zum Kirsbaum, et ex opposito Synagogae antiquae Judeorum, quo itur versus murum Mogani."

Lit. M. No. 73. *Alte Münz.*[27]) Das Eck am Kumpengässchen. Kömmt unter diesem Namen in der Brunnenrolle von 1648 vor. Sie war ehemals mit dem vorigen ein Haus.

III.

Zwischen dem Kumpengässchen und dem Metzgerthore.

Lit. M. No. 74. *Lungenmus.*[28]) Das Eck am Kumpengässchen.

---

[27]) S. G. P. 1481. H. in dem Geschin, gen der alten Judenschule ubir unter den Fischern.

O. U. 1495. Eckhuss genant die Montz gein der Juddenschulen uber und stosst hinden an das Gesces zum Komp.

— 1509. H. zur alten Müntze gen der nuwen Waagen uber.

— 1527. H. — zur alten Montz genant gegen der Wagenn und der Judenschule über am Eck gelegen etc

— 1541. H. uf der alten Lobergassen gelegen neben der alten Münz uff einer und neben der Weissen Gotthaus auff der andern Seiten gelegen stosst hinten uff der Weber Kumpf. F.

[28]) G. Br. 1406. Die Huse und Gesesse, die Clas *Lungemuss* Clara ux. jezt inne habin die sie zu hauf tun brechin und buwen, bi deme *Komp-*

„j fl. 6 ß. Zins de domo dicta Lungenmuss ex opposito der alten Judenschul." R. C. de 1644.

Judenbad. ²⁹) Sex den. de Estuario judeorum, sita in vico piscatorum latere meridionali infra vicum inpertransibilem eorum et portam carnificum, ex opposito scole judeorum." L. r. B. de 1350. f. 3.

Vermuthlich war der östliche Theil der Schmiedstube das Judenbad.

Lit. M. No. 75. Die *Schmiedstube.* Das Eck am Metzgerthore. Sie wurde 1503 der *Schmiedhof* genannt, wie aus den Actis Fabricae f. 202 zu ersehen ist; und in der Brunnenrolle vom XVI. Jahrh. heisst sie der Schmiede Zunftstube. ³⁰) An der Schneckenstiege im Hofe steht über der Thüre eingehauen: VERBUM DOMINI MANET IN AETERNUM. 1634. Und oben auf dem Thürmchen ist an der Wetterfahne die Jahrzahl 1513 zu sehen. A. 1629 in der Ostermesse wurde ein zehenjähriger Elephant auf der Schmiedstube für 5 Albus gezeigt (s. Zum Jungen. Annalen), der an der Seite des Hauses gegen dem Schlachthause über vor ungefähr 25 Jahren noch abgemalt zu sehen war. Wie die Zunftstuben 1616 aufhörten, kam das

---

huse und von deme selbin Komphuse hervor und uff die ecken gein der *Judenschule* uber an der heylen, und des alden bocks hofe, dar innen peder von Steden wone.

S. G. P. 1407. Zwei Huser in der Fischergasse zu Ende an der Stede Muren gen der *Judenschule* ubir.

Stdt. Rchng. 1503. giebt das Stift Barth. dem Rathe bei einem Haustausche noch in den Handel drinn: „sein Kornehuss by der Metzler Porten neben des Rates Kornehuss gelegen."

O. U. 1548 verkaufen die Zunftmeister des Schmiedhandwerks eine Gülte auf die *Schmidtstube* neben der Metzler Porten uff einer und der Behausung *Lung Muss* genant uff der andern Seiten gelegen stosst hinten uff das *Ferbhuss* etc.

²⁹) Stdt. Rchnbch. de 1371. It. 9 Kollnische vff der Judenbadstubin den Wyssenfrauwen. F.

³⁰) Reg. cens. fabr. It. 6 Sol. den. legavit N. N. de domo Petri dicto Vecher (Wechenheimer?) sita in antiquo opido Fr. superiore parte, vico piscatorum prope murum latere meridionali.

Haus an andere Besitzer, behielt aber doch den Namen der Schmiedstube bei. [31])

Fischerbrunnen.

Die hiesige Chronik II, 8. sagt, der Fischerborn sei 1448 gemacht worden; diese Nachricht kann aber nur von einer Ausbesserung, oder auch von einer gänzlichen Erneuerung seines verfallenen Mauerwerks verstanden werden, indem das vorher gemeldte Haus Steinkopf 1350 schon ex opposito putei piscatorum beschrieben wird. Ja wenn ich auf seinen Standort hinblicke und zugleich wahrnehme, dass die östlichen Häuser beim Ecke vor ihm gleichsam zurückweichen, und also nicht in gerader Linie mit den übrigen stehen, so habe ich wohl Ursache zu glauben, dass er eben so alt, als die Gasse selbst, sein müsse.

Stdt. Rchng. de 1513. Es wird dem Schmiedthantwerk vergünstigt, das Fenster in die Stadtmauer vnd Kracksteyn zu setzen.

— 1602. Die Wullenweber zalten für die den 22. April 1602 vom Rath erlangte Ferbgerechtigkeit in jr Ferbhauss neben der Schmidtzunft Stuben gelegen, wegen zweier Ferbkessel 16 fl.

— 1616 entrichtet der Rath die Interessen von der *Schmiedstube*, als Zunfthaus so eingezogen, an die Capitalisten der daraufhaftenden Insätze.

— 1618. Es wurden zur Bestrafung der Abbruchs der Stadtmauer in der Behausung der Schmiedstube 100 Rthlr. Strafe gezahlt.

[31]) Dass die Zunftstube der Schmiede von dem *Schmiedhofe* in der Schnurgasse, nachdem das Handwerk *jenen* verkauft, und diesen hier erkauft hatte, hiehier verlegt ward, s. Heft III. S. 48. Früher war dieses Haus zum Theil ein Judenbad, s. oben; der andere Theil muss einem Juden gehört haben. F.

[Vergl. auch die Hausurkunden von 1483 und 1485 in den Mittheilungen des Vereins II., 364. Danach hiess die Schmiedstube früher *zur alten Münze*. Johann von Glauburg verkaufte 1483 das Haus zur alten Münze an der Metzgerpforte gegen dem Schlachthaus über an dem Stadtthurm genannt der mezler torn und an der Stadtmauer nach dem Main zu gelegen, andererseits an das Komphuss stossend, an Arnold von Holtzhausen und Letzterer vertauschte es 1485 an das Schmiedehandwerk gegen den Schmiedhof in der Schnurgasse. Den Währbrief über den Verkauf von 1616 s. daselbst II. 370.]

Er war, wie schon das Wort puteus anzeigt, ein offener Ziehbrunnen. [32])

Kleine Fischergasse
bei dem Fischerpförtchen.

In der Fahrgasse nächst bei der Brücke befanden sich im XIV. Jahrh., und noch später, zwei offene Plätze, der jenseitige gegen Osten hatte das Haus Brückenau zum Ecke, bei dem diesseitigen aber war es das Judeneck gegen dem vorigen über, wo nun die drei halbe Monde stehen, und deren Hinterhaus in der Fischergasse gleichen Namen führte. Im XV. Jahrh. wurde mit der Verbauung des Platzes der Anfang gemacht, zwar früher in der Fahrgasse, als in der Fischergasse, und der bei letzterer noch übrig gebliebene leere Raum wurde das Plänchen bei der Fischerpforte, oder bei der Stadtmauer genannt. Dies bezeugt das Zinsbuch von 1450, das fol. 25 und 26 ein Haus beschreibt: „vff dem plengin prope portam piscatorum" und wieder ein anderes von 1452 f. 28 zeigt die Lage des nämlichen Hauses an: „prope murum civitatis vff dem plenchin." Obschon das Plänchen damals nicht mehr existirte, so behielt man doch in den Zinsbüchern die alte Beschreibung des Hauses noch bei, um sie mit jener in den Urkunden gleichlautend zu erhalten. Statt des Plänchens war zuletzt nur noch ein schmales Gässchen neben der Stadtmauer übrig, und als auch dieses überbauet wurde, blieb unter dem Hause ein Durchgang, um nach der Fahrgasse, wie vorher, gehen zu können. In einer Stiftsrechnung von 1563 wird dieses Gässchen parvus vicus piscatorum prope portam (die kleine Fischergasse bei der Pforte) genannt. Wie dasselbe in den letzten Zeiten beschaffen war,

---

[32]) S. G. P. 1409. Flecken by dem Fischer born.
— 1473. H. untern Fischern gen dem Fischerborn uber.
— 1481. H. gen dem Fischeborn über.
— — H. untern Fischern gen dem Fischeborn über. F.

und wie es endlich vor kurzem ganz aufhörte, darüber ist bei der Fischerstube M. No. 35 die weitere Auskunft zu finden. Hier wird der Zwinger parvus vicus piscatorum (die kleine Fischergasse) genannt, und dieses leitet auf die Vermuthung, dass unsere Zinsbücher der ältern Zeiten die beiden Gassen durch die Beiworte arctus und parvus geflissentlich von einander unterscheiden. Wann die Gasse erbauet worden, lässt sich nicht sagen, vermuthlich ist es noch vor Ende des XVI. Jahrhunderts geschehen. [33])

Kleine Fischergasse gegen dem Brückhofe über.

Ihre Lage schränkt sich zwischen die Fahrgasse und die Fischergasse ein. Sie war ehemals ein Wohnort der Juden, und diese legten ihr von einem ihrer Glaubensgenossen den Namen der *Mosemannsgasse* bei. In dem L. r. B. vom Jahr 1350. f. 21 wird schon von einem der zwischen der Brücke und der Arnspurgergasse gestandenen Judenhäuser gesagt: „opponitur quasi vico parvo dicto Mosemannsgazze" und diesen Namen bestätigen auch die Nachrichten vom Hause Judeneck in der Fahrgasse, und von den Häusern Steinkopf und des Bäckers Starkerad in der Fischergasse; vorzüglich von des Juden Halpart Hause, das als ein doppeltes Eck der kleinen Fischergasse, oder des „vici transitus vicorum fargazze et piscatorum, dicti Mosemannsgazze" beschrieben wird. In einem M. S. von 1464 wird die Gasse „vicus Judeorum gein dem bruckhofe vber" genannt. Doch kömmt auch schon in dem S. G. P. von 1445 das Fischergässchen gegen dem Brückhofe über vor. S. M. No. 7. Und in dem Vikariebuche von 1481 der vicus arctus piscatorum, oder die enge Fischergasse; indem man daselbst f. 80 liest:

„vj sol. den. de domo Grede Kesselern sita in vico fargasz latere occidentali infra pontem Mogani et vicum artum

---

[33]) iiij ß den. in Anniv. Marquardi presbit. de Sweden de domo sita in *superiore vico* Fischergassen prope turrim et murum eius. L. C. Jo. Usingen de 1428. f. 88.

(arctum) piscatorum." Am Ende des XVII. Jahrh. legte man ihr auch vom Eckhause zur Wied den Namen der *Wiedgasse* bei. Ich habe diesen aus einem Kaufbriefe des hintern Hauses der drei Säuköpfe vom J. 1694 entdeckt; er scheint aber nicht von gar langer Dauer gewesen zu sein. Zuweilen verschweigen die alten Handschriften ihren Namen; sie machen sie aber alsdann durch eine kurze Beschreibung ihrer Lage kenntlich. Z. B.: „vicus artus (arctus) transitus vicorum fargazze et piscatorum." s. Fürsteneck. „vicus arcus a vico fargazze ad vicum piscatorum descendens" P. B. de 1356. f. 3. „das gessichin als man vsz der gassen by der brugken vnder die fischere geet" J. B. von 1436. [34])

Häuser auf der Nordseite.

Das Eck s. M. No. 8 in der Fischergasse.

Das Hinterhaus von den drei Säuköpfen zwischen der Wied und dem grünen Baume, von welchem es durch eine Almei getrennt ist. Unter dem Hause neben gedachter Almei befindet sich eine Thüre, darüber geschrieben steht: Hinterer Eingang zum kleinen goldnen Hirsch. In dem Z. R. von 1586 f. 43 lese ich bei der Fischergasse: „3 β. 3 hl. de domo sita latere septentrionali prope domum dictam (zum Grunenbaum) conjuncta domui zum Gulden Hirsch a retro." Das Haus war also zu selbiger Zeit mit dem goldnen Hirsche auf dem Garküchenplatze vereinigt, wurde aber nachmals von demselben mit Vorbehalte des Durchgangsrechts wieder getrennt. Da es nun zu den drei Säuköpfen gehört, so ist es auch wie diese mit Lit. M. No. 10 bezeichnet. [35])

---

[34]) O. U. 1383. Vier H. an einander in dem gessigen als man von der brucken geet under die Fischer. F.

[35]) Folgende Stellen betreffen das Haus Lit. M. No. 10.

Brgrbch. 1373. Huss genand *Bruberg* gelegen under den Fyschern an Johann von Holtzhusen.

S. G. B. 1390. H. *Bruberg* unter den Judden gelegen. F.

— 1404. H. *alten Breuberg* hinten an H. zum grünen Baum gelegen.

Wageplätzchen.

Auf der Südseite.

Das Eck s. M. No. 7 in der Fahrgasse.
Lit. M. No. 25.
Lit. M. No. 26.
Lit. M. No. 27. Das Eck gegen dem Fischerbrunnen über. Es hat erst vor kurzen Jahren auf der Seite nach dem Brunnen eine Thüre erhalten. [36])

Dass ehemals ein Jude, Namens Halpart, die ganze Seite ingehabt, ist bei dem obigen Ecke No. 7 zu ersehen. [37])

Wageplätzchen.

Oder das Plätzchen hinter der Wage, wie es in dem Z. R. von 1636 f. 30 angegeben wird. Es hat die Fischergasse und das Plätzchen am Rosenecke an der Seite liegen, und muss 1405 schon gewesen sein; denn anders hätte man den Lörhof damals nicht gegen der Judenschule über beschreiben können. Man hört die Gegend das Plätzchen an der Salzstube, an der Judenschule und am Kälberschlachthause nennen.

Häuser.

Das Eck s. M. No. 216 in der Fischergasse. Zwischen diesem Ecke und der Stadtwage befindet sich die Mauer eines Hofes.

Auf der nördlichen Seite steht am Ecke wider der Stadtwage ein kleines Häuschen, darin die Salzwage ist, und das deswegen auch die Salzwage oder die Salzstube genannt wird.

Wagebrunnen.

Der Fischerbrunnen und dieser gehören in eine Rolle. Wann letzrer gefegt wird, oder eine Reparatur nöthig hat, so bezah-

---

[36]) Dass dieses Haus 1466 *Fligasts Haus* hiess, s. ob. Note 18). F.
[37]) G. Br. 1383. Vier H. und Keller gelegen an einander in dem gessigen als man von der brucken geet under die Fischer. F.

len jedoch die Brunnen Nachbarn nur die Hälfte an den Kosten, die andere Hälfte zahlt das Bauamt. Es gibt auch der Wagemeister alle Jahre 1 fl. zu Fegung desselben, wie aus einer geschriebenen und der Brunnenrolle beigefügten Nachricht von 1648 erhellet. Er steht wider der Mauer zwischen dem Ecke des Kälberschlachthauses und der Stadtwage, die ihm seinen Namen zu wege brachte, und in der Brunnenrolle von 1505 stehen der Fischer- und der Wagebrunnen schon beisammen. Die Leute pflegen ihn jetzt den Brunnen hinter der Stadtwage, oder bei der Judenschule zu nennen, weil das daneben stehende Eckhaus, wiewohl uneigentlich, die Judenschule heisst. A. 17.. wurden ihm seine Brunnenschaalen abgenommen, und aus dem Ziehbrunnen wurde nun ein Pumpenbrunnen.

Hinter der Mauer in der Fischergasse.

So wird die Gegend bei der Stadtmauer, oder der schmale Gang, welcher von dem innern Zwinger zwischen dem Fischerpförtchen und der alten Lörgasse noch übrig geblieben ist, gemeiniglich beschrieben. In dem Zinsbuche von 1452 f. 29 lautet auch die Beschreibung eines Hauses „in vico piscatorum retro murum". Nächst bei der Lörgasse trifft man ein kleines Plätzchen an, dessen das Zinsbuch von 1499 gedenkt, und es „das Plenchin retro murum civitatis" nennt.

Häuser gegen der Mainmauer über.

Das Eck beim Fischerpförtchen s. M. No. 36 in der Fischergasse.
Lit. M. No. 57.
Lit. M. No. 58.
Lit. M. No. 59. Ein vorstehendes Eck, und zugleich das Eck am ersten Gässchen.
Lit. M. No. 60. Das andere Eck am Gässchen.
Lit. M. No. 61.
Lit. M. No. 62. Das Eck am zweiten Gässchen.
Lit. M. No. 63. Das andere Eck.

Lit. M. No. 64.
Lit. M. No. 65. Ein vorstehendes Eck neben 66 in der Lörgasse.

Erstes Gässchen gegen der Mainmauer über.

Dieses Gässchen hat seinen Eingang zwischen den Häusern M. No. 59 u. 60 und ist so schmal, dass es kaum den Namen eines Gässchens verdient. Es wird hinten vom goldenen Löwen in der Fischergasse geschlossen, der einen Ausgang in dasselbe hat.

Zweites Gässchen gegen der Mainmauer über.

. . . .

Lörgasse,
jetzt kleine Fischergasse.[36])

Baldemar setzt sie in seiner Beschreibung der Strassen unter die vicos impertransibiles, oder solche, die nur einen Eingang, aber keinen Ausgang haben, weil er alle Gassen, die hinten auf die Zwinger stiesen, wo die Stadt ein Ende hatte, als solche ansah. Er sagt von ihr: „Piscatorum vnus infra portas eorundem et carnificum." Auch wird sie von ihm bei dem Hause Kelsterbach und bei dem Judenbade vicus impertransibilis piscatorum genannt.

Die Loh- oder Rothgerber, welche sich nach der alten Verfassung in den Städten nur bei den Ringmauern und nächst am Wasser aufhalten durften, fanden auch hier bei der am Main stehenden Stadtmauer ihren Aufenthaltsort. Sie hiessen die Loher, und nach dem veränderten Sprachgebrauche auch die

---

[36]) *Alchegass*, im Grundzinsscheine vom Kastenamt ausgestellt in Betreff des Hauses Lit. M. No. 69 zum alten Landgrafen.

Lower, Lohrer, Löhrer und Löher, von welchen der Name Löhergasse abzuleiten ist. Man trifft noch in vielen Städten und auch hier in Sachsenhausen, Gassen dieses Namens an. In dem diario historico von Frankfurts bürgerlichen Unruhen, so im J. 1615 gedruckt wurde, wird S. 204 unter den Zünften auch noch der Löher-Zunft gedacht. Wann hier der Name Lörgasse aufgekommen ist, lässt sich nicht genau bestimmen. Ich fand ihn das erstemal in dem Zinsbuche von 1403 f. 34, wo „von eyme flecken yn der Lowergaszen" die Rede ist. Eine jüngere Hand schrieb neben auf den Rand: vicus piscatorum. In dem S. G. P. von 1458 geschieht von einem Hause „untern fischern in der alten lowergasse" Meldung. Es scheint, dass der Name damals schon im Abgang war. Indessen, da die Zinsbücher die abgekommenen Namen öfters noch lange Zeit beibehielten, so fand ich ihn auch noch in einem solchen von 1499, S. 28 (25) unter der Rubrik des vicus piscatorum und da ist zu lesen: „viij β. hll. de domo sita prope murum civitatis vff dem plenchin retro viculum dictum das loergeszghin." Die Gegend hat ehemals auch im *Kirschgarten* geheissen, und diesen Namen verbürgt das Zinsbuch der Antoniter in Höchst vom XV. Jahrhundert in folgender Stelle: „j gulden von den dreyen heusern gelegen jn dem Kirszgartenn gken der Juden schule ubir, hinder der newen (neuen) wage." Wirklich hoben auch die Antoniter noch 1 fl. Grundzins vom Eckhause hinten beim Plätzchen, der nun der Administration zugefallen ist. Vor 40 Jahren hörte man zuweilen noch den Namen der alten Lörgasse nennen, und in dem Zinsregister der Antoniter von 1771 wird obiges Eck noch in der alten Lörgasse an der Fischergasse beschrieben; seit dem aber der Name kleine Fischergasse angeschlagen wurde, entzog er sich nach und nach dem Gedächtnisse. Dass jedoch der Name kleine Fischergasse dem XVI. Jahrhunderte auch schon bekannt war, beweist eine Stelle aus dem Zinsbuche des hiesigen Liebfrauenstifts: „$\frac{1}{2}$ marca Michaelis de duabus domibus contiguis nunc acialibus prope aream latere orientali in dem kleinen Fischergesslin ex opposito domus dictae zum Kirssbaum, et ex opposito Synagogae antiquae Judeorum, quo itur versus murum Mogani." Die Worte: latere orientali müssen hier ihren Bezug auf arcam haben; oder es müsste latere occidentali heissen.³⁹)

Häuser in der Lör- oder kleinen Fischergasse auf der Ostseite.

Das Eck s. M. No. 47 in der Fischergasse.
Lit. M. No. 48. *Kirschbaum*.⁴⁰) „In der Fischergass neben dem Eckhaus zum Christophel." Aus dem neuesten Z. B. des L. F. Stifts.
Lit. M. No. 49. ⁴¹)
Lit. M. No. 50. Das Eck am Gässchen. ⁴²)

Wider der Mauer.

Lit. M. No. 56. Das andere Eck am Gässchen.
Lit. M. No. 66. Das Eck.
Lit. M. No. 67.
Lit. M. No. 68.
Lit. M. No. 69. *Zum alten Landgrafen.*⁴³) 1596. In der

---

³⁹) O. U. 1322. 1326. Zins *uf dem Delin gein den Lowerin* hindin an deme vorgenanten H. neben dem H. *zu der rusin.*

O. U. 1517. 2 Hüser in der alten Loergasse neben einem Gotteshaus und unser Stede Mauere, stosst hinten uf der Weber Ferbhaus.

O. U. 1576. H. — in der alten Loergassen, zum *Kueschwanz* genannt.
Mspt. XVII. Sec. H. *Bornheim* in der Loergassen.

⁴⁰) O. U. 1408. H. genand zum *Kirspaum* geloginan *Clas lungmuss.*
O. U. 1431. H. hoffe — gelegen in Fr. an der Metzlerporten by dem Comphuse und eyns teils an dem Kirspaum.
Mspt. XVII. Sec. H. zum *Kirschbaum* im *Kirsgarten.*

⁴¹) G. Br. 1476. H. darinne izt Adams Henne wonhaftig, gen der *alten Judenschule* über und stosst hinten gen dem *Kumphuss* und gen die Gasse genannt zum *Kirssgarten* neben dem Gesess zum *Kirssgarten.* (Dies Gässchen zum Kirschgarten ist das unten bemerkte Gässchen in der Loergasse.\ F.

⁴²) Inszbrf. de 1414. „Ein Huss gelegen under den Fischern, genannt zum *Kirschgarten*, zushen Diederich Fischer vnd der Judenspital, gein Ditwin Becker ubir.

Zinsbuch 1424. *Kirssgarten* dat modo 1 fl., liegt in der Loergasse, hinten das Eck am Plätzchen linker Hand.

⁴³) S. G. P. 1341. Domus zu dem alten Lautgrafin.
O. U. 1355. (census) uf dem H. zu dem alten Lantgraven (Herbort *Lantgrave* und Elsebeth ux. werden in der Urkunde genannt als promissores census). Confer. *Würdtwein* Diöc. mog. II, 724.

Brunnenrolle von 1505 kömmt der Landgräfin Haus an der Mauer vor.

Auf der Westseite.

Lit M. No. 70. War der *Weissen Gotteshaus*, das in der Brunnenrolle von 1505 zwischen der Landgräfin Haus, und das Haus, so nun die Stadt Nürnberg heisst, gesetzt wird. [44])

½ marc. ced. Mich. de duabus domibus contiguis nunc acialibus prope aream lat. orient. in dem kleinen Fischergesslin ex opposito domui dicto zum Kirssbaum et ex opposito Synagogae antiquae Judaeorum, quo itur versus murum Mogani. L. C. B. M. V. Saec. XVI.

Das Eck s. M. No. 72 in der Fischergasse.

Gässchen in der Lörgasse.

Die östliche Seite der Lör- oder Kl. Fischergasse wird von einem schmalen und hinten geschlossenen Gässchen durchschnitten, von dem man keinen besondern Namen anzugeben weiss. [Es hiess *zum Kirschgarten* laut Note 41 oben.] [45])

---

[44]) G. Br. 1367 Census — de duabus domibus contiguis in antiquo oppido Fr. sitis, in parvo vico dicto de loewir gasse et habentibus ab uno latere domum Petri molendinarii de Rumpenheim et ex alio *domum pauperum Domini Hertwini dicti zu dem Rebestocke* et transit idem viculus ad Mogonum per quandam parvam portam, quo *porta cerdonum* vocatur. [Jetzt abgedr. in den Mittheilungen des Vereins, I. 258.]

G. Br. 1377. II. ufwert der *Löwerpforten* vor dem *Kumphuse* und stet by Hern *Hertwins* gotzhuse zum rebestocke scheffen zu F. zwischen demselben H. und Hermans *Fleckensteins* huse.

S. Weiss 30, 2. — 69, 3.

S. G. P. 1396. Das Gotteshus by Herrn Hertwin Wisze.

Mspt. Zsbch. von 1480. *by dem Loerhoffe* H. bey der *alten Judenschule* und ist gelegen in dem alten *Loergesschin* uf der Siten gen Niedergang der Sonnen neben dem *Gotshuse* vber gein dem Meyne zu. F.

[45]) O. U. 1455. H. u. Husschin genant *das Kelterhus* gelegen unter den Fischern in dem Kirschgarten zwischen Meckelnehmen und Daubebenne (Fischer) und stosse hinden auf das Backhuss genannt Hatzstein.

Häuser auf der Nordseite.

Lit. M. No. 51 neben dem Ecke No. 50.
Lit. M. No. 52.
Lit. M. No. 53.
Lit. M. No. 54. Zwischen 54 und 55 geht eine Thüre vom kleinen goldenen Löwen in der Fischergasse heraus.
Lit. M. No. 55. *Rothe böhmische Kappe*, laut der Aussage des Besitzers.

Auf der Südseite.
Lit. M. No. 56. Das Eck.

Kumpengässchen.

Ein unter diesem Namen bekanntes Gässchen, gegen dem Kälberschlachthause oder der alten Judenschule über, das von dem hinten schliessenden Hause zum Kumpen den Namen führt

Häuser.
Lit. M. No. 73. *Kumpe.* [46]) Wird in der Brunnenrolle von 1505 der Wollenweber Farbhaus und in einer jüngern von 1648

---

[46]) G. Br. 1356. Gullte — gelegen under den Fischern uf eine fleckln, der ist gelegin nebin an eine fleckin der ist Conradis zu Lewinstein, und stoszet der flecke da die gulte uf gelegin ist, hinden an das Kumphus.
S. G. 1370. das Kumphus (an hie?)
O. U. 1373. H. u Gesess gelegin hinden an dem Kumphuss an Hertwich Wyssen Godeshuss.
Stdt. Rechnbch. de 1391. It. — vmb zwene Bruckendele von den Bumeistern in dem Kumpehuse.
O. U. 1473. Die husere vorn und hinten mit dem Hofchin daran gelegen in der Gassen, als man von der Metzlerporten unter die Fischer geht uff dem Orte gein der alten Judenschule hinten zu über zu der lingten Hand, als man in das Kumphuss gehe und zu der rechten Hand als man in die *alte Lowergasse* und stosse an derselben Syten hinten uff das H. zum Kirsbaum und uff der andern Syten an das *Komphuss*.

zum Kumpen genannt. Dieser Name rührt von dem Farbkessel her, den diese Handwerksleute den Kumpen hiessen.

„Komphus infra vicum Nuwengass et Lupransgass". R. C. de 1450. fol. 18. [Gehört nicht hierher, vgl. Heft 3. S. 40.]

„der Wober Kumphus" S. G. P. 1409.

Auf beiden Seiten dieses Hauses befinden sich noch zwei kleine Häuschen, die aber nicht numerirt sind.

Metzgergasse.

Wo die Fischergasse aufhörte, nämlich beim Metzgerthore und der Gumprechtsgasse, jetzt dem Töpferhofe, da nahm der vicus carnificum seinen Anfang und endigte sich hinten beim Kirchhofe des h. Geisthospitals, der nachmals abkam.⁴⁷) Er liegt dem Main am nächsten, und seine südlichen Häuser stehen alle wider der Stadtmauer. Weil diese Gasse mit der folgenden gleichen Namen führte, so begleiteten die alten Zinsbücher, ihren Namen gemeiniglich mit dem Beiworte meridionalis oder impertransibilis. Dieses zu beweisen, habe ich aus denselben die

---

O. U. 1498. H. genant das Komphuss unter den Fischern hinder der alten Montz neben N. und neben der ehgenanntenMuntz stoisst hinden gein dem Meine zu uff unserer Stedte Muren. (Es gehörte dem gemeinen Weberhandwerk, welches eine Gülte auf dieses Huss verkauft.)

Stdt. Rchnbch. de 1543. — Das Komphaus der Wöberzunft.

O. U. 1618. Behausung *das Ferbhaus* genannt, so der Wullenweber Zunfft *gewesen* neben der Schnittstube einer und N. anderseits, stosst hinten an den Mayn. F.

⁴⁷) 1383. 10. Januar legiren die Manufideles quondam Johannis de *Cassel* oppidani F. dem Hermanno de *Cassel*, Vicario Altaris S. Petri et Pauli zu S. Cathrinen und dessen Nachfolgern in der Vicaria annuam pensionem 40 libr. sitam super domo quondam Hentzonis dicti *Steuben* in vico carnificum retro ecclesiam Hospitalis.

O. U. 1438. H. in der Metzeler Gassen gein der Metzeler Husse und Dringstoben über.

O. U. 1572. H. unter den Metzgern bei dem Schlaghaus. F.

zwei folgenden Stellen gewählet: „j lib. hll. — de domo Johis Bakilman sita in antiquo opido superiore parte vico carnificum meridionali latere meridionali." P. B. de 1356. f. 13.

„ji libb. hll. de duabus domibus sub uno texto — in vico carnificum, vici impertransibilis prope domum Slahus latere septentrionali, quarta a porta parva retro cimiterium S. Spiritus, contigua a retro domui quondam Henrici Wixhuser scabini" l. c. f. 12. Diese Stelle rührt aber von einer etwas jüngern Hand her.

Mit der alles ändernden Zeit erhielt das Wort carnifex eine ganz andere Bedeutung, und desswegen veränderten auch unsere Zinsbücher im XVI. Jahrh. den vicus carnificum in den vicus lanionum, der in der Volkssprache die Metzlergasse hiess; indem das S. G. P. von 1458 ein Haus „in der Metzlergasse uf der Stede muren stossende" beschreibt. Es waren aber die Metzger nicht allein die Bewohner dieser Gasse, sondern sie hatten auch ihre Schirnen darinn,[48]) die schon in der Mitte des XIV. Jahrh. die alten Schirnen genannt wurden. [49]) „vnam mar-

---

[48]) O. U. 1313. — den Verkauf einer Gülte *de quodam macello* in F. betreff.

— 1316. — una area sita Frankenvord *inter macella vetera*.

— 1322. den Verkauf macelli siti in F. betreffend.

S. G. P. 1339. H. under den Schirnen.

— 1443. eine Schirren unter den *Niederschirren* an den Brotdischen 1448.

— 1464. Zwölf Schirren uf dem *Gewelbe* gen dem heil. Geist über.

O. U. 1480. *Zinsbuch Weissfrauen Kloster. Metzlergasse.* H. das ist gedeilt in 2 H. und sind gelegen in der forder Metzlergassen oder in *den alten Schirnen* uff der Syten gen Mittage harth neben dem Eck H. nahe geyn dem Lynwatt H. vber.

H. gelegen in der fordern Metzlergassen uff der Seiten gen Mitternacht in eym cleynen Winkel und stoisst hinten an die Wonung zu dem *Storck* gein Northens Huss vber.

Stdt. Rchnbch. de 1546. Es wird eine neue Schirne gebauet, wozu einige Ställchen und Schirnen am Eck der untern Schirne erkauft worden.

— 1548 eine Schirn unter der neuen Fleischschirnen. F.

[49]) Sich oben in Heft 3, S. 271, meine Bemerkungen bei der langen Scharn über die Scharnen überhaupt. — Dass die sogenannte *alte*

cam den. de domo Hammanni dicti Leber carnificis sita prope Hospitale vndir den aldin schirnen (das folgende ist neben auf dem Rand zu lesen) in vico et ex opposito porte carnificum et Slahus" L. V. med. Saec. XIV. fol.`ult. Das nämliche Haus wird 1502 noch by den Scharen beschrieben. An dem hintern Schlachthause sieht man einen von Sparren zusammengesetzten Schlagbaum, den die Metzger den Halter nennen. Haben sie nun einen wilden Ochsen, den sie nicht bezwingen können, so treiben sie ihn in die Gasse hinein, ziehen den Halter vor, damit er nicht wieder zurücklaufen kann, und suchen dann seiner durch Schlingen und andere Kunstgriffe Meister zu werden. Die Gasse hat dadurch unter den Metzgern den Namen der *Haltergasse* erhalten. In einem Reglement für die Jobwächter von 1773 erscheint statt des vorigen Namens das *Hammelsgässchen*, das mir sonst nie zu Gesicht gekommen ist.[50]) Es heisst in demselben: „am Metzgerthor vorbey, durchsucht am Schlachthaus das Hammelsgässchen, geht sodann durch die Hospitalsgass um die Kirche, bis an das Geistpförtgen." *Beyerbach* Verordn. der R. St. Frf. im 9 Th. S. 1729. Der Name, der sonst wenig bekannt war, wurde durch das hintere Schlachthaus, in welchem die Hämmel geschlachtet werden, veranlasst. Der obere Theil der Metzgergasse gegen dem Metzgerthore über erhielt in ältern Zeiten auch noch die besondere Benennung *auf dem Slaberg* (Schlagberg oder Schlachtberg). Der Vicarius unserer Kirche Bertholdus Zürcher überliess im J. 1302 den beiden Eheleuten Herman Lörer und Elisabeth erblich ein zu seiner Vikarie S. Mariae Magdalenae gehörendes Haus, mit dem Bedinge, ihm und seinen Nachfolgern jährlich auf Cathedra Petri 10 ß. cöln. Pfennig zu entrichten. Die Urkunde darüber wurde am Tage der Apostel Theilung ausgefertiget, und bemerkt die Lage

---

Scharn wirklich die älteste gewesen, zeigt ihre grössere Nähe bei dem Schlachthaus, als dem gemeinsamen Mittelpunkt der Erzeugnisse des Fleischverkaufs. Von da aus scheinen die Scharnen sich über den früher freien Platz ausgedehnt zu haben. F.

50) [Urk. von 1726, Behausung in der Hammelsgassen, hinten auf die Stadtmauer am Main stossend, Mittheil II. 372.]

des Hauses: „Super Slaheborge prope Slahehus carnificum in Franckenfurd" s. in L. T. f. 142 [abgedr. in Cod. 346.] Ebenso wird auch das Haus Krüglein gegen dem Metzgerthore über „uffme Slaberg" beschrieben. Der vicus bi dem Slahus zeigt immer die hier beschriebene Metzgergasse an.

Häuser auf der Südseite.

Lit. M. No. 213. A. Metzgerthor oder Thurm. S. bei den Stadtthoren.

Lit. M. No 213. B. Schlachthaus. [51]) Vor Alters Slahehus oder Schlaghus Das Eck neben dem Metzgerthore. Dass das Schlachthaus 1302 schon an diesem Orte gestanden hat, beweist die vorher erwähnte Urkunde. Es besteht aber dieses Gebäude eigentlich aus zwei Schlachthäusern, in deren einem die Ochsen, in dem andern die Hämmel, Schweine und Kälber geschlachtet werden. Das letztere scheint anfänglich blos für die Schweine bestimmt gewesen zu sein; weil das gegenüber stehende Eck in der Mitte des XIV. Jahrh. „juxta domum seu macella ubi

---

[51]) O. U. 1373. H. und Gesesse gelegin bey dem *Slahuss*, genannt der *Schulern Huss*.

Reg. cens. fabr. It. ½ marc. Ludev. dictus Cello et Irmentrud coniux — de domo sita in antiquo opido, superiori parte, vico carnificum, latere — prope domum *Slahus*, ex opposito domus des aldin Schulers (Heinricus filius Schulers solvit).

S. G. P. 1460. H. by der Metzler Slachthus.

— 1466. H. uf dem Ecke gen dem Slagthuss über.

It. Stdt. Rchng. de 1515 erkauft Enders hirden Metzler von dem Rathe zu folge des Gesetzes in Betreff der wüsten Flecken etc. — den flecken by dem Slaghuse am Ort des Lynwathuses vnden gegen der Metzler Pforten zu.

O. U. 1530. verkauffen die Zunfft und Buwemeister des Metzler Handwerks zu Follnführung des Slagehussbaus mir Stoben eine Gülte auf der Behausung des *Slaghuss* und *Drinckstoben* sampt dem Vorhoffchin und zwoen Bornen neben der Metzeler Porten uff eyner seyten neben N. und uff der andern Syten unserer Stede Muer gegen dem Meyne zu und gegen der gemeynen Gassen etc.

porci mactantur" beschrieben wird. Merkwürdig sind die Benennungen Sale hoeffe husz und Sale hauss, welche die Zinsbücher von 1499 f. 30 (27) und von 1538 f. 29 dem Schlachthause zueignen. Sie geben zu erkennen, dass dieses Haus in alten Zeiten kaiserl. Eigenthum war, und wie die Güter, so zum Saalhofe gehörten, die Saalgüter genannt wurden, so wurde auch das Schlachthaus als ein dem Saalhofe angehöriges Haus das Saalhofhaus oder Saalhaus genannt. Der Grund der ältern Benennung Saalhöfehaus ist ohne Zweifel in den beiden Höfen, dem kleinen und grossen Saalhofe zu suchen. Das kais. Eigenthum ging nachmals an die Stadt über, und das Schlachthaus gehörte von der Zeit an zu den öffentlichen Stadtgebäuden. Es ist zwar in dem Vikariebuche von 1481 f. 91 zu lesen: „j marca den. quondam cedebat de domo carnificum dicta Slahus"; wir können aber hieraus noch nicht folgern, dass das Haus den Metzgern als ein wirkliches Eigenthum zugestanden habe, und dass die Stadt mehrmal von einem so grossen Schuldenlasten gedrückt war, dass der Rath sich genöthiget sah, Gelder auf die öffentlichen Stadtgebäude gegen jährliche Zinsen aufzunehmen, ist aus der hiesigen Geschichte bekannt.

Lit. M. No. 79. Neben dem Schlachthause.
Lit. M. No. 80.
Lit. M. No. 81.
Lit. M. No. 82. *Kaiser.* Z. B. das L. F. Stifts.
Lit. M. No. 83. *Pfennigreich.* Ibid.
Lit. M. No. 84. Hinten in der Ecke.

Auf der Westseite.

Das Thor des h. Geistspitals, wo sich vor Zeiten der Kirchhof befand, und das die Gasse schliesst.[52]

---

[52] S. G. P. 1446. H. unter den Metzlern bey dem heil. Geiste.
Wfrkl. Z. B. Zwei H. under eym Dache gelegen, die sint gelegen in dem *hintern Metzeler Gesschin* uf der Siten gen Mittage und stossen wider des *heiligen Geystes Kirchhoff*, und ziehen hinden an die Statmuer gein dem Meyne. F.

Auf der Nordseite.

I.

Von hinten bis zur Schlachthausgasse.

Lit. M. No. 85 in der Ecke.
Fit. M. No. 86.
Kirschbaum. In der Rechnung Officii D. D. von 1563 f. 9 wird ein Haus beschrieben: „ bey dem Kirschbaum in vico macellorum, latere septentrionali, prope Schlaghauss, versus sanctum Spiritum".
Lit M. No. 87.
Lit. M. No. 88. *Grosser Rosenbaum.* Nach der Aussage des Eigenthümers. [53])
Lit. M. No. 89.
Lit. M. No. 90.
Lit. M. No. 91. Das Eck bei der Schlachthausgasse.
„Carnifex Wolfechin dabat de domo sua sita juxta domum seu macellum ubi porci mactantur, jx sol. den. levium Martini." Diesem fügte eine neuere Hand noch hinzu: „sita vico carnificum propiore Slahus latere septentrionali in acie respiciente orientem et meridiem opposito Slabus." L. V. med. Saec. XIV. sub vic. S. Catharinae.

„jx β. den. de duabus domibus Wolffgin carnificis vico carnificum meridionali latere septentrionali infra vicum Storgsgasz et hospitale sancti spiritus in acie respiciente orientem et meridiem vici carnificum opposito quasi domus dicta Slahusz" L V. de 1453 f. 56.

II.

Zwischen der Schlachthausgasse und dem Töpferhofe.

Das Eck s. in der Schlachthausgasse.
Lit. M. No. 77. *Krüglein.* Das vorstehende Eck neben dem Leinwandhause. [54])

---

[53]) O. U. 1371. H. zum Rosenbaum gelegen unter der alten Schirren. F.
[54]) O. U. 1365. II. in der Metzlergassen, stosst hinden an *Jacob*

„j lib. den. — de domo dicta Krügelin sita in vico carnificum latere septentrionali in acie respiciente orientem et meridiem loco dicto uffme Slaberge ex oposito versus meridiem porte carnificum versus septentrionem contingente domum linwathusz." L. V. de 1453. f. 74.

Der hintere und neuere Theil des Leinwandhauses mit der hohen Treppe, neben dem Töpferhofe.

Granarium S. Bartholomaei oder die alte Kornschutte.

Hospitalgasse.

Sie ist die nächste nach dem vicus carnificum oder der Metzgergasse, und führte mit ihr im Alterthum gleichen Namen. Die Zinsbücher machten jedoch unter beiden einen Unterschied, und nach solchem war diese der vicus carnificum septentrionalis. „Sex den. de pisterno Heylonis dicti Juden Spicz, sita in antiquo opido superiore parte vico carnificum septentrionali, latere meridionali infra vicum dictum Storkisgazze et Hospitale, contigua choro Hospitalis iam notati" L. V. B. Saec. XIV. Vic. S. Spiritus. Sie änderten auch nachmals den vicus carnificum in den vicus lanionum ab, weil das Wort carnifex von seiner vorigen Bedeutung abgewichen war. Eine alte Handschrift nennt sie die Metzlergasse beim Storch und unterscheidet sie auf diese Art von ihrer Nachbarin gleichen Namens. Ja man legte ihr endlich von eben diesem Hause, oder vielleicht auch von der dabei gelegenen Storchgasse, den Namen des *Storchgässleins*

Clobelauchs hoff unseres Myddescheffens. (Es gehörte in neuerer Zeit dem Metzger Kuhl.)

S. G. P. 1416. H. untern Metzlern bi dem Slahuse uf dem Orte an dem *Linwathuse*.

O. U. 1516. H. zum kleinen *Schwindelbogen* in der Metzgergassen neben dem Leinwandshaus. F.

— 1563. (Comput. Official D.D. S. Barthol.) xvi ß. d'hell. Martini, de domo *zum Schwindelbogen*, latere septentrionali prope pistrinam superiorem in vico piscatorum.

bei, welcher Name aber nicht eher, als vor Ende des XVI. Jahrh. erscheint. „Item 3 fl. de domo sita in vico Storckgesslein latere meridionali dat Hanss Hoffmann lanius 84 (1584), remissi sunt anni 85." L. C. de 1586. p. 47. Und zu gleicher Zeit wurde sie auch vicus S. Spiritus posterior genannt. „Item 3 fl. de domo in vico S. Spiritus posteriori — modo Hanss Hoffmann 85 remissus est. 86. dedit 87." l. c. p. 48. Von seinem durch Brand verunglückten Hause wird noch besonders Meldung geschehen. In dem Z. R. von 1636 heisst sie die *h. Geistgass*,[55]) das h. *Geistgässlein*, und auch das *Spitalgässlein*. Es ist sonderbar, dass auf den angeschlagenen schwarzen Blechen am einen Ende die Metzgergasse, und am andern die Hospitalsgasse zu lesen ist; man hört sie aber von den Leuten gewöhnlich nie anders als die Spitalgasse nennen. Sonst ist noch von dem Laufe der Gasse zu bemerken, dass sie bei dem Hospitalthore eine schiefe Wendung nimmt, und sich um das Chor der h. Geistkirche nach der Saalgasse windet. Auch sind folgende Beschreibungen von ihr nicht zu übergehen: „vicus carnificum ab hospitali sancti Spiritus ad orientem tendens" L. C. de 1390. f. 74.

„vicus arcus (arctus) prope hospitale sancti Spiritus." Ibid. f. 71.

„vicus artus (arctus) carnificum prope hospitale sancti Spiritus." L. C. de 1452. f. 31.

Häuser auf der Südseite.

Das Eck s. M. No. 92 in der Schlachthausgasse.

Lit. M. No. 94 neben vorigem.

Lit. M. No. 95.

Hanns Hofmanns Haus scheint eines der vorigen Häuser gewesen zu sein. In demselben nächst am Schlachthause entstund 1584 am 20. Mai Nachts um 1 Uhr ein grosses Feuer,

---

[55]) O. U. 1435. II. gen dem Hospital zum h. Geist in dem Gessechin vber als man by dem Spital herab zu dem *Slagehus* gehen will.

S. G. P. 1439. Des heil. Geists geschin in der Metzlergasse. F.

wodurch 4 Häuser mit allem Hausrathe verbrannten. Chron. I. 541. A. 1586 am 17. Jänner erliessen Dechant und Kapitel dem Metzger Hofmann, weil er durch den Brand so sehr gelitten hatte, 21 fl. Grundzins, nämlich 3 Zinsen vom vordern, und 4 vom hintern Hause, und lautet die hierüber ausgefertigte Urkunde: „Demnach voer zweyen Jaren sein Behausung gelegen in der Metzlergassen genannt das Storck geslin, neben Heinrich Ochsen witwen, sampt dem hinter hauss, welches bei dem Schlaucht hauss ein ussgang hatt, durch schickung Gottes von fewers noeth, gantz vnd gahr, sampt aller seiner hab vnd guth verprent wehr etc." L. r. S. f. 147.

Lit. M. No. 96.
Lit. M. No. 97.
Lit. M. No. 98.
Lit. M. No. 99.
Lit. M. No. 100.
Lit. M. No. 101. Das Haus neben dem Spitalthore vermuthlich *zu der Ribischin*.[56])

„Sex den. de domo dicta zu der Rybischin, sita in vico carnificum latere meridionali inter vicum transitus vicorum carnificum et judeorum occidentalem et hospitale sancti Spiritus, contigua eidem hospitali versus orientem." L. r B. de 1350. f. 3. „zu der Ribischin in antiquo opido superiore parte vico arco (arcto) prope hospitale sancti Spiritus." L. C. de 1390. f. 71.

In dem Vik.-B. von 1481. f. 153 wird das Haus „uff der Ribschen" genannt.

Die zwei Häuser, welche ehemals zwischen dem Thore der h. Geistkirche und dem vorgedachten Hause stunden, wo nun der Eingang zum Spitale ist, werden bei dem folgenden Gässchen vorkommen.

Lit M. No. 214. Das *Hospital zum h. Geist*. [57])

---

[56]) Wfrkl. Z. B. von 1480. Dri H. und Gesesse genant die *Ribschen* und hat nu an sich gebrochen der *heili Geist* und die verbuwet, giebt der Spitalmeister zu dem heil. Geist. F.

[57]) O. U. 1347. der alte Spital der da stet hinder.

Bemerkungen von *Fichard's*.

Ich glaube, dass im 13. Saeculo sich auf der Stelle des jetzigen h. Geistspitals und der Kirche ein freier Platz befand, der benutzt wurde, um obiges Spital von der jetzigen Leonhardskirche (siehe daselbst) hieher zu verlegen. Daher kommt die schiefe Wendung der Hospitalsgasse, die sich nach der Hospitalskirche richtet. Diese kleine Strasse ist also neuer, wie die erwähnte Kirche selbst. Sie entstand durch die Verbauung des freien Platzes und ist als ein Ueberrest desselben anzusehen.

Dass das älteste hiesige Spital bei der jetzigen St. Leonhards-Kirche gestanden, sieh dorten. — Mangel an Raum scheint die Verlegung desselben an die jetzige Stelle veranlasst zu haben. Die älteste Urkunde von dem jetzigen Spitale in dessen Archiv ist von 1293, siehe Cloblauch Urk. 28 [Cod. 278.]. Es erhellt daraus, dass in diesem Jahre die Hospitalskirche bereits gebaut war; sie scheint aber noch nicht lange vollendet gewesen zu sein, weil erst in diesem Jahre ein ewiges Licht in dieselbe gestiftet worden. Der Name Spital zum h. Geist, der ausser Frankfurt noch bei den Spitälern mehrerer Städte am Rhein sich zeigt, deutet auf den gemeinschaftlichen Ursprung derselben durch einen Orden, der sich der Krankenpflege gewidmet und ad Sanctum Spiritum benannt hat. Dass das Spital von solchen Ordensbrüdern und Schwestern verwaltet und bedient wurde, erweist die erwähnte Urkunde, wo es heisst: Nos Rosa *magister* hospitalis St. Spiritus infirmorum in Frankenvord ceterique *fratres et sorores*. Diese Urkunde wird von dem hiesigen Schöffengerichte auf Bitte des Spitals besiegelt. Es scheint demnach, dass damals das Spital noch kein eigenes Siegel gehabt. Die älteste Spur eines eigenen Spital-Siegel findet sich in dem Stiftungsbriefe der Elenden Herberge von 1315. (Sieh abgedruckt Frankfurter Archiv I. 223 [Cod. 415]). Aus letzterer Urkunde erhellt augenscheinlich, dass von 1293 bis 1315 sich bereits die älteste Einrichtung des Hospitals verändert hatte, welches indessen noch von einem geistlichen Orden verwaltet worden zu sein scheint. Im Jahr 1293 wird des Spitalmeisters, der Brüder und Schwestern erwähnt. Im Jahr 1315 ist nur von den Brüdern und nicht von den Schwestern mehr die Rede; auch wird keines *Spital-Meisters* erwähnt, sondern an dessen statt kommen die *provisores* vor, unter welchem Ausdrucke, wie ich glaube, die aus hiesigem Rathe ernannten Spitalpfleger verstanden wurden.

In dem Zwischenraume von 1293/1315 hatte der Rath sich bereits in den Besitz der Oberaufsicht des Hospitals gesetzt, welchem bald darauf die

---

S. G. P. 1387. Das Spital zum heiligen Geist.

B. Z. B. 1409. die neuwe Fleischschirne die da stunt uff dem Gewolbe unden gein dem heiligin Geiste nbir.

Wfrkl. Z. B. von 1450. 1 Mark Gülte vom dem Spitale (z. H. G.) F.

Auflösung der Ordens-Einrichtung nachgefolgt sein muss, da sich in den spätern Urkunden keine Spur mehr derselben findet. Im J. 1324 in einer dem Hospital gestifteten Schenkungs-Urkunde werden nur die provisores und nicht mehr die fratres erwähnt. Diese geistlichen Spitalbrüder scheinen also schon damals abgeschafft gewesen zu sein. Sieh zu *Löwenstein* Urkunden.

Eine noch ältere Urkunde ist von 1282, worin Hardemund von Sassenhusen domui hospitalis apud Frankenfurt eine Wiese verkauft. Sieh *v. Sachsenhausen*. [Cod. 207.]

Desgleichen in einer Urkunde von 1284 stiftet *Hardmund von Wullenstadt* Güter und Zinsen ad hospitale St. Spiritus in Frankenvord. [Cod. 215.]

Es scheint dies die älteste Urkunde zu sein, worin das Hospital mit dem Namen St. Spiritus vorkommt. Da Schultheiss und Schöffen laut dieser Urkunde den Hardmundus zur Belohnung für seine Mildthätigkeit von aller Steuer befreien, so scheint es mir, dass dieses Spital ad St. Spiritum damals noch eine ganz neue Stiftung gewesen und die Behörde die Bürger aufmuntern wollte, diese Stiftung durch Vermächtnisse zu vermehren. [Schon 1283 verspricht der Stadtpfarrer Erpertus: de cetero non ero rector seu provisor hospitalis s. Spiritus in Frankenvord. Cod. 211.]

1289 wird erwähnt de hospitali pauperum apud Frankenford ratione annue VI libr. cere de quibusdam pratis de Redelnheim. Vid. *Guden.* C. Dipl. III, 1170. [*Euler* Dorf Rödelheim S. 5.]

1321. Balneator prope Hospitale kommt als der 2. nach dem Haus zum Wobelin vor. (Sollte hier eine später eingegangene Badstube gewesen sein?) Beedbuch.

In Mainz wurde das alte Spital für arme Pilgrime 1232 vom Erzbischof Siefried III an den Rhein verlegt und von dem, den aufwartenden Brüdern und Schwestern eigenen Orden des heil. Geistes ward es das Hospital zum heiligen Geist genannt. Der Stiftungsbrief ward erst nach völliger Einrichtung im Jahre 1236 ausgefertigt. Confer. *Joannis* I, 82. *Gud.* I, 242—537. [*Zeitschrift* des Vereins für rhein. Geschichte II, 417.]

Die Hospitäler zum h. Geist (ein solches befand sich auch in Dresden) sollen diese Benennung von dem in Rom befindlichen heiligen Geisthospitale erhalten haben. Conf. *Hasche* Geschichte von Dresden I, 276.

Ao. 1278 stellen Eppertus plebanus et Volmarus *provisores* ceterique *fratres* hospitalis St. Spiritus in Frankenvort dem Kloster Schönau eine Urkunde über eine an dieses jährlich schuldige Korngülte aus. Conf. *Würdtwein* Chron. Schönaugen. pag. 171. [Cod. 183: dies ist die erste Erwähnung.]

Ueber das h. Geist Spital und -Kirche sich *Zum Jungen* Mspt. und (Doctor Rühl's) *Frfrter. Beiträge* zur Ausbreitung nützl. Kunst- und Wissenschaften II, 677 u. 713.

Das Spital bei 3 König zu Sachsenhausen wird dem heil. Geistspital einverleibt (vid. mspt. de Par. 3 Reg.) Ao. 1452.

Von den Ursachen, warum die Spitäler dem h. Geist geweihet worden, sieh *Oetter* Wappenbelustigg. bei dem Mainzischen Wappen.

Bemerkungen *Battonn's*.

Ad annum 1227. Privilegium Henrici VII. Roman. Reg. Hospitali datum vid. in *Actis regum* p. 2. et Lersner I, II.

Ad annum 1307. Privilegium Alberti regis. (Acta Imperator. et Regum. p. 1.)

Ao. 1460 stiftet Jodocus Wolff, Lebekuchenbeckers Sohn, *ein Esel*, ein Gotteslehen, cum consensu Senatus et Capituli S. Barth. in der Kapelle zum heiligen Geist und dotirt dasselbe. (ex not. Archival. Senat.)

De capella S. Spiritus vel Hospitali infirmorum.
(Ein Zusatz Battonn's.)

Primus et principalis Vicarius hujus Capellae est Vicarius Sti Spiritus, statim post fundationem et aedificationem institutus ao. 1287. Incorporatum vero est praesens altare ecclesiae S. Barthol. cum suo Vicario quoad chori cultusque divini frequentationem subjectionemque a 1293 V. Kalendas Martii, cum sigillis Emerchonis Präpositi, Sculteti, Capituli, Scabinorum in Synodo Frankofurtensi ao. 1293 V. Cal. Martii. (Stadtarchiv.)

Collatores Sacelli S. Spiritus sunt Decanus, Scholaster et Plebanus ecclesiae S. B. nec non 3 tribuni cives Frr. juxta ordinem inter illos factum ao. 1293. (Mspt. Phil. Schurg. T. I, pag. 20. — Müller, Beschrbg. 79.) [Würdtwein, diöc. II. 816. Cod. 280.] Estque praesens Vicarius parochus habens curam animorum in hospitali inhabit. quorumcunque et ibidem sacramenta ministrare debet.

Tenetur hospitale dicto vicario viginti duo octalia siliginis, juxta litteras senatus Francofort. Postero vero tempore institutum est pro hoc vicario stipendium emptum cum 1600 fl. auri ut die ac nocte esset presens hospitali ibique habeat mensem et habitationem. Sicut Dominus Bertoldus Ohem, M. Joann. Baefgus et dom. Joh. Hoffmann.

Cum super collatione capellae S. Spiritus infirmorum in Fre. inter Decanum Capitulum et Plebanum S. Bartolomaei ac Scultetum et Scabinos dubium et quaestio verteretur, de consensu corundem et Emerchonis praepositi Ecclesiae Francof. aliter est concordatum, quod Decanus, Scholaster et Plebanus dictae Ecclesiae qui pro tempore fuerint et 3 Scabini a Scabinis Fr. ad hoc deputati praedictam capellam quotiescunque vocaverit conferrent idoneo sacerdoti, qui sacerdos dictae capellae deserviens, obedientiam faciat Decano et Capitulo.

Secundum beneficium. Ao. 1336. in capella eadem instituta est vicaria titulo sanctae Christinae per Albertum uff der Hofstatt cujus minister est membrum eccles. nostrae ac praesentias percipit, choroumque frequentat.

Collatio vero olim pertinebat ad Senatum, ut fundatio docet (ex Libr. testam. 84.) Redditus vide in libro Vicariorum fol. 185. in audis 1560. 70. 80.

Tertium beneficium ibidem institutum titulo S. Mathiae, olim proprio sacello retro Hospitale, cui annexum est minimum propium stipendium quindecim florenorum, prout Paulus Twas recepit a. 1554 et 1555 dum esset possessor, licet esset adhoc minorennis. Et hoc anno 1589 ad huc ccssit: dat Magister Hospistalis: litteras institutionis non vidi. Collatio pertinet ad Decanum et Seniorem scabinum. Alios redditus vide in libro Vicariorum, qui tamen majore ex parte applicati sunt praesenciis pro recompensatione.

Quarto fuit hic institutum aliud beneficium in supradicto altari S. Christinae sub Titulo s. Agnetis ao. 1350, cujus possessor est sub obedioutia Decani et Capituli; non tamen Vicarius seu membrum ecclesiae nostrae, nec praesentias percipit, sed est Altarista tantum. Collatio pertinet ad plebanum nimirum S. Barthol. et vicarium S. Spiritus, ut videri potest in fundatione, liber Privileg. fol. 158.

Nostro tempore ao. 1551. autoritate et consensu Vicarii Dni. Reverendmi Dni nostri Archi Ep. Moguntini consentientibus Collatoribus et ipso possessore, dom. Casparo Buntz Canonico praesentiis nostris est incorporatum pro sustentatione Rectoriae scholae. Sciendum vero, quod ao. 1529 in primo tumultu et effervescentia haerescos primum hic sunt prohibita divina officia, exclusi catholici Sacerdotes et introducti Lutherani. Calices, vestes sacrae, clenodia etc. divendita, ut solebat haeresis grassari in bona ecclesiae. Simul etiam denegata viginti duo Octalia siliginis vicario supremo S. Spiritus. Similiter habitatio victus et alia necessaria sunt abrogata ratione stipendii et ab hac hora omnia haec detinentur in hospitali et defraudatur ecclesia et vicarii. (Ex Joann. *Latomo*.)

Summam annuorum 5 fl. unicuique beneficiatorum, per quemvis 5 fl., detinet etiam hospitale, ut patet de quibusdam in testamento Joh. Hellers. — (Ibid.)

Ao. 1307. 5 Kal. Julii in castris apud Francofurt *Albertus* Rex concedit procuratoribus infirmorum S. Spiritus ut singulis diebus unacum biga ligna arida combustibilia avehant. (Ex annal. R. F. — Acta regum pag. l.) [Cod. 376.]

Vicarius capellae S. Spiritus intererit omnibus horis canonicis diurnis et nocturnis, suam septimanam servando in choro, prout alii vicarii ipsius ecclesiae Fr. tenentur et sunt obligati, completa missa in dicta capella Infirmorum sine praejudicio Decani et Capituli et Plebani hora competenti.

Praefatus vero sacerdos loco praesentiarum, quae dantur vicariis chori, percipiat oblationes, quae per curriculum anni in ipsa capella Infirmorum offeruntur, competentes dicto plebano amplius occasione servitii chori non petendo, quibus oblationibus Dithmarus plebanus Frnkf. de consensu Emerchonis Ppti et praesentis et Capituli pro se suisque successoribus renunciavit. In dispositione seu ordinatione circa possessiones jurisdictiones et reditus predictorum Infirmorum, nec Prepositus seu Decanus et capitulum vel Plebanus supra dicti se nullatenus intromittent, sed Scultetus et Scabini nomine universitatis de eis in animas suas disponent et ordinabunt prout ipsis videbitur expedire. Actum in synodo Francof. Ao. Dni MCC.LXXXXIII. IV. Cal. Martij. (Sigillis appens. Prepositi, Decani et Capituli, Sculteti et Scabinorum ac Plebani.) [Cod. 280.]

In dieser Capelle hat es sonst noch mehr beneficia gehabt, als *S. Mathiae* in einem besondern Chörlein hinter der Hospitals-Kirchen, ist hernach 1367 der Pfarr zu S. Barthol. einverleibt worden. Solchen Altar hat der Dechant und der älteste Schöff jederzeit zu verleihen gehabt. — Es ist auch eine Capelle darein gewesen, *zum h. Grab* genannt, darinnen *Syfried zum Paradeys* und seine Frau begraben wurden, welche ohne Zweifel solches gestiftet. Die beiden Monumenta hat Johann von Martorf Schultheiss daher fürheben und in die Kirchen Mauer 1607 einsetzen lassen.

Albertus de area hat 1336 durch seine Truwenhänder eine Vicarie titulo *St. Christinae* darein gestiftet; auf solchen Altar ist noch ein Beneficium gestiftet worden anno 1350 titulo *St. Agnetis*. Nach etlichen Jahren sind diese Altäre, wie auch die übrigen ao. 15 .. vollends abgebrochen, als das Lutherthum darin aufgekommen.

Pfleger des Hospital sind lange Zeit gewesen: die 2 ältesten der Schöffen, die 2 ältesten der Junckern und die 2 ältesten auf der Handwerkerbank.

Rosa Magister Hospitalis anno 1293 6. fer. purif. Mariae.

Ao. 1476. Soll das Spital Jarzeiten halten denen, so reichlich darein gestiftet.

Ao. 1350. Altare fundirt — 1365. Vicarie fundirt. 1438. Backofen. 1450 *Orgel.*

Ao. 1468 Chorweihung. 1475. Kirchhof. 1488 gehört der Hof Riedern dazu. vid. Diploma Henrici VI.

An Zinsen und Gülten hat das Spital: 1) in Frankfurt und Sachsenhausen, wie auch bei Fürsten, Grafen u. Herrn jährlich in Sa. 2432 fl. 2 ß. 5½ d. und 2) aufm Land in Sa. 291 fl. 14 ß. 7½ d.; also in Sa. Summar. 2723 fl. 17 ß. 3 d. 3) An Korn 667 Achtel 2 S. 1 S. — an Waitzen 5 Achtel 1 Simmern, an Erbsen 1 Achtel — an Hafer 50 Achtel; also an Früchten Sa. Sum. 723 Achtel 3 Simmern 1 Sester.

(Collect. *Ph. Schurg* I, 23.) Ao. 1350 die 19. mens. Januar, Heilo dictus Weyss et Alheidis conjuges fundarunt Altare *S. Angnetis* in Sacello S. Spiritus, cujus collatio spectat ad Plebanum ecclesiae S. Barth. (*Ph. Schurg.* I, 58.) — Reditus pro Rectore Scolae nostrae (cum altare diu fuisset destructum per Senatum) per Vicarium Rvdmi. incorporati sunt praesentiis.

Ao. 1517 Secunda post Exaudi, quia vineae frigore confectae, iterum provisores hospitalis constituerunt dare mane cuilibet Praebendario dimidiam mensuram vini et sero dimidiam mensuram cerevisiae. Plaustrum Vini illis diebus propter frigis emebatur pro viginti tribus florenis. (Ibid. pag. 236. Tom. I.)

Ad Ann. 1666. Hans Hector zum Jungen's Stiftung betr. vid. Lersner. II, 196.

— — 1502. in die S. Galli Elisabeth von Heringen betr. ibid. II, 197.
— — 1460. in die S. Laurentii, Hartmann Beckers Legat ibid. II, 198.
— — 1504. fer. 4ta in Vigil. B. M. V. Assumptionis } ibid. II, 201.
— — 1637 9. März . . . .
— — 1571. Lersner I, 524 und vom Spital überhaupt Lersner I et II, I. 2. p. 45 et 46. De ecclesia et hospitali S. Spiritus Lersner I, II, 86 und II, II, 99.

Guden. Cod. dipl. I, 537 ad annum 1236 de Hospitali S. Spiritus.

Ao. 1316. Fridericus Isenmenger Capellanus S. Spiritus hospit. et Vicarius instauravit vicarias S. Andreae Apostoli in Eccl. S. Barthol. et anno eodem etiam *Vicariam S. Aegidii*.

Ueber der Elenden Haus vergl.:

St. Rchnbch. de 1371. It. 10 ℔ zu *d'Elendehus*.

— 1377. It. ij ₰ v β Cullmannen vmb kalk zu *dem elenden Huse*. Beedbuch 1414. It. Henne Fledeners Frauwe in der Elenden Huss. O. U. 1445. Der Elenden Huss hinder dem Spital des hl. Geistes zu F. vber *St. Mathis Capellen uff der Stedte Muren*.

[Vgl. überhaupt: Fürsprachen für die heiligen Geisthospitals zu Frankfurt am Main. Offenbach 1840. Archiv für Frankf. Gesch. und Kunst. III. 75. Ueber die Siegel des Hospitals (zuerst 1287) ebenda V. 181.]

Häuser auf der Nordseite.

Das Eck M. . . in der Saalgasse.

Lit. M. No. 102. Das Haus zwischen den zwei Eckhäusern auf dem Plätzchen, so gegen Sonnenniedergang schaut.

Lit. M. No. 103. Ein vorstehendes Eck.

Lit. M. No. 104.

Lit. M. No. 105.

Lit. M. No. 106. Das Eck an einem ganz unbedeutenden Gässchen. An demselben steht ein unbekanntes Wappen mit der Jahrzahl 1682.

Lit. M. No. 107 steht rechter Hand im Gässchen.

Das Haus in der Saalgasse M. 113 macht den Schluss im Gässchen, und hat in dasselbe einen Ausgang.

Lit. M No. 108. Das andere Eck am Gässchen.
Lit. M. No. 109.
Lit. M. No. 110.
Das Eck s. M. 93 in der Schlachthausgasse. [58])

Herrgottshaus. „Hus genannt Hergotshus in der Metzlergasse" S. G. P. von 1399. Seine Lage bleibt ungewiss. Es kann sowohl dieser, als der andern Gasse dieses Namens zugehören. Vermuthlich war es einer frommen Stiftung für Armen gewidmet; denn man pflegte dergleichen Häuser Herrgottshäuser oder Herrgottsstuben zu nennen. [59])

Ochsenkopf. „jx ß. hlr. gelegen uff eym nuwenhusze hinden an dem Storcke vff eyner sytten nest, an der andern sytten an das ort huszgin gen der alten Schribery uber in der Metzelergassen vnd zwey husz stent dar zwoschen — vnd dasz husz wirt genant zum Ossen Koph." 1493. Z. R. der Allerh. Kirche von 1475—1533. f. 16. Die Beschreibung ist sehr dunkel, und scheint in Betreff der Lage sich zu widersprechen. Ich habe sie dennoch wegen des Hausnamens nicht übergehen wollen.

Die *Bäckerstube* im h. Geistgässlein. Z. B. von 1644.

H. Geistgässchen.

Hinter dem Chore der h. Geistkirche.

Dass sich im XIV. Jahrhundert ein kleines Gässchen in der Hospitalsgasse unweit der h. Geistkirche befand, ist aus den Beschreibungen der zwei folgenden Häuser zu schliessen, und

---

[58]) G. Br. 1445. Husechin niddewendig des H. und gesesses genant der *Storck* in der Metzlersgassen. F.

[59]) S. G. P. 1399. H. genant Herrgottshus in der Metzlergasse, gen der alten *Wixhusern* über.

— 1402. Herrn Gotts secl. H. unter den Metzelern.

O. U. 1531. Eckhaus — gegen unser Statwagen uff dem Loerhofchin gelegen, stoist hinten uff das Hergots Haws etc.

in dem S. G. P. von 1439 kömmt noch „das heil. Geistgeschin in der Metzlergassen" vor. Ohne Zweifel hatte das h. Geisthospital eine Thüre in dasselbe. Am Platze der gedachten Häuser und des Gässchens befinden sich nun der Hof des Hospitals und ein Theil seiner Gebäude.

Häuser.

Backhaus des Heylo oder Heilmann Judenspiess. [60]) Sex den. de pisterno Heylonis dicti Juden Spiez, sita in antiquo opido superiore parte vico Carnificum septentrionali, latere meridionali, infra vicum dictum Storkis gazze et Hospitale, contigua choro Hospitalis jam notati". L. V. B. Saec. XIV. vic. S. Spiritus.

Domus Hennekin Rieneckers. [61]) „j marcam den. legavit Henricus de Wolckinburg vicarius de domo et habitatione Hennekini Rienegkers, sitis in antiquo opido fr. superiore parte, vico carnificum, latere occidentali, contigua choro Hospitalis S. Spiritus versus meridiem et jam est pars curie hospitalis supra dicti". L. r. B. de 1350. f. 59.

Das Backhaus des Heilo Judenspiess war unmittelbar neben dem Chore der h. Geist-Kirche, und zwar vorn in der Metzlergasse gelegen; weswegen es auch in vico carnificum latere meridionali, und contigua choro beschrieben wird.

Das Haus des Hennekin Rienecker stand ebenfalls, aber gegen Mittag, neben dem Chore, und folglich dem vorigen an der Seite. Es wird zwar auch, wie dieses, in vico carnificum, aber nicht in latere meridionali, sondern in latere occidentali beschrieben. Das Backhaus stand vorne und hinter ihm des Rieneckers Haus, das ein Gässchen vor sich liegen hatte, durch das man in die Metzlergasse ging. Wäre das Verhältniss anders gewesen, so hätte auch die Beschreibung des Hauses in latere occidentali, oder auf der Abendseite, gar nicht gepasset.

---

[60]) Laut Stdtrchn. de 1618 wurde die vom Rathe eingezogene *Beckerstube*, gleich wie die Fischerstube zu eigen verkauft. F.

[61]) O. U. 1360. de domo et habitatione — dicti *Ryneckirs* — contiguis hospitali infirmorum infra muros antiquos - versus *Mogum*. Conf. *Würdtwein* Diöc. Mog. II, 679.

Saalgasse.

Was diese Gasse vor dem J. 1280 für einen Namen führte, verschweigen unsere Handschriften. Aber das um selbige Zeit erbaute Hospital zum h. Geiste brachte ihr den Namen der *heil. Geistgasse* zuwegen, für welchen in den Zinsbüchern der vicus hospitalis S. Spiritus, und abgekürzt: der vicus hospitalis oder S. Spiritus gesetzt wurde. Man begriff unter dieser Benennung anfänglich nur die Gegend vom h. Geistbrunnen bis zum Fahrthore; weil die obere Gegend von gedachtem Brunnen bis zum heutigen Weckmarkte damals noch einen Theil der Judengasse ausmachte. Nachdem aber nach der grossen Juden-Verfolgung die meisten Häuser der Gegend an die Christen gekommen waren, vereinigten sich beide unter dem gemeinschaftlichen Namen des vicus S. Spiritus oder der h. Geistgasse, der sich zuweilen auch noch über den vicus coemeterii S. Bartholomaei bis zur Fahrgasse ausdehnte. Alles dieses wird sich unten bei den Häusern und anderswo bestätiget finden. Der Name h. Geistgasse scheint im Anfange des XV. Jahrhunderts sich schon seiner Veränderung genähert zu haben, indem ich in dem Zinsbuche der h. M. u. G. von 1412 für sie die *Glesergasse* fand, wo die beiden Eckhäuser beim Römerberge, Landeck und Kroneberg, „in duabus aciebus duorum vicorum glesergasso et bendergasse" beschrieben werden. Daselbst ist S. 1. auch noch zu lesen: „Novem solidi denariorum cedunt de domo in der glesergassen ex opposito domus Knobelauch alias zum Sale." Statt Glesergasse liest man auch unter den Glesern, [62] wie eine andere daselbst vorkommende Stelle beweist: „Novem solidi den. levium cedunt vnder den Glesern de domo fundo et tota habitacione sitis in acie parvi vici dirigentis in die bendergaszen in dextro latere, ex opposito domus zum Knobelauch." Ueber die

---

[62] Schon bereits 1320 kommen in der Nähe des Saalhofes vor:
Ludovicus dictus Glesere
Relicta Ludovici Glesere } welche laut Beedbuchs zu beiden Seiten des Saalhofes wohnen. F.
Johannes Glesere.

Entstehung des Namens Glesergasse oder des vicus vitiorum ist bei dem Gläsergässchen nachzusehen. Wann der Name Saalhofgasse oder Saalgasse zum erstenmal anerkannt wurde, lässt sich nicht bestimmt sagen. Einmal kömmt er in den Zinsbüchern vor dem ... Jahrhundert nicht zum Vorschein, es ist aber doch möglich, dass er in dem gesellschaftlichen Leben weit früher gehört wurde, als er seine Aufnahme in den Zinsbüchern erhielt, die nicht gerne was änderten.

Gegen das Ende des letzt abgewichenen Jahrhunderts hiess sie noch die Saalhofgasse, jetzt aber wird sie nur die Saalgasse genannt s. Chron. I. 538 beim J. 1698 u. II. 538. Man muss sich wirklich darüber verwundern, dass man der Gasse den Namen eher von einem gemeinen Anwohner, als von dem so merkwürdigen Saalhofe beilegte. Uebrigens ist noch zu bemerken, dass die mittlere und breitere Gegend der Saalgasse schon im XV. Jahrhundert auf dem Weckmarkt oder Brodmarkte geheissen hat. Obschon die Brodtische von den ältesten Zeiten her ihren Standort unter der Brodhalle hatten, so war doch ihr Raum zu eng, die nach dem Verhältnisse der stets anwachsenden Volksmenge sich vermehrenden Brodtische alle aufzunehmen, und ihnen wurde noch ein besonderer Platz in der Saalgasse angewiesen, der dadurch die Benennung auf dem Weckmarkte erhielt. Dieser Name erhellet aus den nachgesetzten Beschreibungen der Häuser zur hängenden Hand, Knoblauch und anderer. Auch kömmt in dem Z. R. der Allerheiligenkirche von 1472 und der folg. J. f. 30. „Juncker Siffridt Knoblauch vff dem Weckmargkt" vor, der von 1504 bis 1510 jährlich 10 β. von zwei Morgen zu Oberrod entrichtete. Der Weckmarkt in der Saalgasse hörte vermuthlich damals auf, als die Bäckerhütten auf dem heutigen Weckmarkte wider der Mauer des Pfarrkirchhofs erbauet wurden.

Zusatz.

Vor dem XIV. Jahrhundert sah man diese Gasse noch zwischen den heiligen Geistbrunnen und den Saalhof eingeengt, sie erhielt aber nachher an beiden Enden eine weitere Ausdehnung. Ihre älteren Namen, wie sie in den Zinsbüchern im XIV.,

XV. und XVI. Jahrhundert abwechselnd erscheinen, waren der vicus vitrorum, oder die Glesergasse (Gläsergasse) [unter den Glesern] [63]), und der vicus hospitalis S. Spiritus, vicus S Spiritus, oder die heilige Geistgasse. Diesen veranlasste das Spital zum hl. Geist, welches ums Jahr 1280 erbaut wurde; jenen, als den älteren Namen, leite ich von einem Theile ihrer Bewohner ab, welche den Glashandel trieben, oder sich mit dem Glaserhandwerke beschäftigten. Man nannte sie Gleser, welches Wort in der einfachen Zahl sowohl, als in der Mehrzahl sich immer gleich blieb, und sich zuletzt in Glaser veränderte. Das Baldemarische Vikariebuch aus der Mitte des XIV. Jahrhunderts hat bei den Vicarien der hl. Simon und Judas einen Zins bemerkt: „de domo Gotzonis Glesers in vico sancti Spiritus latere septemtrionali infra vicos vitrorum et dividentem in acie respiciente orientem et meridiem vici ollarum". Der Zinspflichtige hiess Gotzo (Gottfried) und er war ein Glaser oder Gleser, der neben dem kleinen Gässchen gegen dem Saalhof über wohnte. Zur Zeit, wo man mit den Bestimmungen der Bei- und Zunamen noch nicht ganz in Ordnung war, fügte man den Taufnamen nicht selten die Namen des Amtes bei, welches die Personen bekleideten, oder ihres Gewerbs oder Handwerks, um sie dadurch leichter von andern zu unterscheiden; und dieses war der Fall bei gedachtem Gotzo. Um analogisch zu überzeugen, dass sich die Sache wirklich so verhielt, führe ich einen Grabstein an, welcher auf dem Pfarrkirchhofe vor dem Thore des Pfarreisens liegt und nur die Paar Worte „Hans Snyder" zur Aufschrift hat; dass der Verstorbene wirklich ein Schneider gewesen, sollte die grosse auf dem Steine ausgehauene Schneiderscheere zu erkennen geben. Das Eck gegen dem vorigen über, nun der Lindenbaum, heisst in den ältern Zinsbüchern zum alten Gleser, und in der neuern, zum alten Glaser. Ohne Zweifel war der Bewohner des Hauses auch ein Glaser, wie der vorige, und zugleich ein alter Mann, und man nahm daher die Gelegenheit, sein Haus des alten Glasers Haus zu nennen, wodurch zuletzt der Hausname zum alten Glaser entstanden ist.

---

[63]) S. G. P. 1400. II. unter den Glesern. F.

Endlich kam ausser den vorerwähnten Namen von dem Saalhofe auch noch die *Saalhofgasse* auf, die man nachher in die *Saalgasse* abkürzte. Dieser Namen scheint aber noch kein hohes Alter erreicht zu haben, indem ich ihn weder in den ältern Zinsbüchern unserer Kirche, noch anderswo gefunden habe. Es ist zwar wahr, dass man oft viele Jahre zögerte, bis man die veränderten Namen in die Zinsbücher aufnahm, um dieselben so lang als möglich mit den Urkunden in Einklang zu erhalten, aber alle würden doch nicht ganz geschwiegen haben, und eins oder das andere würde ein Verräther des Namens geworden sein. Ich vermuthe, dass dieser Namen in der ersten Hälfte des XVI. Jahrhunderts bereits hörbar gewesen, und dass er gegen das Ende des Jahrhunderts schon allgemein angenommen war, indem in der Chronik II. 538 in einer Beschreibung der XIV Quartiere von 1575 der Saalhofgasse gedacht wird. Mancher wird sich wundern, dass die Gasse nicht schon in den frühesten Zeiten von einem so merkwürdigen Gebäude, wie der Saalhof war, den Namen erhalten hat. Die Ursache kann wohl keine andere gewesen sein, als weil er vor einem freien Platz, dem Römer, oder Samstagsberg stand und folglich eher diesem, als einer Nebengasse angehörte.

So lange der kaiserliche Hof noch wandelbar war, und der Monarch von einem Palatium in das andere zog, um da seine Gefälle aufzuzehren, blieb alles, wie es war, aber unter Ludwig dem Baier, der 1314 zum Kaiser erwählt wurde, änderte sich die alte Verfassung und der Hof wurde ständig.⁶⁴)

Ludwig, weil er nun keinen persönlichen Gebrauch mehr von seinem Palatium zu machen gedachte, erlaubte den Bürgern, Häuser gegen demselben über gegen jährliche Grundzinsen zu erbauen, und durch den Bau dieser Häuser entstanden drei kleine

---

⁶⁴) Bei dem von Ludwig dem Baiern Erwähnten ist vieles Unrichtige zu verbessern. Lange vor ihm ist die Bendergasse entstanden und der Saalhof in Ruinen verfallen. Seine Verpfändung des Saalhofes und Lehen-Ertheilung über einzelne Pertinenzstücke dieses Saalhofes waren die Folgen des Ruins. F.

Gassen, deren eine, dem Samstagsberg am nächsten, den Namen des vicus S. Nicolai erhielt, und nun nicht mehr existirt, die mittlere sich an die Bendergasse anschloss, und die dritte sich mit der heil. Geistgasse vereinigte, die nun das merkwürdige Gebäude, den Saalhof, in sich fasste, und eben deswegen eine baldige Veränderung ihres Namens vermuthen liess. Vielleicht aber war es eine andächtigere Stimmung der Zeit, welche die hl. Geistgasse in Schutz nahm und gegen ihren geheiligten Namen noch so bald keinen andern aufkommen liess. Schon frühzeitig belehnte Ludwig den Eberhard Herrn von Bruberg mit den Zinsen, welche von den Häusern in der Bendergasse fielen, wie wir aus einer Urkunde von 1317 ersehen, darin er gedachtem Eberhard erlaubte, seiner Gemahlin Mathilde von Waldek, und ihren Töchtern 1000 Mark Silber zu einem Witthum auf verschiedene Reichslehen, und namentlich auch auf die Zinsen von den Häusern in der Bendergasse in Frankfurt anzuweisen. S. *Johannis* Spicilegium tab. vet. pag. 410. [Cod. 438.] Auch wurden die Ritter von Sachsenhausen mit den Zinsen von zwei Häusern, Landek und alten Spessert, gegen dem alten Saalhof über, belehnt, welche nach Erlöschung des männlichen Stammes mit Rudolf im Jahre 1426 als ein Kunkellehen an die Ritter von Cleen, und nach diesen ums Jahr 1517 an den Ritter Hans von Frankenstein gelangten, weil dieser seit dem Jahre 1508 mit Irmel von Cleen vermählt war. Aus Archiv-Urkunden, wie auch aus der von Frankensteinischen Streitschrift gegen den Rath: Vertheid. Kaiserl. Eigenthum von 1775. S. 23. u. 24.

Wir haben uns bisher mit den Namen der Gasse und ihren Veränderungen [65]) unterhalten, und nun müssen wir auch noch eines Namens gedenken, der nicht der ganzen Gasse zukam, sondern nur einem Theile derselben. Bei der immer mehr anwachsenden Volksmenge vermehrte sich auch die Zahl der Bäcker und da die Brodhalle nicht Raum genug hatte, ihre Bänke und Tische alle aufzunehmen, wies ihnen der Rath die heil. Geist-

---

[65]) Auch den Namen *Tüchergasse* führte sie laut eines Gültbriefs von 1611. F.

gasse oder den mittlern und breitern Theil der jetzigen Saalgasse zu ihrem Standorte an, wodurch die Gegend den Namen *auf dem Brodmarkt*, noch öfters aber *auf dem Weckmarkte*, erhielt; wie dieses aus zwei Insatzbriefen von 1443 und 1462, wie auch noch früher aus den Nachrichten von den Häusern selbiger Gegend erhellte. Später liess der Rath wider die neue Kirchhofmauer gegen dem Leinwandhause über Hütten für die Bäcker setzen, worauf der Brodmarkt in der Saalgasse aufhörte. [Vgl. Oben S. 1.]

Dass der Begriff der Gasse vor dem XIV. Jahrhunderte noch sehr klein gewesen, habe ich gleich anfangs gesagt. Ihre erste Erweiterung hatte an ihrem westlichen Ende statt, und war eine Folge der kaiserl. Erlaubniss, die Häuser gegen dem Saalhof über zu erbauen. Die andere spätere Verlängerung wurde durch die Judengeschichte bewirkt. Nach der Austreibung eines grossen Theils der Juden im Jahr 1349 litt die Judengasse vom Fürsteneck in der Fahrgasse bis zum hl. Geistbrunnen eine baldige und grosse Veränderung. Die Plätze ihrer auf der nördlichen Seite abgebrannten Häuser wurden zur Vergrösserung des Pfarrkirchhofs verwendet und die ganze Judengasse erhielt dadurch den Namen des vicus cömeterii oder der *Kirchhofgasse*. Der mit dem Bartholomaeus-Stifte im Jahr 1571 geschlossene Vergleich hatte zur Folge, dass ein grosser Theil des Kirchhofs an die Stadt abgetreten, und in offene Plätze (den Garküchenplatz und den Weckmarkt) umgeschaffen wurde. Die Kirchhofgasse und die Affengasse gegen dem Leinwandhause über waren nun plötzlich aus den Augen verschwunden, und nur der untere Theil der Kirchhofgasse (zuvor der alten Judengasse) vom Storch bis zum hl. Geistbrunnen waren noch geblieben; weil aber der Name Kirchhofgasse auf diese Gegend nicht mehr passte, so vereinigte sich dieselbe unter einem gemeinschaftlichen Namen mit der hl. Geistgasse, die nun vom Gast- und Eckhause zum Storch bis zum Fahrthore die Saalgasse heisst.

Häuser auf der Südseite.

I.

Zwischen der Schlachthausgasse und dem h. Geistbrunnen.

Lit. M. No. 111. *Storch.* *Kleiner Storch.* [66]) Das Eck an der Schlachthausgasse. Es war 1704 schon ein Gasthaus, dessen grosses Schild mit dem Storche sich bei der vorgenommenen Veränderung des Hauses im J. 1798 aus den Augen verlor. Oben in dem Gipfel ist ein Brustbild zu sehen, welches von seinem Erbauer herrühren soll.

„ij sol. den. de habitatione dicta Brestonis nunc dicta zu dome Storgke sita in vico judeorum latere meridionali, infra vicum occidentalem transitus vicorum carnificum et judeorum et hospitale prenotatum (S. Spiritus) in acie respiciente septentrionem et orientem." L. r. B. de 1350. f. 4.

---

[66]) G. Br. 1405. H. Hof garten flecken und gesesze genant *zum Storck* gelegen in Frankfurt gein der *Stede Schribery* uber, daz etwan Jacob Clobelanchs des alten seligen etzwan Schoeffen zu F. gewest ist. f. 5. p. Epiph. Dom.

— 1317 verkauft Jacob von Eppenstein Jude an Henne Krader gesessen zum Storke seinen Theil des H. zum Storke by der *wagen* gelegen.

— 1439. S. pag. 13.

O. U. 1459. verkauft N eine Gülte von 6 fl. der Husunge und Gesesse hinden und vornen — genannt zum Storke gelegen by dem Leinwanthuse und der Wagen by der Pfarrkirchen an des Jacob von Eppinsteins Huse, welche Gülte ihm von seinen Eltern darkommen etc.

O. U. 1464. Huss u. Hoffechin u. Hindergehuse, genannt zum kleinen Storcke, gelegen zuschen dem Buschbaum und dem grossen Storke etc.

O. U. 1489. H. genannt zum kleinen Storke gein dem Lynwathuss über gelegen, stösst hinden an das Gesess zum Storcke etc.

O. U. 1523. H. u. Gesess — am Ort genannt *zum Storck* gen dem *Linwathuss* über gelegen neben *dem klein Storck* und unden uff ein Eckhuss in der Metzlergassen stossend etc.

Stdt. Rchng. de 1533. It. den Bumeistern (Rathsdeputirten in Betreff der Baubesichtigungen). Dominico Bochern zween Weynstock fur *dem storck* zu setzen zu erlauben. F.

„Hus zum Storck uff dem orte gen dem hus Freyenstein und der wagen ubir." S. G. P. von 1474.

„zum Storckh vff dem Weckmark in Frankfort." von Frankenst. Z. R. von 1639.

Das Haus ist dasjenige, aus welchem der Jude ... 1349 den feurigen Pfeil ins Rathhaus soll geschossen, und dadurch den grossen Brand verursacht haben, der sich der Kirche und sehr vielen Häusern mittheilte. Chr. I. 555. A. 1405 besassen schon Christen das Haus eigenthümlich, und 1460 wurde es an Jeckel zu Schwanau verkauft. Chr. I. 556. *Schudt* jüd. Merkm. II. 50.

A. 1677 am 27. März, Nachmittags zwischen 12 u. 1 Uhr, entstand in dem Hinterhause ein Feuer, wodurch dasselbe und die 4 nächst gelegenen Häuser meistens abbrannten. Chr. II. 777. Damals verlor das Haus seine alten Briefschaften, unter welchen sich noch ein hebräischer Original-Kaufbrief von den Juden zum Storche soll befunden haben, *Schudt* l. c. 4. Th. 2. Band S. 10.

Lit. M. No. 112. *Buchsbaum*. [67]) Ein vorstehendes Eck. A. 1466 kam das Haus aus der Juden Händen in christliche; denn am Freitag nach Gertrudis g. J. verkief Jud Simon von Eppenstein an Johann Volprecht und Gredechin seine Hausfrau „die Husunge und gesesse mit dem Hoffchin, iren Begriff, rechten und Angehore und den Gange uff die Profeyen, als der itzundt stee, genant zum Bussbaum gelegen by der Wagen zuschen dem Huse zum Cleynen Storcke und Katzenelnbogen und solle das Huss zum Cleynen Storck kein Liecht-Recht darinne haben anders dann als es itzunt stee und so desz noit werde solle man

---

[67]) G. Br. 1396. H. Stobe flecken und mure gelegen znschen dem hoffe zum Storke und dem gesess zu Katzenelnbogen.

O. U. 1458 Husunge zum Buschbaum und dem steinern Huse daran zushen Symal dem Juden und der Husunge zum Storcke gelegen. (Dieses Haus gehörte damals dem Juden Jacob von Eppenstein.)

O. U. 1485. H. u. G. mit dem Hoffchin — genannt zum Bossbaum gelegen by unserer Stadt Wagen zushen dem Huse zum cleynen Stork und Katzenelnbogen. F.

die Profeye dorch das Husz zum Cleynen Storg_reyngen." *Schudt* l. c. S. 12—14, wo die Kauf- und Wachrbriefe anzutreffen sind.

Lit. M. No. 113. *Katzenelnbogen.* ⁶⁶) 1466. S. vorher. An der Brandmauer steht das Jahr 1616 eingehauen.

„Sita in antiquo opido Franck. superiore parte vico judeorum latere meridionali infra vicos Storkisgasz et Hospitale Sancti Spiritus." L. C. de 1390. f. 72.

„in vico Judeorum et in vico Sancti Spiritus ex opposito Schauben Rycke." L. C. de 1405. f. 73.

„retro domum Schauberucke" 1428.

Lit. M. No. 114. *Zum Widder.* ⁶⁹) 1581. S. beim folg. Hause.

„Hauss zum Wider auf dem Krautmarkt auf einer seite neben Catzenelnbogen, auf der andern neben dem Spiegel. S. Mspt. Saec. XVII. Die Beschreibung auf dem Krautmarkte ist

---

⁶⁸) Reg. Cens. fabr. Item 1 marc. quam legavit Wigandus quondam filius dicti Priu de domo dicta Katzenelnbon ex opposito posterioris partis domus dicte Schaubenrogke.

G. Br. 1436. H. genant *Kazenelnbogen* zushen dem *Buschbaum* und *Molderbrods* gesessen und gein dem *Schaubenrucke* uber.

O. U. 1438. H. Katzenelnbogen zushen dem Bussbaum und dem Wydder.

S. G. P. 1445. H. Kazenelnbogen an dem H. zum Busbaum gelegen. F.

⁶⁹) O. U. 1484. H. u. Gesess mit der Stellung dahinden — genant zum Widder gein dem Schraubruck über zushen dem Gesesse zum Spiegel und Katzen Elnbogen gelegen stosse hinde mit dem Stalle uff die Metzler-gassen.

O. U. 1522. Zwei H. das ein *Rausenberg* genannt, in der Metzlergassen, an einander gelegen, neben N. und dem Widder, stosst ein H. hinden uff den Widder.

O. U. 1537. H. zum Widder in der Glassergassen neben Simon Bocher einr und dem H. zum Spiegel anderseits, stosst hinten auf die obere heil. Geistgasse.

O. U. 1537. H. — zum Widder genant in der Glasser Gassen neben N. uff einer und dem Haus zum Spiegel uff der andern Seiten gelegen stosst hinten uff die *Ober heilligen Geist-Gassen.*

Mspt. XVII. Sec. H zum Widder auf dem Krautmarkt auf einer Seite neben Kazenelnbogen, auf der andern neben dem Spiegel.

Mspt. XVII. Sec. H. Katzenelnbogen auf dem Krautmarkt. F.

unrichtig; denn obschon derselbe in der Nähe lag, so fand ich doch nirgendswo die Saalgasse mit diesem Namen belegt.

Lit M. No. 115 *Spiegel. Goldner Spiegel.* [70]) War bis zum J. 1616 der Bäcker Zunfthaus. [71])

„domus dicta zum Spiegil sita in antiquo Frank. superiore parte vico judeorum latere meridionali infra vicum dictum Storkisgazze et Hospitale Sancti Spiritus." L. V. B. Sacc. XIV. Vic. X. millium Martyrum.

„zu dem Spygel sita by den brothallen prope dem aldin gultsteine in vico Sancti Spiritus latere meridionali, infra vicum ab Ecclesia Sancti Bartholomei ad domum Slahus descendentem et Ecclesiam S. Spiritus, ex opposito quasi retro domus Waldegkin." L. V. med. Sacc. XIV. Sub vic. Trium Magorum II institut.

„infra vicos dictos Storkgasz et Hospitalis Sancti Spiritus. Dat communitas Pistorum." L. V. de 1453. f. 27.

„2½ Marck et 6 β. de domo zum Spigel sita latere meridionali infra domos zum Widder et Dreyschencken, vico antiquo Judeorum, quo itur ad Sanctum Spiritum." R. C. de 1581. f. 32. 1585—1587 Communitas pistorum dabat censum. R. C. d. a. p. 48.

Das Haus gab unserer Praesenz auf Martini noch 5 fl. 30 kr. Grundzins.

---

[70]) S. G. P. 1339. domus zum Spigele.

O. U. 1447. H. u. G. genannt zum Spiegel, das des Beckerhandwerks sy, gelegen zushen den Drynschenken und dem alten Goldstein.

O. U. 1502. H. u. Gesess genannt zum Spiegel neben dem Gesess zum Wieder uf eyner und uff der andern Syten neben dem alten Gültstein, gehört dem Gemein Bäckerhandwerk.

Stdt. Rehnbch. de 1540. Das Zunfthaus des Beckerhandwerks im Spiegel benannt.

— 1618 wird das Haus zum Spiegel, als die eingezogene Beckerstube, vom Rath verkauft. F.

[O. U. 1558. H. zum alten Goldstein zwischen dem Haus zu den Dreischenken und dem Bäcker Zunfthaus. Mittheil. III. 29.]

[71]) Die Zunfthäuser solcher Zünfte, die für ihren Erwerb einen gemeinschaftlichen Mittelpunkt hatten, befanden sich immer in der Nähe desselben. So war diese Baeckerstube in der Nähe der Brodhalle und des Weckmarktes. F.

Lit. M. No. 116. *Goldstein. Alter Goldstein.* [72] „Hus zum Goldstein am hus zur Dreschenkel gelegen." S. G. P. von 1394. In dem Protok. von 1397 wird es zum alden Goldstein an dem H. zum Dreschenckel gelegen genannt.

„zum alden goltstein zuschen den gesessen zum Dringschencken vnd dem Spiegel." J. B. von 1426.

Lit. M. No. 117. *Drei Schinken.* [73]

„domus dicti *Gurringybil* nunc dicta zun dreyn Schenkil sita in antiquo opido Frank. superiore parte, vico Judeorum, latere meridionali infra vicum dictum Storkisgazze et hospitale." L. V. B. Saec. XIV. Vic. VIII.

---

[72] O. U. 132.--1326. eine steinin Schirnin hindir deme *aldin gultsteine* (den Zins zahlt ein Metzger).

O. U. 1357. H. u. Gesess genant zum alden Goltstein gein Lychtinberg uber hinden etc.

O. U. 1490. H. — genant zum alten Goltstein zwuschen den Gesessen zum Spiegel und den Dryenschenke etc.

O. U. 1499. H. — genant Alten Goltstein zwuschen den Husen zu den Dry-Schenken und der Becker Stoben.

Stdt. Rchnbch. de 1499. Baubesichtigung des Hauses zum alden Goltstein neben dem Spiegel. F.

[73] 1371 Wenzil zum Dreschenkil. 1372-1383 Henne z. D. 1395 Hille in dem D. 1401 Erwin zum Drenschenkel.

Beedbuch 1414. It. der Becker Drinckstoben (neben dem Hause zum Drinschenkil).

S. G. P. 1416. H. zum Dreschenkel.

O. U. 1459. H. zum Drynschenkel uf dem Weckmarkt.

— 1463 H. zum Drynschenkel uf dem Weckmarkt.

O. U. 1469. H. u. Gesesse vorne und hinden mit den Husern die hinden darzu und darinne geknüpft darzugezogen und gebnwet syn, — genannt zur Drynschenken gelegen vornen geen Liechtenberg uber zushen Hermann Wollprechts sel. Erben und N. und stosse hinden in die Metzler Gassen gen dem heiligen Geiste.

O. U. 1496. H. genannt zum cleinen Dryschenken neben dem Huss zu den Drynschenken.

Stdt. Rchng. de 1515. Ein Brodtisch by den Drieschenken.

O. U. 1577. H. — uff dem Weckmarkt zum Dreischenken genannt neben dem Haus zum alten Goltstein einerseits und N. anderseits stosst hinden uf ein gemeine Gassen. F.

„domus Dri Schenkil sita in vico sancti spiritus latere meridionali, ex opposito domus ubi venduntur panes." L. V. med. Sacc. XIV. f. ult.

„domus sita in antiquo opido superiore parte vico carnificum seu sancti spiritus latere meridionali infra Ecclesias sancti spiritus et Bartholomei ex opposito domus dicte Lycchtenberg retro dicta zu deme Drynschenkeln." L. C. de 1390. f. 72. Das Haus wird hier in vico carnificum seu sancti Spiritus beschrieben, weil es hinten auf die Metzlergasse stiess.

„Hus zum Drynschenkel uf dem Wekmerte." S. G. P. von 1463.

Das Haus war im Anfange des XVI. Jahrh. ein Gasthaus;[74] denn 1506 logirte der französische Botschafter darin, und es hiess damals die Herberge zum dreyen Schenken. Chron. II. 283. Aus derselben wurde nachmals eine Münzstatt, von welcher die Chronik I. 443 erzählt, dass der Graf von Königstein im J. 1567 hier zum Trinck-Schenk kleine Münze oder Pfennige habe münzen lassen, und dass 1569 der Münzmeister zum Trunkschenck flüchtig geworden, und den Juden 1800 fl. schuldig geblieben sei. A 1570 untersagte der Kaiser den Münzen allenthalben, besonders hier zum Trinckschenk, wie auch zu Königstein und Oberursel bis auf weitern Bescheid die Arbeit. Mit dem ganz verhunzten Namen Trinkschenk hat ein anderer zum Drynck Schenkel, wie man ihn in dem Zinsbuche von 1405 liest, viele Aehnlichkeit. Das Haus hatte an unsere Praesenz auf Palmarum 5 fl. 48 kr. u. 2 h. Grundzins zu entrichten. Ein katholischer Kaufmann Namens Despoulles, hat es im Jahr 1714 von Grunde aus neu gebaut. Chron. II. 27.

Lit. M. No. 118.

---

[74] Das Haus zu den *drien Schenken* kommt häufig in den Stadt-Rechnungen dieser Zeit (zu Ende des 15. und Anfang des 16. Jahrhunderts) als Gasthaus vor, und zwar als eines, das der Rath für Beherbergung fremder Vornehmen auf dessen Kosten vorzüglich liebte. So laut Stdt.-Rchng. de 1501 und bereits im Stdt. Rchnbch. de 1495. Des königlichen Fiskalboten Zeche wurde vom Rathe *dem wirt zu Drinschencken* bezahlt. F.

Lit. M. No. 119. *H. Geist.* [75]) Auch das *h. Geisteck.* Das doppelte Eck bei dem h. Geistbrunnen. Ueber der Thüre steht eine Taube ausgehauen mit Umschrift: zum heiligen Geist 1752. Dennoch pflegen die Leute das Haus das heilige Geisteck zu nennen. Mit ihm endigte sich ehemals die Judengasse, und es war 1453 noch ein einfaches Eck, wie aus der folgenden Beschreibung abzunehmen ist: „domus in vico sancti spiritus sita in acie respiciente occidentem et septentrionem prope fontem ex oposito der brothallen versus septentrionem". L. V. de 1453. f. 160.

II.

Zwischen der Hospitalsgasse und dem h. Geistgässchen.

Die h. Geistkirche, das Eck an gedachtem Gässchen, s. in der Hospitalsgasse.

Obschon das h. Geisthospital eigentlich nicht in der Saalgasse steht, sondern nur der grösste Theil seiner Kirche, so wurde es doch im Ganzen betrachtet als ein Gebäude dieser Gasse angesehen. „XXV sol. den. de Hospitali infirmorum sti. Spiritus in frank. sita in antiquo opido superiore parte vici sti. Spiritus, latere meridionali infra vicos dictos Storkis et Husengazze". L. Vic. Saec. XIV. Vic. VII.

III.

Zwischen dem h. Geistgässchen und dem Fahrthore.

Lit. M. No. 122. *Zum Hausen;* auch *Horn* und *Vorderhorn.* [76]) Das Eck an dem h. Geistgässchen. Man findet von diesem

---

[75]) O. U. 1409. domus acialis sita prope Hospitale Infirmorum S. Spiritus quam Ernestus sutor inhabitat, itur ab eodem Hospitali manu dextra ad ecclesiam S. Barthol. contigua domui dictae zum Drinckschenken.

Stdt. Rchng. de 1523. Die Wecktische by dem heil. Geist. F.

[76]) Beedbuch 1320. Rulo de cornu (der Folgereihe nach in diesem Hause wohnend).

— 1320. Gotzo zume Husen (ebenso).

Hause viele und sehr verschiedene Beschreibungen, die nur demjenigen verständlich sein können, der sich in die alte Lage der angrenzenden Häuser und in ihre nach und nach erlittene Ver-

---

S. G. P. 1340. Arnold zu dem Horne. 1361. 1341 Arnoldus zu dem Horne. 1358 Henkin zum H. 1355 Hans vom H. 1367 Henrich zu H. 1370 Ditvin z. H. 1356 Frau Else zum Horne von Wormesse.

S. G. P. 1431. H. zum Horn zwischen dem H. zur hangenden Hand und zum Husen.

S. G. P. 1432. H. zum Horn und H. zum Husen liegen neben einander.

O. U. 1447. H. u. Gesess hinden und vornen genannt zum Horne gelegen by dem heil. Geiste zushen dem Gesessen genannt zum Huse und der hangenden Hand und stosse hinden an das Gesesse zum alten Horne.

G. Br. 1460. Eckehus genant *zum husen* das man nennet *zum Horne* gelegen uff dem ecke des heilgen Geistes gessechins gein dem Spitale zum heilgen Geiste uber, forn zu gein dem weckmarkt und neben dem H. auch genant *zum horne* da Peter Scherer inne wone und hinden an das gesesse *zum hindirhorne* stossende.

O. U. 1460. H. zum Husen auch zum Horn genannt an dem heil. Geistspital.

— 1460. H. uf dem Weckmarkt an der Ecken vornzu genannt zu dem Husen liegend neben dem H. zum Vorderhorne stossend hinten an das H. zum Hinterhorne.

S. G. P. 1460. H. zum Husen uf dem Weckmart.

O. U. 1461. H. zum Husen das man auch nennt zum Horne, das da steht uff der Ecken by dem heil. Geist.

G. Br. 1462. Hier wird das H. ebenso beschrieben, nur heisst es darin, dass das daneben liegende H. zum Forderhorne genannt werde.

Wfrkl. Z. B. von 1480. Uf dem Weckmarth. Zwei H. und ist nu ein Wonung und ist genannt zu dem *Eckhorn* und hait etwan geheissen *zu der Husen* ist gelegen by der heyligen Geistkirch Dore allernehst und ist ein Eck H. Das ist ein Site gen Nidergang der Sonnen, die ander Siten gen Mittage.

O. U. 1508. H. — genant zum Hinderhorn by des heilig. Geist Portchin uff unserer Stede Mure geyn dem Meyn zu.

O. U. 1527. H. — zum Husen genant gegen dem heil. Geist uber uff der Ecken, als man an den Main geht und neben dem Huss zum Horn gelegen.

(Dies H. gehörte in neuerer Zeit der Wittwe des Hrn. Joachim Andreas Sauer.) F.

änderungen ganz einstudirt hat. Ich schicke deswegen eine Bemerkung voran, die, was dunkel scheint, leicht aufklären wird. Das Haus, die hängende Hand, in der Saalgasse stiess in der Mitte des XIV. Jahrhunderts mit seinem Hofe neben auf die Hausengasse, oder das nun sogenannte h. Geistgässchen, und dieser Hof nahm die ganze Seite vom Ecke zum Hausen bis an die Stadtmauer ein. In der Zeitfolge wurde neben dem Hausen ein Gebäude aufgeführt, das den Namen Horn erhielt, und da dasselbe nachmals in zwei Häuser getheilt wurde, so nannte man das eine das Oberhorn, und das andere das Unterhorn. Was dem ersten für ein Schicksal wiederfuhr, dass es 1431 schon nicht mehr stund, blieb mir bisher verborgen. Das S. G. P. vom nämlichen Jahr sagt: „das vorderhorn und hinderhorn ehmals ein Hus" und wieder: „1431 ist das vorderhorn nicht gebaut sondern liegt darnieder". Der leere Raum wurde nachmals wieder verbauet, und mit dem Ecke vereinigt, wodurch sich auch der Name Oberhorn demselben mittheilte. Vor 40 Jahren hieng noch ein Fisch an dem Hause, welcher den Namen zum Hausen anzeigen sollte.

Das Hinterhorn vergrösserte sich mit der Zeit über den Hof der hangenden Hand bis zur Stadtmauer; wurde aber nachmals auch getheilt, und durch solche Theilung entstand das Mittelhorn Diese Bemerkung wird hinreichend sein, die folgenden Hausbeschreibungen richtig zu beurtheilen.

„zu dem Husen sita latere meridionali in acie vici prope hospitale ad Mogum descendentis, respiciente septentrionem et orientem." P B. de 1356. f. 13.

„zum Husen gelegen uff der Ecken by dem Helgen Geist vnd stosse forn an den Hinderhorn vnd hinden an den alden Horne." J. B. von 1431.

Zur Zeit, wo der Insatzbrief ausgefertiget wurde, war die Vereinigung des Oberhorns mit dem Ecke zum Hausen schon geschehen; dasselbe wurde auch deswegen neben das Unterhorn im Gässchen gesetzt. Das alte Horn stand hinter dem Hinterhorne, s. im h. Geistgässchen. „H. zum Husen by dem heil. Geist uff der Ecken der Gassen, als man an den Meyne geet und vff der andern Syten an dem Horne. O. Urk. 1438.

„zum Husen gelegen vff dem brotmarckte by dem heiligen geiste vnd sy ein eckehusz vnd lige an der einen syten an dem Horne vnd hinden zu an dem alten Horn." J. B. von 1443

„zum husen alias zum horn sita in acie prope ecclesiam hospitalis sancti Spiritus in vico qno itur ad Moganum ad cloacas." L. V. de 1453. f. 160.

„eins Eckhuses cum pertinentiis genant zum Husen das man auch nennt zum Horne gelegen uff der Ecke des Heiligen geistes gessechin gein dem Spietale zum heilgen geist uber forn zu gein dem weckmart." J. B. von 1462.

„zum Husen uf dem Ort des heil. Geist Geschins gen dem heil. Geist über." S. G. P. von 1462. Ein Beweis, dass Eck und Ort hier als gleich bedeutende Worte gebraucht wurden.

„domus dicta Hausen modo intitulata zum fordersten Horn sita latere meridionali in acie etc." R. C. de 1581. f. 32.

A. 1640 wurde das Haus neu gebaut, wie in dem Z. R. von 1636 f. 32 bemerkt ist. Es gab der Praesenz auf Martini eine halbe Mark oder 45 kr. Grundzins.

Lit. M. No. 123. *Hangende Hand.* [77]) Bei dem gegenüber stehenden Hause zum Arn wird schon 1324 der hangenden Hand gedacht, und sie stiess im XIV. Jahrh. hinten mit ihrem Hofe auf die Hausengasse, nun das h. Geistgüsschen, wo sich vorher eine Badstube befand; 1440 war sie ein Gasthaus, denn in dem S. G. P. von diesem Jahre kömmt „die herberge zur hangenden Hand" vor. Man sah vor ohngefähr 30 Jahren noch eine grosse Hand an einer eisernen Kette von dem Ueberbaue vor der

---

[77]) Beedbuch 1320. Hancilo zur hangenden Hand.
S. G. P. 1355. Clara zur hangendin Hand.
— 1368. II. zur hangenden Hand.
— 1479. H zur hangenden Hand uf dem Wegmart.
O. U. 1504. H — uff dem Wegkmargt gelegen genannt zur hangenden Handt neben Siefrit Knobelache (Ratgeselle) und neben dem Gesess zum Forderhorn.
O. U. 1536. H. — zur hangenden Hand genant am Weckmarkt neben Syfrid Knoblochen *und dem Forder- Mittel- und Hinder-Horn* stosst uff unserer Stedte Muren zum Meyn zu. F.

Hausthüre herabhangen; nun aber steht an dem neu erbauten Hause eine kleine Hand mit dem alten Namen über der Thüre ausgehauen.

„iij marce den. de domo dicta zur Hangindinhant sita in antiquo opido Frank. superiore parte vico sancti spiritus latere meridionali infra domus dictas zum Horne et Winsberg." L. A. B. Sacc. XIV. vic. XXiij."

„Hus zur hangenden hand ufme Wekmerte." S. G. P. von 1479.

Eine ältere Nachricht von diesem Hause ist noch bei der Badstube im h. Geistgässchen zu finden. Unserer Praesenz wurden 3 Mark oder 4 fl. 30 kr. Grundzins auf Joh. Bapt. von demselben gegeben. [Vgl. auch Urk. von 1324, Cod. 478.]

Lit. M. No. 124. *Neue Welt*, ein Gasthaus, vorher *Weinsberg*, s. beim vorigen und folgenden Hause. [78])

Frankenstein. War das vorstehende Eck neben der neuen Welt, das mit Brüssel vereinigt wurde. [79])

„domus dicta Frankinsteyn, sita in antiquo opido Frank. superiore parte vico sancti spiritus latere meridionali infra vicos Hospitalis et Dividentem, et infra domus dictas Winsberg et Brüssel, in acie parva respiciente septentrionem et orientem." L. V. B. Sacc. XIV. Vic. S. Mariae Magdalenae.

---

[78]) O. U. 1450. H. u. G. hinden und vorne — genant Wynsberg gelegen uff dem Brotmarkt zuschen dem Gesesse genannt zu der hangenden Hand und Wycker Knobelauch und stosst hinden uf unserer Stede Muren.
S. G. P. 1457. H. Wynsperg neben dem H. Franckenstein. F.

[79]) Mspt. XVII. Sacc. H. *Frankenstein* auf dem Weckmarkt neben Wynsperg und Brussel in der heil. Geistgasse.
S. Bonach zu Lichtenstein 2. 2.
O. U. 1469. H. u. Gesesse — uff dem Weckmarkt genannt Wynsberg zushen dem Gesesse zur hangenden Hand und Frankensteyn und stosse hinden mit dem hinderngehuse uff den Meyne.
Wirkl. Z. B von 1480. *Uf dem Weckmarth* und *Frankstein* (geben die Kammerer zu S. Barthol).
O. U. [.....] Behausung — zum *Schweinsberg* genannt uff dem Weckmarkht neben der Behausung zum Brüssel und N. anders. gelegen — stosst hinden gegen dem Moyn zu uff unser Stadtmauern. F.

"Frankinstein sita in vico sancti spiritus latere meridionali, et infra vicum ad Mogum descendentem de vico Hospitalis predicto, et aulam Regis in medio domorum Winsberg versus orientem, Brusele versus occidentem sitarum, aciem quandam, sed non vici alicuius, septentrionem et orientem respicientem faciens, que olim erat Alberti de Ovenbach, modo dat Hans von Oppen." Eine etwas jüngere Hand setzte noch hinzu: "modo Henne Klobeloch gener predicti Hans." L. V. med. Saec. XIV. lacer. Vic. S. Mariae Magdal.

"Hus Frankenstein und Hus Wynsperg ligen neben einander." S. G. P. von 1457.

Der vorher erwähnte Albertus de Ovenbach nannte sich auch Clobelauch (s. M. No. 132) und das Haus trug 1350 schon den Namen von dieser Familie, wie die Beschreibung des Eckhauses M. No. 127 "ex opposito domus dicto zu deme Clobelauche" beweiset; auch spricht das S. G. P. von 1434 von dem Hause "zum Clobelauch neben dem Hus Brussel" und 1467 vom Hause "zum Clobelauch ufme Wekmerte." Der ältere Namen Frankenstein war aber deswegen nicht in Vergessenheit gekommen. Man findet ihn noch in dem S. G. P. von 1457. Einer Notiz im von Holzhaus. Archivo zufolge verkief Adolph von Knobloch 1438 das Haus Frankenstein, und in einer gerichtlichen Urkunde der Kartaus bei Mainz K. K. IX. von 1441 kömmt Heinrich Wisse (Weiss) zum Clobelauch als Schöff vor. Demnach glaube ich, dass der Verkauf mit Wiederkaufsrecht geschehen, und folglich eine blosse Verpfändung gewesen sei; weil Wicker Knobloch 1487, und Johann Knobloch 1525—1528 noch den Grundzins davon entrichteten.

A. 1328 übergab Henrich von Gysenheim Burger zu Friedberg unserer Praesenz zu seiner und seiner Frau seligen Irmele von Franckenford, genannt zum schwarzen Hermann, Gedächtnisse 2 Mark ewigen Zinses gelegen auf dem Hause Frankinstein, um solche an verschiedene Stifter, Klöster und Spitäler in Friedberg und Frankfurt zu vertheilen. Ex orig. non signato. Der Zins wurde in den folgenden Zeiten abgelöst.

Lit. M. No. 125. *Brussel* oder *Brüssel*, auch *Knoblauch*. [80])
Dieses Haus war ehemals ein Gasthaus, indem es in dem S. G. P. von 1410 „die herberge zu brussel" heisst. A. 1487 kief Wicker von Knobloch das steinerne Haus Brüssel genannt, wie eine Notiz des von Holzh. Archivs meldet, und dieser Wicker scheint der nämliche gewesen zu sein, der die beiden Häuser Frankenstein und Brussel in ein Gebäude vereinigte, an dessen Ecken oben das Knoblauchische Wappenschild noch zu sehen ist. Dieses mag auch den Anlass dazu gegeben haben, dass die Leute das Haus im Knoblauch nennen, obschon uns Brüssel sein Namen ist; denn in einem hiesigen Intell. Bl. von 1732 heisst es zum Brüssel in der Saalgasse gegen dem Holderbaum über[81]).

Sonst ist noch in einem stiftischen Verzeichnisse der abgelösten Zinsen von ohngefähr 1562. Ser. I. No. 33. zu lesen:

---

[80]) O. U. 1322—1326. II. zu bruzele bi me Spitale.
O. U. 1337. fer. beat. Agnetis verpfänden Johann Dorinder ein Priester, Jekele sein Bruder all ihr Recht an deme Huss Brussele und an des Hancmann Ubelirs Huss.
U. 1360. domus dicta zum Knobelauch. *Senckenberg* Selecta I. 109.
O. U. 1390. Husunge u. Gesess hinden und vornen obin und unden genand zum Knoblauch gelegin zushen Prussel und dem *Sale*.
O. U. 1438. verkauft Wycker Klobelauch an Adolf Clobelauch, Catharine ux. eine Gülde gelegen uff den zwey Husungen und Gesessen, an eynander gelegen genannt Brussel und Frankenstein, — gelegen zushen den Gesessen Winsperg und dem Knobelauch.
S. G. P. 1467. II. uf dem Weckmarke genannt zum Clobelauch, Hert Stralenberg gehörend.
— 1482. II. zum Clobelauch uf dem Weckmarckt. vgl. Knoblauch. 41. — 17. 3. — 29.
Stdt. Rch ng. de 1592 u. 1594. Der Wirt zur *Stadt Brüssel* (zahlt Wein-Accise).
Mspt. XVII. Sec. II. Brüssel auf dem Weckmarckt neben Wynsperg. F.
[1861. 62. In den Urkunden, durch welche K. Karl IV. den neuen Bau, den Heynlin in dem Sal auf des Reichs Flecken errichtet hat, abzuthun gebietet, werden die anstossenden g'esesso von Clobelauch und Brussel erwähnt. Cod. 682.]
[81]) Die Familie Klobelauch stirbt 1596 im Mannesstamme aus. *Lersner* II, 181.

„3 fl. de domo zum Brussel olim Frankenstein, Martini, Johan Glauburg, vnd die Knobloch."

„ij fl. de domo Frankenstein modo zum Brussel" ibid. Hier haben wir auch einen ältern Beweis, dass Knoblauch der wahre Namen des Hauses nicht ist. [62])

Lit M. No. 126. Der *Saal*, itzt der *kleine Saalhof*. Das vorstehende Eck neben dem Thore des grossen Saalhofs. Auf dreien Krachsteinen steht das Jahr 1637 eingehauen, woraus zu schliessen ist, dass dasselbe damals neu gebaut wurde.

„Hus zum Sale vor dem Salhof." S. G. P. von 1431.

Wir sehen hier einen Unterschied zwischen Saal und Saalhof. Der Saal war ein Nebengebäuse des kais. Palatiums, und

---

[62]) Auszug aus den Hausurkunden der nun vereinigten Häuser *Brüssel* und *Frankenstein* ex libro cop.

1336 in crastino nativ. B. M. V. verkauft Conrad v. Rückingen Comthur der Häuser zu Franckfurt und Rudenkeim und Statbalter S. Johanns Ordens des Hospitals von Jerusalem in der Wederebe 3 Marck Pennige järl. ewige Gülte gelegen auf dem „H. Hannemannes Ubelines da er inne wonte, da er lebete an dem H. zu Brussele in der ringmure zu Frankenfurt."

1358 H. Bruzsel von vorne an bis hinden uz an der Stede muren = aus der Verkaufs-Urk. dieses Hauses von den Kindern Hartmuds zum Frasskeller an Johann von Oppen.

1385 verkaufen Margarethe v. Nassauwe Abtissin und Convent des Klosters Clarenthal bei Wiesbaden an Johann v. Oppen 3½ Achtel Korngülte gelegen auf dem H. Frankenstein.

1401 Hussunge und Gesesse genant Brussel gelegen zushen den gesessen zum Clobelauch und Frankenstein (ersteres scheint M. 126 zu sein).

1438 H. und gesesse hinden, und vorn genant Frankenstein gelegen zuschen den Gesessen Brussel und Winsperg (letzeres scheint M. 126 zu sein).

1468 H. genant zum Brussel gelegen uf dem weckmarte zuschen den gesessen Frankenstein und Herte Stralenberg.

1563 quittirt das Barth. Stift über den Betrag eines demselben abgelöseten Zinses auf den Häusern Brüssel und Frankenstein gelegen, den Schöffen Johann v. Glauburg. (Damals also waren beide Häuser vereinigt.)

höchst wahrscheinlich die Sala oder das Gebäude, in welchem das kaiserliche Gericht gehalten wurde, aus dem nachmals der Schöffenrath entstand, der vermuthlich auch seine Sitzungen noch so lange in der alten Sala hielt, bis das Rathhaus bei der Pfarrkirche erbauet war. Vid. *Schiller* in glossar. v. Sala. Es gab hier einige Familien, als die Spangenberg, die Welder und die Inghusen, die ihren Namen noch die Worte „im Sal" oder „genannt im Sal" beifügten, und man sah sie bisher für die ehemaligen Bewohner des grossen Saalhofes an; ich aber bin der Meinung, dass sie ihre Wohnsitze in dem kleinen Saalhofe hatten. [83])

---

[83]) Andere Abfassung *Battonn's*:

M. No. 126. Der Saal, nun der kleine Saalhof genannt, ist das vorstehende Eck neben dem Thore des Saalhofs. Auf dreien Tragsteinen steht die Jahrzahl 1637 eingehauen, welche vermuthen lässt, dass das Haus damals neu gebaut wurde. Dass Saal und Saalhof nicht einerlei Worte waren von einerlei Bedeutung, giht das Schöffen G. Protocoll von 1431 zu erkennen, indem es von dem „Hus zum Sale vor dem Salhof" spricht. Der Saal war also eins von den Nebengebäuden des Saalhofs und zwar dasjenige, in welchem, wie ich vermuthe, die Saalleute, oder Schöffen des kaiserl. Gerichts ihre Sitzungen hielten. Als nachmals der Kaiser seine Gerichtsbarkeit über Frankfurt dem Rath überliess, wurde das Schöffengericht aus dem Saal in das nächst bei der Pfarrkirche zu diesem Behuf erbaute Rathhaus verlegt Es gab verschiedene Familien, z. B.: die Spangenberg, Welder, Inghousen und andere, welche ihren Namen noch die Worte „im Saal" oder „genannt im Saal" beifügten, und diese waren meines Erachtens die Amtleute des Kaisers, welchen die Obsorge über den Saalhof und seine Zugehörungen anvertraut war, und welche für die richtige Einnahme seiner Gefälle sorgen mussten, die sie nachmals an den Kaiser selbst oder an denjenigen, welchem sie der Kaiser angewiesen hatte, ablieferten. Das Metzger-Schlachthaus wurde vor Zeiten das Saalhaus genannt; und eine Wiese bei der Friedberger Warte hiess die Saalwiese. Vielleicht rührten diese Benennungen daher, weil die Abgaben davon an den Amtmann im Saal geliefert werden mussten.

Zusatz von *Fichard's*:

Dass das Haus *zum Saale* ein Nebengebäude des Saalhofes gewesen, ist wohl ausser Zweifel; dass aber das Schöffengericht gerade in diesem

Lit. J. No. 68. Der *Saalhof* oder der *grosse Saalhof*. Es war das kaiserl. Palatium, das von Ludwig dem Frommen im J. 822 erbaut wurde. Die Geschichte dieses höchst merkwürdigen Gebäudes und seiner noch stehenden Kapelle ist in §. VIII. der Einleitung [Heft 1, S. 29] besonders abgehandelt worden. [84])

---

seinen Sitz gehabt, ist eine unerwiesene Vermuthung. Von diesem Hause im Saal schrieb sich ein altes Geschlecht, welches bei den bürgerlichen Unruhen des 14. Sacculi von hier vertrieben ward. Siehe meine „Entstehung von Frankfurt." Der bei einigen Familien vorkommende Beisatz: *im Saal*, gründet sich auf die Wohnung in diesem Hause oder dem benachbarten Saalhofe, keineswegs aber auf eine besondere kaiserliche Amtmannsstelle.

[84]) G. Br. 1317. domus apud *aulam regis*.

Stdt Rchnbch. de 1394. It. 1 ʄ xvi β viii Heller Hussgeld vom Saale. (NB. scheint das Haus zum oder im Saal zu betreffen.)

Beedbuch 1414. It. der Saalhoff. (pugavit Jeckil Clobelauch und kommt der Name Saalhoff hier im Beedbuche zuerst vor, worin dieser Jeckel Clobelauch wohnt.)

O. U. 1460. II. u. Gesesse genannt der Saal und gelegen by dem *Weckmarkte*.

O. U. 1481. II. u. Gesesse genannt der Sale, gelegen zushen deme Salehofe und dem Gehusse zum Knobelauch.

O. U. 1603. Behausung *zum Saalhof* genant, in der *Tuechergassen* neben den Behausungen *Freudenberg* und *zum Krebs* einer und dem *kleinen Saalhof* anderseits stosse hinden uf den Mayn.

O. U. 1607. Behausung zum kleinen Saalhof genannt uff dem Weckmarkt neben dem grossen Saalhof einer und dem Haus zum Knobloch anderseits, stosst hinten uff dasselbe H. Knobloch.

G. Br. 1611. Behausung zum Saalhof in der Tüchergassen neben dem H. Freudenberg und zum Krebs auf einer und dem kleinen Saalhof auf der andern Seiten, stosst hinten uf den Mayn.

(Ich vermuthe dass damals die Saalgasse den Namen *Tüchergasse* von den in dieser Strasse befindlichen Tuchläden erhielt, welcher Name jedoch nur vorübergehend war.) S. Knoblauch 10. 1. u. folg. Marpurg z. Paradies 4. 4.

Von der Erbauung der Sala durch Ludwig den Frommen siehe *Einhardi* Annales ad ann. 822 in fine: in Monumentis Germaniae historicis I, 209

Das Eck neben dem Saalhofe. S. Lit. J. No. 67. beim Fahrthore.

Häuser auf der Nordseite.

I.

Zwischen dem Römerberg und dem Glässergässchen.

Landeck.[85]) Das Eck der Saalgasse, so schon im Anfange des XV. Jahrhunderts ein Backhaus war, und nachmals mit Croneberg, dem Ecke der Bendergasse, vereinigt wurde.

„domus dicta Landegke sita in antiquo opido frank. superiore parte vico dividente latere orientali infra vicos sancti Spiritus et doliatorum, in acie respiciente meridiem et occidentem vici doliatorum (S. Spiritus) prenotati." L. V. Sacc. XIV. f. 11.

210, wo es ausdrücklich heist: ipse in eodem loco (Franconofurt) constructis ad hoc opere novo aedificiis, sicut etc.
Ueber die Ganerbschaft des Saalhofes vgl. Chron. I, I, 18. F.

[85]) Beedbuch 1320. Hamannus zu Landecken, Besitzer dieses Hauses laut der Reihenfolge.
O. U. 1357. H. und Gesess genannt Landeseckin an Cronenberg etc.
S. G. P. 1370. H. zu Lantdecken.
— 1406. H. Landeck (gehört 1407 Jeckel Stralenberg dem jungen. C. 1.)
— 1407. H. Landecke ohnweit dem H. zur Hoeneiche.
— 1414. Backhus gūt Landeck (kommt bereits 1409 in einem Rathsprotokoll vor. Lersn. II. 675.).
— 1463. H. Landecke auf dem Samstagsberg.
— 1469. H. Landecke mit dem H. Cronenberg unter einem Dach gelegen, gehört an Henne und Hert Stralenberg.
— 1470. H. Landeck an der farporten.
G. Br. 1525. Die H. zum Wedderhane und Landeck gelegen by der Fareporten.
S. Landeck. 1. 3. u. folg.
Z. Rgstr. Secul. XV. Domus dicta *Landecke*, sita in veteri oppido dividente latere orientali in acie s. Spiritus seu hospitalis, meridiem et occidentem respiciente infra vicus doleatorum et s. Spiritus et ex opposito vici St. Georgii directo versus septentrionem. F.
Mspt. XVII. Sec. II. Landeck unter den Bendern.
[1332. De domo dicta Landecken. Cod. 573. Auch Cod. 516.]
[1377. Die beckere die do siezen .. zu Landecke. Cod. 752.]

„due marce cedunt de et super pistrino dicto Landecke et Cronenberg, sibi contigua earum fundis et attinentiis sitis in duabus aciebus duorum vicorum videlicet glesergasse et bendergasse ex opposito domus Schonenstein." L. C. Ss. M. et G. de 1412. f. 48.

— de domo Landeckin, aciali, contigua domui dictae zu Cronberg, occid. et septr. respiciente, quae modo iuncta est domui Landekin ex opposito domus dictae Schonsteyn. L. C. B. M. V. i. monte Saec. XVI.

„Landeck bey der Fahrpforten." R. C. S. Leonardi de 1644.

Des Bäckers zu Landecke wird in der Chronik II. 675 beim J. 1409 schon gedacht. Die Freiherren von Frankenstein haben jährlich einen halben Gulden von diesem Hause, welchen Zins sie als ein kais. von den Rittern von Sachsenhausen herrührendes Reichs-Lehen besitzen. S von Frankenstein Streitschrift von 1775. S. 23. [Vgl. Heft 3, S. 309. 310.]

Lit. M. No. 78. *Zum kleinen Blumenstein.*[66]) Gehört nun zu No. 77 in der Bendergasse. [Vgl. Heft 3, S. 311.]

Eiche, Hohe Eiche. Gehörte schon längst zu Lit. J. No. 76. in gedachter Gasse, und hat deswegen kein eigenes Nummer erhalten.[87]) [Vgl. Heft 3, S. 310.]

„Hus zur hon Eyche gen dem Salehoffe vbir." S. G. P. von 1463.

---

[66]) S. G. P. 1362. Agnes zu Blumenstein.
— 1423. Blumenstein u. H. zum *Riesen* sind neben einander gen S. Niclaskirchen über.
O. U. 1492. II. — genaunt Plumenstein gein S. Niklas Kirchen über gelegen neben den Gesessen zur hohen Eichen und Cronberg. F.

[87]) G. Br. 1365. domus dicta zu der Eych ex opposito *novae aulae* undir den glesern.
S. G. P. 1462. H. und Gesess zur Hoen Eyche an dem Huschin zum Risen by Sant Niclas. F.
Mspt. XVII. Sec. H. zur hohen Aich unter den Bendern zwischen dem gulden Ring und Landeck vorne gegen S. Niclas, hinten gegen den Salhoff.
Ibid. H. zur hohen Aich gen dem Salhoff uber.

„j marca de domo dicta zu der Eych ex opposito des Saalhoffes, latere septentrionali habente a retro exitum in vico doliatorum." L. C. B. M. V Saec. XVI.

Lit. J. No. 79. *Goldener Ring.* Vorher *zum jungen Spessart.* [8b]) „Hus genannt vorn gen dem Salchoffe ubir zum jungen Spechsart zwischen dem huse zum Spechsart und zur hoen Euche, hinten gen S. Niclas zum gulden Ringe neben dem huse zum kleinen Resin (Riesen)." S. G. P. von 1473.

It. ½ marcam legavit Ludov. dictus Celle, Irmentrudis coniuges, opidani Fr. — de domo dicta zu deme guldinen Ringe sita in antiquo opido super. parte vico doliatorum latere meridionali infra vicos vitrorum et oppidum dividentem, ex opposito partis capellae Sti Nycolai infra januas meridionalis — et sunt due domus sub uno tecto; orientalem tenet Gotzo Gleser et occidentalem domum de predictis Arnoldus Glauburg. Reg. cens. fabr. [Vgl. Heft 3, S. 308.]

Lit. J. No. 80. *Spessart. Alter Spessart.* [89])

[8b]) S. G. P. 1407. H. zum gulden Ringe und H. zum Resen.

O. U. 1433. H. u. Gesesse — genant zum jungen Spesshart gein S. Nicklas Kirchen wert, an dem guldenen Ring stossend zushen dem Gesesse zur hohen Eiche und dem alten Spesshard.

O. U. 1438. H. u. Gesesse genant zum jungen Spechsart — zuschen den Gesessen zum alden Spechsart und der Hoen Eiche geiu dem Salehofe uber.

O. U. 1438. uf dem H. und Gesesse genannt zum gulden Ringe gelegen in der Bendergassen gein S. Niklas Kirchen uber und stossen hinden und vorn an das Huss zum jungen Spechsart, als dieselbige beide Gesesse zum jungen Spechsart und zum gulden Ringe zusammen gebrochen sin.

O. U. 1470. Die H. und Gesesse — an eynander gelegen gen St. Nicoj laus zu genant zum gulden Ringe zushen N. u. N. und gen dem Salhoffe genaut zum Spessart zushen dem cleynen Spesshart und Hoen Eiche. F.

[89]) S. G. P. 1349. Eyselman in dem Spebesharte.

O. U. 1363. H. u. Gesess gelegin unter den Glessern an dem Spesharden etc.

Stdt. Rchnbch. de 1388. It. verkauft der Raid das Hauss zum Spesshard an Conrad Bard Zollner vmb 350 fl. (Dieses Haus scheint zu dem confiscirten Eigenthum *derer im Saal* gehört zu haben.)

L. G. P. de 1397. H. zum Speshard unter den Bendern.

„2½ lib. den. facit iij flor. iij β. hll. de domo zum Speszhart sita in vico sancti Spiritus latere septentrionali ex opposito Salhoff, infra vicos ollarum et dividentem." L. V. de 1453. f. 135. Des Namens wird auch schon in einer Urkunde von 1358 gedacht; indem darin ein Zinshaus „in der Bendirgaszen hindene an deme Spesharte" beschrieben wird.

„Alte Spessart gegen dem Sallhof uber" von Frankenstein. Z. R. von 1539. Die freiherrliche Familie hebt jährlich von demselben 1 fl. 30 kr., mit welchem Zins es die nämliche Beschaffenheit hat, wie oben bei Landeck. S. die daselbst angezogene Streitschrift S. 24. Auch unsere Praesenz erhielt auf Martini 3 fl. 7 kr. 2 h. Grundzins, der ehemals der Vikarie S. Simonis et Judae gehörte.

Leiningen, nachmals *Würtenberg* oder *Wartenberg*. [90])

O. U. 1473. H. hinden und forn mit einem Hoffchin, genant vornzu gegen dem Saalhof über zum jungen Spesshart und hinten gegen S. Niclas zum gulden Ringe, gelegen gegen dem Saalhofe über zuschen einem Husse genant der Spesshart — und dem Huse zu der Hoen Eich; sodann hinden zu gegen S. Nicklas zuschen dem cleynen Riesen und N.

S. G. P. 1475. H. gḟt zum Spechsart gen dem Salhoff über. F.

[90]) O. U. 1335. Nicolaus Sartor et Greda legitima obligant domum suam dictam Wartinberg Hugoni fratri suo et Henekino sororio suo in *Aula* etc.

O. U. 1362. H. u. Gesess an dem Heldenberger gelegen genant Wartinberg.

O. U. 1388. H. u. G. — genant Wartinberg gelegen in St. Lenhards Gassen gein dem Gesesse zum Bart ubir.

O. U. 1438. H. — genant Liningen gelegen zushen den Geseschen zum alten Spechsart und dem Hornecke gein den Salhofe uber.

O. U. 1449. H. u. G. — genant Linyngen in der Glesergassen gelegen gein der Saalhofer Porten uber zushen dem Gesesse Hornecke und dem alden Spechshart.

O. U. 1457. H. u. Gesess genant Wirtenberg gelegen by den Fleischschirnen zushen Petermann Metzler und N.

O. U. 1474. H. Werdenberg gein dem Salehoff über.

O. U. 1495. Hus. hinden und vorn genant zum gulden Ringe und zum jungen Spesshart gein dem Salehoffe uber an der hohen Eiche und — eyn Huss genannt Werdenberg gein dem Salehofe über zushen dem Gesesse Hornecke und dem alden Spesshardt.

„Hus Lyningen gen dem Salhofe ubir zwischen dem hus zum alten Speshard und dem hus Hornicke." S. G. P. von 1451. Auf gleiche Art lautet die Beschreibung des Hauses in einem Insatzbriefe vom nämlichen Jahre.

„16½ β de domo prope aulam Wirttenburgk genandt — gegen dem Sahlhoff' vber gelegen." R. C. de 1563. f 23. Das Haus wurde mit dem folgenden vereiniget.

Lit. I. No. 69. *Horneck.* [91]) Vorher Domus Gotzonis Glesers. Das Eck am Gläsergässchen.

„iiij. sol. den. de domo Gotzonis Glesers sita in antiquo opido frank. superiore parte vico sancti Spiritus latere septentrionali infra vicos vitrorum et dividentem in acie respiciente orientem et meridiem vici ollarum." L. V. B. Saec. XIV. Vic. Ss. Sim et Judae.

xı. solid. den. de domo in antiquo oppido superioris partis, vico hospitalis sti. Spiritus, latere septentrionali contigua domui Goltzonis Glesers ex opposito aule regalis. O. Urk. 1390.

„domus dicta Horneck Gotzonis glesers sita in vico sancti Spiritus latere septentrionali in acie respiciente orientem et meridiem — ex oposito aule regie." L. V. de 1481. f. 136

---

[91]) O. U. 1477. II. u. Gesess genannt Hornecke gelegen gein dem Salchoff uber vff dem Ecke des Gesschins so in die Bendergasse geo, neben dem Gesesse Werdenberg.

O. U. 1480. II. genant Horneck — gelegen in der h. Geistgassen uff dem Orte des engen Gessgens gen dem alten Gleser zu und den Blumen und Stallbergern uff der andern Syten und gen dem Huse zum Sale uber.

O. U. 1482 wird vorhergehende Beschreibung mit folgendem Beisatze wiederholt:

Sodann uff eynem Orthuse — als sie zu dem ehgenannten Huse Horneck gekauft und gebrochen haben, hinden daran gelegen, gein der Bendergassen neben dem Gesesse zum Steynuschilde und dem vorgenannten kleinen Gesschin.

O. U. 1548. H. — Horneck genant under den Bendern neben N. und dem Stinckgesschin uff der andern Seiten gelegen.

It. ½ marcam den. legavit Johannes Gleser de domo in vico *hospitalis antiqui* in acie ex opposito aule sita. Gotze Gleser dat. *Wetteravia* Heft I. S. 56 et 57. F.

„Orthus genant Horneck im heiligen geistgeschin uf dem ort des engen geschins gen dem hus zum Sale ubir." S. G. P. von 1481.

iij fert. iij β cedt. M. de domo Götze Kaysers (Glesers?) aciali dicta Horneck, lat. septentr. orient. et merid. respiciente, quasi ex opposito des Saalhofes, tendente ad parvum vicum, quo itur ad vicum doliatorum. L. C. B. M. V. Saec. 16.

„Horneck auffm Weckmark gegen dem Saalhof über." Z. B. des L.-Fr.-Stifts. No. 80.

An dem Hause stehen die Namen der beiden vereinigten Häuser mit goldenen Buchstaben geschrieben:

17. ZVM WARTENBERG VND. HORNECK..40.

Der Besitzer des Hauses zahlte unserer Praesenz auf Pfingsten vom H. Würtenberg 41 kr. 1 h. und vom H. Horneck 15 kr. Grundzins, die vor Zeiten an die Vikarie Ss. Simonis et Judae fielen.

II.

Zwischen dem Gläsergässchen und dem Scharngässchen.

Lit. M. No. 127. Gasthaus zum *Lindenbaum*, wie auf dem Schilde zu lesen ist. Vorher Domus der Sperwern. *Zum alten Glaser*; auch *Christopfel*. Am Eck steht das Jahr 1716 ausgehauen.

„domus der Sperewern, sita in vico sancti Spiritus, latere septentrionali, in acie respiciente meridiem et occidentem vici arci (arcti) vitrorum, ex opposito domus dicte zu deme Clobelauche." L. r. B. de 1350. f. 4.

„domus dicta czu dem altengleser sita latere septentrionali vici sancti Spiritus inter domum dictam holderbaum et parvum vicum quo itur ad doliatores." R. C. de 1499. f. 30. (27.)

„domus acialis zum alten gläser ex opposito domus dictae zum Knoblach sita ad parvum vicum transversalem dirigentem de stratu doleatorum in vicum Weckmarckt." R. C. S. Leonardi de 1536.

„domus acialis bey dem hollen Baum, zu dem Alten glaser dicta." R. C. de 1636. f. 33.

„xij ꞵ Decollat. S. Joannis de domo zum Christoffel contigua dem althen glaser, ex opposito Brussell et est accialis, latere septentrionali in vico s. Spiritus. Dat modo Christian Völcker." C. O. D.D. de 1563. f. 9.

Diese Beschreibung des Hauses ist unrichtig, indem der alte Glaser jederzeit das Eck ausmachte, und seine Breite nicht vermuthen lässt, dass noch ein Haus zwischen ihm und dem Hirsch solle gestanden haben. Ich glaube daher, dass das Haus zum Christopfel das Eck hinter dem alten Glaser in der Bendergasse gewesen, und dass nach der geschehenen Vereinigung der beiden Häuser man sich bei der Benennung des Hauses bald dieses, bald jenes Namens bediente. A. 1589 vergünstigte Christian von Völker Schöff, als Inhaber des Hauses zum alten Glaser, seinem Nachbar Heinrich Weber im Hirsch, 4 Krachstein tiefer als sechsthalbe Zoll in die Mauer einzulegen. Aus der gerichtl. Urk. vom 10. Mai g. J.

Der Besitzer des Hauses Hr. Stephan Lind erhielt die Erlaubniss, Gastwirthschaft darin zu treiben, und er liess am 16. Juli 1785 ein Schild mit einem Lindenbaum daran aufhenken.

Das Haus zahlte der Praesenz auf Martini 56 kr. 1 h. und dem Officio D.D. auf Decollat. S. Jo. Bapt. 30 kr. vom Hause zum Christopfel. [92])

Lit. M. No. 128. *Hirsch*. [93]) Auch *Hirschhorn* und *kleines Hirschhorn*. [Vgl. Heft 3, S. 304.]

---

[92]) O. U. 1487. H. genannt zum Christoffel gelegen unter den Bendern neben dem Gesesse zum Rintsfusse und dem Gesschin daselbst. F.

[93]) O. U. 1438. H. genant der hirtze gen dem H. zum brussel uber.
O. U. 1454. H. u. G. genannt zum Hirtze gelegen unter den Glesern zushen N. N. gein dem Gesesse Bruchsel über.
Wfrkl. Z. B. von 1480. Uf dem Weckmarth. H. das ist geheissen zu dem kleinen Hirtze gelegen uf der Siten gen Mitternacht und ist das dritte Hus von dem Stinckgüsschen gen dem heiligen Geyst zu, und gen dem vorgeschriben H. Franckstein vber.
O. U. 1564 H. zum Hirsch gnt auf dem Weckmarkt neben dem H. zum Holderbaum einer und dem H. zum Glaser anderseits gelegen.

„zum Hirtze ex opposito Bruszel." L. C. de 1405. f. 33.

„Hirtzhorn sita latere septentrionali vici sancti Spiritus ex opposito domus dicte brussel." L. C. de 1538. f. 29.

„Hus zum Hirtze uf dem Weckmert, gen dem huse zum brussel ubir." S. G. P. von 1466.

„zum Klein hirtzhorn." R. C. de 1563. f. 23.

A. 1564 wurde das Haus für 368 fl. verkauft und in dem Kaufbriefe heisst es: „ein Hauss mit seiner zugehorung zum Hirsch genant uff dem Weckmarkt, neben der Behausung zum Holderbaum uff einer, vnd der Behausung zum Glaser genant, vff der andern seiten gelegen." In der Vergünstigungs-Urkunde von 1589 (s beim vorigen H.) lautet dessen Beschreibung: „zum Hirsch, so vf den Weckmarckt vnnd Bendergass stösst, neben dem Hauss zum alten Glaser gelegen."

Am Hause steht ein Hirsch in Stein ausgehauen, und vor ihm ein Schild mit der Inschrift: Hie zum Hirtz.

Die Praesenz erhielt von demselben auf Laetare 22 kr. 2 h. Grundzins.

Hirschberg. Stand neben dem vorigen, und macht mit dem Holderbaum ein Haus aus, wie die Hausdocumente des letzteren bezeugen. Auch geben die folgenden Auszüge zu erkennen, dass ehemals zwischen dem Hirsch und dem Holderbaum noch ein besonderes Haus gestanden hat.[94]) „j marca den. de domo Henrici dicti in deme Sale sita in antiquo opido vico s. Spiritus latere septemtrionali infra domum macellorum occidentalem et vicum vitrorum contigua domui dicti zum Holderbaume versus occidentem." P. B. de 1356. f. 11.

O. U. 1589. H. zum Hirsch so auf den Weckmarckt und Bendergass stösst, neben dem H. zum alten Glaser gelegen.

Stdt. Rchg. de 1592 und 1594. Der Wirt zum Hirsch (zalt Accise von Getränk).

— 1596. Haus vffm Weckmarkt neben Herrn Christian Völckern vnd dem Haus zum Holderbaum gelegen, so zum Hirsch sich nennt. F.

[94]) O. U. 1457 H. — genannt *zum halben Ulner* uff dem Wegckmarkt zushen dem Huse zum Holderbaum und dem Huse zum Hirtze. F.

Dem Henrich genannt im Saale gehörte dieses Haus; er wohnte aber nicht darin, sondern gegenüber in dem kleinen Saalhofe.

„Hus untern Glesern zwischen dem huse zum Holderbaum und dem huse zum hirtze." S. G. P. von 1447 und 1455.

Lit. M. No. 129. *Holderbaum.* [95]) (1356 s. vorher.)

„Hus zum holderbaum und Gelthus liegen neben einander.". . S. G. P. von 1448.

1333 legirte Catharina von Wanebach dem hiesigen Liebfraustifte 5 Mark Geld auf dem Hause zum Holderbaume. Ex ejus Testam.

Laut einer Bemerkung in einem alten Statutenbuche unserer Kirche f. L. iij. war Glockengiesser Henn der Alte „zum Hulderbaum unter den Glässern" gesessen. Dieser Künstler und sein Wohnort verdienten wohl bemerkt zu werden, da er die 63 Centner schwere und im Pfarrthurme hangende Karlsglocke im J. 1440 goss, die durch Reinheit und Annehmlichkeit ihres Tons vor allen übrigen Stadtglocken den Vorzug hat. Nur schade, dass sie zu tief hängt, und deswegen ihren Ton nicht stark genug von sich geben kann. — Das Haus stösst hinten auf die Bendergasse. [Vgl. Heft 3, S. 303.]

Lit. M. No. 130. *Geldhaus.* [96])

---

[95]) S. G. P. 1368 Hartmund z. Holderbaum. 1402 derselbe irfolgte Emmerich den Knecht uf dem Römer für 18 Maass Win zu 6 Heller. 1410 derselbe.

— 1398 H. zum Holderbaum. 1463 H. zum Holderbaum uf dem Weckmerte.

O. U. 1481. Husung und Gesesse — genat *zum Hollerbaum* und zum *kleynen Gleser* aneynander gelegen uff dem Wegkmarckt zushen den Gesessen zum *Gelthuss* und *zum Hirtz* und stossen hinden und vorn uff die gemeyne Gassen. F.

Mspt. XVII. Sec. N. zum *Holderbaum* in der Bendergass neben dem Gelthaus.

[1320. Brusele gein dem huse zum Holderbaume uber. Cod. 451.]

[96]) O. U. 1432. H. und Gesess zum Gelthuse gelegen an dem Holderbaum.

O. U. 1437. H. u. Gesesse zum Gelthusse — gelegen in der Ulnergassen unden gein Winsberg uber und stosse oben in der Bendergassen zushen dem Holderbaum und N.

„domus dicta zum Gelthauss latere septentrionali vff dem Brotemarkt contigua domui dicte zu dem Hollerbaum, et haec domus habet etiam exitum in vicum doliatorum." L. C.B.M. V. Sacc. XVI.

Vermuthlich (? v. F.) war dieses Haus eines der ältesten Wechselhäuser, wo man Geld gegen Geld umtauschte, und es erhielt dadurch den Namen. Die fremden Kaufleute brachten in Messzeiten oft vieles Geld mit sich, das hier nicht gang und gebe war; oder sie nahmen Geld hier ein, das in ihren Ländern keinen Kurs hatte. Da wurde nun durch die Wechselhäuser Hülfe geschafft, wo jedermann das unbrauchbare Geld gegen brauchbares verwechseln konnte. Jetzt hat es mit den Wechselhäusern eine ganz andere Beschaffenheit. Am Hause steht auf einem Krachsteine eingehauen: Renovatum 1730, und sein Hinterhaus steht auf der Bendergasse. [Vgl. Heft 3, S. 303.]

Lit. M. No. 131. *Fingerhut.* Vorher *Buntschuh.*⁹⁷) [Heft 3, S. 303.]

„domus dicta Butschuh, sita in vico sancti Spiritus, latere septentrionali, infra domum macellorum (f. 18. additur: occidentalem) et vicum artum vitrorum ex opposito quasi domus dicte Winsberg." L. r. B. de 1350. f. 7.

„domus dicta zum Butschuhe sita in antiquo opido frank. superiore parte, vico sancti Spiritus latere septentrionali infra domum macellorum et *vicum Ollarum.*"⁹⁸) L. V. B. Sacc. XIV. vic. VIII.

---

⁹⁷) G. Br. 1340. II. zum Fingerhut an dem Aren.
O. U. 1341. domus *zum Botschu.*
G. Br. 1369. II. gut zum Fingerhut allernest by dem Aren.
— 1418. II. gelegen unter den uluren by dem heiligen Geist zu Frankfurt genant zum Fingerhut gelegen am Aren.
O. U. 1497 II. — genannt Runckelen uff dem Weckmargkt gelegen zwushen dem Gesess zum Gelthuse und dem Bottschuh. (So auch im Mspt. XVII Sec.)
O. U. 1583. II. — zum Fingerhut genant ufm Wegkmarkth.
O. U. 1594. Behausung zum Fingerhuth genannt — uff dem Weckemarkt neben dem Gelthaus einer und N. anderseits. F.
[1310. Metza dicta zu dem Butschue. Cod. 389.]

⁹⁸) Dass das Töpfer- und Glaser-Geschäft ein von denselben Personen getriebenes Werk war, daher auch vicus vitrorum und ollarum, siehe in meinen Notizen. F.

„zu dem But schuwe sita in vico hospitalis sancti Spiritus latere septentrionali prope domum zu dem Aren dictam versus occidentem." L. C. de 1390. f. 96.

Man will behaupten, die Buntschuhe hätten den Namen von ihren vielfarbigen Bündeln erhalten; aber ich besitze einen alten Buntschuh, den ich einstens unter den Todtenbeinen der Michelskapelle fand, und der nur vorne und neben mit einem schmalen Leder besetzt, sonst aber mit einem blauen gekipperten Seidenzeuge überzogen ist. Seine Bündel sind schmale lederne Riemen. Sollte man deswegen nicht glauben, dass ihre Benennung vielmehr von ihren vielfarbigen Ueberzügen als von den Bündeln herrühre? [Vgl. Heft 3, S. 278.]

Schon zu Anfange des XV. Jahrhunderts verliess das Haus den alten Namen, und nahm den neuen zum Fingerhut an. „Hus zum Fingerhut untern Glesern." S. G. P. von 1417.

„j fl. 21 β de domo dicta Buntschuch latere septentrionali prope domum zum Aren — modo dicitur domus — zum Fingerhut." R. C. de 1586. f. 49.

So viel sich aus dem Z.-R. von 1636, f. 32 abnehmen lässt, war es zu selbiger Zeit ein Wirthshaus. Unsere Praesenz empfing von demselben auf Martini 1 fl. 52 kr. 2 h. Grundzins.

Lit. M. No. 132. *Zum Arn.* Ein nun veraltetes Wort, das gleiche Bedeutung mit Adler hat. Das Kloster Arnspurg in der Wetterau schrieb sich desswegen im Lateinischen Castrum Aquilae. Das Haus stösst hinten auf die Bendergasse. [Vgl. Heft 3, S. 302.]

A. 1324 am nächsten Samstage nach dem Christtage verkiefen Johann von Clein (Cleen) Ritter und Ilse seine Gemahlin den beiden Eheleuten Hermann von Ovenbach genannt Clobelauch, Burger zu Frankfurt, und Gudelen 2 Mark Gold um 36 Mark Pfennig, die sie hatten „vff dem hus zum Aren daz da liget zu Franckenford by den nuwen Fleischarren gein dem hus das da heiszet zu der hangendenhunt." Ex copia in L. T. f. 132. [Der Abdruck in Cod. 478 weicht etwas ab.]

„domus dicta zum Aren, sita in antiquo opido Frank. superiore parte vicis sancti Spiritus latere septentrionali, doliatorum latere meridionali, infra domum macellorum et vicum ollarum contigua versus occidentem domui iam notate." L. V. B. Saec. XIV. Vic. XXVI.

„zum Arcn gelegen vnder den glesern zuschen den Schirnen und Henselin meler (Maler)." J. B. von 1440.

„domus dicta zum Arcn — ex oposito domus zum horn" L. V. de 1453. f. 22.

„Hus zum Arn uf dem Wekmerte." S. G. P. von 1463.

Das Haus gab der Praesenz auf Christi Geburt 4 fl. 30 kr. Grundzins, der vorher der Vikarie S. Margaretae gehörte.

Lit. M. No. 133. Das *Scharnhaus*. Domus macellorum occidentalis. Unter diesem Hause befindet sich der Durchgang zwischen der Saalgasse und der Bendergasse. S. Neue Häringshock.

Lit. M. No. 134. Das *Scharnhaus*. Domus macellorum orientalis. Ist der andere Durchgang neben dem vorigen und das Eck am Scharngässchen. Es heisst nun nach der Aussage des Eigenthümers Häringshock und an seinem Krachsteine steht die Jahrzahl 1546. S. Alte Häringshock. Der Eckladen bei der Saalgasse Eingangs rechter Hand gehörte unserer Praesenz; der Keller aber und das darüber stehende Gebäude war ein Eigenthum anderer Leute. Gleiche Beschaffenheit hatte es mit dem Eckladen linker Hand. Das Stift besass vor Zeiten auch noch andere Läden unter diesem Hause; denn in dem Z. B. von 1586 S. 130 ist unter den erhobenen Miethzinsen zu lesen:

„Item 3 fl. Cathedra Petri de macello tertio in parvo vico à domo zur Linden, versus hospitale ad dextram."

„Item 1 fl. 15 β Mariae Magdalenae de macello tertio sub domo Salsamentariorum ex opposito predicti." [96b])

[96a]) B. Z. B. 1409. eyn Brodtisch ane eyner uff der Ecken hart an Lychtenberg.

Ibid. eyn Brodtisch, der da steet an dem Orthe an der alden Schirnen gein der linden ubir uff die scherren.

III.

Zwischen dem Scharngässchen und dem Dreckgässchen.

Domus panum. S. *Brodhalle* [99]). An seine Stelle kamen die zwei folgenden Häuser zu stehen.

Lit. M. No. 135. Das Eck am Scharngässchen, welches seinen Eingang im Gässchen hat.

Lit. M. No. 136. Das Eck am Dreckgässchen.

IV.

Zwischen dem Dreckgässchen und dem Wobelinsgässchen.

Lit. M. No. 137. *Lichtenberg.* [100]) 1350. Das Eck am Dreckgässchen:

„Lichtenberg gelegen by dem Heiligengeist zuschen dem gesesse Sonneberg vnd der Brotschirn daselbst." J. B. von 1450.

Es war das hintere Haus von Lichtenberg in der Bendergasse, und das Haus zu den drei Schinken wurde deswegen „ex opposito domus dicte Lichtenberg a retro" beschrieben. 1729 wurde es von dem vordern Hause in der Bendergasse getrennt. S. daselbst M. No. 146. [Heft 3, S. 301.]

---

[99]) O. U. 1361. H. gelegin by dem Heiligengeiste boy den Brothallen etc.

O. U. 1363. Brodtisch gelegin undir den Brodhallen uff der Atuchen gein dem Storkelin ubir.

O. U. 1535 einer Brodhallen oder Beckertisch uf dem Weckmarkt zwischen den zweien gemeinen Gässlein gelegen. F.

[100]) O. U. 1452. H. u. G. genannt Lychtenberg gelegen uff dem Wegkmarkte gein dem heiligen Geiste uber zuschen dem Gesesse genannt Sonnenberg und den Brodehallen daselbst.

O. U. 1489. Eckhuss — genannt Clein Liechtenberg uff dem Weckmarkte — zushen dem Gesesse grosen Lichtenberg und der Fleischschirn; — sodann zwei Stell — neben clein Liechtenberg und den Fleischschirn.

O. U. 1521. H. u. Gesess genant Liechtenbergk gelegen bey dem heiligen Geist gelegen gegen den Drynschenken uber neben der Behusunge Sonnenbergk genant und ein klein Gesschin uff der andern Seiten; stosst hinden und vorne uff zwo gemeine Gassen.

G. Br. 1528. H. uf dem Weckmarkt neben der alten Schirn einer und Ottilie Rosenacker anderseits, klein Lichtenberg genannt.

Lit. M. No. 138. *Sonnenstein.* Sollte *Sonnenberg* heissen. [101]) Es kömmt 1350 schon vor, und stösst hinten auf die Bendergasse neben Waldeck. S. daselbst. [Heft 3, S. 300.]

Lit M. No. 139. *Klein Waldeck.* Das Eck an der Wobelinsgasse. An seinem Krachsteine steht ausgehauen: Zum kleinen Waldeck heisse ich, Gott bewahre mich. 1671. Es war vor Zeiten mit Gross-Waldeck ein Haus. S. M. No. 140 in der Bendergasse. [Heft 3, S. 299.] Die Vikarie S. Nicolai und nachmals die Praesenz empfingen 11 kr. 1 h. Grundzins, der bei der Theilung des Hauses auf Klein-Waldeck allein zu liegen kam.

V.
Zwischen der Wobelinsgasse und dem Weckmarkt.

Weisser Hahn. Das Eck bei der Wobelinsgasse. Vorher *Schaubruck* wie bei dem Hause M. 113 in der Saalgasse und bei dem nachstehenden Hause zum Hunger wahrzunehmen ist. Es wurde nicht bezeichnet, weil es zu dem daran stehenden Ecke gleiches Namens in der Bendergasse gehörte. [Heft 3, S. 299.]

Lit. M. No. 141. *Zum grossen Sachsenstein* 1758. Dieser Name mit der Jahrzahl ist am Hause zu lesen. Es stösst hinten auf die Bendergasse zwischen M. 144 u. 145, und machte 1405 noch einen Theil entweder von Schaubruck oder vom folgenden Hause aus, das nach seiner Beschreibung damals an Schaubenrucke stiess.

Zum Hunger, auch *Baumgarten.* [102]) Das Eck beim Weckmarkte, vorher bei der Affengasse. [Vgl. Heft 3, S. 296.]

„zum Hunger in vico sancti Spiritus latere septentrionali ex opposito cymiterii ecclesie sancti Bartholomei retro domum zum Sassensteyn in acie orientem et meridiem respiciente, et

---

[101]) O. U. 1446. H. *Sunberg* by den Brotbänken zushen den Husungen Lichtenberg und Waldeck gelegen etc.

S. G. P. 1460. H. Sonnenberg und H. *Ofenbach* liegen neben einander. (In dieser Gegend ist kein Haus Offenbach bekannt.) F.

[102]) G. Br. 1413. H. genant der Baumgarten und Frienstein.

O. U. 1466. Orthuse — genant zum Hunger gelegen uff dem Krutmarte zuschen den Gesessen zum Frienstein und dem grossen Sassensteyn vorn gein der Stedte-Wagen zu, gein N. uber und neben zu gein der Frasskeller ubir. F.

contingit ex latere occidentali domum zum Schaubenrucke."
L. C. de 1405. f. 14.

Wir haben aus dieser Stelle zu bemerken, dass sich das Eck zum Hunger damals noch bis an das Eck Schaubenruck erstreckte, und dass folglich das zwischen den beiden Ecken stehende Haus zum grossen Sachsenstein 1405 noch nicht existirte, sondern erst in spätern Zeiten von einem oder dem andern Hause abgerissen wurde.

„dosz busis vnd gesessis gnand tzum Baumgarthen datz — gelegen ist vff dem orte gein dem gesesse zum Storke ubir vnd auch vorne gen der wagen ubir, vnd stoszit nebing ane fryhenstein." Ex Instrum. de 1400 in lat. Bd. II. C No. 15.

Das Haus hat keine Nummer. Dieselbe steht an seinem Nebenhause auf dem Weckmarkte, durch welches der gewöhnliche Eingang zu dem Eckhause ist S. M. No. 142 daselbst.

Haus unbekannter Lage.

Zum *Darender*. War ein Haus in vico s. Spiritus. P. B. de 1356. f. 11. [Vgl. Urk. von 1337 in Note 80.]

Heiligegeistbrunnen.

Sein Standort ist in der Saalgasse gegen der h. Geistkirche über. Das älteste Zeugniss seines Daseins fand ich in dem Vikariebuche von 1453 f. 160, wo das nächst bei ihm stehende Eckhaus beschrieben wird: „in vico sancti Spiritus sita in acie respiciente occidentem et septentrionem prope fontem ex oposito der brothallen versus septentrionem." Im J. 17.. wurde der Brunnen bei der Erde gedeckt.

Röhrbrunnen wider der h. Geistgasse.

Ueber denselben vgl. *Lersners* Chronik, I, 9. Im J. 1801 wurde derselbe geändert und das Gitter weggenommen.

Wobelinsgasse.

Diese hat von der Saalgasse zwischen Waldeck oder der dunkeln Leuchte und dem weissen Hahn in der Bendergasse ihren Eingang, und der gegenüber stehende alte Wobelinsborn gab die Gelegenheit zu ihrer Benennung. Baldemar legte ihr in seiner Beschreibung der Strassen keinen Namen bei, obschon er sie in seinem Libro redituum beim Hause Lichtenberg die Wobelinsgazze nannte, und sie war nach seiner Beschreibung der vicus medius ad puteum Wobelines burnen, weil sie zwischen der Affengasse und der Brodhalle lag, die sich in späteren Zeiten verloren. Von der Bedeutung des Worts Wobelin ist bei dem Brunnen in der Bendergasse schon die Rede gewesen. Gegenwärtig weiss niemand mehr die Gasse mit ihrem Namen zu nennen.

Domus panum oder die Brodhalle.

Die Anordnung der öffentlichen Brodtische in den Reichsstädten gehörte vormals unter die Vorrechte der Kaiser und Carl IV. erlaubte noch im J. 1366 dem Magistrate, auch in der neuen Stadt Brod- und Fleischschirnen anzurichten. S. *Orths* Abhandl. von den Frf. Messen. S. 663.

Die Brodtische in der alten Stadt hatten ihren angewiesenen Platz unter einem Hause zwischen der Saal- und Bendergasse, das deswegen Domus panum, und in der gemeinen Sprache die Brodhalle genannt wurde.[103] Das S. G. P. 1447

---

[103] O. U. 1322—1326. Daselbst werden viele Zinsen erwähnt von den brotdishin.

S. G. P. 1385. Zwei Brodtische stossend auf die Fleischschirnen.

G. Br. 1388. II. gelegen gein den *brotschuren*.

S. G. P. 1394. ein Brotdisch unter den Brothallen.

— 1396. ein Disch unter den Brothallen.

— — ein Brottisch gen Lichtenberg uber.

gibt zu erkennen, dass sie „uf dem Orte an dem hus Lichtenberg" stand, und weil man unter derselben ganz durchgehen konnte, so beschrieb Baldemar diesen Durchgang als einen vicum transitus Judeorum et Doliatorum, der auch in einem Anniversarienbuche des hiesigen Prediger-Klosters von 1421 „vicus iuxta Lichtenberg" heisst. Die Stelle f. 9. lautet: „ix sol. hll. super duobus scampnis in quibus venduntur panes et stant in vico iuxta Liechtenberg ex opposito hospitalis." Wenn nun die Brodhalle bei Lichtenberg M. 137 gelegen war, und die Fleisch-

---

S. G. P. 1399. ein Brotdisch unter den Hallen.
— 1432. ein Brotdisch unter den *obern* Brotbänken.
— 1434 ein Brotdisch an Liechtenberg oben herab zu zehlen der vierte, desgleichen der sechste.
— 1454. Brotdisch gelegen uf dem Orte hart an dem H. Lichtenberg.
O. U. 1446. Eckhuss und gesesse hinden und vorne — gelegen uff dem *Brodmarkt* by dem h. Geiste — und stosst hinten an den Drinschenken.
Stdt. Rchnbch. de 1458. It. iij fl. iij β han wir emphangen von Hennen Beheymer dem Vlner von des Brottisches wegen an syme Huse Lichtenberg gelegen, zu des Rades Teile als die Herren zu sant Lenard vnd der Rad jme verkaufft han um viij Gulden, darnn dem Rade nach Antzale slues Zinses soviel geburt.
O. U. 1485. II. gelegen by den heil. Geist uf dem Ort gen den Brothallen uber neben dem H. zum Drienschenken zu, stossen hinten uff die Metzler-Gassen.
— 1488 eine schirn mit eim Gewölbe uf dem Ort neben den Brodtischen.
Stdt. Rchnbch. de 1515. Ein Brodtisch uff dem Weckmarkt.
Stdt Rchnbch. de 1516. Brodtisch by den Drienschenken.
O. U. 1516. ein Beckertisch by N. Huss unter den Metzlern.
O. U. 1535 II. — under der Fleischschirn neben N. uff einer und einem gemein Gesschin uff der andern Syten gelegen stosst hinden uf die Brotschirn.
O. U. 1535 Halbe Theil einer Brotthallen oder Beckertisch uff dem Weckmarkt zwischen 2 gemeinen Gesslin gelegen.
Stdt. Rchnbch. de 1614. Alment verkauft vmb 24 fl. zum Verbauwen und Vertheilen zwischen 3 Nachbarn, benannt vffm Weckmarkt an der Fleischschirn stosst hinten in die Bendergassen (lag zwischen diesen 3 Metzger Nachbarn). F.

halle (Domus macellorum) oder wie sie jetzt genannt wird die alte Häringshock, in dem Vikarienbuche von 1453. f. 160, „contigua domui vbi panes venduntur versus occidentem dicte broithallen" beschrieben wird, so lässt sich mit Zuverlässigkeit behaupten, dass die zwei schmalen Gässchen, das Dreck- und Scharngässchen, mit den zwei dazwischen stehenden Häusern M. 135 u. 136 diejenige Gegend ausmachen, wo ehemals die Brodhalle gestanden hat. Ich glaube, dass der Platz anfänglich nur von einem Schoppen gegen Regen und Sonne gedeckt war, bis zuletzt ein Haus, das auf Säulen ruhete, darüber gesetzt wurde. Es hat wahrscheinlich mit demselben die nämliche Beschaffenheit gehabt, wie mit dem Rothenhause auf dem Markte, das noch wirklich auf Säulen steht, und unter welchem vormals die Tuchgader feil hielten. Die Tische unter der Brodhalle standen in 4 Reihen abgetheilt.[104]) Die Art, ihre Standorte einigermassen kenntlich zu machen, war in den Handschriften verschieden. In den Schöffen-Gerichts-Protokollen nahm man bei ihren Beschreibungen die nächsten Häuser zu Hülfe Ich will einige Beispiele aus denselben anführen:

„ein disch gelegen untern Brodhallen unden am hus Lichtenberg." P. von 1397.

„ein brotdisch gen dem hus zum Drynschenken." P. von 1447, 48 u. 55.

„brotdisch unter den Hallen gen dem hus zum Storkel obir by dem heiligen Geist." P. von 1455.

Die Worte „by dem h. Geist" beziehen sich blos auf die Halle, um ihre Lage anzuzeigen, aber nicht auf den Brodtisch, der hinten bei der Bendergasse gegen dem Hause zum Störchlein über stand. In dem Vikariebuche von 1453, f. 143 werden 3 Brodtische, weil sie in den Mittelreihen ihre Standorte hatten,

---

[104]) Schon 1256 wurde in Basel das Brod an öffentlichen Orten zu feilem Markte gebracht. Man hatte *Brodbänke*, welche Brodbänke (i. e. das Recht an einer bestimmten Stelle eine solche Brodbank aufzuschlagen) Gegenstand des Kaufs und Verkaufs waren. Vgl. *Ochs* Geschichte von Basel, I, 340—341. F.

in mediis mensis panum beschrieben. „xij ß hall. cedentes Martini de tribus mensis panum sitis in mediis mensis panum et super eas edificata est iam nova domus " Aus dieser Stelle ist auch abzunehmen, dass das Haus über der Halle um selbige Zeit wieder neu war aufgebauet worden.

Sonst hatte noch eine Abtheilung inwendig der Halle statt, und von dieser rührte die Verschiedenheit des Domus panum superioris oder orientalis (der obern Brodhalle) und des Domus panum inferioris oder occidentalis (der niederen Brodhalle) her. In jeder Abtheilung standen zwei Reihen Tische, und die Tische der östlichen Abtheilung wurden in den stiftischen Handschriften in latere orientali, die der westlichen aber in latere occidentali angezeigt. Eine einzige Stelle aus dem Vikariebuche von 1453, f. 166 wird hinreichend sein, dieses zu beweisen:

„$^1/_2$ marca den. de mensa panum dicta Blondefisch sita in superiore domo panum (seu) orientali, latere occidentali in acie respiciente septentrionem et orientem." Der Brodtisch stand in der obern Brodhalle, und er war der Ecktisch der zweiten oder westlichen Reihe hinten bei der Bendergasse. Den Leuten, welche das Brod feil boten, waren ihre Sitze also angeordnet, dass der Gang in der Mitte zwischen den Tischen für die Durchgehenden frei blieb. Die Beschreibung des Ecktisches gegen Norden und Osten lässt es nicht anders denken, und die Einrichtung der niedern Brodhalle war die nämliche, wie in der obern. Die aus den stiftischen Handschriften bemerkte Abtheilung der Brodhalle ist auch schon aus den S. G. Protokollen von 1397 und 1455 abzunehmen, weil dieselben von ihr in der Mehrheit sprechen, und in dem Protokolle von 1432 „die obern brotbänke" vorkommen. Der vorher angeführte Namen eines Brodtisches (Blondefisch) lässt vermuthen, dass auch die übrigen zu ihrer Unterscheidung besondere Namen hatten. Sonst aber werden die Brodtische in einer Urkunde von 1414 die Brodschrane (Brodbänke) genannt, und ihre Besitzer waren gehalten, eine gewisse Abgabe in den Saalhof zu entrichten, bis sie endlich von den Kaisern auf mancherlei Art veräussert wurden. Schon 1304 Fer. V. ante Nativitatis B. M. V. verkiefen Lucardis von Weilnawe (Wilnau) Abtissin und das Convent des Klosters Gnadenthal einem hiesigen Bürger Conrad, genannt Beinflecken, Hedwig seiner Frau und ihren Erben zwei und eine halbe Mark und 1 β Cöln. Pfennig „super decem mensis, in quibus panis venditur Franckfordiensis et vendi hactenus consuevit" und sie sollten die obgenannte Summe immerwährend an dem Tage des h. Johann des Täufers von den 10 Tischen haben. *Wenck* Hess. L. G. T. I, pag. 104 im Urk.-B. [Dasselbe Kloster Gnadenthal verkauft ebenso 1317 an Wigalo von Wannbach unter andern Zinsen auch x sol. col. den. super domum quam Johannes dictus Gleserc inhabitat quae sita est aput aulam regiam. Cod. 440.]

A. 1307, V. Idus Martii verkief auch Henrich Miles de Hazichenstein (Ritter von Hattstein) 10 solcher Brodtische an Frau Bernrada des Thomas von Aquis Wittwe um 3 Mark Pfennig und 1 β Cöln. jährlicher Gült. Chron. II. 178. [Cod. 374.] In den folgenden Zeiten fielen diese Brodtische wie es scheint sehr in ihrem Werthe und sie litten mancherlei Veränderungen. Im Jahr 1555 verbot der Rath den Bäckern, fernerhin unter der Brodhalle feil zu halten; und verwies dieselben mit ihren Tischen nach dem Barfüsser-Kreuzgange. Der bekannte Dechant Latomus hat uns dieses in dem mehrerwähnten Vicariebuche von 1453, pag. 166 neben durch eine Randnote wissen lassen:

„Anno 1555 Senatus deturbavit vendentes de hoc mensa, ut etiam de ceteris: et instituit illos in coenobio Franciscano"; und am folgenden Blatte bemerkte er abermals: „A. 1555 Senatus prehibuit ibi vendere". Wahrscheinlich wurde darauf die alte Brodhalle niedergerissen, und die auf dem alten Platze erbauten Häuser mussten wegen dem Fenster- und Ausgangsrecht der dabei gestandenen Häuser auf beiden Seiten so viel Raum übrig lassen, dass dadurch die zwei folgenden Gässchen entstanden.

[1327. — gelegin an den Brothallen gein dem sichenspital zu Fr. Cod. 492.]

[1362. — meistere des aldin spetalis zu dem h. Geiste undir den Brothallen. Cod. 683.]

Dreckgässchen.

Wie dieses sehr schmale Gässchen durch die Veränderung der Brodhalle in der letzten Hälfte des XVI. Jahrhunderts entstanden ist, habe ich so eben gesagt. Baldemar kannte es ebenso wenig wie das „Scharngässchen"; weil beide zu seiner Zeit noch nicht vorhanden waren. Das Gässchen zieht von der Saalgasse nach der Bendergasse und zwar in erster zwischen den Häusern Lit. M. No. 136 u. 137.

Scharngässchen.

Das andere schmale Gässchen neben der alten Häringshock welches seine Entstehung gleichzeitig mit dem vorigen durch die Abschaffung der Brodhalle erhielt. Die Leute pflegen es also zu nennen, weil man dadurch von der Saalgasse nach der Scharn in der Bendergasse geht.

Alte Häringshock.

In der Saalgasse befinden sich zwei Häusser nebeneinander, unter welchen ein freier Durchgang nach der Bendergasse ist. Der östliche Durchgang neben dem Scharngässchen ist es, von dem ich hier spreche. Unter den beiden Durchgängen hatten die Metzger ihre Scharnen und sie hiessen desswegen „die Fleischhalle oder domus macellorum". Baldemar beschreibt sie als eine Gasse, und sagt bei den Vicis transitus der h. Geist- und Bendergasse: Orientalis, domus macellorum. Die Verschiedenheit des domus macellorum orientalis und occidentalis erhellet schon aus dessen libro redituum von 1350, f. 18, wo er das Haus Bundschuh in der Saalgasse infra domum macellorum occidentalem et vicum vitrorum gesetzt hat. Unter jedem Durchgang befand sich ein Gewölb, worin die Metzger das Fleisch aufbewahrten, und jeder scheint daher noch die besondere Benennung „auf dem Gewölb" erhalten zu haben. Das Vikariebuch von 1481, p. 102 liefert eine Stelle, woraus dieses vermuthet wird: „Item vj sol. den. — de macello sito in superiore parte antiqui opidi, sub domo et tecto macellorum super celario dicto daz gewolbe — in vico sancti Spiritus latere septentrionali in acie meridiem et occidentem respiciente contigua domui vbi panes venduntur versus occidentem dicto broithallen ex opposito directe hospitalis sancti Spiritus prenotati seu fontis." Noch eine Stelle ist bei der neuen Häringshock zu finden. In den folgenden Zeiten verliessen die Metzger ihre Scharnen unter den Fleischhallen, und gesellten sich zu ihren Zunftgenossen in der Bendergasse. Die Halle, wovon hier die Rede ist, wurde nun den Leuten, welche die gesalzenen Fische feil hielten, überlassen. Die ersten Spuren von dieser Veränderung entdeckte ich in dem Zinsbuche von 1581, pag. 90, wo statt des domus macellorum das domus salsamentariorum vorkömmt, und in einem Leihbriefe von 1586 wird eine Fleischscharne, die unserm Stifte gehörte, beschrieben: „Die dritte under dem Fischhauss — als man von der Behausung zur Linden in das klein gesle geht zum Spital." L. r. S., f. 147. Für das Fischhaus kam nachmals der Namen Häringshock auf, und man nannte sie die alte, weil der Handel mit den gesalzenen und gedörrten Fischen früher an diesem Orte, als an dem folgenden seinen Anfang genommen hatte.[105]). Zu bemerken ist auch noch die Benennung „auf dem kalten Loche", wie sie in dem Zinsbuche des Stifts S. Leonhardi vom Jahr 1644 zu finden ist.[106]) Es heisst darin:

---

[105]) Stdt. Rchg. de 1614. Zins aus der Behausung vffm Weckmarkt vber den Heringshocken. F.

[106]) O. U. 1530. H. und Keller, und liggo das H. bei dem Slaghaus neben N. und sy eyn Eckhaus stoisst hinden auf N.; und sy der Keller gelegen jm kalten Loch genannt ganz hinden am Cump etc. [Gehört wohl nicht hierher.]

Lt. Stdt. Rchg. de 1544 erkauft der Rath von Barthelmes Dutlinger 3 Keller auf dem Weckmarkt im Kaltenloch gelegen um fl. 180. —, welche Keller derselbe noch späthinaus an Metzger verpachtet.

— 1554. Zins eines Bäckers von einem Bäckerladen auf dem Weckmarkt bei dem Kaltenloch.

— 1614. Verkauf der Behausung vnd des Kellers im Kaltenloch vffm Weckmarkt am Eck gegen dem Spital vber den Heringshocken vmb 700 fl. an Hennes Häfner, Koch (Garkoch, Speiswirth) et uxor.

„18 β Zinss von einer Schirn gegen dem Hospital über, dicta uff dem kaltenloch." Der üble und scharfe Geruch, welcher bei heissen Sommertagen von den gesalzenen Fischen ausdünstete und nicht selten durch den Südwind nach den Scharnen in der Bendergasse zum Nachtheile des Fleisches gebracht wurde, gab den Metzgern gegründeten Anlass zu Beschwerden und der Magistrat verwiess die Häringshock nach dem Garküchenplatz, wo sie noch ist. Dies soll, wie alte Leute versicherten, gegen Ende der zwanziger oder im Anfang der dreissiger Jahre des letzt abgewichenen Jahrhunderts geschehen sein. Aus diesen Nachrichten ist deutlich abzunehmen, warum der Durchgang unter dem Eckhause Lit. M. No. 148 noch heut zu Tage die alte Häringshock genannt wird.

Neue Häringshock.

Ist der andere von den vorher gemeldeten Durchgängen unter dem Hause Lit. M. No. 149 und er war gleich dem vorigen eine Fleischhalle. Das ihm an der Seite stehende Haus zum Arn wird in einer Urkunde von 1324 „by den nuwen (neuen) Fleischaarn" beschrieben, und hieraus schliesse ich, dass dieselbe nicht lang vorher an diesem und dem vorigen Orte sind errichtet worden. Vielleicht waren es die Scharen *im Hause zum Römer*, die dahin versetzt wurden.[107]) In den stiftischen alten Handschriften wird diese Halle Domus macellorum occidentalis genannt.

„½ marca den. de macello Heylonis (Ilymen sita in antiquo opido Frank. superiore parte domo macellorum occidentali, latere orientali, tertia a septentrione." L. V. B. Sacc. XIV. Vic. XL iiij. Die Benennung des Orts auf dem Gewölbe erhellet

---

Stdt. Rchng. 1614. Verkauf des einen Eckhauses an den Heringshocken in der Bendergassen, gegen der Fleischschirn vber neben obigem Haus (Haus Häfners) gelegen sammt einem Keller im Kalten loch an einen Metzger vmb 720 fl. F.

[107]) Diese Scharn hält Hr. Battonn sel. aus Irrthum für Scharn am Römer, da es in der Urkunde doch nicht Römer sondern Krämern heisst. F.

aus folgendem Auszuge: „ij lb. — de macello sito uff dem gewelbe an dem huse zum Aren ex opposito ecclesie sancti Spiritus." R. C. de 1428. f. 40. Und in dem L. C. Ss. M. et G. von 1412, f. 7. heisst es von der nämlichen Scharen: „Item sex solidi hallen. cedunt de et super macello sito in acie contiguo demo Aren ex opposito domus zum Horne. Die Zeit, wo die Scharen unter diesem Hause aufgehört haben, und der Verkauf gesalzener und gedörrter Fische daselbst seinen Anfang genommen hat, lässt sich nicht bestimmen; doch ist die Veränderung bei diesem Hause sicher früher geschehen, als bei dem vorigen, weil es den Namen der Neuen Häringshock erhielt. Was hier noch weiter gesagt werden könnte, ist bei der alten Häringshock zu finden.

Gläsergässchen.

Zwischen der Saal- und Bendergasse befindet sich ein sehr schmales Gässchen, das weiter nicht, als zum Durchgehen dient, und gegen dem Saalhofe über zwischen den Häusern Horneck und Lindenbaum seinen Eingang hat. In der Baldemar'schen Beschreibung der Strassen von 1350 wird dasselbe vicus artus (arctus) vitrorum genannt. Es entstand zur Zeit, als die Kaiser erlaubten, den freien Platz gegen ihrem Palatium über gegen Zinsen zu verbauen, und das neue Gässchen nahm von der grösseren Gasse den Namen an, welches bei kleinen, in späterer Zeit entstandenen Gassen öfters der Fall war. Der deutsche Namen kömmt zwar in den Zinsbüchern nicht vor, da aber doch der vicus vitrorum, nun die Saalgasse, in der gemeinen Sprache die Gläsergasse hiess, so lässt sich analogisch schliessen, dass der vicus arctus vitrorum, vondem hier Rede ist, die enge oder kleine Gläsergasse, oder das Gläsergässchen müsse geheissen haben. Schon in der Mitte des XIV. Jahrhunderts fing man an den vicus vitrorum mit dem vicus ollarum zu verwechseln, und selbst Baldemar nahm den letzten Namen in seinem Vikariebuche auf; indem er darin die Häuser zum Arn und Buntschuh in der Saalgasse infra domum macellorum et vicum ollarum und das Haus zum Riesen in der Bendergasse "infra vicos ollarum et opidum dividentem" beschrieb.[108]) Der vicus dividens zeigte den Römerberg an. Statt des vicus ollarum entdeckte ich in dem Zinsbuche von 1405, S. 6 und 26 auch den deutschen Namen *Ullnergasse*, wo neben auf dem Rande beim Hause Buntschuh die Vlnergasz gesetzt wird.[109]) Ulle hatte die Bedeutung eines Hafens oder Topfs, Ullner aber eines Häfners. Das erste ist in Schatulle, so von Schatz und Ulle zusammengesetzt ist, noch hörbar.[110]) Es scheint, dass unsere alten Vorfahren sich besonderer von Thon verfertigten Gefässe bedienten, worin sie ihren Schatz (ihr Geld) aufbewahrten, für die nachmals die Büchsen und bei zunehmender Geldmünze Kästen und andere grössere Geldbehälter aufkamen. Ohne Zweifel bewohnte um die Mitte des XIV. Jahrhunderts ein Ullner oder Häfner das Eck vom Gässchen, und die daselbst zum Verkaufen ausgesetzten Geschirre veranlassten den lateinischen Namen: vicus ollarum; da hingegen die Volkssprache von demjenigen, der die Geschirre verfertigte, den Namen der Ullnergasse wählte. Die bisher bemerkten Namen sind alle in Vergessenheit gerathen, und Niemand weiss mehr, das Gässchen namentlich anzugeben. Oefters wird auch sein Namen in den alten Handschriften und anderswo verschwiegen, und dafür seine Lage angezeigt: z. B. „Parvus vicus dirigens in die bendergaszen ex opposito domus Knobelauch." L. C. Ss. M. et G. de 1412, f. 1. „Parvus vicus quo itur ad doliatores." L. C. de 1460, f. 70. „Parvus vicus quo descenditur de vico Doleatorum versus vicum

---

[108]) Dies war keine Verwechslung. Vicus vitrorum et ollarum ist derselbe Namen, da Gläser und Töpferwaaren zusammen verkauft wurden. F. [Vergl. oben Note 98.]

[109]) G. Br. 1398. H. und gesesse gelegen *unter den Ulnern* da zu dieser zit Culman Hirtzange inne wonit.

O. U. 1437. S. oben Note 96.

O. U. 1524 übergibt gerichtlich Caspar Behemer, Ulner, das Haus *Lichtenberg unter den Ulnern* uff dem Weckmarkt gelegen mit allen Hussrath und allen Dopffen, *Glesern, Krugen* etc an Frau Otilie, Eberharts Rosenacker hanauischen Sekretärs Wittwe, seine Schwester. F.

[110]) Diese ungegründete Derivation wird anderswo widerlegt. F.

sancti Spiritus." L. V. de 1481, f. 169. „Parvus vicus transversalis dirigens de stratu Doleatorum in vicum Weckhmarckt." R. C. S. Leonardi de 1536. „Das Gässchen gegen dem Saalhoffe." Frft. Chron. S. 538. Die erste und letzte Beschreibung geben die Lage des Gässchens deutlich zu erkennen; nicht aber die übrigen, die ohne Beihilfe besonderer Umstände seine Lage zweifelhaft lassen.

H. Geistgässchen.

Diesen Namen führt das Gässchen neben der h. Geistkirche, wo man nach dem heil. Geistpförtchen geht. Es hat ums Jahr 1350 die *Husengasse* geheissen; indem das Hospital zum h. Geiste in dem Baldemar'schen Vikariebuche „infra vicos Storkis (nun Schlachthausgasse) et Husen gazze" beschrieben wird. Den Namen veranlasste das Eckhaus zum Husen oder Hausen. In dem eben gedachten Vikariebuche wird das Gässchen auch vicus Hospitalis genannt, wie aus der Beschreibung des Hauses Frankenstein in der Saalgasse erhellet, und in dem Zinsbuche des Baldemars von 1356, f. 13: vicus Hospitalis parvus (die kleine Hospitalsgasse). Der Name *Goldnehorngässchen* vom Gasthause zum goldnen Unterhorn wird nur selten gehört; desto öfter aber das *h. Geistgässchen,* oder auch abgekürzt das Geistgässchen [111]). Die Zinsbücher sind mit der Angabe seines Namens sehr sparsam, und beschreiben es auf folgende Art: „vicus prope hospitale ad Mogum (Moenum) descendens." P. B. de 1356, f. 13. In dem Z.-B. von 1452, f. 30 heisst es: ad Mogonum. „in vico sancti spiritus quo itur ad Moginum ubi sita est cloaca." L. V. de 1453, f. 31.

„prope hospitale sancti spiritus quo itur ad Moganum ad cloacas." Ibid. f. 160.

---

[111]) Stdt. Rchnbch. de 1489. It ij ß. iiij Hllr. den Bumeistern einen Buwe zu besichtigen im h. Geistgessechin. F.

„vicus quo itur ad Magenum versus cloacam." L. V. de 1481, f. 161.

Häuser auf der Ostseite.

Die h. Geistkirche auf dem Ecke des Gässchens, und neben dieser ein Theil des Hospitals bis zum h. Geistpförtchen.

II.
Auf der Südseite.

Lit. M. No. 215. Das h. Geistpförtchen. S. bei den Mainpforten in der Einleitung §. IX. (Heft 1, S. 48.)

III.
Auf der Westseite.

Aestuarium. Die Badstube in der Husengasse. Ich hebe eine Stelle aus dem in der Mitte des XIV. Jahrhunderts geschriebenen Vikariebuche des Baldemars aus, ohne welche das Gedächtniss dieser Badstube nun gänzlich erloschen wäre. Sie belehrt uns, dass dieselbe ums Jahr 1350 schon nicht mehr gestanden hat, und dass der öde Hausplatz (Area) von dem Eckhause zum Husen bis abwärts an die Stadtmauer damals zur hangenden Hand in der Saalgasse gehörte.

ij marce den. de domo dicta seu posteriore parte domus eiusdem Hangende Hant, quondam estuario existente sita in antiquo opido frank. superiore parte vico dicto Husin gazze, latere occidentali. Area eius a domo dicta zum Husin ad murum opidi prenotati." Der leere Platz wurde endlich von der hangenden Hand getrennt, und mit mehreren Häusern überbauet, die alle den Namen zum Horn annahmen.

Lit. M. No. 120. *Unterhorn. Goldnes Unterhorn.* Auch *Hinterhorn* und *zum alten Horn.* [112]) Ein Gasthaus neben dem h. Geistpförtchen. Vgl. Chron. I. beim Jahre 1704.

---

[112]) O. U. 1567. H. — bei der heiligen Geist Pfordten, zum untern Horn genannt neben N. einerseits und unserer Stadt Mauer anderseits. F.

„ij marce den. de domo dicta iam zum Hinderhorn sita in vico sancti Spiritus quo itur ad Moginum ubi sita est cloaca, latere occidentali et tangit murum versus Moginum contigua domui zum Horn." L. V. de 1453, f. 31. Eine neue Hand fügte noch hinzu: „Modo sunt due domus — a. 1467." Durch die Theilung des Hauses entstand also das Mittelhorn.

„Cleszgen zum hindern horn vff dem Weckmarck bym heiligen geist." R. C. Capellae S. Petri Sacc. XV., f. 28. in Lat. R No. 28. Die Benennung der Hauptstrassen statt der kleinen Nebengassen war in den Zinsbüchern nichts ungewöhnliches.

Dass das Haus zum Hinterhorn vor Ende des XV. Jahrhunderts schon eine Herberge oder Gasthaus gewesen, und von seinem Hinterhause auch den Namen zum alten Horn führte, zeigt der Schluss einer Urkunde von 1495: „geben und geschehen zu Franckfurth in der Herberich genant zum alten horn." *Würdtwein* Diplomator. Mog. T. II. p. 530. Von diesem Hause werde ich unten noch besonders reden.

Das Hinterhorn nahm zuletzt den Namen des Unterhorns an. Es zahlte unserer Praesenz auf Christi Geburt 5 fl. Grundzins, die ehemals zur Vikarie S. Erhardi gehörten. S. hangende Hand. In dem hiesigen Intell.-Bl. von 1741 im Feiltragszettel vom 11. August wird dieses Zinses gedacht, und das Haus darin die Gast-Behausung am h Geist-pförtgen zum Unterhorn genannt. Im J. 1797 wurde das Haus von Grund aus neu gebaut, und der Bauherr erhielt vom Rathe die Erlaubniss, den Thurm über dem Geistpförtchen abzubrechen, und seinen Bau über dasselbe bis wider das heil. Geisthospital zu erweitern. Von dieser Zeit an hat es aufgehört, ein Gasthaus zu sein.

Zum alten Horn. Dieses Haus stand hinter dem vorigen; denn das Eck zum Hausen bei der Saalgasse stiess laut eines Insatzbriefes von 1531 vorn im Gässchen an das Hinterhorn, und hinten an das alte Horn. Auch wird in einem andern Insatzbriefe von 1543 gesagt, dass das vorgemelte Haus an der einen Seite an dem Horne, und hinten zu an dem alten Horne liege. Folgende Beschreibung des Hauses zum Horn aus einem I.-B. von 1449 kann nicht anders als vom alten Horn verstanden werden: „zum horn zuschen den gesessen zum Huse vnd der

Hangendenhand." Das alte Horn stand anfänglich zwischen dem Oberhorn und der hangenden Hand; das Oberhorn war aber nun schon mit dem Hausen vereinigt, und deswegen wurde auch dieser Name statt des erstern gesagt. Im J. 1495 gehörte das alte Horn schon zu dem Hinterhorn. S. vorher.

Lit. M. No. 121. *Mittelhorn*. [113]) Entstand durch die Theilung des Hinterhorns um die Mitte des XV. Jahrhunderts wie ich oben schon bemerkt habe.

„4 fl. de domo zum mittelhorn, dat Conrad Drendell 1550." L. V. de 1481, f. 31. in margine In einem Int.-Bl. von 1797, No 40 heisst es: „zum goldnen Mittelhorn ohnweit dem Geistpförtchen gegen der Spitals-Kirche über." Im J. 1797 wurde statt des hölzernen ein steinernes Gebäude aufgeführt. Die vorgedachten 4 fl. wurden auf Martini von der Praesenz erhoben; vorher aber von der Vikarie S. Erhardi.

Oberhorn. Wurde vom Hause zum Horn abgerissen, wodurch die 2 Häuser, das Oberhorn und das Hinterhorn, entstanden; das Oberhorn wurde aber nach dem J. 1531[114]) mit dem Ecke zum Hausen vereinigt. S. M. No. 122 in der Saalgasse.

Vicus dividens.

Von der Abtheilung der alten Stadt in den obern und untern Theil, oder in die Ober- und Niederstadt habe ich in dem §. XII. der Einleitung [Heft 1. S. 130] ausführlich gehandelt. Der leere Raum zwischen beiden machte die Scheidungslinie, und hiess in den Zinsbüchern vicus dividens; zuweilen auch Antiquum dividens, oder vicus antiquum oppidum dividens und oppidum dividens superius ab inferiore. Eine gleichbedeutende Benennung in der Volkssprache war nicht zu finden; ich bin nicht der Meinung, dass

---

[113]) O. U. 1478. H. u. Stallung — genannt zum Mittelhorn zushen N. und dem Gesesse zum Husen in der heil. Geistes Gassen etc.

O. U. 1511. H. — genannt zum Forderhorn neben der hangenden Hand uff oyner und dem Huss zum Husen uff der andern Siten stoss hinden uff das Mittelhorn. F.

[114]) Wohl 1431. Vgl. oben S. 73.

sie eine eigene Erfindung der Zinsschreiber war. Der vicus dividens erstreckte sich aber von der Liebfraukirche bis zum Fahrthore, und er wird deswegen in dem Baldemar'schen Zinsbuche von 1356, f. 13. „vicus a monte S Marie ad Farporten" und eben daselbst, f. 15: „vicus dividens civitatem a monte Marie vsque Farporten" beschrieben. Da verschiedene Theile desselben schon in gar alten Zeiten ihre besondern Namen erhielten, so wird ihre Geschichte nicht leichter und deutlicher auseinandergesetzt werden können, als wenn ich einem jeden Theile auch seinen besondern Platz anweise. Solche sind nun die Gegend beim Fahrthore, der Römerberg, die Neue Kräme und der Liebfrauberg. Obschon die Häuser auf der Westseite des vicus dividens alle schon in den untern Theil der alten Stadt gehören, so fand ich es doch in mancher Hinsicht für unschicklich, sie durch eine Trennung von den übrigen in die zweite Abtheilung zu versetzen. Es soll mir genug sein, hierüber wenigstens eine Bemerkung gemacht zu haben.

Am Fahrthore.

Unter dieser Benennung ist vorzüglich die Gegend vom Thore bis zur Saal- und Mainzergasse zu verstehen, die zuweilen auch am Fahr hiess. Sie machte einen Theil des vicus dividens aus, der sich beim Fahrthore endigte. [115]

---

[115] S. G. P. 1339. Emicho an der Vare — 1355 Ennerchin au dem Fare Auch 1367.
Stdt. Rchnbch. de 1354. It. Gelen Roden Fruwen, 1 ß von der Porten an dem Var zu beslicssene. Sich auch de annis 1348—50. 51. Trinkstuben.)
Beedbuch. 1355. It. Sykmund der Bedder an dem Vare.
— 1367. It. Emerich an dem Fare.
S. G. P. 1389. Metze an der fare.
Stdt. Rchnbh. de 1458. It. ij ₰ Meister Hannsen von Cube von der Vren vff dem Gange by der Farporthen zu bessern vnd ganghafftig zu machen.

Häuser auf der Westseite.

Aestuarium prope Farporten. Die *Badstube am Fahr*, auch zum Fahr oder die Fahrbadstube.¹¹⁶) Das Haus war neben dem Fahrthore gelegen, und gehörte zu der Badstube beim rothen Männchen. Sie war ein Eigenthum des S. Leonhardstifts, von dem sie ein Bader, Namens Rabenspiess, gegen vii Schilling wöchentlichen Zinses erblich erhielt. In dem L. C. Ss. M. et G. 1412, f. 18 ist eine Stelle zu finden, die dieses deutlich sagt: „Item Dni nostri decanus et capitulum resignarunt communibus presenciis estuarium zum fare cum universis juribus super eos deductis — quod quidem estuarium dictus Rabenpise balueator a nobis hereditavit, et dabit nostris presenciis omni ebdomade septem solidos haller." Schon in dem S. G. P. von 1340 wird ihrer gedacht, wo sie die „Stupa an dem Fare" heisst, und in dem Protokolle von 1393 wird sie „die Badstoben an dem fare" genannt. Anno 1450 hatte das Haus bereits aufgehört, eine Badstube zu sein, und wurde nachmals mit dem Eckhause Wertheim vereinigt. „j marca de estuario prope farporten latere occi-

---

It. iij Gulden Meister Sebald den Zeiger derselben Vren zu malen.
— (vmb Seyle an die Vrglocke vff der Farporthen).
Stdt. Rchg. 1504. Kremichen neben der fareporten Thore. F.

¹¹⁶) S. G. P. 1340. Hille in Stupa an dem Vare.
— 1361. Die Farbadstobin. 1405. 1411. 1413.
Stdt. Rchnbch. de 1398. It. in vigilia nativit. Marie XVI ß für Holtz also vor tzyden in die farbadestoben kommen ist.

It. Sabb. ante Katharine xij ß vmb vier Glasefinster in der Farbadstubin wider zu machen, als die zubrochin vnd zuschlagin waren worden als iz vff der farporten braunt als man iz solde leschen.
— 1407.° Die Stadt bezahlt eine Gülde von der Fahrbadstube an St. Leonhard.
S. G. P. 1407 Henne Aschaffenburg, Bader in der Farbadstoben.
B. Z. B. 1409. Die Badstobe zu dem Fare (gibt alle Wochen 5 ß Hllr. Zins).
Ib. H. und Gesesse tzushen der Farbatstoben und Junge Froisch gesesse. F.
[1337. — Batstuben by dem Vare. Cod. 542. 543.]

dentali vici dividentis, et latere meridionali vici S. Georgii contigua domui aciali, et modo est una halla." R. C. de 1450, f. 32. Halle zeigt hier einen Ort an, darin man feil hielt. So gab es Fleisch- und Brodhallen.[117])

Lit. J. No. 64. *Wertheim.*[118]) Das Eck bei der Mainzergasse, das nun die ganze Seite bis zum Fahrthore einnimmt. Es soll nun zur *Furth* heissen, vgl. *Müller* Beschr. von Frkf., S. 7. Diese Benennung rührt von der Badstube zum Fahr her, die mit diesem Hause vereinigt wurde. Furth und Fahr sind gleichbedeutende Worte, das letztere aber ist eine Geburt der spätern Zeiten.[119])

„hus Werthheim stoszt an die Farbadstoben." S. G. P. von 1404.

„iij marce — de domo dicta Wertheym, contigua portae et muro dictis Fareporten, latere occidentali, ex opposito domus dictae zum Krebs. Dat Peter Münch lapicida nomine der Stalburger modo Florentina Stallburgerin, modo Christoff Stallburger" L. C. B. M. V. in M. Saec. XVI.

---

[117]) Beedbuch 1463. It. die Halle zum Fare (neben dem Haus Wertheim). O. U. 1465. Die Halle zum Fare.
O. U. 1472 eine Tuchhalle by der Far Porten gein dem Sperber uber genannt zum Fare, und sy vormal ein Baadstobe gewest. F.

[118]) O. U. 1383. verpfändt Gertrud etzwanc Johannis eliche Hussfruwe zu Wertheym dem Gott gnade — das Huss und Gesess Wertheym. S. G. P. 1395. H. zu Wertheim.
— 1465. H. Wertheim an der Farporten.
Stdt Rchnbch. de 1498. v *ȝ* dem Krame by der Fareporten neben dem Gesess Wertheym.
— 1497. It. L Gulden — wegen Herrn Philipsen Siegwins Doktors — vmb dass der Rat ime Herrn Philipsen bewilliget und vergönnet, syn Husunge hinden zushen den Gesessen Wertheym vnd roden Muntlin hinden vff der Stede muren geyn dem Moyne zu setzen. F.

[119]) Das Gegentheil erhellt aus meinen Bemerkungen über *Furth* und *Fahre*. F.

II.

Auf der Südseite.

Lit. J. No. 65. Das *Fahrthor*. S. im §. IX. bei den Mainpforten. [Heft 1, S. 50.] Das Gebäude über demselben ist die Wohnung eines zeitlichen Oberzöllners vom Wasserzolle. Zwischen dem Thore und dem Krebs befindet sich die Stiege zum Renteuamte.[120]

III.

Auf der Ostseite.

Lit. J. No. 66. *Krebs. Rother Krebs.*[121]) Das nächste Haus beim Fahrthore.

---

[120] S. G. P. 1417. Flecken gelegen zwischen dem H. zum Krebs und der Farporten. (Weiss v. L. 35. 4.)
— 1421. Flecken zwischen dem H. zum Krebs und der Farporten. F.
[121] S. G. P. 1361. Ortwin Crebiss. 1372 Claus Crebiss 1381 Else der Crebissen Maget. 1397 Meckel z. C. 1398. 99. 1405. 6. — 1402 Katrine zum Crebiss zu Friedberg. 1409 Katrine von Friedeberg zum Crebiss. 1405 Petrus C. — 1412. Hartmund zum Krebs. 1421 Else Heinze Krebs Schwester. 1428 Else zum C. 1424 Gude zu K. 1439 Berbe z. K. — 1426. Jungher Henne der junge z. K. 1426. Jungherhenchin u. die Kinder u. Erben z. K. — 1427. Jungher Henchin z. K. 1428. Henchin z. C. 1447 Johann z. K. 1427 Jungherhenchin, Else z. Krebs ux. 1428 Henne zum Krebs, Else ux. 1428 Henchin zum K. den man nennet Jungherhenchin.

O. U. 1364. H. u. Gesesse genannt zum Krebysse gelegin au der Varporten hinden vnd vornen.

> NB. In einer Urkunde von 1335, die auf diesem Hause gelegene Gülte betreff, wird nur erwähnt ein H. an der Fahrporten; dieses H. hatte also damals noch keinen eigenen Namen, es ward laut dieser Urkunde von Conrad Schiffmann damals bewohnt. Die späteren Besitzer dieses Hauses, welche *Krebs* hiessen, gaben ihm also den Namen zum Krebs. Sich Wyss v. Lympurg I. I und I. G. 6

O. U. 1378. H. zum Krebisse gelegin an der Farporten da itzund Clawes Krebis ine wohnet.
S. G. P. 1392. Das Hinterhaus zum Crebisse da die Burne innested.
— 1393. H. zum Crebisse.

„Hus zum Krebs an dem hus genannt Brabant." S. G. P. von 1399.

„Hus zum Krebs by der farporten gen dem hus Wertheim ubir." Idem de 1454.

Anno 1446 verpfändeten Johannes becker zum Krebs und Grede ihr Haus „gelegen hart an der stede frankf. fare zu eyner siten vnd an der andern an dem gesesse gnant Freudenberg". Aus dem Insatzbuche. In der Chronik I, 18 wird beim J. 1604 auch Meldung von diesem Hause gethan.

Lit. J. No. 67. *Freudenberg* 1446, vorher *Braband.* S. beim vorigen Hause. [122])

Braband. Auch *zum alten Landgrafen.* Das Eck bei der Saalgasse. [123]) Es sind eigentlich zwei Häuser, die nun zu

---

O. U. 1444. H. u. G. genannt zum Krebsen gelegen by der Farporten zuschen der Farporten und dem Gesesse genannt Freidenberg.

S. G. P. 1469. H. zum Krebs an der Fareporten.

Wfrkl. Z. B. von 1480. H. by der Farporthen genant zu dem Krebs uf der Siten gen Ufgang der Sonnen und stosst hart mit synem ingang an die Dore des ungelts an der Farporten. F.

[122]) S. G. P. 1340 Hen zu F. — 1370. Frizechin zu F. — 1392. Meckil zu F. 1395.

— 1383. H. Freudenberg. F.

[123]) *Freudenberg und Brabant,* aus den Urkunden den *Saalhof* betreffend.

G. Br. 1355, die B. Francisci. Die hofestad gelegen zuschen dem *nuwen Sale* und Freudenberg von vorn bis hinden an der Stede muren.

— 1358. in Crastino S. Joh. Bapt. Das H. und gesesse genant Brabant gelegen zuschen dem Sale und Freudenberg. (Es war also das H. Brabant damals auf die obenerwähnte Hofstadt erbauet worden.) S. Knoblauch 16. 3. und 21. 1.

O. U. 1386. f. 5. p. Matthaei Ap wird auch das H. Brafant erwähnt.

O. U. 1403 die S. Matthaei Apost. In einer Vereinigung der Ganerben des Saalhofes wird — des Saalhofes und der *zweier Brafant,* als diesen Ganerben gehörend erwähnt.

O. U. 1412. f. 5. p. Benedicti. „das H. zu Brafant zuschen dem nuwen Sale und Freudenberg.

O. U. 1425. Sabb. ante diem S. Gregorii Pape vererbliehet Jeckel Knoblauch von wegen des Saalhofes einem hiesigen Bürger den flecken ge-

Freudenberg gehören, und desswegen kein besonderes Numero erhielten.

„die Halle zu Brabant." S. G. P. von 1384.

„j marca de domo Aula nuncupata, et de duabus domibus Bravant nuucupatis, eidem aule contiguis versus occidentem, in vico sancti Spiritus latere meridionali." L. C. de 1405, f. 8.

„j marca — de domo dicta zu dem Alten Landgraven, quae vocatur Pravant et spectat ad Curiam modo dictam zum Saalhoff, cuius curiae inhabitatores dant de sua societate Drauden Knoblauchs . modo Carle Kuehorn . modo Hoiger Mehlem." L. C. B. M. V. in M. Saec. XVI.

Ums J. 1604 wurde dem Bewohner des Eckhauses Braband vergünstigt, Krachsteine in die Mauer des Saalhofes zu legen. Frkf. Chron. l. c.

Es waren anfänglich zwei Häuser, die Braband hiessen. Das eine änderte seinen Namen in Freudenberg, und das andere wurde mit der Zeit getheilt; also dass das eine Haus den Namen zum alten Landgrafen erhielt. Der Platz, auf welchem die Häuser von der Saalgasse bis zum Fahrthore stehen, gehörte ursprünglich zum Saalhofe.

---

legen zuschen dem Krebs und Brafant und stossent an die farporten, worauf dieser Bürger ein Haus erbauet. (Dies scheint das Haus Freudenberg zu sein.)

O. U. 1439. f. 4. prox. p. diem S. Francisci Conf. wird gleichfalls der „zwei Brafanten" erwähnt.

O. U. 1439. H. Freudenberg uf der Ecken by der Farporten.

O. U. 1582. Eckbehausung genant Freidenberg bei der Main Pforten neben dem Saalhof gelegen stosst hinten auf die Behausung zum Krebs. F.

Römerberg.

Einer der grössten und merkwürdigsten Plätze Frankfurts, der einen Theil des kurz vorher beschriebenen vicus dividens ausmachte. Es war der grosse Vorplatz des kaiserl Palatiums nach der Landseite, auf welchem die feierlichen Höfe der Kaiser nach dem alten Herkommen öffentlich gehalten, und die gefassten Reichsschlüsse kund gemacht wurden. [124]) Er durfte, so lange die Kaiser noch abwechselnd hier zu residiren pflegten, nicht verbauet werden. [125]) Ohne Zweifel war die S. Nicolauskirche

---

[124]) Auf dem Römerberge wurden die Turniere oder Ritterspiele gehalten (siehe Chron. I, 296).

1349 am 8. Febr. belehnte der römische König Günther den Kurfürst Heinrich von Mainz auf dem Samstagsberge mit 50 Fahnen.

1344 XV Kalend. Decembr. in meridie in loco Samstagsberg Imperator in sede imperiali sententiam pro Archiepiscopo (Moguntino) contra ducem (Rupertum palatinum) judicialiter proferebat. Vid. *Latom.* Chr. Frkf. Mspt. und *Joann.* ad Serarium. I, 659

1349 den 8. Febr. schwuren die hiesigen Bürger dem *K.* Günther auf diesem Berge den Eid der Treue. *Florian* Fr. Chr. 250.

1486. 14 Febr. belehnte K. Friedrich die Kurfürsten von Mainz u. Pfalz, den Herzog von Braunschweig und den Bischof von Worms und sass auf einem Thron wider dem Haus zum Kranch. (*Senkenberg*, Sel. jur. et histor. IV, 525.)

1486 *Ohlenschlager's* goldne Bulle im Urkundenbuch pag. 251. 255 Vid. Acta R. sub Lud. p. 5.

[125]) Stdt. Rchnbch. de 1392. It. 21 ß 1 ₰ von den Kremen vff des Reichsstrassen.

— de 1394. It. XXI ß han Joh. Ernst vnd der oberste Richter vff gehoben von den Kremen vff des Richs-Strassin in dieser alden Messe.

— It. XX ß minus ij Hllr. in der Fasten Messe.

— 1408. Noch kommen unter den Einnahmen Kremerzinsen und Marktrecht in der Messe vor.

— 1425. Einnahme. It. — 83 ₰ sin uff des Richesstrassen in den Gassen gefallen in dieser vergangenen alden Messe, als man die flecken

das erste Gebäude, das gegen dem Palatium über darauf gebauet wurde. Latomus sagt: Imperialis capella S. Nicolai sita est *ante* palatium imperatorium. Lib. jur. Canon. f. 182. Er beschreibt hier die Kirche in ihrem ersten Zustande, wo der Platz zwischen ihr und dem Saalhofe noch offen war; sonst würde er sich des Vorworts *ante* nicht haben bedienen können. In der Zeitfolge erlaubten die Kaiser den Bürgern Häuser gegen jährliche Grundzinsen in der Nähe der Kirche zu erbauen, und auf solche Weise erhielt nicht allein die Bendergasse einen ansehnlichen Zuwachs von Gebäuden, sondern es entstand auch an der nördlichen Seite der Kirche der vicus S. Nicolai, der aber bald wieder abkam. Die Zinsen wurden zuletzt von den Kaisern theils den frommen Stiftungen zugewandt, theils ihren Ministerialen zu Lehen übertragen. Man sehe meine Bemerkung bei der Bendergasse und in der von Frankenstein. Streitschrift gegen den Magistrat von 1775, S. 18. von kais. Zinsen auf dem Berg.

Noch früher scheint die Schmälerung des grossen Platzes gegen Osten stattgehabt zu haben, wo man nach und nach mehrere von einander getrennte Reihen von Häusern aufführte, und dadurch die schmalen zwischen dem Markte und der Gläsergasse sich durchziehenden Gässchen veranlasste. [126] Weil dieser Platz sich von Süden gegen Norden allmählich erhebt, so legten ihm unsere alten Vorfahren den Namen des Bergs bei, was er

---

verluhen hat, den fuss lang vmb 12 Hllr. — vnd uff diess das erste Geld als davon gefallen ist. —

NB. Unter dem Ausdrucke „des Richsstrasse" ist ohne Zweifel der vicus dividens zu verstehen, von dem Liebfrauenberge über die neue Kräme und Römerberg bis an das Fahrthor. Schon bei dem ersten Anfange der Stadt musste dieser Weg über den jetzigen Liebfrauenberg und Neue Kräme, damals wohl eine Vorstadt, zu dem alten Stadtthore an der jetzigen Schwanenapotheke herein über den freien Platz des Samstagsberges an den Kaiserlichen Palast oder Saalhof die älteste Hauptstrasse sein, welcher als der besuchtesten dieser Namen noch lange Zeit überblieb. F.

[126] Sich meine Bemerkungen anderwärts über diese Gässchen. F.

doch nach dem eigentlichen Sinne des Wortes nicht ist. Ein reisender Engländer sagte einstens im Scherz: ich habe in Frankfurt von zwei Bergen sprechen gehört, habe sie aber nirgens vorfinden können. Die einfache Benennung auf dem Berge, oder in Monte, ist ganz gewiss die älteste, und sie mag in frühern oder spätern Handschriften vorkommen, so muss immer der Römerberg darunter verstanden werden. Obwohl ich mehrere Beweise hierüber beibringen könnte, so will ich mich doch nur mit dem einzigen Auszuge aus dem über 400 Jahr alten Libro anniversariorum unserer Kirche Ser. II. No 6. begnügen, wo es beim 7. Dec. heisst: „in anniversario Katherine uxoris Wigelonis Ranc vj sol. den. de domo sita in Monte apud sanctum Nycolaum." Die Worte apud sanctum Nycolaum haben ihren Bezug einzig auf die Kirche, um seine Lage genauer zu bestimmen. Von den in ältern Zeiten auf dem Berge gehaltenen Wochenmärkten war der Samstagsmarkt allemal der bedeutendste, weil die Leute wegen dem einfallenden Sonntage sich mit mehr Lebensmitteln, als an den übrigen Tagen versahen, und er dauerte gemeiniglich bis an den Abend. Diess hat ohne Zweifel die Gelegenheit gegeben, ihn nachmals den *Samstagsberg* zu nennen, welcher Name ihm auch schon in der Baldemar'schen Beschreibung von 1350 beigelegt wird. [127])

In dem Zinsregister der Dreikönigskirche von 1477, f. 27 in Lat. R. 6 wird die östliche Gegend des Samstagsbergs der Hühnermarkt genannt:

„iij floreni de domo sita vff dem hunermart in monte sita inter rasores proxima domus bie deme Engel—respicit ad occidentem." Der Engel ist das Eck beim heutigen Markte, der sonst die Wechsel heisst. Bei der S. Nicolauskirche aber wurde der Krämpelmarkt gehalten; wenigstens ist es aus folgender Stelle zu vermuthen: „It. ix den. de domo yn der Schuchg. — modo

---

[127]) O. U. 1348. (census) de nova domo in monte *Samiztagberg* dicta sita etc. conf. *Würdtwein* Dioec. mog. II. p. 577.

Wfrkl. Z.-B. de 1840. Samstagsberg. Peter Essigmengers II. uff dem Huner Margk uff der Siten gen Ufgang der Sonnen. F.

Cuntz von hornauwe ein *alt lepper* [128]) sedens vor sant Nicolaus." R. C. de 1438.

Auf der westlichen Seite befanden sich 1410 schon die Fleischscharren [129]) vom Salzhause bis an Isenburg in doppelter Reihe. [130]) Gewicht und Taxe waren damals noch nicht eingeführt. Man wählte das Fleisch, wie man es nöthig hatte und handelte so gut man konnte. Chron. I, 511. Bisweilen wurde der Berg auch nur Forum (der Markt) genannt. Herp in seinen Annalen sagt von dem daselbst angezündeten, und an manchen Orten noch üblichen Johannis-Feuer: 1489. in vigilia S. Johannis Baptistae rogus ingens fuit factus ante domum consulum *in foro* — fuitque magna chorea dominorum rege inspiciente." *Senckenberg* Sel. j. et h. T. II. p. 22. Und Latomus l. c. f. 183. berichtet von der Nicolauskirche, dass 1533 ihre Kelche, Kleinode, priesterliche Gewande und Geräthschaften öffentlich *in foro* ante ipsum templum scien verkauft worden. Die Zeit, wo der Gemüss- und Hühnermarkt in die Krämergasse verlegt wurde, kann wegen Mangel der Nachrichten nicht bestimmt werden. Es scheint im Anfange des XVI. Jahrhunderts geschehen zu sein, [131]) denn 1541 hiess die Gegend bei dem Brunnen schon

---

[128]) Ein Alt Lepper heisst ein Schuhflicker; wie kann der Kram eines solchen den Beweis liefern, dass der Krämpel-Markt da gewesen? F.

[129]) Im J. 1410 hatten die hiesigen Metzger ihre Schirn auf dem Berg von dem Salzhaus an bis gegen Isenburg auf beiden Seiten stehen, die fremden aber von dem Schwanen bis zur Barfüssergasse (unter den neuen Krämen) feilhalten müssen. Ex decreto Senatus. Man kief dazumalen das Fleisch noch nicht nach dem Gewicht, sondern ramsch. Annal. R. F.

S. auch *Bernhard* Antiq. Wetterav. p. 266.

[130]) Die Existenz der Fleischscharne an diesem Orte scheint mir blos eine temporäre Massregel durch irgend einen ausserordentlichen Vorfall veranlasst gewesen zu sein und vielleicht nur das von auswärts hereingebrachte Fleisch betroffen zu haben. Das hier geschlachtete ward gewiss nirgends anders wie in der hiesigen Scharn verkauft. F.

[131]) Stdt. Rchnbch. de 1351. It. zu dem Buwe *by dem Stocke* vff dem Berge. — 1 ß.

NB. Unter dem Worte: *Stock*, ist vielleicht ein Halseisen zu verstehen, das aufgemauert auf einer Erhöhung stand.

auf dem Fischmarkte. Chron. I, 23. Und das Rühlische Mspt. sagt, dass die Kapelle zu S. Nicolaus auf dem Fischmarkte oder Samstagsberg gelegen sei. Auch Philipp Schurgaeus meldet in seinen Miscellaneen: Regium aut Imperatorium sacellum S. Nicolai Episcopi in foro piscario positum. Anno 1576 verordnet der Rath, die Messbuden, die er vorher auf dem Liebfrauenberge hatte aufschlagen lassen, wo sie aber keine Beständer fanden, künftig auf dem Berge, da man den Fischmarkt pflegt zu halten, aufzuschlagen, und den Fischmarkt bei die Metzgerpforte zu versetzen. Chr. II, 560. Vor dem J. 1547 befanden sich

---

Stdt. Rchnbch. 1394. It. iiij ß vi heller von den fischerbanken von dem Berge zu furen. (— während der Anwesenheit des Kaisers).

— 1398. Einnahme. It. — von infarenden Zins von den Hockenstedten (d. h. ein halben Jarzins) by sant Niclas.

It. — dergleichen von einer Bank by sant Niclas.

1399. Ausgabe. It. v ß xij ß ij hllr. vmb Holtz vnd das Holtz zu schneiden zu den Bencken, die gesalzen Fische by sand Niclas druffe feyl zu haben.

1401 Einnahme. It. an Markrecht (Standgeld) so der Oberste Richter vnd ein Schreiber in der Messe von den Hutten und Schranen in den strassen vffgehoben hatte. Sa. 37 ß 20 ß 1 hllr.

It. zahlten 8 Hockenleute u. Weiber ihr Standgeld als ständig von dem Flecken by sant Niclas.

1406 Ausgabe. It. 5 ß 5 ß vmb Holtz zu den Benken daruff man gesalzen fische werg vff dem Berge by sant Nicolas feil hat — vnd Zimmer- und Furlohn.

— 1425. Werden neue Pfeiler vnd Galgensteine - erkaufft *zu dem Borne vff dem Berge* by der Aptecken. — Desgleichen zu dem Borne vff dem Samstagsberge by dem Fischemarkte.

— 1429. It. LIX ß vi ß han gekostet an Tagelonen von Zymmerluden, steindeckern, zu undermauern, dem Smede Isen zu smieden vnd etzwaz Buweholtz vff dem Berge zu kauffen, die nuwen kreme by sant Niclas gesaltzen fischwergk da junc feil zu han.

— 1434. It. Zinse von den Hutten by Sant Niclas.

O. U. 1478. II. uff dem *Fischmarth* zushen N. und dem Rosenbaum hinder dem *Flosser*.

Stdt. Rchnbch. de 1517. — Fygenkremen (= Zins) uff dem Berge — Sichelntische (aber wo?) F.

L. P. 1410. Das Nuwehus uf dem Berge.

noch keine Messbuden auf dem Berge. Die erste wurde von einem Nürnberger in besagtem Jahre aufgeschlagen (Chr. I, 429), und nach und nach wurde der ganze Berg mit solchen besetzt. Nachmals wurde der Fischmarkt wieder auf dem Samstagsberge, während der Messzeit aber auf dem Garküchenplatze gehalten, welcher Platz ihm unter der fürstlichen Regierung für beständig angewiesen wurde.

Das Plätzchen bei der Nicolaus-Kirche abwärts vom Hause zum Fleischer, wo sich ehemals der vicus S. Nicolai befand, hiess zuweilen Planum S. Nicolai oder Parvum planum apud S. Nicolaum, wie aus dem Z. R. von 1450, f. 32, und noch anderswo zu ersehen ist. Sonst wurden auch die östlichen Häuser des Bergs von den Wundärzten, die da wohnten *unter den Scherrern* oder inter rasores oder tonsores beschrieben.[132] „Hus uf dem Samstagsberge unter den Scherern by dem Flesser." S. G. P. von 1463.

Das im Anfange des XV. Jahrhunderts aufgekommene Rathhaus zum Römer veranlasste endlich den Namen des Römerbergs, der anfänglich nur dem westlichen Theile des Berges angehörte, nachmals aber dem ganzen Berge eigen wurde. Doch ist nicht zu leugnen, dass man den östlichen Theil zuweilen noch den Samstagsberg nennen hört. Uebrigens ist noch von den Juden zu bemerken, dass sie ausser der Messe nicht über den Römerberg, wohl aber über den Samstagsberg gehen durften. Wenn aber der Jude dem Rathe das Gewürz zum neuen Jahrsgeschenke überbrachte, war ihm erlaubt, geraden Wegs über den Römerberg in das Rathhaus ein und auszugehen. Hatte sonst ein Jude im Römer zu thun, so musste er den Weg durch die hintere Thüre in der Wedelgasse nehmen. Chr. I, 264. *Schudt*, Jüdische Merkw. II. Th. S. 256.

---

[132] G. Br. 1485. H. uf dem Samstagsberge under den Scherrern.

In Betreff der Gegend: *Unter den Scherrern* siehe auch Heft 3, S. 135. Note beim Jahr 1473.

Häuser auf der Südseite.

I.

Zwischen dem Römerberge und dem Gange bei S. Nicolaus.

Die *S. Nicolaus Kirche.* Sie steht ringsherum frei, ausser dass an ihrer nördlichen Seite einige kleine Häusschen angebaut sind, von welchen ich noch besonders reden werde.[133]

Zusätze *Battonn's*:

De sacello S. Nicolai in foro.

(*Müller*, Beschrbg. S. 80. *Lersner* I, 17.) — [Cod. dipl. 132. 171. 273.]

Altare aliquam diu *S. Nicolai* unicum hic fuit, statim vero post biennium succedens Adolphus de Nassau Imperator eundem presbyterum cum ipso templo (i. e. capella) ecclesiae S. Bartho-

---

[133] O. U. 1322–1326. H. uf deme Samisdagisberge bi der capellen S. Niclais.

S. G. P. 1388. S. Niclais Kirche.

Stdt. Rchnbch. de 1475. It. CLXXXV ß v β viij hllr. als von des Rates Befehle vnd Geheiss geben ist zu dem Buwen des Thorns, Dachs, Kors vnd allen andern Buwen an S. Niklas Kirchen gescheen. Daran ist dem Rade worden ein Laste Quadersteine, die zu dem Swibbogen des Thors zu S. Niclas gekaufft worden vnd als solcher Buwo vnderwegen bliep, sin dieselben Steyn kommen zu eym swibbogen der Brucken.

— de 1480. It. i ß viij hllr. dem vff *St. NiclasTorn* von einer Trommeden zu löden.

— It. — dem Tagewechter *daselbs* eine *neue Trommete* und einen nuwen beltz.

— 1613 kam die Trommette vom Niklasthurn auf den Gallenthurn vnd dafür auf erstern eine Possaune à 9 fl.

— 1665. Gewölb hinder den Dreher hütten an St. Niclas Thorn.

St. Allmdbch. de 1688. Allmeut hinder der Schröder Zunfftstube an S. Niklas Kirch.

Ueber die Nicolai Kirche siehe *Faber's* Beschrbg. v. Frankfurt I, 136.

Die Nicolauskirche ist wohl gegen den Schaden und Anlauf des Mains gestiftet, weil S. Nicolaus als Patron auf dem Wasser angerufen wird. Mspt. Z. Jung., siehe auch Wetteravia I, 1. S. 56.

lomaei subjecit (et Decano et Capitulo ecclesiae ejusdem ad instar aliorum Vicariorum) incorporavit et donavit; reservata tantum sibi et Romanis imperatoribus hujus beneficii collatione, nulli nisi presbytero facienda, ita quod idem presbyter eandem capellam officiare debeat propria in persona nec dare valeat substitutum, ut quoque idem presbyter intersit obediens, omnibus horis nocturnis et diurnis et in praesentiis cum caeteris vicariis percipiat portionem. Unde Vicaria haec *regalis* dicitur in ecclesia nostra. (Lib. privilegiorum S. Barth. fol. 154. et Joann. *Latom.* in libro jur. Canon. fol. 182.)

Secundo praeter istud Altare S. Nicolai principale fuit hic instituta alia Vicaria, quae ecclesiae nostrae quoque incorporata et praesentias accipit, ut prior Vicarius S. Nicolai altaris, quae Vicaria 2da *S. Margarethae* 1351 per Elisabetham Henrici Kunhaen relictam, paucis redditibus dotata, postea vero per Hartmudum Kunhaen Vicarium huius Vicariae 1400 augmentata. Collatio pertinet ad seniorem et juniorem Canonicos et Custodem ecclesiae nostrae. (Ex libro privileg. S. B. fol. 164. et ex libro testam. 85 et 183 bis.)

Tertio. Eodem ao 1351 additus est Altarista i. e. simplex sacerdos, non Vicarius, titulo *S. Laurentii* per Idam relictam zu der Landkronen institutus;[134] cujus altarista investituram a capitulo obtinet; eidem per omnia subjectus et solvit vinum admissionis. Collatio modo est capituli, deficiente linea fundatoris. (Ex libro Privileg. fol. 158. et Testam. fol. 195.) (De redditibus vide libr. Vicariarum fol. 183.)

Quarto institutum est hic altare *S. Christophori* ao 1374 per testamentarios Conradi von Harheym, der dasass zu Frauenstein civis Francof. — Cujus altaris collatio jam diu evolutis 12 vicibus pertinet ad Capitulum, et si sit de familiae dicti H. aliquis, omnibus praesentatis praeferri debet. (Ao 1374. 30 Augusti.) (Conradus de Harheim per suos Manufideles instituit et dotavit altare in honorem S. Christophori M. in Sacello *S. Nicolai* nach *Phil. Schury* in Collect. I, 53.) — Subjectus est per omnia Ecclesiae nostrae, uti priores Altaristae seu Vicarii.. Iste dat in sua admissione vinum consuetum, nec praesentias percipit. (Ex libro privileg. fol. 158 et 159.) (Ex libro Canon. fol. 88. ubi demonstratur, collationem diu ad Canonicos de-

---

[134] Siehe meine Beschreibung des Geschlechts von der Landskrone. F.

volutam.) (Ex testament. fol. 196. — De redditibus vid. liber Vicariarum.)

Hodie omnes beneficiati hujus Capellae adhoc potiuntur suis fructibus, licet Senatus detineat templum et variis mercibus repleat.

Praeter istas praescriptas fundationes fuerunt per Senatum hic institu..ae duae missae per hebdomadam celebrandae cum pulsabatur ad Senatum, dictae die Raths-Messen, ubi congregabantur Senatores et facta oratione ibant recta ad Curiam; debantque huic sacerdoti salarium, juxta literas, quae habentur in testudine in latula S. Nicolai. — Natabile est, quod hi posteriores tres sacerdotes, omnes dederunt et singuli 1 fl. 12 ß annuatim supremo Vicario regali pro recompensa, quae tamen jam ferme est defalcata et commutata.

Institutae hic fuerunt largissimae eleemosynae, quae modo rapiuntur *in gemeinen Kasten*, etsi illarum erogatio nihil ad nos pertineat. Ao 1533 erecta est illa cista, ad quam inter reliquarum ecclesiarum spolia, hujus quoque capellae calices, clenodia, sacrae vestes et utensilia (quae publice in foro ante ipsum templum vilissimo pretio vendebantur) sunt applicata. Ecclesia vero ipsa exclusis sacerdotibus a Senatu est occupata et ad profanos usus destinata. Postea, anno videlicet 1548 in die S. Oswaldi quinta Augusti dominica (nam qui male agit, odit lucem) diruta et destructa sunt altaria in hac capella tempore nocturno. NB. Hoc annotavit venerab. Dnus Jo. Hoffmann p. m. Decanus nostri Collegii in libro Privileg. 183 (an. libro jur. Canon?).

Fabricam ibidem administrat Senatus et redditus colligit per suos ex Senatu ad hoc deputatos; quo jure? mihi non constat (Ex Joann. Latomo in libr. jur. Canon. fol. 183.)

Altaria in sacello S. Nicolai sunt: Altare b.b. *Mariae et Nicolai* cujus possessor olim Nicolaus Weissbecker Scholast. mod. Nicolaus Zaier possessor.

Altare *S. Margarethae* modo poss. Hieronymus Bockenmayer, mod. Mag. Balthasar Seip, modo Joannes Schott.

Altare *S. Laurentii* poss. olim Joannes Beyer modo Joannes Honig modo Nicolaus Wolfsbach.

Altare 11000 Martirum ac *S. Christophori*; alias altare *S.S. Christophori et Sebastiani* possessor modo Valentinus Dorre, modo (1571) Caspar Honig parochus in Schw. (Schwanheim?) (Ex Collectaneis *Phil. Schurgaei* I, 322.)

Domus Vicariae S. Nicolai cum esset valde ruinosa, vendita est per capitulum, retentis super eodem 20 fl. census reimibilis. Actum 1590 (vid. apud domum dictam *Palmenbaum*).

Der Vicarius des Altars S. Laurentii war Herr Petrus Capellanus, welcher 1349 VI Kalend. Julii gestorben; auch der erste Todte gewesen, so in die Capelle begraben worden.

Ao. 1470 ist S. Jacobi Altar zu S. Nicolas abgethan worden.

Ao. 1472 vertauscht Henrich Knoblauch mit Hrn. Nicolaus Weissbecker Scholast. S. Barthol. des Raths Beneficium zu S. Nicolaus mit Consens.

Ao. 1571 d. 14. Febr. stosst der Eis ein gross Stück Mauer zu Sachsenhausen an S. Nicolas in die 10 Schuh lang hinweg. Vid. *Lersner* I, 534. ad ann. 1571. (Dies ist ohnstreitig bei Lersner ein Druckfehler, da es in Sachsenhausen keine Kapelle S. Nicolai je gehabt; vermuthlich ist die hiesige Nicolaikapelle zu verstehen).

Ao. 1493 haben Weicker Frosch scabinus und Gutge Stefin Veneris post pascha 2 Messen gestiftet in jeder Woche, die eine auf Dienstag und die andere auf Donnerstag im Chor von Ostern an Morgens um 6 Uhr bis Maria Geburt und von da an bis wieder Ostern um 7 Uhr, ehe dass die Rathszeit angehet und vor dem Rathsgang aus sei. Dahin auch der Rath bis zur Reformation paarweiss fleissig gegangen; desgleichen in derselben Kirche ein salve auf jeden Tag zur Abendzeit mit sämmtlichen Versiculn und Collecten zu thun. Diese Stiftung, Messe und Renten, confirmirten hernach 1499 feria 4 post Esto mihi folgende: Weicker Frosch der junge und Gutge uxor, Johann und Christina Dägin uxor, Georg Frosch, Eberhard von Henssenstamm und Gutge Frosch, uxor.

Ao. 1458 liess der Rath den Thurn erhöhen und mit einem eisernen (?) Umgang zieren und überall mit Blei bedecken; auch folgendes Ao. 1476 eine Stube und 2 Kammern vor die Wächter verfertigen. — Fast in der Mitte hängt die Glocke, damit alle Gerichtstage die Rathsmessen angekündigt worden.

Vom Almosen zu St. Nicolaus.

Ao. 1502 hat Frau Elisabetha von Heringen Dr. Ludwigs zum Paradyss von Marburg Ritters und Schultheissen Wittwe etliche Gülten, zu Montabur und Usingen fallend, zu den Almosen S. Nicolai verordnet und legirt, davon Tuch und Schuhe zu kaufen und Hausarmen zu geben, nämlich 90 fl. *vff der Statt Wechsel*; item 40 fl. vff Ulm — und einem armen Studenten jährlich, bis er Doctor wird; item 40 fl. vff dem Kloster Erbach, 2 arme Töchter jährlich davon auszusteuern. [135]

---

[135] Siehe die Stiftungen von Meister Johann Wiesbäder Med. Doctor de 1418 und von Johann von Holzhausen de 1438 in meinen Auszügen vom Kasten-Archiv, wornach Lersner I, II. pag. 29 zu berichtigen; — und Brun von Braunfels B. 3. ad ann. 1438. — Ad ann. 1460 siehe *Monis* meiner Ge-

Ao. 1461. febr. s. post Conversion Pauli stiften Martin Zawer et Cather. uxor 4 Achtel Korn zu Gienheim fällig.

Ao. 1482 *Weicker Frosch* Senior 4 Achtel Korn zu Dorfelden.

Ao. 1493 giebt *Eberhard Stommel*, Vogt zu Kleyberg, 1 fl. zu S. Nicol. Almosen auf einem Hauss in der Mentzergassen.

Ex Manuscripto *Rühl*:

Pfleger und Baumeister der Kirche St. Nicolai.

1400 / 1401 } Herrmann Burggrav, Schöff. Johann Schelm, Rathmann.

Pfleger des Almosen-Kastens St. Nicolai.

1401. Walther v. Schwarzenberg.
Johann Strahlenberger.
Meister Bechtold zum Schmaleck.
1464. Geipel v. Offenbach.
Peter v. Walstatt.
Johann Dattler.
1471. Heinrich Rohrbach.
Weiss zum Hirschhorn.
Engel Blum.
1485. Jost Eck.
Wigand von Heringen.
Johann Göbel.
1489. Bechtold Heller.
Johann Sachs.
Johann Walsdorf.
1492. Meister Friedrich v. Altzey.
Johann Frosch und Claus Schell.
1498. Christian Völker.
Wolf Blum sen.
Gottfried v. Umstatt.
1500. Jacob Heller.
Thomas v. Vonrode.
Peter Ortt.

---

schlechter-Beschreibung, Johann Senator 20 fl. Gülde und 20 Achtel Korn betr. — Ad ann. 1438 siehe Johann *Neygeber* und Gutge ux. daselbst. — Ad ann. 1456 siehe Johann *Leydermann* und Heilmann Schildknecht. — Ad ann. 1486 Stiftg. der Gredch. von Dorfelden à 100 fl. siehe *Melem*. — Ad ann. 1488 et 1490 siehe Arnold von Holzhausen. 9. 3. F.

1505. Hamman v. Holzhausen.
Weicker Frosch.
Gerhard Bergk.
1509. Johann Frosch, Georg Neuhauss.
Johann Füldt.
1518. Philipp Ugelnheimer.
Johann Jeckel.
Johann v. Umstatt.
1522. Johann zum Jungen.
Ulrich Neuhauss.
Johann v. Buchen.
1524. Hanns Bromm.
Stephen Grünberger.
Johann v. Friedberg.
1527. Johann v. Melem.
Peter am Steeg. Conrad Ross.
1529. Philipp Ugelnheimer.
Steffen Göbel, Hans Kiss.
1531. Johann Lanung, Stephan Göbel.
Johann v. Buchen.
1523. Ludwig v. Martorff.
Steffen Grünberg und
Hartmann Greiff (verpachten Bullmanns Ebold zu Dürkelweil, Rule Wissen und Elsen ux. Eidam), das Geländ daselbs um 72 Achtel K. 5½ fl. und 2 Achtel Erbsen).

In Necrologio Saeculo XIII scribi coepto, manu ejusdem Saeculi ad diem Vij Kalend. Septembris rubeo liquore scribitur: „Dedicatio ad S. Nycolaum".

Von der Gerichts-Glocke siehe *Lersner* I, 262. col. 1.
Von der Rathsmesse „ „ I, 262. „ 2.
Ad annum 1637 „ „ II, 201. (Achilles v. Hinsperg betr.)
„ „ 1627 „ „ I, 525.
„ „ 1463 „ „ II, 770.
„ „ 1707 „ „ II, 777.
„ „ 1290 „ } I, II, 88.
II, 100.
I, 20.

Ad annum 1290   siehe *Lersner* II, 167. Holzhaus. Legat. der Zehenden zu Niedererlenbach
„   „   —   „   „   I, 472. 5 fl. fundat. (an bier?)
„   „   1627   „   „   I, 524. Thurnier.
„   „   1729   „   „   II, 812 (792). Schröder und Wachthütte bei S. Nicolai. [136])

Von der Glocke auf dem Thurm u. Rathsmesse siehe *Orth's* Anmerkungen I, 170. §. XXX. Ibid. 171 unten, 172 oben.

Godeschalcus de Königstein Capellanus S. Nycolai 1284, deinde plebanus in Grunaw. 1290. (Lt Stadt-Archiv.)

Conradus Kitz Vicarius capellae S. Nycolai. (Ex processu Joann. Kempe 1410.) Praesentatio huius capellae ad romanum regem pertinuit. (Lt. Stadt-Archiv.)

II.

Zwischen dem Gange bei S. Nicolaus und dem Stinckgässchen.

Lit. J. No. 86. *Schwarzer Stern.* [137]) Das Eck hinter dem Chore der Nicolaus Kirche, welches vor Zeiten einen Theil des Vikariehauses S. Nicolai ausmachte. S. J. No. 84 in der Bendergasse. (Heft 3, S. 311.)

„ $1/2$ marca domo in vico Samstagsberg dicta zum Swartzen Stern latere meridionali in acie versus sanctum Nicolaum respiciente occidentem et septentrionem." L. V. de 1453. f. 116.

---

[136]) S. P. 1368. Das Eck zwischen der Bendergasse und dem Samstagsberge „die Winscrodir in dem ubern und nigddern Huss."

Siehe übrigens noch *Wetteravia* Heft 1. Aufs. I. de Capella regia, das die Nicolai Kirche betreffende.

[Vgl. auch Vorträge bei Wiedereröffnung der S. Nicolai Kirche, 1817. Archiv für Frankf. Gesch. u. Kunst VII, 142, eine auch den Spital- St. Nicolas-Kirche betreffende Raths-Verordnung von 1426.]

[137]) O. U. 1408. H. das Heile Nasen was und itzunt Elsen seiner Dochter ist, neben an *Rattenkops Husse* uff dem Samstagsberge. (Ob hierher gehörig?

— 1479. H. u. G. genannt zum schwarzen Stern, gelegen by S. Niklas Kirchen an dem kleinen Flescher.

— 1482. 2 H. genannt zum schwartzen Stern gelegen uff dem Orth des Gesschins by S. Nikolaus Kirchen.

IX β de domo prope capellam S. Nicolai in acie transitus dicti der ganc$ occidentem et septentrionem respiciente ex opposito chori." R. C. de 1538. f. 82

Rattengebiss.[138] „½ marca den. de domo contigua supra dicte domui versus orientem gnant Rattengebiesse." Ibid. Wird in der Brunnenrolle von 1544 noch also genannt, wurde aber nachmals mit dem Ecke zum schwarzen Sterne vereinigt.

Domus Rulonis Rosstauschers. Ist vermuthlich das Haus unter dem Bogen, weil es in seiner Beschreibung schon in die Flössergasse gesetzt wird.

„Sex sol. den. de domo Rulonis Rostuschers sita in — vico dicto Flessergasz, latere meridionali, infra transitum ad vicum doliatorum et capellam sancti Nicolai." L. V. B. Saec. XIV. Vic. XX.

Häuser auf der Ostseite.

Lit. J. No. 87. *Fleischer*, vorher *Flösser*[139]. Ist das zurückstehende vierfache Eck über dem Bogen, wo man nach der

---

[138] O. U. 1523. H. uff dem Samstagsberg hinder dem Kochen gelegen genant zum Fleysser uff beiden Sytten samt dem Gewelb und Kochen genant zum Rattengebiss, stosst hinten uff den Rintsfuss.

[139] Beedbuch. 1320. Henricus Flessere (scheint dem Hause den Namen gegeben zu haben).

Stdt. Rchnbch. de 1363. Einnahme. It. 20 ℔ Alheide Hermanns Zimmermann's Dochter von dem Huse vnd Hobestad uff dem Berge by dem Fleyzscher, das sie verziehen hat für sich vnd ire erbin uff ir recht daz sie daran hatten und han wir dess iren Brief.

O. U. 1377. H. u. Gesess genannt zum Flesser und die neuen Husirchen darby gelegin, darzu cyn Gang oben uz dem Flesser ubir den Weeg geet.

S. G. P..1385 Clese Knecht zum Fleser — 1389. H. gelegen hinter dem Flesser. 1397. H. zum Flesser.

O. U. 1393. H. zur Rosen hinder dem Flesser.

S. G. P. 1402. H. hinter dem Flesser. — 1403. Herr Peter zum Flesser (ein Geistlicher). — 1341. Die Flessern uf dem Berge.

O. U. 1440. H. genant zum grosen Fleischer.

Flössergasse geht. Unter dem Bogen stehen auf einem Krachsteine drei kleine dicke Kerle ausgehauen. Der eine verrichtet sitzend seine Nothdurft, der zweite sucht demselben mit der flachen Hand einen Streich auf den s. v. Hintern zu versetzen, und der dritte schaut zu.

„zum Flesser sita in antiquo opido Frank. superiore parte platea Samistagisberg latere meridionali (+) in acie respiciente septentrionem et orientem lateris iam notati." B. B. de 1356, fol. 14.

(+) In dem Zinsbuche von 1390, f. 4. wird dieser Beschreibung noch beigefügt: „infra Capellam sancti Nicolai atque transitum ad vicum doleatorum".

Das Haus wird in latere meridionali beschrieben, weil es damals das obere Eck von den Häusern des vicus S. Nicolai ausmachte. Als diese aufhörte, passte auch die alte Beschreibung nicht mehr, und es steht seit dieser Veränderung auf der Ostseite des Samstagsbergs.

G. Br. 1455. H. neben dem Fleszer.

S. G. P. 1463. H. zum Flesser by Sant Niclaskirchen.

— 1463. H. uf dem Samstagsberg unter den Scherern by dem flesser.

— 1464. H. uf dem Samstagsberge gen dem H. zum Flesser über.

G. Br. 1503. H. und Geses güt zum Fleiszer mit sampt dem Hintergehuse und Gewelbe gelegen by den *Garkuchen* über by Sant Niclaskirchen.

O. U. 1511. H. genannt zum *cleinfleischer* gelegen uff dem Samstagsberge.

O. U. 1518. H. — genant zum Fleisser uff dem Samstagsberg gelegen stoiss hinten an Rintsfuss, stant sunst fry gegen dem Heringshutten uber.

Stdt. Rchng. de 1515. Es gestatte precario der Rath dem Hanns Zwerlein von Wirpurg zwei Dhorn gegen dem Floischer vber auf die Strasse aufgehen zu lassen.

— 1539. 2 Eckkräme, einer ober dem Flayscher, der andere gegen dem Flayscher vber gehören dem Rath als vermiethet.

O. U. 1607. Behausung — auf dem Sambstagsberg zum Flaischer genant zwischen zweien gemeinen Gesslin gelegen, stosst vornen auf der einen Seiten mit dem Gang über das Gesslin an N. und hinten auf N. und das Haus zum Rindsfuss. F.

„iiij marce den.. de domo dicta zum Fleszer sita in parvo plano apud sanctum Nicolaum" .... de 1452, f. 24.

Haus *zwischen* dem *grossen* und *kleinen Flesser* gelegen. — Insatzbrief de 1457.

„zum Fleszer sita latere orientali in parvo plano apud sanctum Nicolaum." L. C. S. M. de 1464.

In dem Z.-R. von 1527 und in der Brunnenrolle von 1544 findet man schon den alten Namen in Fleischer verändert.

„de domo aciali ante et retro, vnder den Scherern, lat. orient. merid. et occid. respiciente, bei der Garkuchen a retro prope dem Fleischer et illa domus a retro etiam acialis est." L. C. B. M. V. Saec. XVI.

Lit. J. No. 88. *Kleine Garküche*, laut der Aussage des Eigenthümers. Sonst *zum alten Backhause, Blumenstein, Klein Laubenberg.* [140]) Ist das doppelte Eck vorn neben dem Nicolaus-

---

[140]) O. U. des alten Insatzbuches de 1328. — de 1329: domus sita uf dem Samstagsberge que dicitur *zu dem Vose*, wird von Dilmannus Vlner versetzt. (Ob dies nicht das *später* nachfolgende Haus zum Ulner?)

G. Br. 1381. H. und gesesse genant der *alte Ulner* uf dem Samstagsberge an dem gesesse genant Laubenberge. (Der alte Ulner scheint der älteste Name des H. Klein Laubenberg.)

O. U. 1399. H güt Laubenberg uf dem Samstagsberge zwischen Else Nesin und der Rattenkoppen sel. Huse.

O. U. 1406. H. u. G. Blumenstein gein S. Niklas Kirch über an dem Huse Cronenberg.

— 1431. H. genannt Klein Laubenberg gelegen uff dem Samstagsberg; dabei wird erwähnt das Eckhuss, das daran gelegen, welches vor Alder zum alten Backhuss genannt worden.

— 1441. H. Laubenberg uf dem Samstagsberge.

— 1458. H. gelegen vornen und hinden auf dem Samstagsberge genannt zum alden Backhuse an cleynen Laudenberg (?) und vff der Ecken gen deme Flesser uber.

— 1487. H. — genannt cleyn Landenberg gelegen uff dem Samstagsberge zuschen Hansen Drinstein und Thielen Scherer.

— 1501. Husung und Gesess — mit dem Hinder- und Nebengehuse, genannt Gross Lauberg uff dem Samstagsberge gelegen — stoisst hinden uff das Gesschin und stoisse das Nebengehuss genant zum Rosenbaum gein dem Fleisser uber.

plane, und hinten im Rapunzelgässchen. Der erste Name scheint anzuzeigen, dass es vor Zeiten ein Backhaus gewesen ist; der letzte aber rührt von dem folgenden mit ihm vereinigten Hause her.

„zum alden backhuse gelegen uff dem Samsztagsberge, uff dem Ort neben dem flesser vnd an dem gesessz cleinen laubinberg" J. B. von 1432. — Das alte Backhaus kömmt noch in der Brunnenrolle von 1544 vor.

vj *s* den. de domo Sampstagisberg dicta Blumensteyn." L V. de 1481, f. 18.

9 β (Walburgis) de domo Blumenstein modo dicta klein Ladenburg (sollte Laubenberg heissen) vff dem Sambstagsberg latere orientali contigua domui Rossengartten." R C. de 1581, fol. 35.

It. 1 libram cere legavit Heyle Nase rasor, — de domo dicti *Vlner*, sita in antiquo opido Fr. super. parte, platea Samysdagberge, latere orientali. Reg. Cens. fabr.

„x β den. Colonien. et iij den. levium facit ½ marcam j. fertonem iij β. iij hlr. — de domo aciali ante et retro, vnder den Scherern, latere orientali, meridiem et occidentem respiciente bei der garkuchen, à retro prope dem Fleischer, et illa domus à retro etiam est acialis, orientem et meridiem respiciens. Dat Jacob Stuelhöfer tonsor, modo Hanss Stuelhöfer Scherer." L C. B. M. V. in M. Sacc. XVI. Das Haus war 1438 schon die Wohnung eines Barbierers und ist es noch.

Es gab unserer Praesenz auf Walburgis 22 kr. 2 h. Grundzins, und auch dem Liebfraustifte 1 fl. 6 β 3 h., die ihm durch das folgende Haus zugefallen sind.

Klein Laubenberg.

„Clein laubenberg gelegen vff dem Samstagis berge zusche[n] grossen laubenberg vnd Conrad bartscherers huse." J. B. von 1428.

„Sex sol. den. (22 kr. 2 hr.) de domo dicta Laubinber[g] sita in antiquo opido, parte superiore, platea Samysdagisber[g] latere orientali." L. r. B. de 1350, f. 57.

O. U. 1541. II. — am Ecke uf dem Samstagsberg — zum *alten Eul[n]* genannt. F.

„Item vj ß den. de domo dicta Laubenberg Samstagsberg contigua domui prenotate (Blumenstein) versus septentrionem." L. V. de 1481, fol. 18. Das Haus wird in der Brunnenrolle von 1544 unrichtig Klein Ladenberg genannt. Seine Vereinigung mit dem Ecke geschah zwischen gedachtem Jahre und dem Jahre 1581.

Lit. J. No. 89. *Laubenberg* oder *Gross Laubenberg*. [141])

„2 fl. de domo laubenberg sita in monte in medio Rasorum ex vno latere tangente domum viduae Cleschen rasoris respiciente ad occidentem." R. C. Capellae S. Catharinae in ponte de 1477, f. 1. in Lat. R. No. 11. In der Brunnenrolle von 1544 wird sein Name fehlerhaft Gross Ladenberg angegeben. Zu diesem Hause gehören zwei im Rapunzelgässchen stehende Häuser, die durch einen Gang über dem Gässchen mit einander verbunden sind. Das eine von den zwei Häusern ist das vorstehende Eck neben Lit. J. No. 96.

Lit. J. No. 90. *Schlüssel*. [142]) War nach dem Zeugnisse der Brunnenrolle von 1541 mit klein Dachsburg eine Behausung; wirklich stehen auch beide Häuser noch unter einem Dache.

Lit. J. No. 91. *Dachsburg. Klein Dachsberg*, welcher Name zuletzt in Daussberg ausartete. [143])

---

[141]) S. G. P. 1383. H. Laubenberg.
— 1395. Die Mad zu Laubenberg.
— 1470. H. — gelegen uff dem Samstdagsberge genant *clein Landenberg* neben *grossen Landenberg* (!) und Groden Seberern.
— 1484. H. Landenberg uf dem Samstagsberge.
— 1497. H. — uff dem Samstagsberge genannt Laubenberg uff eyner Syten neben N., und uff der andern Syten an das Huss Daussberg. F.

[142]) S. G. P. 1341. domus zum Sluzzele.
— 1341. Gebilde quo dicitur zu dem Slissel.
B. Z. B. 1409. H. uff dem Samstagisberge — darinne etzwann Katherine *Rattinkoppe* wonete und daz do steet zuschen Laubinberg und dem Huse, darinne etzwann Gyppel Hedorn wonete. (Vgl. Not. 140, Urk v. 1399.) F.

[143]) Beedbuch 1320 kommen in dieser Gegend des Römerbergs vor Henricus Altwendere.
Catharina Altwendere.
G. Br. 1342. H. Daxberg uf dem Samstagsberge.

„Hus Daspurg uf dem Samstagsberge." S. G. P. von 1428 und 1434.

„Dagsberg gelegen vff dem Samstagisberge." J. B. von 1428

„9 ß de domo Klein Daussberg sita latere meridionali (orientali. vid. L. C. de 1586, f. 53.) vff dem Sambstagberg infra domus zum Engel, et Fleyscher quasi ex opposito fontis." R. C. de 1581, f. 35. Diese 9 ß oder 22 kr. 2 h. wurden von der Praesenz auf Bartholomaei erhoben; dann wieder 11 kr. 1 d. auf Michaelis, die vorher der Vikarie S. Nicolai gehörten.

Lit. J. No. 92. *Wilder Mann* [144]) 1544 in der Brunnenrolle.

O. U. 1342. Wfrkl. II. u. Gesesse uf dem Samstagisberge undir den *Altgewenderin*, daz allermeist ligit an dem H. das man nennet Deysberg an der syten, gein dem Burnen wert, daz etzwanne was Vern Lybester zur Jungfrauen.

Stdt. Rchnbch. 1357. Item Fritze *Altgewendir* (VIII ß) von dem Huse by Marpurg.

G. Br. 1386. H. zum Dasperg.

G. Br. 1387. H. Keller und Gesess genannt Desperg stosset vorn uf den Samstagsberg, und hinden in daz Gessechin zuschen etwan Hartmude Strofogels und Battenkoppo (gehörte in neuerer Zeit dem Handelsmanne Bruere). (? Rattenkoppe sieh Note 140.)

O. U. 1410. H. genannt Dagisberg auf dem Samstagsberge, da Lotze Schriber zu dieser Zit inne wohnet.

O. U. 1587. Behausung *hohen Daxberg* uff dem Sambstagsberg neben dem N. u. N. einer und anderseits—stosst hinten uff das Altschuhgesslin. F.

[144]) G. Br. 1521. H. hinter dem wylden Mann in der Kremergasse.

— 1541. H. in der Kremergassen in dem kleinen Gesslein hinter dem wilden Mann.

O. U. 1562. Behausung zum *wilden Mann* genannt uff dem Samstagsberg stosst hinten uff das alt Schuhgesslin.

Mspt. XVII. Sec. H. zum kleinen wilden Mann auf dem Samstagsberg neben dem gulden Kreuz.

Ibid. H. zum wilden Mann in der Kremergass bei S. Bartelme.

Ibid. H. zum golden Kreuz auf dem Samstagsberg neben dem kleinen wilden Mann und Wechsel.

Ibid. H. zum gulden Kreuz auf dem Samstagsberg neben dem kleinen wilden Mann. F.

(Goldenes Kreutz scheint verdorben für gold. Greif.)

Lit. J. No. 93. *Schnabel. Schieferstein.* Nachher *Goldner Greif,* eine Apotheke. [145])

„zum Snabel sita in antiquo opido superiori parte platea Samisdagisberge latere orientali prope domum zum Engel." P. B. de 1356, f. 14.

„domus quondam dicta Snabell — ex opposito fontis." R. C. de 1499. f. 34. (31.)

„zum Schyfer Steyne sita in antiquo opido Frank. superiore parte, platea dicta Samysdagisberg, latere orientali, propius vico institorum, contigua quasi domui dicte zum Engil, site in acie respiciente occidentem et septentrionem vici institorum iam notati." L. r. B. de 1350. f. 52.

„Schyversteyn sita — in plano dicto Samizdagsperg latere orientali prope domum zu dem Engel. R. C. de 1390 f. 7.

„iii½ lib. ij ß faciunt iij fl. de domo Schieffersteyn sita in monte inter Rasores proxima domus by dem Engel — respiciens ad occidentem." R. C. Capellae S. Cathar. in ponto de 1477, f. 3.

Weil das Haus quasi contigua dem Engel beschrieben wird, so scheint ein Alment zwischen dem Schieferstein und dem Engel gewesen zu sein. In der Brunnenrolle von 1544 wird des Schiefersteins noch gedacht.

---

[145]) Wfrkl. Z.-B. von 1480. H. genannt zu dem Schifferstein und ist gedeilt in zwo cleyn Wonung gelegen uf dem Hunermarth uf der Siten gen Uffgang der Sonnen neben dem Eck H. zu dem Engel und dem Born vber.

O. U. 1540. H. — zum Schifferstein genant am Samstagsbergeck neben der Wechsell auf einer und N. uff der andern Site, stosst hinten auf eine gemeine Gasse. (So auch 1579.)

— 1544. U. — zum Schifferstein genant auff dem Samstagsberg neben dem Engel genant auf einer und der Behausnng zum wilden Mann genant uff der andern Siten gelegen.

O. U. 1601. H. — ufm Sambstagsberg zum guldenen Greiffen genant, neben der Behausung zur Wexel vorhin zum fordern Engel uff einer, und dem Haus zum Wildenmann uff der andern Seiten gelegen stosst hinden uff ein gemein Gesslin. F.

A. 1563 zahlte Christian Egenolph 1½ β von diesem Hause an das Officium DD. wie aus der Rechnung f. 10 zu ersehen ist. Er war ohne Zweifel der Sohn des für den ersten Drucker gehaltenen Christian Egenolphs, der im Hause Weilburg auf dem grossen Kornmarkte wohnte. Nach ihm wurde das Haus eine Apotheke, die den Namen zum Goldnen Greif erhielt, und das Alment wurde zur Vergrösserung des neuen Baues verwandt.

„2 fl. 7½ β — de domo zum Schifferstein, modo dicta zum Gulden greiffen, sita latere orientali vff dem Sambstagberg contigua domui zum Engel." R. C. de 1581, f. 35.

A. 1603 am 22. März verordnete der Rath, nachdem Simon Plaebelius gewesener Apotheker zum Greif gestorben war, diese Apotheke wieder eingehen zu lassen. Das Haus hatte der Praesenz auf Pfingsten 2 fl. 18 kr. 8 h. Grundzins zu entrichten.

Lit. J. No. 94. *Engel. Grosser Engel, Vorder Engel.* Sonst die *Wechsel* genannt.[146]) Das Eck am Markte. In dem Vikariebuche des Baldemar's vom XIV. Jahrh. Vic. VIII. wird eines der benachbarten Häuser beschrieben: „in platea dicta Samysdagisberg latere orientali tertia versus meridiem a domo dicta

---

[146]) O. U. 1342. H. uf dem berge by dem *engil*.

— 1454. Eck H — genannt *zum Engel* gelegen vornzu uff dem Sampdagsberge neben N. N. gein *dem Ulner uber*.

G. Br. 1455. H. off dem berge an dem *engel*.

O. U. 1469. H. u. G. genannt zum Engel gelegen vff dem Samstagsberge vff dem Ecke der Kremergassen als man von dem Samstagsberge zu S. Bartholomäus gee.

O. U. 1537. Eckbehausung zum Engel genannt uff dem Samstagsberge neben N. und dem cleinen Engel geleg.

O. U. 1597. Eckbehausung zur Weexel genannt uffm Samstagsberg neben der Apotheken zum Greiffen gelegen.

In den Jahren 1381 und 1382 wird urkundlich die Apotheke zum Engel erwähnt: dieses scheint dasselbe Haus zu sein; denn es ist auch von Häusern, die nicht weit davon lagen, wie z. B. vom Schuchhusse, häufig die Rede. F.

zum Engile sita in acie respiciente occidentem et septentrionem vici institorum."

„Orthus uf dem Samstagsberg untern Kremen, genannt zum Engel." S. G. P. von 1467, desgl. 1470.

„zum forder engel die Wechsell." Br.-Rolle von 1544.

Der Name zum Engel scheint ganz in Vergessenheit gekommen zu sein, indem man das Haus nie anders als in der Wechsel nennen hört. Es hat diesen Name von der Zeit beibehalten, da es noch ein privilegirtes Wechselhaus war, deren sich 1458 nur drei in der Stadt befanden. Weitere Nachrichten hiervon sind bei der Wechsel unter den Häusern des vicus S. Nicolai zu finden [Heft 3, S. 292]. Auch wird meine Bemerkung, die ich bei dem Nebenhause zum kleinen Engel auf dem Markte gemacht habe, noch übriges Licht über den Namen zur Wechsel verbreiten. [Heft 3, S. 180.] Das Haus hat einen grossen Erker, der mit vielen im alten Geschmacke geschnittenen Figuren überhäuft ist. Dass 1582 am 18. Febr. Abends 7 Uhr ein Feuer in dem Wechsel ausging, wird in der Chr. I, 541 gemeldet.

Häuser auf der Nordseite.

Lit. K. No. 129. *Ullner. Kleiner Ullner* [vormals *Berlekin* und *Rosenberg*]. Das erste Haus vom Markte. [147]) Der Name *Eulner* ist unächt. [148])

---

[147]) G. Br. 1375. H. und gesezze genand *Rosenberg* an dem *Seltzer*. S. G. P. 1387. H. Rosenberg.

O. U. 1399. H. zum *Ulner* auf dem Samstagsberge uf der Ecken gen S. Niclas Kirchen über.

Stdt. Rchnbch. de 1403. lt. XV ß vi ß ij hllr. han wir vsgeben von des furis wegen da iz vff dem Berge *zum Rosenberg* brannte, knechten, die etzliche Dage vnd Nachte da löscheten vnd hudeten vnd karren die die erden von dem Berge entweg fortcn von Geheiss des Rades. (Sabbatho post Martini qua die solutionis.)

S. G. P. 1404. Der flecken zu Rosinberg auf dem Berge gelegen.

1421 u. 1429 wird einer Gülte auf den H. zum Ulner und Berlekyn in Urk. erwähnt. S. Schnabel. 8. 1.

„domus dicta zum Vlner, sita in antiquo opido, superiore parte Frank. platea dicta Samysdagisberg, latere septentrionali, prima versus orientem." L. r. B. de 1350, f. 70.

„zum Ulner sita in antiquo opido Frank. superiori parte. Platea Samysdagisberg dicta. Latere orientali (septentrionali) in fine vici institorum." L. V. B. Sacc. XIV. Vic. S. Dorotheae.

S. G. P. 1429. H. *zum Berlekin*.

G. Br. 1437. H. genant zu Rosenberge uf dem Samstagsberge zuschen dem Seltzer und dem H. zu der Duben.

G. Br. 1455. H. vormals genant *Rosenberg* uf dem Samstagsberge ietzt genant *zum Ulner*.

— — H. und gesesse das man vormals genant hat *Rosenberg* uf dem Sampsdagsberge zuschen Peter Guldenlewen und Gotfrieden von Dicke Goltsmydt, und man itzund nennet *zum Ulner*, da Kule Snabel zum Ulner itzund inne wonet.

O. U. 1464. H. z. Ulner genannt Rosenberg.

Wfrkl. Z. B. von 1480. H. genant zu dem *Berlekyn* und heisst itzund zu *Rosenberg* gelegen by dem Hunermarth uf der Siten gen Mitternacht neben dem H zu der *Duben* und Clas Guldenlebe, gibt Rulen zum Ulner gelassen Wittwe.

O. U. 1494. H. u. Gesess genannt *zum Ulner* gelegen neben dem Gesess *zum Seltzer* und dem Kremchin an dem Gesschin neben dem *gulden Schaaf*.

— 1545. H. — uff dem Samstagsberge zum cleinen Eulner genannt neben und auf das H. zum gulden Schaaf; auch sonst Ulner.

— 1581. H. — uff dem Samstagsberg neben der Behausung *zum gulden Schaaf* genannt uff einer, und der Behausung *zum Seltzer* uf der andern Seiten, stosst hinden auch uff die Behausung zum *gulden Schaaf*. F.

Mspt. XVII. Sec. H. *Rosenberg* an dem Seltzer auf dem Samstagsberg, der Ullner genannt.

Ibid. H. *zum Ulner* auf dem Samstagsberg am Gulden Schaf, hat zuvor *Rosenberg* geheissen.

Lersners Chron. I, II, 58. col. 2. infr. (Das H. zum Ulner betr.)

[1323 — von dem huse geheizen zu der Tuben bi Berlekine. Cod. 470.]

[1365. Joh. Landeck Bürger zu Fr. gibt dem Kloster Arnsburg eine Gülte auf dem Rosinbaum für die Gülte auf dem Berlekine, die er früher dem Kloster verkauft hatte, deren er aber das Kloster nicht geweren mochte. *Baur* Arnsb. Urk.-Buch, 938.]

[148) [Derselbe ist sogar noch weiter in *Euler* verderbt worden. In den Hypothekenbüchern wird 1709 das Haus K. 129. 130, dem Materialisten Dankert gehörig, zum Eulner genannt. Die späteren Hypoth.-Einträge von 1800 und der letzte von 1864 aber heissen das Haus *zum Euler*.]

„zum Ulner sita — circa vicum institorum oposito fontis." L. V. de 1481, f. 25.

„6 fl. 9 β de domo dicta zum Klein Vlner latere septentrionali a plano Sambstagsberg." R. C. de 1581, f. 35. Dieser Zins betrug der Praesenz auf Martini 6 fl. 22 kr. 2 h.

Das Haus wurde von Hrn. Materialisten Danker ums Jahr 1804 neu gebauet, und nahm damals das folgende zu sich.

Lit. K. No. 130. *Zum Selzer*, nachmals *zum englischen Kastorhut*,[149]) hat durch die Vereinigung mit dem vorigen aufgehört.

A. 1346 vermachte Dylia Seltzern Nicolas Clerico ihrem Blutfreunde, wenn er im geistlichen Stande verharren würde, 15 Mark Cölnische Pfennig jährlichen Zinses vom Hause „zum Seltzer in strata que dicitur Samztagsberg sita." Ex Testam. in L. T. f. 92

„5 Mark de domo Heil Seltzers sita in latere septentrionali plani Samstagsberg contigua domui zum Eulner (Ullner.)." R. C. de 1581, fol. 36.

Der Heil oder Heilmann Seltzer schrieb sich von dem Hause, wie es zu seiner Zeit Sitte war, und er war vermuthlich derjenige, welcher dem Stifte längst vorher den Zins vermachte.

---

[149]) Beedbuch 1320. It. Heilmannus Selcere (hierher gehörig).

S. G. P. 1354. H. zum Seltzer.

O. U. 1395. H. zum Seltzer zwischen dem H. zum Ulner und Rosenberg.

B. Z. B. 1409. H. und Gesesse tzum Seltzer daz etzwan Heylmann Selters gewest, ist harte an dem Gesesse zum Vlner uff dem Samstagesberge.

O. U. 1502. H. u. Gesess — gelegen uff dem Samstagsberge, genant zum Seltzer neben dem Ulner uff eyner und der andern syten zu der Duiben, stosst hinten an die alte Smitte.

O. U. 1575. H. zum Seltzer uf dem Samstagsberg.

Stdt. Rchnbch. 1634. Haus zum Seltzer genannt uffm Römerberg gelegen. F.

Mscrpt. XVII. Sace. H. zum Seltzer auf dem Samstagsberg neben dem Rosenberg.

„de domo dicta zum Seltzer sita lat. septentr., et de domo zu Berlekin indivisim." L. C. B. M. V. Sacc. XVI.

„de domo dicta zum Eulner lat. septentr. contigua domui dictae zum Seltzer. Ibidem.

Die Praesenz hob den Zins jährlich auf Assumpt. Mariae mit 7 fl. 30 kr. In den zwanziger Jahren des letzt abgewichenen Jahrhunderts legte Hr. Alleinz, welcher mit englischen Hüten handelte, seinem Hause den Namen zum englischen Kastorhute bei, der auch schon im Intell.-Bl. von 1732, No. 31 erscheint. Das Haus stösst hinten auf das Rulmergässchen.

Lit. K. No. 131. *Taube. Weisse Taube.* [150])

„zu der duben sita in antiquo opido Frank. superiore parte platea Samisdagisberg latere septentrionali quasi in medio." P. B. de 1356, f. 13 et 14.

„zur Duben gelegen uff dem Samszdagsberge zuschen dem Huse zum Ulner vnd dem Huse zum Rade." I. B. von 1465.

A. 14.. verkief Henn Weiss von Limpurg die Taube auf dem Berge um 225 fl. Ex archiv. Holzhus.

Lit. K. No. 132. *Rad. Goldnes Rad.* [151])

---

[150]) Beedbuch 1320. lt. Mezsa zur Thuben (hierher gehörig).
S. G. P. 1339. Girlacus Daube. 1341 Artus zur Duben.
— 1355. Gudechin zu der Tuben 1361.
— 1362. Girlach zu der D. Elbeit ux. Katrine deren Tochter.
— 1368. Conrat zu d. D.
— 1395. Cuno z. d. D. 1397. Cunechin zur D.
G. Br. 1453. H. zur Taube auf dem Berge.
— 1484. H. zur *Duben* zuschen dem *Ulner* und dem *gulden Rade*. F.
Mspt. XVII. Sec. H. zur *Dauben* auf dem Samstagsberg neben dem Rosenberg und Seltzer.

[151]) O. U. 1353. H. daz da heiszet zuc dem gulden rade und liget uff dem Sambstagsberge by dem Craniche an dem huse zur dauben.
S. G. P. 1361. Hentze zu dem guldin Rade. 1362.
— 1355. Henne z. Rade.
— 1395. H. zum gulden Rade.
— 1419 Peter z. g. R. 1419 Katrine z. g. R.

„Hus zum gulden radde by dem hus zur Duben." S. G. P. von 1395. Kömmt auch in der Brunnenrolle von 1544 vor.

Lit. K. No. 133. *Peterweil.* Vorher zum *Pagane* oder *Perdian*. [152])

„Domus dicta Peterwil, alias zum pagane sita in — platea Samysdagisberg latere septentrionali contigua versus orientem domui zum Kranche. L. V. Saec. XIV. f. xij¹/₂.

„Petterweil alias zum perdian etc." L. de 1453, f. 114.

„Peter Weyl contigua dem Cranich vff dem Sambstags Berge." R. C. S. Leonardi de 1536.

Lit. K. No. 134. *Kranich*. [153])

„Hus zum Kranch neben dem Hus zur Smytten." S. G. P. von 1395.

„Hus zum Kranch und hus zum Rad stossen auf einander." Idem von 1454.

Sie waren hinter Peterweil neben einander gelegen.

„Hus zum Kranch neben dem hus Peterwyle." Idem von 1465.

A. 1486 am 14. Febr. als K. Friedrich den Kurfürsten von Mainz und noch andere belehnte, sass er auf einem Throne wider dem Hause zum Kranich. *Senckenberg* Sel. T. IV. p. 525.

In der Fr. Chronik wird vermuthet, dass *dieses* Haus und der *weisse Schwan* von dem alten Geschlechte der Kranchen seie erbauet worden.

O. U. 1466. Husunge u. G. genannt zum Rade gelegen vff dem Samstagsberge zushen den Gesessen zur Duben und Peterwile.

S. P. 1466. H. zur Smydden neben dem H. zum guldnen Rade.

O. U. 1508. H. — genannt zum gulden Rade uff dem Samstagsberge, — stosst hinden uff *die alte Smidt*. F.

[152]) S. G. P. 1394. H. *Peterwile* an dem H. zum Kranch.

O. U. 1394. H. Peterwile vff dem Samstagsberge.

G. Br. 1484. H. *Petterwil* neben dem H. zum Kranch.

O. U. 1509. H. — genannt *Petterweil* neben dem *Kranck* und dem gulden Rade. F.

[153]) Beedbuch 1320. It. domina dicta zur Crangen.

— 1321. It. domina dicta ad Grurem.

S. G. P. 1372. Der flecken hinter dem Kranich gen dem Rauchfessir. S. Weiss v. L. 51. 4.

Der Name *zum Kranch* kommt bereits im 14. Jahrhundert vor, wie beim Haus *Peterweil* als Nebenläger zu ersehen ist.

1420 kauft Hert Weiss von Limburg den 22sten Theil der Behausung *zum Kranch* auf dem Samstagsberg vmb 200 fl. Ex notit. familiae de Holtzhusen.

Häuser auf der Westseite.

I.

Zwischen der Wedelgasse und der Alhardsgasse.

Lit. J. No. 156. *Salzhaus (Hoher Pomperg).*[154]) Das Eck an der Wedelgasse. Des Salzhauses wird 1350 beim folgenden Hause schon gedacht. Es hat, wie leicht zu vermuthen ist, den Namen von dem darin feil gehaltenen Salze erhalten.

„das Saltzhus uf dem Samstagsberge." S. G. P. von 1404.
„der Gewandgaden zum Saltzhuse." Idem von 1468.

---

[154]) S. G. P. 1340. Hermann z. S. 1341—55, 1355 Hermann Knecht z. S. — 1355 Tyle z. S. — 1360. Heil z. S 1367. 68. — 1360 Else z. S. 1361. 62. 67. Frau Else z. S. 70. 1372 Else z. S. — 1372. Cune z. S. 1338. Irmel z. S. — 1399. Dyne z. S. Heilen z. S. secl. Tochter 1401.

U. 1341. Der Johanniter-Commende zu Fr. gehört eine Gülte von 1 marca denar. sita in Fr. supra domum zume Salzhus — conf. *Würdtwein* subsid. dipl. II. 428—29.

S. G. P. 1404. Das Saltzhus uf dem Samstagsberg.
Beedbuch 1355. It. Hermann zum Salzhuss (wohnt darin).

O. U. 1449. H. u. G. genannt zum Saltzhuse uff dem Samstagsberge uff der Ecken gein der Husunge zum Wydel uber und an dem Gesesse genannt Fruwenstein.

Wfrkl. Z.-B. von 1480. Eck H. genannt zu dem Saltzhuse gelegen uf der Siten gen Niedergang der Sonnen hart neben *Fruwenstein*, gibt Katrine zu dem Smitzkyle.

O. U. 1512. H. und Gesess — genannt zum Saltzhuss am Ort der Weddels Gassen gegen dem Wedder uber neben Fruwensteyn uff eyner und die Widdels Gassen, stoisst hinden uff Waubach. F.

[1337. uff dem Salczhuse zu Frank. Cod. 542. 543.]

[Um 1460 gehörte das Salzhaus dem Henne Brun und in demselben befand sich ein Privatgefängniss. Mittheil. des Vereins II. 96.]

It. ij solid. legaverunt Siboldus et Edelindis coniuges, dicti zu deme Saltzhuse de domo eadem (rec. man.) modo dat Kune zu deme Saltzhus. Reg. Cens. Fabr.

A. 1417 kam dieses Haus an eine adelige Gesellschaft, die es aber nach 7 Jahren wieder verliess, und sich in das daneben gelegene Haus Frauenstein begab, und von demselben noch heut zu Tage den Namen führt. S. Frauenstein. Zur Zeit der bürgerlichen Unruhen besass Christoph Andreas Kohler, ein Achtzehner, der sich zum jüngern Bürgermeister aufgeworfen hatte, das Haus. Bei dem Ableben seiner Frau im Jahre 1613 gebot Vinzenz Fettmilch den Zünften und allen Bürgern bei der Leiche zu erscheinen, die von 1052 Personen begleitet wurde; wobei das ganze Haus mit schwarzem Tuche behänget war. Der Bürgermeister ist nachmals davon gelaufen und im Elende gestorben; sein Haus aber wurde verkauft. Annal. Reip. Francof.

Lit. J. No. 157. *Frauenstein*.[155])

„Frauwinsteyn, sita in vico, latere, et infra vicos supradictos (s. Löwenstein), et infra domus Lewinsteyn predictam et Saltzhus". L. r. B. de 1350, f. 4.

„Frauwenstein gelegen uff dem Samstagisberge zusschen den gesessin gnand Lewinstein vnd dem Saltzhusz vnd hinden stosset an Wanebach." I. B. von 1424.

Gegen der Mitte des XIV. Jahrhunderts war Conrad von Harheim zu Frauenstein gesessen, dessen Truwenhänder (Testamentarii) im J. 1374 am 29. August den Altar S. Christophori in der Nicolaus Kirche stifteten. Ex Ms. antiquo.

---

[155]) Br. B. 1378. It. Contze Fruwenstein von Fryburg in Myessen gelegen (fit civis).

O. U. 1499. Husung Frauenstein genannt — zwischen dem Gesess Lewenstein uff eyner und dem Huss zum Salzhuss uff der andern Seite, stoisst hinden an das Gesess Lewenstein.

Stdt. Rchng. 1566. Dem Johann Spiler, Schreiber vfm Sent, für Licht, Muehe vnd Arbeit, so er vff jüngst alhie gehaltenen Königlichen Wahl und Krönungstage *uff der Behausung Frauenstein*, da ein erbar Rat der Zeit zu Rat gienge, gehabt zahlt 3 fl. F.

Von diesem Hause hat die noch blühende adelige Gesel
schaft vom Hause Frauenstein den Namen erhalten (*Kirchne
Gesch.* I, 432.) Ihre Mitglieder schrieben sich 1407 die *Geselle
zur guldenen Schmiede*, vermuthlich, weil sie sich in diesei
Hause zu versammeln pflegten. Sie verfügten sich aber im Jahr
1417 in das Saltzhaus und 1423 in das neben daran gelegen
Haus Frauenstein, das sie anfänglich nur in Miethe besasser
bis sie es durch einen Kauf von Johann Weiss zum Löwenstei
ihrem Mitgesellen im Jahre 1444 an sich brachten. Von dieser
Zeit blieb die Gesellschaft bis zum Jahr 1694 im Besitze de
Hauses, wo sie es wieder verkief, und sich das Haus zum grosse
Braunfels auf dem Liebfrauberge dafür verschaffte. *Orth* Anmerl
zur Frf. Reform. in der 3. Forts. S. 911.

A. 1562 bei der Wahl des K. Maximilian wurden die Rath
sitze auf Frauenstein gehalten. Chron. II. 124.

Löwenstein. [156]) Gehört nun zum Römer.

[156]) In Urkunden de ao. 1357 wird der Häuser Limpurg und Lewer
stein erwähnt. *Senckenberg* Sel. I, 109.

O. U. 1448. Husunge und Gesesse genant Lewenstein hinden un
vorne — vorne zu gein dem Samstagesberge zushen dem Römer und Fruwen
stein; und hinden gein den Barfussen auch zushen dem Römer und dem Saltzhuse

O. U. 1469. 2 Husunge und Gesesse genant Lewenstein und Wane
bach an ein ander gelegen und sy das Haus Lewenstein gelegen vorn z
gein dem Samstagsberge zushen unserer Stedte Radthuse genannt der Röme
und dem Gesess Frauwenstein; so sey das Gesesse Wanebach gelegen hi
den in der Barfussergassen auch zusb. unserer Stedte Radthuse und G
sesse zum Saltzhuse. (Wetteravia I, 249.)

Lt. Stdt. Rchng. de 1597 erkauft der Rath das Haus zu Lewenstei
und legt alle darauf hafftende Insatz Capitalien oder Gülten reluendo ab.

— 1599. Meister Konrad Kolern Steinmetzen, so zwey Gewölbe i
Löwenstein zusammen geschlagen vnd in eines gewölbt, stehen im Hof an
Bronnen; ferner 2 Fenster in dieses neue Gewölb zu machen. — Das Hau
Loewenstein wird überhaupt zum Verband mit dem Römer umgeändert un
zugerichtet, daher bedeutendes Bauwesen.

— 1602. Herr Philipps Vffsteiner zalt halbjährigen Zins von der ober
Wohnung des Hauses Löwenstein 50 fl. (So noch viele Jahre lang.)

— 1653 hatte Herr Schöff Bender von Bienenthal dieses Haus viel
Jahre schon in Miethe; doch waren früher schon ein Gewölb und Lade
im untern Erdstock jahrweise verpachtet.

„xviij den. de domo dicta Lewinsteyn, sita in vico opidum dividente latere occidentali, infra vicos Alhartis gazze et Penitentum, quasi in medio, et infra domus dictas Romer et Frauwinsteyn." L. r. B. de 1350. f. 4.

„Lewenstein vorne zu gein dem Samstagsberge zuschen dem Romer vnd Frauwenstein vnd hinden gein den Barfussen auch zuschen dem Romer vnd dem Saltzhuse." I. B. von 1447. Der hintere Theil in der Wedelgasse wird noch der Löwensteiner Hof, und auch Römer Hof genannt.

A. 1408 gehörte das Haus Löwenstein den Weissen von Limburg. Chron I, 264. Und 1471 kömmt noch Johann Weiss von Limburg zum Löwenstein als Schöff und Pfleger des Hospitals zum h. Geiste vor. Ibid. im II. Bd. S. 48.

A. 1596 am 14. Dec. wurde das Haus von Ludwig Claren gekauft und dem Römer einverleibt. Chron. II, 124 Das Liebfraustift hatte auf dem Löwenstein 1 fl. 38 kr. 3 h. Grundzins stehen, die jährlich von der Rechnei bezahlt wurden.

Das *Rathhaus zum Römer.*[157]) Domus Consulatus. Domus Consulum. Das Haus zum Römer war im Anfange des XIV.

Stdt. Rchng. 1656. Herr Licentiat Christoph Bender Schöff vndt des Raths vorjärigen Zins von der grossen vordersten Stuben, so die Herrn Abgesandten innen haben vnd allda zusammen kommen — 50 fl.

[157]) 1405. Kaufbrief. S. Gulden Schwan. S. zum Römer genannt Cöllner. 1. 4—2. 3—3. 2 u. folg.

1408. Sabb. p. Convers. S. Pauli. Urkunde ausgestellt von Sculteto Rudolf von Sassenhusen Ritter und den Scabinen uf der Stuben des nuwen Rathuses *genannt der Römer.*

L. C. B. M. V. Sacc. XVI. de domo dicta zu Löwinstein, contigua domui Consulatus dicte zum Römer, alia vero parte contigua domui dicte Frauenstein. 1578.

Den Römer und dessen Süle betr., siehe *Gerken's* Beschreibung von Frkfrt., Seite 5 und 59. — über die hiezu erkauften Gebäude, S. 58.

Derselbe *Gerken*, S. 14—16, N. 4. tadelt mit Recht Olenschlager's Meinung, dass der Römer das alte Palatium gewesen. Mit Unrecht aber verwirft er selbst die Lersnerische Meinung mit Andern, dass auf der Stelle der Leonhards-Kirche das alte palatium Caroli M. gestanden. Er kannte

Jahrhunderts eine Fleischhalle, und Heinrich Weiss von Limburg, Sänger des Liebfraustifts, und sein Bruder Gerlach, ein Priester, kiefen ums Jahr 1321 von Hermann von Offenbach, genannt Knobloch, 10 Mark, die jährlich von den Fleischscharren unter dem Römer fielen, und nachmals von ihnen dem Liebfraustifte vermachte wurden. [158]) Cunibert Sänger des gedachten Stifts sagt hiervon in seiner Handschrift f. 16: Legaverunt Henricus Wysse Cantor et Gerlacus frater ejus presbyter Ecclesiae. B. M. V. in Monte 10 marcas sitas *auf denen fleisch schärn* ab Hermanno Offenbach dicto Knobloch emptas *dictis prius domus zum Römer* circa 1321. Es gab zwar hiernach zwei Häuser zum Römer; diese waren aber so unbedeutend, dass sie weder Scharnen aufnehmen, noch einen so beträchtlichen Zins abwerfen konnten.

Laut einer im von Holzhausischen Archive befindlichen Nachricht kiefen die Brüder Heinz und Conz *Köllner von Münzen-*

---

die Gründe Battonn's scl. nicht, welche für letztere Meinung streiten, nimmt daher viel irriger den *Saalhof* als das einzige palatium an.

Olenschlager in seiner *Erläuterung der goldnen Bulle*, S. 19–20 u. 351, wie auch Urkundenbuch S. 212 wähnt irrigst, dass der Römer das alte palatium gewesen.

In Mainz gab es ein Haus *zum Römer* und eins *zum Lateran*, siehe *Guden*. II de cur. Mogunt. — *Bodmann* Rheing. Alterth., pag. 847. not a, behauptet, dass dieser Römer das älteste königliche Palatium in Mainz gewesen und wendet diese Behauptung irrig auf Frankfurt an. S. Wetteravia I, 1. F.

[Ueber den Römer vgl. neben von *Fichard's* Aufsatz in der Wetteravia die Einleitung von Dr. *Steitz* zu dem Werke: die deutschen Kaiser nach den Bildern des Kaisersaals; *Gwinner*, Kunst und Künstler in Frankf. S. 505 und das Schriftchen von Dr. *Kriegk*: Der Römer und der Kaisersaal in Frankfurt am Main, zum 17. August 1863.]

[Die Römerhallen wurden von dem Steinmetzen Fr. Königshofen, laut Vertrags vom 13. Oct. 1406, erbaut. Archiv für Frankf. Gesch. Heft III, 29. Das von ihm 1405 erbaute vordere Gewölbe im Römer stürzte wieder ein. *Gwinner*, Kunst und Künstler, S. 9.]

[158]) Dies ist absolut falsch. Die angeführte Original-Urkunde, die der Verfasser nicht selbst einsah, sagt ausdrücklich: domus zum *Krämern*, woraus ein Copialfehler *zum Römer* machte. Siehe S. 103. F. [Die Urkunde, in Cod. dipl. 458, sagt: hus zum Kummere.]

berg das Haus zum Römer sammt dem goldnen Schwane im Jahre 1380 von Gottfried von Hanau für 2500 fl. Wie die Patrizier sich öfters die Namen von ihren Häusern in den Städten beilegten, so legten sich auch die Köllner nachmals den Namen zum Römer bei. Wenn aber Chronik II, 182 beim Jahr 1367 schon ein Gottfried zum Römer gefunden wird, und Geipel zum Römer sich 1370 unter den hiesigen Schöffen befand, so müssen diese als Personen von einer ganz andern Familie betrachtet werden, die sich dazumal von ihrem Wohnsitze auf gleiche Art, wie nachmals die Köllner, zum Römer schrieben. Die Köllner blieben nicht gar lange im Besitze dieser Häuser; indem Gertrud die Wittwe des Hensel Köllner, genannt zum Römer, und Matern Holzschuer als Truwenhänder der Elsgen zum Römer, dann auch Cunz und Heinz zum Römer dieselben im Jahre 1405 dem Rathe käuflich überliessen. In dem Kaufbriefe wird das Haus zum Römer beschrieben: „gelegen vorn zu vff dem Samstagsberg zuschen den Gesessen Laderam und Lewenstein, hinden an Frauwenrode". Chron. II, 123. Olenschlager, Erläut. der G. B., S. 21. Zumjungen'sche Annalen. Der Rath verweilte nicht lange, den Römer zu seinem künftigen Rathhause einrichten zu lassen, weil ihm das alte bei der Pfarrkirche nicht mehr besagte; und der Stadtschultheiss Rudolph von Sachsenhausen datirte schon 1408 Sabbato post Convers. S. Pauli eine Vergleichsurkunde auf der Stuben *zum neuen Rathhauss*. Chron. I, 264. In spätern Zeiten wurden auch noch andere Häuser: der Löwenstein, Frauenrode und die Viol dazu gekauft und weil das Haus zum Römer das erste war, auch den grössten Theil ausmachte, so behielt das neue Rathhaus auch von ihm den Namen bei. Das vordere Gebäude mit den gewölbten Gängen, wie es gegenwärtig steht, ist grössten Theils in den Jahren 1602 und 1603 aufgeführt worden;[159]) das hintere aber in der Wedelgasse gegen dem Kastenhofe über, wo zuvor der goldne Schwan gestanden, wurde erst im J. 1731 errichtet. Chron. I, 265. II, 124. Die drei Schoppen oder Bogendächer

---

[159]) Ist irrig, s. unten. F.

welche sich sonst über den vordern Römer-Thüren befanden, wurden 1791 wieder weggenommen. Von der Schrift in dem Knopfe des mittleren Daches ist in der Chronik nachzusehen, wo im XV. Kapitel noch mehrere, aber zum Theil ganz unerhebliche Nachrichten mitgetheilt werden. Der Brunnen im Römer ist sehr alt; indem er 1440 schon gestanden hat, wie die gemeldete Chronik, II, 8. bezeugt. In Messzeiten sind die untern Gänge des Römers zwischen den Säulen und an den Wänden durchaus mit Läden besetzt, und viele fremde Kaufleute setzen da bei dem Gewühle von Menschen ihre Waaren ab. Dass schon im XVI. Jahrhundert Messgeschäfte im Römer getrieben wurden, erhellet aus der Chronik II, 776, wo gesagt wird, das es 1587 in der Herbstmesse in einem Kramen im Römer gebrannt habe. Es hat übrigens der Hr. von *Olenschlager* in seiner Erläuterung der goldnen Bulle, S. 19, die Vermuthung geäussert, der Römer auf dem Samstagsberge sei in ältern Zeiten eben diejenige königliche Burg gewesen, worin die Wahlen in der Stadt im XII. und XIII. Jahrhundert vorgenommen worden. Ja, S. 351 ging seine Vermuthung so weit, dass der Römer wohl gar das Palatium novum, und die auf dem Platze herum gebauten Häuser die aedificia nova gewesen, welche Ludwig der Fromme im J. 822 hier bauen liess. Allein diese Vermuthungen haben ebenso wenig Grund, als die dem Urkunden-Buche vorgesetzte idealische Vorstellung der Stadt Frankfurt vor den Zeiten der goldnen Bulle, in welcher schon der Pfarrthurm unter den Häusern herfürragt, mit dessen Erbauung doch erst im J. 1415 der Anfang gemacht wurde. Ueberhaupt haben seine Vermuthungen wenig Beifall gefunden, und Dr. *Orth* hat sie in seinen Zusätzen zu den Anmerkungen über die Frankf. Reformation S. 304 u. f. gründlich bestritten.

Zusätze von *Fichard's*.

Auszüge aus den Stadt-Rechenbüchern.

1388. It. xxv ß umb Holtz Kolen vnde Schaube (Stroh) zum *Romer* den Syben gekorn vbir den krygk ir erstes.

It. iij ß vi ♂ v bllr. virzerten die Syben vff dem Romer diese

Wochen. (Diese Ausgaben wegen der 7 Kriegsdeputirten vff dem Römer kommen wöchentlich vor.)

It. xv ℔ v ß iiij hllr. haid der Rad virzeret, also sie vff dem Römer by eyn assen vnd des geldes quamen vj ℔ ij ß vz der Kysten, darin das Geld gefellit, daz die dem Rade virbüsseten die nit zu rechter Zyt zu Rade geen.

It. 9 ℔ 5 ß han die Syben mit Schribern, Richtern vnd anderem Gesinde virzeret, als sie fünf Tage vff dem Romer als sie ye zum Dage ein Imss do vffe zerten ir erstes vnd auch vff die zyt die Burgermeisteren die Huptlude, vnd andere Diener geladen hatten.

1405. Wird vieles Gehölz zum „Bogenstellin" wie auch Sparren, Diele, Flossholz, Bockenheimer und Mildeberger Quadersteine und viele tausend Steine zum Gewölb *zum Römer* erkauft.

Auch erscheint ein eigenes Rechnungsblatt, obgleich noch unbeschrieben mit der Rubrik: Vssgebin zum Römer, zum Rathuse zu buwen vnd zu brinden.

Sabb. ante Nicolay It. vie Gulden Honorar gegebin Contzen vnd Heintze zum Römer an bereidem Gelde von des Kauffs wegin als der Rad ire zwei teile *an dem Römer* vnd *dem gulden Swanen* vmb sie kauffte.

It. vii Gulden Contzen vnd Heintzen vorgenannt umb ir teil an den Dremen in den Kellern vnd gestrohe vnd beneke in den vorgenannten Husungen.

It. xvii Gulden ix Groschen xii Heller kostet der brieff, daz vnser Herre von Mentze sinen Willen vnd Verhängniss dazu tut, daz der Rad der Pfaffheit zu vnserer Frauwen soliche Gülde als sie vff dem Romer und dem gulden Swanen han, affter einer Zyt mogen entschuden in der Masse als daz die Brieffe darvber gegeben, uzweisen.

It. Sabbatho post Egidii: xLiiij ℔ v ß ii hllr. vnd vij ℔ xvi ß 1 hllr. vmb xxxv drysig schuwe (lange) Sparren zu xvi hllr. und vmb xLiii Mentzer Holzer (Flossholz) zu xi hellern vnd xij Dele zu xvi hellr. vnd vmb funff Zwoylinge Holtzer zu iiij ß zu bogstellin zum Römer.

It. primo in vigilia pasche x ℔ xvi ß vmb 3000 (iij M.) gebackener Steine zum Gewelbe zum Römer, daz dusent vm iii Gulden vnd xx ℔ vi hellr. vmb ii ç. Mildenberger Quadersteine zum Römer.

It. Sabb. ipsa die S. Stephani. 10 Gulden und Heintzen zum Romer, als man jn vsswendig des Kauffs geredet hatte zu gebin als man den Hantslag von des Römers wegen vffnam.

1406. It. Sabb. ante Vrbani. 25 ℔ 7 β. vmb 24 grosse Dele vnd 3 Holtzer zu den Doren in den Romer.

It. 19 fl. vmb ein Schiff voll Mildeberger Quadersteine zum Romer.

1407. It. Sabb. post Viti. 67½ Gulden umb 21,500 gebackener Steine zum Romer.

It. Sabb. post Epiphan. Dom. (1408) vji β vmb Holtz zu furen vnd zu hauwen vnd vffzutragen in dem Romer.

It. xxi β von einer Dafelin, die Ryme darvff zu machen in die Radstoben vnd vmb zwey Tafeleyn mit dem Oberhange.

It. viij Gulden vmb schlechter vnd anderen getzuig in die grosse Ratstoben vur die Glasefinster zu machen.

It. 9 fl. xix c Wellin vnd davon zu furen, in den Romer diesen Winter die dry Stoben zu heissen.

It. xij β von dem Born im Romer zu fegin.

1408. It. Sabb. pst. Barthol. vmb 17 c. Plastersteine zum Romer.

It. vi β vmb ein malensloss an einen Schank in der Ratstobin.

It. xliij β dem Smyde vor iiij Isenstengelchin vur die Fenster in der Ratstoben.

It. iij ℔ xliij β vmb die Vrglucken in der Ratstoben vnd davon zu malen.

It. — umb ein nuwe messing Hantfass Lavoir) vff das Rathhuss.

1409. It. 27 β 6 hllr. von dem Bredo, daz geschrieben ist in der Rathstoben daz uff gehangen ist, zu malen vnd zu bereiden.

1410. Nach verrechneter Reparatur des Ofens folgt die Stelle: It. 3 fl. von demselben Ofen in der Ratstuben zu malen.

1411. It. 12 β vnb vier nuwe slosseln zu den zween grossten Stuben.

It. ij β vmb schiben darjinne das *Hirtzhorn* in der Ratstoben vff und abgelassen wirt. (Lüster, Lustre, welche von Hirschhorn statt Glas waren.)

It 3 ℔ 9 β 4 hllr. vmb achtzehn Kolnische Kussen in die Rathstoben.

It. — vmb Wellen die dryn stoben vff dem Romer zu heisszen.

1412. It. xvii ℔ iiij β han wir gegeben vmb Estrichsteine, den Romer vnder dem Gewelbe zu steinen vnd zu plastern.

It. vji ℔ iiij β vmb xxxiij Stück grosser Bockenheimer Steine zum Swybogin in dem Römer vz dem vordersten Huse in dem guldnen Swanen.

It. — von dem Ofen vff dem Rathus vnd dem Ofen in der Schribery vnd dem Ofen vff der Farporthen zu placken.

It. viij β xviij ₰ von der grossen stuben vnden in dem Romer zu vnderschlahin vnd Bencke vnd ander Behältnisse darinne zu machen, daz der Stedte Schribere vorter der Stedte Brieffe und Bücher darinne behalden vnd bass vorwabren mogen, dann man bisher enthaltniss datzu gehaben mogte.

It. han wir gegebin von Smydenwerg vnden in dem Romer vnd der stubin, die finster mit Isen zu verremsen vnd eine Isen Dore vur einen steinen schrank vnd eine nuwe Dore zu beslagin.

It. v fl. 6 ₰ umb 6 lydern Kussen in die Ratstuben.

1413. It. ipsa die Kiliani vmb iij M. gebackene Steine — vnd vmb xiii ç. und 1 Virtil Plastersteine vnden den Romer zu plastern.

1414. It. xiiij ℔ xii β 1 hllr. han wir entpfangen als in der ersten fastenmesse von den kremern vnd andern in dem Romer gefallen waz, als man iglichen fuss für 1 ₰ verluhen hatte.

It xviii β vmb ij bäncke, vorn an dem Romer vnd hinden an dem gulden Swanen, in der Messen vffzustocken, als die lude mit Kremerey dajinne feile hatten.

1415. It. 76 ℔ 16 β han wir entpfangen vz dem Romer als der zu eime *Kauffhuse* bestalt vnd gemacht ist, syt der Zyt, als man daz angefangen hat.

It. ij ℔ 14 ₰ dem Maler von St. Anthonius Bilde vnden in dem Romer zu malen, daz iz desto reynlicher dajinne bliebe.

It. iiij Gulden hat man Jacoben von Coelne vnd seime Eidem zu Zerunge gegebin, als man sie von des Romers wegen besand vnd virbodet hatte, helffin zu rathschlagen vmb ein Kauffhuss da zu machen vnd zu bestellen.

It. ij ℔ ii β Zymmerluden 6 Tage — etc. von dem Kemmerchin in dem Kouffhuse, dajinne man daz Geld wenen sal.

It. vmb eynen Slossil zum Romer, Jacoben der dajinne hudet vnd von eine Malensloss gehenk.

It. — dem smyde von zweien Doren zu hencken vnd von Klammern an die Muren an dasselbe Kemmerchin.

It. xiii ℔ etc. han wir gegebin den zymer luden.

Die Kammern vnden in dem Romer dem Kouffhuse zu machen, den Luden ir gut darjnnen zu legen vnd zu bewaren.

It. — Zimmerluden vnd dem Smydo, die Isenwagen in das Kauffhuss vorgenannt zu machen vnd vffzuschlagen.

It. — verzerte Henrich Schriber — gein Meintze zu faren, wie man iz in dem Kouffhouse hielte in allen Sachen, daz man sich darnach hie wisse zu richten.

It. — han Rechenmeister vnd andere virzert, als man von des Huss des Römers *wegin vnden* ratsschlagte (das Kaufhaus nämlich betreffend).

1416. It. xxv ℔ xviii ß 1 hllr. han wir entpfangen vss dem Romer dem Kouffhuse sider nach der Fastenmesse bizher.

It. 35 ℔ han wir empfangen von Jacob im Kaufhuse als dainne gefallen waz sider Meister inne waz.

It. vi fl. han geben Pedir Seiler von Mentze vz der Doren vorn an dem Romer vnd vor der Doren vff den Drappen, diese Messe Seile feil zu halten. (Sabb. pt. Gregorij.)

It. ij ℔ ij ß iiij hllr. hat man Zymmerluden vnd andern gebin, den Romer vnden von dem gulden Swanen zu unterscheiden.

It. xi ß iij hllr. von den Gerimtzene (eisernes Gerähmse?) vnd doren vnden in dem Romer zu hencken vnd vmb bley vnd eyn Malensloss.

It. — den Ofen in der Rechenstobin zu placken.

(Der erste Kaufhausmeister war Meister Jacob von Mainz, der Krankheitshalber dahin zurückkehrte, dessen Nachfolger war Johannes Hunnfeld)

1417. It. 54 ℔ 2 ß ii hllr. han wir entpfangen vss dem Romer alz man den vnden zu eyme Kouffhuse bestelt hatte vnd waz gefallen by Johannes Hunnfeld genannt Kolm, als iz jm befoln waz zu warten

It vi Gulden myner 12 hllr. vmb 45 ℔ tzinener (zinnerne) schlusseln vss Engellant myner 1½ viertels ye 7½ ℔ für 1 fl.

It vii ℔ v ß hllr. hat man zymerluden, axhauwern vnd die yn andelogeten gegeben, die Kammern vber der grossen Ratstoben zu machen die zu der schriberey dienen sollen.

1418. It. ij ß vmb Mey vnd Grass vff das Rathus zu sträuen (Mayenzweige).

It. — in der Schriberey vff dem Romer die neuwen Kammern zu claiben.

It. xxiiij ß die Schalden vff dem Rathhuse zu seilen vnd auch umb seile, damit man hernochin Holtze vff dem Rathuse vffzuget.

1419. It. ij fl. hat geben Close Bacherach als er daz Kemerchin vnden vnder der Stegen vorn jn dem Romer bizher genutzit hat vnd fortan mag zushen hie vnde Angang der nesten Messe.

1423. It. — 2 ℔ (Einnahme) han vns gebin von den steden vnden im Romer, kannen etc. dajnne feile zu haben die Messe.

It. iiij Gld. hat geben Peter Seiler vz den Doren iu dem Romer zu sture vor nesten alden Messen.

It. ij Gulden von eim fremden Kanngiesser an der stegin des Römers geiu dem Berge von der alden Messe.

It. iij Gulden von dem Kemerchin vnder der stegen im Römer zu Zinse von eim Jar.

It. iiij ℔ v β v heller vmb xxiiij lyddern Kissen in die Ratstobin.

It. 27 ℔ xij β von den Ofen in den *drin* Ratstobin zu placken vnd den grossen Ofen vnd den Ofen vff der Rentkästen vnd in der stoben oben vff in der furporten zu placken etc. und vmb Kacheln.

It. iiij β viij hllr. vmb dri dannen Zober vff daz Rathuss vff die Profeyen als die flirsten bie waren.

It. xiiij β vmb ein Seile vff das Rathuss, Holz vff zu ziehen.

1425. It. vi ℔ xvi β vmb LXXXV Ellen Zwilchs zu Brotduchern vnd hantweheln vff das Rathuss zu gebruchen vnd zu tage zu furen (ins Ausland reisend).

1426. Der Rath gab aus dem *Siegelschanke* 1425 — 1000 fl. und 1426 — 3400 fl. zur Ablösung von Wiederkaufs-Gülten.

It. v ℔ vi hllr. umb xx lyderne Kissen kollnsche in die Ratstoben.

1428. It vij β Sturtzysen (Smiede) von der Orglucken (Standuhren) zu bessern, die in der Schriberey hanget.

It. vi fl. xi β 1 hllr. von xxxvi nuwen lyddern Kussen, die man von Colne liess bringen.

It. x β von vier fenstern, *an dem Gerichte* in Römer zu machen, daz die vff und zu geen mogen, dem Gloser.

1429. It. vi β von der vrglocken daz slyffer Manlin zu bessern.

1430. It. 21 ℔ 1 hllr. — den nuwen Ofen in der Radestobin zu machin.

It. 6 fl. für das Isenoberbone (Gallerie?) mit ysen blechen vnd allen getzuge ober dem Ofen in den Radstobin zu henken und zu machen.

It. — vmb Seyler zu den Schalden an die fenster an die Stobin vff dem Romer vff vnd zu ziehen.

It. 21 ℔ 1 hllr. — den nuwen Ofen in der Rathstobin zu machen.

1431. It. 1 ℔ xii β die dry Ofen in der Radstobin vnd in der Rechenstubin zu machen.

1432. It. — Ofen in der Schriberie vnd zu Frauenrode zu machen vnd zu placken.

1433. It. xiij fl. dem Contze Buchsocke schuchherd vmb 26 lyderne eymer, die man in den Romer gehangen hat.

1435. Es werden die Oefen in der Rad und Rechenstoben gesondert erwähnt; auch eines Fladen Ofechins in der Buwenmeister Stobe vff dem Romer.

1436. It. iiij ₰ iiij hllr. Radehenne an dem *Calenderer* zu arbeiten an dem Rade der Orglucken. (Stadtuhr, gehört zur Pfarrkirche.)

1438. It. vmb ix c. Schiben (zu ix Gulden) zu Glasefinstern zur nuwen Ratstobin.

It. 15 fl. xvi ₰ ij hllr. hat gekostet der Ofen in der nuwen Ratstobin mit allen Sachen zu Tagelone fur Hare, Kacheln, Lehmen etc. vssgescheiden das Ysenwerg, daz darzu kommen vnd gelacht ist, das han die Buwmeister bezalt.

It. iij fl. iiij ₰ iiij hllr. han wir geben Sebald Maler von dem Ofen in der nuwen Ratstoben zu malen vnd die Kragsteine vben dabey an der *Bonen*. (S. 1430 mehr von dieser *Bone*.)

1439. It. eyme die erde, die uss dem Borne im Hofechin by der nuwen Radstoben quam vss zu dragen (NB. Der Born war gefegt, weil er, als man im Römer gebuwet hatte, unreynen waz).

It. von dem Borne vornen im Romer zu fegen.

It. i ℔ iiij ₰ vmb den Schehter vor den Finstern in der nuwen Schribestoben vnd davon zu machen.

1441. It. iij ℔ 18 ₰ vur 400 Ruten (Rauten, d. h. viereckigte Scheiben) vben (oben) die Glasefinster zu placken vnd fur wapen (Wappen) darjinne (in die Fenster) in die dry stoben obenvff.

It. i ℔ xiij ₰ vur Lxxiij fenedische (farbige?) Schyben vnd zu machin zu einer Luchten in das Rathhuss.

It. xi ₰ 1 hllr. Kellerhennen für x ℔ grosser Leuchte in die Luchte oben zu dem Romer vffzustecken als die Herrn itzundt hie seyen.

1442. It. vi fl. in Römer gefallen von den Kremern als vnsser Herre der König Friedrich zu erste hie was vor seiner Kronunge zu Achen.

It. xvij fl. davon, nach der ersten Rückkehr von Achen.

1442. It. Sabb. pt. O. S.S. It. iij fl. han wir geben dem Maler von der Schrift in der *nuwen Radstoben* zu malen „Eines Mannes Rede ein halbe rede etc."

1444. It. — fur Zwilch zu Brodduchern vnd hantwehelen vff das Rathus p. Elle ⅄ xi hllr.

1452. It. ij fl. Thomas Gleser von v Glasefinstern gen Lowenstein, umb der Abenturer willen im Romer zu machen.

1453. It. iij c. xi ℔ xix ₰ 1 hllr. han wir uss gebin, also gekostet hat die Vr vnd Zeiger vorno an dem Romer inn allen Sachen. Nemlich ij c Gulden Sebalt dem Maler vur Goldtfarbe vnd Arbeit, vnd er rechnete daz golt an ext. Gulden.

1454. It. ii c. Gulden han wir entpfangen von Conrad Nichus, Jakob Heller vnnd Jacob Truchen als vern Elsachin Schelmin sel. vnd Zelis Rokoh ir forder Husswirth selig der Stadt die ii c. fl. zur sture beschieden hatten, zu eym thorn und Capellen vorn an das Rathhus zu machen vnd als das Geld zu wenig ist, daz damyde der Rat solichen Buwe nit getun mag, der Rat solich Gelt sonst an nothdorfftiger Buwe der Stadt an dem Wege vnd stege domyde zu bessern legen will.

It. cxiij ß 1 ₰ viii hllr. sin gefallen von den steden vnd Kremen im Römer.

It. xiij ß xiiij ₰ von Steden vnd Abenturern vor dem Romer.

It vij ß xxi ₰ von Steden hinder dem Römer.

1456. It. xij Gulden von den Schoppen vnd etlichen Abenturern stedeln vor dem Römer.
1457. (Die Abenturer im Römer u. die steden im vorne und hindern Römer.)
1458. (Die steden im Romer und Abenturer dajnne.)
1460. It. iij ₰ v hllr. vur Tyngen (Thymian) und Wachholder zu rauchern in die stobe.
1463. It. 1 ₰ iij hllr. vur Brod, als die Herrn zu *Vrten* (Vesperzeit? eigentlich Siesta) vff dem Huse tedingeten.

It. iij Gulden vur xxxvj liedern Kussen von Colne bestelt.

It. ii ß xij ₰ vur xxxvj ß Liechte in der Herrenfart vff dem Römer.

1465. It. 1 ß vij ₰ v hllr. Heintzen (dem Romerdiener) vur xxxj ß Liechte in der Messe vnd in der Herrnfarte vorn in der Luchte vor dem Romer vernotzet.
1466. (Die Abenturer im Römer.)
1468. It. vmb 1 ß Thimachen vnd 1 ß Wyrruch, die Ratstobe mit zu reuchern so der Rat vnd die Ratsfrunde by ein seynt.

It. vmb stroe (alibi schauwe) die feur in die Ofen damit zu entzünden.

1468. Es wurden 8 Schornsteine im Romer gefegt.
1470. (Die Abenturer immer noch im Römer.)

It. vi fl. Bechtold dem Maler geben von dem Christoffero vor der Ratstobin vnd alle Gemeltze jm Hoffe vnd Gauge vor der Schribestoben zu malen und zu machen.

1471. It. ij fl. Kunzen dem Maler geben von dem Luchter in der obern Ratstoben hangende zu malen.
1472. It. ix ß han wir geben vmb xix Dortschen (Fackeln?), als vor der Ratstobin hangen.

It. 1 ℔ ij ₰ vmb xix Riemen an diese Dortschen dem Sedeler.

It. 1 fl. des Rates Hussrat vom vergangene Jare zu waschen und schoen zu halten.

1473. (Noch während den Messen die Abenturer im Romer.)

1473. It. ij ₰ Hannsen von Oppenheim, von Schilden in der obern Ratstoben abzubrechen vnd Rosen an die stad zu machen.

1475. It. xxvi ℔ viij ₰ sin gefallen von den Abenturern die Messe im Rathuse.

Es wurde der *Hoff vor der Ratstoben* gepflastert.

It. - vmb xij ℔ Liecht in die Luchtern vor dem Rathuse in der Zyt der Herbstmesse und als unser allergnäd. Herre der Kaiser hie waz.

It. — vmb Schaube vff das Rathus.

It — xiiij hllr. vmb 1 Mesten Wachholdern, die Ratstube und das Gerichthuse, so Rat oder Gerichte by ein sin, domit zu bereuchern.

1476. It. — das Holz vss dem walde vff den Burggraben vnd von da vff das Rathuss zu furen.

It. 1 ℔ Matheus dem Apotheker für etliche Kuchlin, Gereuche davon zu machen.

It. ij ℔ iiij ₰ Bechtold dem Maler vom Offen in der Ratstobin zu malen.

1477. It. xij fl. han wir geben Conrat Fyole maler von der obern Ratstoben zu malen.

It. — vmb Lxiij graue Kacheln in das vorstobechin zu eym Ofen vor der Ratstobin

It. v hllr. vmb ij gehonde Schaube — zum furen in den Offen.

1478. (Noch die Abenturer im Rathusse.)

1482. It. xvi ₰ Wanduben (d. h. wilde herrenlose Tauben) ere sesse zu vermachen, vorn am Rathusse am Dache obendig dem Zeger mit treden (Draht).

1483. Wurde der „Schoppe vorne am Rathuse" gebaut.

1485. It xij hllr. des Raths Harnesch in der alten Ratstobin vff zu henken.

Die Fenster zu bessern — in den Ratstobin — in der Schribery — in der Buwestoben — in dem Nebenstobechin — oben vff des stattschribersstoben — in der stoben vff der Farporten.

1485. It. xij ₰ vor der Stoben in das Rathshus Hoffechin zu smyden vnd zu hefften Benderhennen.

1486. (Die Abenturer vor dem Romer.)

1487. (Dieselben *vor* und *hinder* dem Romer.)

1488. Die Abenturer für dem Romer zalen in der Vastenmesse xxı ℔ xii ₰ (Abgabe).
1489. It. 1 ℔ Hartmann vff dem Romere, das Zinwergk (Zimmwerk) für 1 Jare schone zu halden.

It. vı ℔ vı β geben Hartmann vff dem Romer, als er dem Rade Kese knufft hat dies Jare zu gebrauchen.
1490. Den stangenknechten für den Borne im Römer zu fegen.
1491. (und vorhergehend *fehlen* ständig die Ebenturer vor — in oder hinder dem Römer.)
1494. It. x β für den Kalender zu schrieben, so in der Ratstoben itzunt ist.
1495. (wie zu 1491 im Betreff der Ebenturer).
1496. It. xvj hllr. für ij c. spychernegel, die Harnesche in der Ratstoben vffzuhencken.
1497. It. vj ₰ für Grass vor das Rathuse zu streyen.

It. xij fl. xv ₰ v hllr. an Rechenmeistern vssgeben, als die Gesellschaft zu alten Lympurg die Proffey, die in Frauenrode neben der Ratstoben, darin eyn Stattschriber eynen stule staende hait vnd inn dem Hoffe alten Lymburg steet, reinigen lassen haben zu des Rates halben Teile.
1498. vij fl. vj ₰ Conrat Viol dem maler, den Christophel für den vndern Ratstoben zu malen.

It. iiij fl. dem Malern Hansen Fiol, eine Cruzifixtafel über der Ratstoben vsswendig zu machen.
1499. It. xij ℔ hat gekostet daz nuwe Gehorne (ein Lüster von Hirschgeweihen) vnd Luchter in der nuwen Ratstoben mit smydewerg vnd Malerlon (zur Kore des nuwen Königs).
1501. Die Lüchte vor den Ratstoben zu vergulden und zu versilbern.
1504. It. 18 fl. geben Hansen Kucheler dem Schlosser an den nuwen Zeigern an dem Römer zwen Ridder vnd auch die Unruwe von nuwen zu machen vnde für eyn Zug am alten Orilogium inn der Pfarre zu machen und die mennlein an den zymmeln zu bessern, dass die stet slagen mogen.
1509. It. dem Gleser vier stobenfenster zu waschen, Scilicet in der Ratstoben, Buwestoben, Stadtschrieber- und Jacobsstoben.
1510 wird einer Knechts- und zugleich Jakobsstuben erwähnt, auch kommen die Siegelstube auf dem Siegelplatze nnd die Rugestube vor.
1513. It. Wilhelm Trauten Schiffmann von Collen für vier dossen (dutzend) leddern Kvssen jn die nuwen Rechenstoben für 4½ fl. = 5 ℔ 8 ₰.

It. reparirt umb 46 ℔ der Meister Lazarus von Bar, Uhersteller, die Uhr am Römer und lässt den Zeiger vorn am

Römer mit Lazuer vnd die Buchstaben jm Zirkel vergulden vnd malen vmb 12 ℔.

1519. Die obere Rathsstube im Römer wird schon als der Kaiser Wahlstube erwähnt.

1521. Die Buwestobe — die Schribery — die Bottenstobe für der Ratstoben — Stattschriberystoben — Jacobsstoben zu placken vnd zu wessen.

1543. Vorhange von *Arras* in die Schribery.

1548. Die Stände im Römer warfen an Miethzins pro Messe 253 fl. 10 ₰ 8 hllr. ab.

1549. It. Scholten Behrnan vf des Rats Beschluss 12 Taler verert für die gemolt Tafel so oben in der alten Ratstuben angeheftet vnd mit Reimen verfasst ist. (12 Thlr. = 13 fl. 18 ₰ 6 hllr.)

1552. Lorenz Müllern geben die *Presentzschüssel* (die Präsenzgeldertheilung betr.) mit messing Reiflin vnd Dreten (Drähten) zu fassen.

1555. Dem N.N. vff dem Romer (Verwalter v. Kellner) für Raichkirtzen vnd Wachholtern — ferner demselben die Katzen zu halten 20 ₰ pro Jahr (zum erstenmal vorkommend).

1558. Für einen schwarzen zwilchenen Furhang in die Schreiberei vor der Gefängnisse Schlüssel zahlt 6 ₰ 8 hllr.

1562. Rauchküchlein, Besen, Almenach vff dem Römer.

1568. Die neue Rathsstube wird zum bevorstehenden Deputationstag mit 2 Stück grün lindisch Tuch zugerichtet.

1569. Die Bothenstube im Römerhöflin.

1588. Dem Schneider zalt von den grünen Tüchern in der Wahlstuben abzuthun.

1593. Für ein new Uhrwerk vff die Rechency dem Vhrmacher Hanss Rechmann 18 fl. incl. des Malers à 2 fl.

1602. Den sämmtlichen Werkleuten vnd deren Gesellen vnd Handlangern zum Grundbuwe... wegen des newen Römerbuwes verehrt 10 fl.

1603. Standgeld im Römer 396 Goldgulden = 594 fl. (also à 90 kr.)
It. im Lewenstein 433 Goldgulden zu 90 kr. = 649 fl.
It. den Zimmerleuten für jren Schenkwein wegen Verfertigung des *Römerbaues* 6 fl.

1604. It. die eine Tafel (Gemälde) in der Rechney vber der Stubenthüre, mit dem Kayser vnd den Churfürsten in ihrer Session, mit Oelfarb zu mahlen dem Maler Philips Vffenbacher 36 fl.

1605. Cornelio von Cronwardt zahlt für die Vorhänge zu den gemalten Tafeln vff die Rechney 14 fl. 9 ₰ 5 d.

1606. Philips Offenbachern Malern für die andern Tafeln vff der Rechney ober der Gewölbthüre zu mahlen vnd beyde zu vergülten am Kaufft 32 fl.
1607. Demselben Maler für die kleine Contrefait des Römers vff der Rechney an der Wanth hangend zalt 4 Rchsthlr.
1613. Standgeld im Römer 710 fl. 14 ß 2 d. u. im Lewenstein 353 fl. 18 ₰.
1642. It. im Römer kommen vor folgende Stuben: die Korn-, Ackergerichts-, Senthen-, referir- und grosse Wahlstube.
1654 wurde die grosse Wahlstube mit grün Tuch neu bekleidet, wozu 7 Stück dunkelgrün Tuch nothwendig.
1681 wurden einige Gemächer vfm Römer zum Theil ganz new bekleidet, andere aber reparirt, auch die Sammete Stühle verbessert, ist an allen vfgegangen 1016 fl. 19 ₰ 2 d.

Lit. J. No. 153. *Lateran, Latrona* (auch *Silberger*), nachmals *Limburg, Alt Limburg*, oder die *Herrnstube*. Das Eck an der Alhartsgasse. Das Numero steht hinten am Thor.[160]

---

[160]) O. U. 1336. H. vorn an Irmengarde Flesseren hindene an *Laderam* in der ringmure zu F.

In Mainz war der Römer (später das Haus zum alten Römer) ehemals das königliche Palatium; nicht weit davon war der Hof zum Lateran (nachher zum Laderam, Ladrum). Diesen Namen (Latram) leitet *Bodmann*, Rheing. Alterthümer p. 847, Not., daher, dass dieser letztere Hof das Absteigquartier des päpstlichen Legaten (a latere) gewesen. (Ist diese Ableitung erwiesen? Sieh hierzu Wetteravia I, 1. S. 238—243.)

B. B. 1345. It. Henn *Ladiranus* von Birgelo (lt. Bürgerbuch de 1312/33 fit civis).

O. U. 1357. F. s. ante Nativ. B. Joh. Bapt. kommt das Hus, Hof, Stalllung und Gesesse genannt *Laderam* zuerst vor. Es gehörte der Geschlechterfamilie von *Hohenhaus*, welche es an die Hartrad v. *Dieburg* verkaufte.

O. U. 1380. Sabb. post annunc. B. M. V. wird dies Haus also beschrieben „das H. Laderam uf dem Samstagsberg gelegen uf dem Ort gen Limpurg uber, hart an dem Romer."

O. U. 1387. Sabb. prox. post Michahel. desgleichen mit dem Zusatz „Stost hinden uf das H. genant Swartzenfels".

Stdt. Rchnbch. de 1387. It. v β aldir iiij hllr. alde vor tzwey Vierteil Wynes die die Beckerknechte zu Laderam virdrunken hatten, alse sie gesworen hatten.

Der alte Name wurde gar verschieden geschrieben: zum Laderam, Ladarum, Latrum, und in der Brunnenrolle von 1544 gar Laderheim. Im XIV. Jahrhundert besassen die Schwarzen, ein hiesiges Patrizial-Geschlecht, dieses Haus; indem 1370 Henrich Schwarz genannt zu Ladrum als Schöff vorkommt. Chron. II, 183.

O. U. 1397. Sabb. die in vigil. B. Katherine Virg. wird es das H. Ladrom genannt.

— 1428 fiel dieses Haus durch zwei Erbschwestern, geborne von *Hexstadt*, an deren Männer, die es abtheilten. Das steinerne Vorderhaus (nach dem Römer zu) ward durch eine Mauer, die an dem im Hof stehenden Born, der gemeinschaftlich blieb, anfing, und an der Strasse gegen Limburg über endigte, getrennt. Das Vorderhaus bekam durch das Loos Peter *Schule*, das Hinterhaus Georg von *Breidenbach*.

— 1438 trat letzterer das Hinterhaus durch Tausch gegen ein anderes in hies. Stadt gelegenes Grundstück an Peter *Schule* ab. In der deshalb in die Corp. Christi ausgestellten Urkunde wird es genannt „das H. hof und stallung genant *Silberberg*, hinten an dem H. Ladaram gelegen"; den Namen Silberberg hatte dem H. also erst der von Breidenbach gegeben. Peter Schule vereinigte beide Theile des H. Ladaram wieder, doch ist die jetzt zur Communication durch Thüren durchbrochene Mauer noch vorhanden. Es ward dies wiedervereinigte Haus von da an immer Laderam genannt, und der Name Silberberg (mit welchem das hintere Haus noch 1449 in einer Urk. benannt wird) kam ganz ausser Brauch.

Stdt. Rchnbch. de 1489. It. iiij ß viij hll. den Buwemeistern fur zwen Buwe zu besichtigen eyn zu Laderam vnd eyn vff dem Klapperfelde in des zu Wolkenberg Garten.

O. U. 1495 erkaufte die hiesige Geschlechtergesellschaft dieses H. und nannte es zum Andenken an das gegenüberliegende H. Limpurg, in welchem diese von *alten* Zeiten ihre Zusammenkünften gehalten, *Alt Limburg*, welchen Namen es seitdem behielt.

Stdt. Rchng. de 1501. It. vi fl. geschenkt Hansen Hessen dem Malern für das gemalt Duch daran das jüngst gericht stoet vff dem *Gerichtshuss* (öfters vorkommend).

— 1536. It. 33 fl. verzerten die Botschafter der französischen Vereinigung, als dieselbe alher zusammen sich vereinigt haben vnd der Rat sie vff *Ladrum* zu einem Abentmail erfordert hatte.

[Haus Lateram von der Turniergesellschaft zum Esel zu Tänzen benutzt, Mittheil. des Vereins II, 39.]

Ad ann. 1399. S. Schwarz v. Friedberg 1—3. F.

Im J. 1406 hielt man Gericht auf Lateran. Dieses beweist unsere Praesenz-Rechnung von g. J. fol. 245, wo sich unter den Ausgaben folgende Stelle befindet: „Item x hl. pro vna mensura vini judicibus et prolocutoribus judicii in Latrona sedentibus in prandio propinata". Ausser den adlichen Gesellschaften Limburg und Frauenstein befand sich auch noch eine andere hier, die sich auf diesem Hause versammelte, und deswegen die Gesellschaft Latrum hiess. Sie löste sich 1479 am 3. Dec. wieder auf, und ihre Mitglieder vertheilten sich in die Gesellschaften Limburg und Frauenstein, die noch wirklich bestehen. Chron. II, 100. Ueber das Alter dieser drei adlichen Gesellschaften kann in Dr. *Orth's* Anmerk. über die hiesige Reformation in der dritten Forts. S. 910, 911, 915 u. 916 nachgesehen werden.

Der nachmalige Besitzer des Hauses, Daniel Bromm, welcher mit Margarete von Ergersheim eben in die adliche Gesellschaft Limburg war aufgenommen worden, verkief derselben im J. 1494 das Haus um einen so billigen Preis, dass sie ihn als einen neuen Stifter der Gesellschaft ansah, und ihm aus Dankbarkeit am ersten Fastnachtstage den Vortanz erlaubte, wobei ihm eine Jungfrau Namens der ganzen Gesellschaft ein Kränzlein überreichte. Chron. I, 301 u. II, 211. [Vgl. jetzt auch Jobst Rohrbach's Chronik in dem Archiv für Frankfurts Geschichte und Kunst, neue Folge, III, 144.] Von dieser Zeit an blieb das Haus Lateran oder Silberger, welcher Name vermuthlich von einem mit Lateran vereinigten Hause herrührt, der beständige Sitz der Gesellschaft, und es erhielt nachmals den Namen Limburg oder Alt Limburg, und wurde auch die Herrnstube genannt. Chron. I, 256. Hinten im Hofe befindet sich ein Eingang in den Römer. Am 28. Dec 1710 sprang eine Schuhmachersfrau in der Herrnstube in den Brunnen, die am folgenden Tage todt herausgezogen wurde. Chron. II, S. 824. (804).

II.

Zwischen der Alhartsgasse und der Mainzergasse.

Lit. J. No. 158. *Limburg, Klein Limburg* (Kleinbirnbaum). Das Eck an der Alhartsgasse.[160a]

O. U. 1404. H. gnt Limpurg gelegen auf dem Samstagsberge uff dem Orte besiit gen Laderan über und vorn zu hart an dem H. zur Jungfrau. (Schwarz von Friedb. 1. 3.)

— 1363. H. und Gesesse Limburg. (S. Weiss v. L. 57. 3. 4.)

„viij solid. den. (Martini) de domo dicta Lympurg sita in platea Samysdagisberg prenotati; latere occidentali, infra vicos videlicet S. Georgii et dictum Alhartisgasse, in acie respiciente septentrionem et orientem vici Alhartisgasse iam notati." Lib. Vicar. Baldemari Ser. I. No. 37. Vicaria X.

Im Jahr 1423 gab das Stift zum Liebfrauenberge eine jährliche Korngülte auf dem Hause Limpurg gegen Heinrich Weyss vom Pfandschaftsbande los. Vid. *Orth's* Zusätze zu den Anmerkungen zur Fr. Reformation. S. 185. Und 1478 ertheilt Hert Wyss von Limburg und Gredche Frytin von Monsberg seine Gemahlin den Wullenwebern einen Kram in der Behausung Limburg. Ex notit. famil. de Holtzhusen.

In der Brunnenrolle von 1544 kömmt ein Eckhaus zum *kleinen Birnbaum* vor, durch welche Benennung höchst wahrscheinlich dieses Haus verstanden wurde. Vielleicht hatte es dazumal diesen Namen von einem neben in der Alharts-Gasse anstossenden und mit ihm vereinigten Hause erhalten.[161]

[160a]) 1380 wird Limpurg, Klein Limpurg erwähnt. S. Laderam.

O. U. 1521. H. Limpurg genannt — neben Liechtensteyn uff eyne syten gegen dem H. Swarzenfels über stosst hinden uff den Bergk.

O. U. 1528. H. genannt Limpurg hinten und vorn neben dem Hau zur Jungfrauen einer und auf der andern Seiten einer gemeinen Gasse gegen Laderum über. F.

[161]) O. U. 1629. Eckbehausung zum *kleinen Birnbaum* uffm Samtagsberge — stosst hinten an die Behausung zum *Rindsfuss* u. N.

NB. Dieses Haus zum *kleinen Birnbaum* kann unmöglich mit de Haus Limburg ein und dasselbe sein; es ist vielmehr an d

Im J. 1675 am 26. Juni in der Nacht zwischen 11—12 Uhr wurde die Eckbehausung gegen der Herren-Stube über von einem Blitze entzündet; weil es aber die Wacht auf dem Römerberg bald gewahr wurde, ohne Schaden wieder gelöscht. Chron. II, 766. Das Haus bezahlt jährlich auf Martini an die Praesenz 20 kr. Grundzins, so vor diesem der Vicarie S. Nicolai fielen. [162)

Lit. J. No. 159. *Jungfrau.* [163)] Aus dem Inhalte einer Urkunde von 1478 erhellet die Lage des Hauses zur Jungfrau auf dem Römerberge dicht neben dem alten Hause Limburg. 1477 liess Winrich Monis den Abtritt in seinem Hause zur Jungfrau fegen und musste für 62 Fuhren 12 fl. 10 β bezahlen. Chron. I, 512. In dem hiesigen Int.-Bl. von 1803, No. 21 u. 23 wird das Haus zur Jungfer genannt. An einem Krachstein steht: MORS. OMNIA. RAPIT. 1542.

Nikolaus-Kirche zu suchen, da das hinten daran stossende Haus zum Rindsfuss in der Bendergasse liegt. F.

[162)] *Zwiebelhex.* Oben unterm Dache stehet ein Bild mit diesem wunderlichen Namen.

[163)] O. U. 1324—1326. H. zu der iuncfrawen, davon zahlen die winschrodere einen Zins.

S. G. P. 1341. Eudegerus jn der Juncfrauwen. — 1361 Else z. d. J. — 1369 Conrad z. J. — 1371 Conze z. J.

— 1461. H. zur Jungfrau neben dem Schrothus.

G. Br. 1470. H. gnt zur Jungfrauen uf dem Berge zuschen Limpurg und dem Schroithus.

— 1477. H. z. Jnugfr. gelegen zwischen Limpurg und dem Schrothuse.

— 1478. H. zur Jungfrauen uf dem Romerberg dicht neben dem Hause Limpurg.

Mspt. XVII. Sec. H. zur Jungfrauen auf dem Samstagsberg neben Lichtenstein und dem Schrothaus.

In den Jahren 1381 und 1382 wurden die neuen aufgenommenen Bürger in diesem Hause lt. Bürgerbuch öfters eingeschrieben; unter andern Stellen heisst es 1382 daselbst: „und geschah die Empfahlunge uff dem Husse und Gesesse *zur Jungfrauen* zu der Zeyt ein *Dringstube* waz."

Vid. *Gerken,* Reisen p. 283. Diar. histor. p. 142. Ms. S. Catharinae p. 23.

Unten an diesem Hause nach dem Römerberge zu ist das Bild der *Lukrezia* in Stein gehauen zu sehen. F.

Lit. J. No. 160. *Zum alten Schrothause.* War in ältern Zeiten das Schrothaus, das dem Hause Lichtenstein 1404 an der Seite lag.[164]) Die Schröter unter diesem Hause theilten sich in zwei Gesellschaften, und dadurch entstand die Benennung des obern und niedern Schrothauses. Eine jede hatte einen Meister, die übrigen hiessen die Gesellen; sonst aber im Allgemeinen die Winschroter. In einer Urkunde von 1373 kommen „die Schroder in dem nydderu Schrothus" vor. In einer andern von 1393 heisst es: „Fischer der Schroder (er war der Meister) vnd alle sin gesellen uf dem Schrodhuse". Und noch in einer von 1408 werden „Geiling und Henne Sommer Meister der win-

---

[164]) G. Br. 1347. Der winschrodere Hus an Liechtinsteyn.

O. U. 1360 auf einem Schrodamt in dem niedern Schrothuse am Lichtenstein.

— 1363. Schrodampt in dem nydern Huse gelegin.

S. G. P. 1373. Die Schroder in dem nyddern Schrothuss.

— 1392. Fischer der Schroder und alle sine Gesellen uff dem Schrodhuse.

— 1393. 1 Marg Zins gelegen uff dem Schroithuse.

— 1398. Geiling Winschroder. 1405.

G. Br. 1399. Die zwei Schrothuser uf dem berge.

S. G. P. 1408. Geiling u. Henne Sommer, Meister der Winschrode zu der Zeit.

G. Br. 1413. Schrothus und Gesesse uf dem Samstagsberge allernest an der iungfrauwen.

S. G. P. 1426. Ein Schrotamt im Niedern Schrothuse.

— 1447. Die Gesellen gemeinlich des Schrotamts.

G. Br. 1447. Das alte Schrothus.

S. G. P. 1461. Die Gesellen in dem Schrothuse.

O. U. 1470. f. 2da post dom. Cantate verkaufen die Meister der Sch dere von irer und der Gesellschaft der Schroeder wegen ein Gülte gegeb auf dem H. genannt das *Schrodehuss* — gelegen uff dem Samstagsberg zuschen den Gesessen *Lichtenstejn* und der *Junffrauw* als sie und ih Kindern (?) dasselbe Huss ingehabt, herbracht und besessen habe.

[1310 — in uno officio quod vulgariter nuncupatur schroytamn Cod. D. 391.]

[1310 — super uno officio nuncupato Scrodambet Frankenfordensi Item in alio officio etiam nuncupato Scrodambet. Cod. D. 394.]

schroder zu der Zit" bekannt gemacht. Das Wort Schrotamt hatte eine zweifache Bedeutung; bald zeigte es einen Schrotdienst oder eine Schrotstelle an, bald die ganze Gesellschaft, oder doch den Ort ihres Aufenthalts. Der Beweis liegt in zwei Urkunden. Die eine von 1426 spricht von einem Schrotamte (Schrotdienste) im niedern Schrothause; in der andern von 1447 wird von den Gesellen des Schrotamtes (der Schrotgesellschaft oder des Schrothauses) insgesammt gesprochen. Das Recht, solche Schrotämter zu vergeben, kam ausser dem Magistrate auch einigen Familien und den Stiftern zu. So hatte das Leonardstift vier, das Liebfraustift eines, und der Vicarius S. Annae im Barthol.-Stifte zwei solcher Schrotämter zu vergeben. Ein Schrotambt wurde öfters um mehrere hundert Gulden verkauft, und der Besitzer desselben hatte jährlich noch eine kleine Abgabe als eine Erkenntlichkeit zu leisten. Ohne Zweifel gehörten die Schrotämter ursprünglich zum Saalhofe, bis sie von den Kaisern an diese oder jene Personen veräussert wurden. Eine Urkunde von 1447 gibt zu erkennen, dass damals das Jungfrauenkloster Mergenborn eine Gülte auf dem Schrothause liegen hatte.

Lit. J. No. 161. *Lichtenstein.* [165]) [1326 Lihtinstein. C. D. 484.]

---

[165]) O. U. 1352. H. zu Lichtenstein.

— 1356. H. Gesess und hohe Lichtenstein neben Stralenberg.

— 1360. Domus dicta zum Lichtenstein in oppido F. *Senckenberg* Selecta I. 109.

— 1363. H. und Gesesse genannt Lichtenstein gelegen an Stralenberg von vorn bis hinten die Gasse gen dem Heidenberg über.

— 1474 wird es in der Erbtheilung Frau Kunigundens zu Lichtenstein seel zu 1900 fl. angeschlagen, wobei bemerkt wird, dass 48 Gastbetten zu demselben drinn gehören.

— 1496. H. genant Liechtenstein gelegen uff dem Berge neben dem Huss Stralberg und dem Schroithusse, stosse hinden in der Gassen gein dem Gehuse Fulda. (In der Originalurkunde de ao. 1497 ebenso nur abgeändert: stosst hinden uff die Gassen an Limburg.)

Beedbuch v. 1509. H. Lichtenstein (modo der kleine Römer).

Mspt. XVII Sec. H. Lichtenstein auf dem Römerberg.

S. *Schurge* zu Lichtenstein 5. 3., dass ein Theil dieses Hauses früher *Schurberg* geheissen. Desgl. 7. 3. F.

„Hus Lichtenstein uf dem Samstagsberge zwischen Stralenherg und dem Schrothuse." O. U. von 1404.

A. 1429 war Johann von Holzhausen zu Lichtenstein gesessen. Chron. II, 165.

Lit. J. No. 162. *Strahlenberg. Alt Strahlenberg.* [166])

„Stralenberg vnd Birssensteyn an dem gesesse Liechtenstein vnd an der andern Syten forne zu an dem gesesse gnant Isenburg vnd hindezu an dem Wederbauen." J. B. von 1461.

„Hus Stralenberg uf dem berge gelegen." S. G. P. von 1470.

„iiij β iiij hllr. Martini de domo Stralinburck, ex opposito ianuae S. Nicolai, sita latere occidentali, infra domus Lichtenstein et Eysenburck. Dat Hr. Joh. Stalnberger sammt seinen ganerben." L. o. DD. de 1563, f. 10. Die Strahlenberger waren Patrizier, die im J. 1636 erloschen; das Haus war aber 1613 schon in andern Händen. Der Hausname Alt Strahlenberg kömmt in einem andern Häuserverzeichnisse vom Anfange des vorigen Jahrhunderts vor. Eilf kr. 1 h. Grundzins wurden noch auf Martini an das O. DD. im Barthol.-Stifte abgegeben.

Lit. J. No. 163. *Isenburg* oder *Eisenburg.* [167])

„Ysenburg sita in antiquo Franck. inferiore parte platea dicta Samitzdagsperg seu vico opidum dividente latere occiden-

---

[166]) O. U. 1425. H. Stralenberg und Birsenstein.

G. Br. 1455. H. *Birsenstein* zu Stralenberg gehörend.

O. U. 1523. Behusung Birsenstein und alt Stralnberg genannt hinden und vorn zwischen Lichtenstein und Eysenburgk gelegen.

— 1575. H. Bierstein hinten an dem H. Alt Stralburg.

Mspt. XVII Sec. H. Bierstein (Birsenstein?) neben Lichtenstein.

Ibid. H. Birsenstein hinten an Alt Stralenberg.

Ibid. H. Alt Stralenberg auf dem Berg neben Birsenstein.

NB. Ob nicht wegen Isenburg-Birstein? F.

[167]) S. G. P. 1355. Heinrich zu Ysenburg.

— 1362. H. zu Isenburg.

G. Br. 1393. H. Isenburg uf dem Samstagsberg zuschen dem H zum Wolf und dem H. Stralenberg.

S. P. G. 1402. H. Isenburgo uf dem Samstagsberge.

Beedb. 1509. H. Isenburg ist die *Krämerstub* (auf dem Römerberg). I

tali infra vicos sancti Georgii et dictam Albracgasze (Alhardsgasse) L. C. de 1390, f. 84.

„latere occidentali vici dividentis ex oposito capelle Sancti Nicolai. L. C. de 1452, f. 35.

Lit. J. No. 164. *Wolf*.[168]) „zum Wolf ex vno latere contigua domui Drachenfelss, ex alio vero contigua domui dictae Eysenburg et ex opposito Ecclesiae S. Nicolai." L. C. B. M. V. in M. Saec. XVI. In dem hiesigen Intell.-Bl. von 1798 No. 76 wird der Name Wolf auch angegeben.

Drachenfels.[169]) „Dracheufels prope domum Schonensteyn vf dem Samstagisberge." L. C. de 1405 f. 74.

„Drachinfels sita latere occidentali vici dividentis contigua domui Schonsteyn ex oposito fontis sancti Nicolai." L. C. de 1452, f. 35.

„Hus Trachenfels zwischen dem hus Schonstein und dem hus zum Wolfe by der Farcporten." S. G. P. von 1463.

Das Haus wurde mit dem folgenden vereinigt, und die Wittwe Reymund Fichart's Catharina im Hause Schonstein zahlte 1578 schon die drei Mark, welche das Liebfraustift sonst vom Drachenfels zu heben hatte.

„de domo contigua domui dicte zu Schönstein, dicta Drachenfelss." L. C. B. M. V. in M. Saec. XVI.

---

[168]) O. U. 1577. H. zum Wolf genant uff dem Berg stosst hinten uff ein gemein Gesslin. F.

[1323. H. zu dem Wolfe gein sante Niclase über. Cod. D. 469.]

[169]) O. U. 1329. Domus sita uf dem Samstagisberg que vulgariter dicitur *Trachinfels*.

S. G. P. 1341. Heinrich Drachenfels. 1361 die Frau zu Draghinfels. 1368 Hedwig zu D.

— 1355. H. zu Drachinfels. 1368.

O. U. 1438. H. Drachenfels neben Schonstein und dem Wolf.

G. Br. 1459. H. Drachenfels by der Farporten zuschen Schönstein und dem Wolf.

Wfrkl. Zb. von 1480. Samstagsberg. H. genant Drachenfelsche gelegen uf der Siten gen Nidergang der Sonnen gein dem Born von S. Niclas vber, und zuschen den H. Schonstein und dem Wolff (gibt Siegwyn und Tymmel sin eliche Wirtin).

Lit. J. No. 165. *Schonstein*, jetzt *Schönstein*. [170]) Das Eck an der Mainzergasse gegen dem Fahrthor über. Ausser dem, dass der alte Name 1405 und 1452 bei Drachenfels schon vorkömmt, wird auch das Eckhaus Kroneberg bei der Bendergasse 1477 ex oposito Schonsteyn beschrieben. Dieser ist also der ächte Name, der in den neuern Zinsbüchern zuweilen in Schornstein und Schörnstein abgeändert wurde.

„de domo aciali orientem et meridiem respiciente dicta Schönsteyn ex opposito der Fareporten. Dat Johann Fölckers relicta Catharina, modo Reymundi Ficharts relicta Catharina Völkerin." L. C. B. M. V. in M. Saec. XVI.

Schonstein nahm im XVI. Jahrhundert das Haus Drachenfels zu sich, und es musste deswegen auch die darauf haftenden Zinsen übernehmen. Auf solche Weise empfing unsere Praesenz auf Palmarum vom Hause Schonstein 45 kr. Grundzins, die vorher vom Drachenfels gegeben wurden; desgleichen das Liebfraustift auf Martini 4 fl. 30 kr. und wiederum wegen dem Hause Schonstein 6 fl. 45 kr.

---

[170]) G. Br. 1452. Halle da die von Lofen (Löwen) innesteen, hinden gein Schonstein uber. (Vgl. Hall zu Brafant.)

O. U. 1468. H. Drachenfels und Schonsteyn, sodann 2 Hallen genant zum Fare; gelegen by der Farenporten.

O. U. 1480. H. genannt Schonstein uff dem Ort gen der Fareporten uber gelegen neben Drachenfels stosse hinden an das Gehuse genant der Flecke.

It. H. hinden an Schönsteyn gelegen gein der Halle zum Fare uber genant eyn Flecke und stosse an den Sperber.

It. Eine Halle genant zum Fare, die etwan ein Batstoben gewesen sy, zuschen Wertheym und dem alden Wedderhahn gelegen, stosse hinden an unserer Stedte Muren gen den Meyne zu (Vgl. pag. 111.)

— 1514. H. — genant Schonstein gelegen am Eck der Meinporten uber zwuschen dem Gesesse zum Sperber und zum Drachenfels.

Mspt. XVII. Sec. H. *Schoenstein* an der Fahrporten gen S. Niclas uber.

1393. Vir Grede zu Schononstein. Humbracht 2. 3. F.

Samstagsbrunnen.

Auf einem Platze, wo sich ehemals an den Markttagen Fremde und Einheimische in beträchtlicher Menge einfanden, konnte man des Wassers nicht wohl entbehren, und hieraus lässt sich auf ein sehr hohes Alter dieses Brunnens schliessen. Das einzige Haus zum Ullner beim Eingange des Marktes bezeugt, dass er 1481 schon vorhanden war; indem dasselbe „circa vicum institorum ex oposito fontis" beschrieben wird. Er steht gerade gegen dem Hause Schieferstein über, und sein Standort auf dem Samstagsberge hat zu seiner Benennung die Gelegenheit gegeben. Am 21. Jan. 1631 beschwerte sich die Nachbarschaft gegen die Fischer, weil sie täglich den Brunnen gebrauchten, und verlangten von ihnen ein jährliches Brunnengeld; weil aber die Nachbarn des Brunnens am Fahrthore (an der Nicolauskirche) ihr ganzes Brunnengeld, das sie jährlich von den Fischern erhielten, nicht wollten fahren lassen, so entschied endlich der Rath, dass das Fischerhandwerk an jedem Brunnen die Hälfte zahlen sollte. Von dieser Zeit an mussten die Fischer 1 fl. zum Samstagsbrunnen bezahlen; dagegen musste ihnen aber auch die Nachbarschaft bei der Zahlung jedesmal eine Maas Wein geben. Aus der Brunnenrolle. An diesem Brunnen wurde sonst bei den ordentlichen Wochenmärkten, auf Mittwoch und Samstag eine rothe Fahne mit dem weissen Adler, als ein Zeichen des freien Marktes aufgesteckt. Chr. I, 433. Er war gleich andern ein offener Ziehbrunnen.

Springbrunnen
auf dem Römer- oder vielmehr Samstagsberge. [171]

Die Nachrichten, welche uns in der Chronik I, 23, von diesem Brunnen mitgetheilt werden, sind zum Theile verworren.

---

[171] Als der erste Springbrunnen für *S. Niclauskirchen* im Jahr 1453 aus dem Brunnen zunächst vor dem Mainzerthor, so jezund ein Stampfwerk

Soviel sich aus diesen und andern geschriebenen Nachrichten abnehmen lässt, befand sich vor dem J. 1541 schon ein Röhrbrunnen auf dem Samstagsberge in der Gegend, die damals der Fischmarkt hiess, dessen Wasser sich in einen steinernen Sarg ergoss. Noch in eben demselben Jahre am 4. Febr. liess der Rath auf dem Römerberge mit Legung der hölzernen Röhren zu einem neuen Brunnen den Anfang machen, dessen Fundament aber erst im J. 1542 gegraben wurde. In dasselbe wurde zwischen dem Roste ein grosser Stein mit der Jahrzahl eingesenkt, in welchem sich ein alter Turnoss, ein Frankfurter Heller und ein Glas Wein befanden. Nachdem die Männer die letzte Hand an das Werk gelegt hatten, steckten die Werkleute am 18. August ein tannenes Rohr mit einem Knopfe von Zinn mit vier Oeffnungen in der Mitte des Kastens auf, und das Wasser fing noch an dem nämlichen Tage an zu springen. Im J. 1594 wurde ein neuer Kasten von zierlich ausgehauenen Steinen gesetzt, in dessen Mitte das Bildniss Simsons, wie er dem Löwen den Rachen aufreisst, mit Springröhren zu stehen kam. Weil aber das Werk, zu fein gearbeitet, im Winter kein Wasser von

---

steht, eingeführt worden und so frisch gesprungen, hat solches der Burgerschaft, als zuvor nie gesehen, eine sonderliche Freude gemacht. Nach welchem E.E. Rath die eingefasste Quell aus der Friedberger Landstrassen einführen und 1548 in einen Sarck für dem Römer, der 72 fuder hält, einbegleiten, die alte Röhr aber sampt dem Sarck an den Spital den Kranken und Fischkrämern zum Besten anrichten lassen. Die übrigen springende Brunnen auf U. L.-Frauenberg, dem Rossmarkt und der Eschenheimer Gassen sind 1610 eingerichtet worden. — Anonymi Mspt. Francofurtensia varia continens auf hies. Stadtbibl. m. 19. a bezeichnet, geschrieben 1624. S. daselbst p. 24.

Stdt. Rchnbch. de 1397. It. — vmb steyne zum Borne by sant Niklas.
— 1551. Meister Conrad Göbeln Buxengiessern 50 Taler vff Arbeit des Werks, dass er zum springenden Brunnen machen soll, vff Rechnung geben.
— Georg Schotten geben für etliche Muster oder Visirungen zum Springenden Brunnen zu machen 8 Taler geben.
Vergl. Frankfurter Archiv (v. Fichards) I, 69. Eodem ao. fons sallientium etc. F.

sich gab, so wurde es wieder abgenommen und ein anderes zierliches Werk von Holz aufgestellt. Im J. 1652 und 1705 wurde der Brunnen renovirt und das erstemal wurde um die Säule folgende Schrift gesetzt: Justitia in toto virtutum maxima mundo sponte sua tribuit cuilibet aequa suum. Renovatum 1652. Der Kasten hält 36 Fuder oder 216 Ohm, und das Wasser zu diesem Brunnen sowohl, als zu allen übrigen, wird von der Friedberger Warte her geleitet, in dessen Nähe sich die Brunnenstube unter den Aeckern befindet. Wie aus der „Juden Stättigkeit" zu ersehen ist, sollte ein Jude, so oft er sich verheurathet, jedesmal ein messingenes Rohr zu den Springbrunnen geben; statt desselben wurden aber nachmals 4 Goldgulden auf das Bauamt zu liefern gesetzt. Am 7. August 1723 ersäufte sich ein Konstabler in diesem Brunnen. Chron. II, 720.

St. Nikolausbrunnen.

Er steht wider der westlichen Mauer der S. Nicolauskirche nächst bei der Bendergasse. Die Chronik II, 8 gedenkt beim Jahre 1436 des Borns bei S. Nicolaus; und das Haus Drachenfels auf der Abendseite des Römerberges wird 1452 „ex oposito fontis sancti Nicolai" beschrieben. Weiter entdeckten wir keine Nachrichten von ihm, obschon er als ein ehemaliger Marktbrunnen die Vermuthung eines weit höheren Alters für sich hat. Im J. 17.. nahm man die Brunnenschalen ab, deckte ihn bei der Erde und gab ihm eine Pumpensäule.

Unter den neuen Krämen.

Die Strasse vom Römerberge bis zum Liebfrauberge enthält einen Theil desjenigen Striches, der in ältern Zeiten die Scheidungslinie zwischen der obern und niedern Stadt ausmachte, und sie wurde deswegen in den Zinsbüchern bis in die Mitte des XVI. Jahrhunderts beständig der vicus dividens genannt. Gleichwohl erhielt sie in der Volkssprache ihren eigenen Namen. In der Chron. II, 537 wird ihr beim XVI. Quartier der Name *Goldschmidtgasse* beigelegt. Allein ich zweifle an der Aechtheit dieses Namens und vermuthe vielmehr, dass sie vom Hause zur goldenen Schmiede ursprünglich die Goldenschmiedgasse geheissen habe.[172])

Es war ein leichtes, diesen Namen in die Goldschmiedgasse zu verändern. Von dem Heumarkte, der im XVI. Jahrhundert auf dem Liebfrauberge und abwärts bis an den Römerberg gehalten wurde, entstand für diese Gegend auch die Benennung *auf dem Heumarkte*.[173]) Die Beschreibungen der Häuser zur goldnen Schmiede, zur goldnen Leiter und noch andere bestätigen dieses.[174]) Endlich, da der Magistrat, wahrscheinlich im Anfange des XVI. Jahrhunders, die Kräme auf den an ihn abgetretenen Theil des Barfüsser Kirchhofs, von der Barfüssergasse bis an der Weber Kaufhaus, setzen liess, kam die Benennung „*unter den neuen Krämen*" auf, die sich anfänglich nur auf die untere Gegend einschränkte, zuletzt aber der ganzen Strasse

---

[172]) Wahrscheinlicher von den auf dieser Strasse befindlichen *Goldschmiedkrämen*; siehe unten in notis. F.

[173]) It. j m. ced. Mich. de domo dicta vff dem Rossbuchel vff dem Hawermarkt genannt, latere occid. respiciente orientem, contigua domui zu Klein Braunfels. L. C. B. M. V. de S. XVI.

[174]) Alle folgende Häuserbeschreibungen beweisen, dass der Name *Heumarkt* der alte Name dieser Strasse war, der sich erst später in den Namen *Neue Kräme* verwandelte. Es war aber der Name „auf dem Heumarkt" (in foro graminis) schon weit älter und auch der ganze Liebfrauberg wurde der Heumarkt genannt. F.

eigen wurde. Das Haus Klein Hohenfels wurde schon 1524 „gegenn den Newen (neuen) Kremen vber gelegenn" beschrieben. Die Strasse war sonst wegen ihres tiefen Flosses in der Mitte sehr abhängig, und deswegen für Gehende und Fahrende zu Zeiten sehr unbequem. Auch befand sich gegen der goldnen Leiter über eine Oeffnung der Andaue, die mit einem auf vier Pfosten ruhenden grossen Steine überdeckt war, und nicht selten einen sehr üblen Geruch ausdünstete. Im J. 1779 wurde durch einen unterirdischen Kanal vom Liebfrauberge bis zum Römerberge, und durch ein in der Mitte abgerundetes Pflaster allem Uebel auf einmal abgeholfen.

Häuser auf der Westseite.

I.

Zwischen dem Brunnengässchen und der grossen Sandgasse.

Lit. K. No. 47. *Frauenthürlein*, jetzt *grüne Frauenthüre.* [175]) Das Eck neben Braunfels. [Auch *Isenach* genannt.]

„domus dicta frauwendorlyn sita in vico dividente latere occidentali contigua domui Brunenfeltz." L. V. de 1481, f. 120.

„domus dicta zum Frawenthörlein contigua domui dictae Schwanuwe, sita uff dem Hewmart, latere occidentali ex op-

---

[175]) S. G. P. 1341. Johann Frauwendurlein de Isenach. — 1355 Frauwendorlein. — 1368 Hans Frauwendorlein.

Bürger B. 1343. It. Johanns Frauwenthürlin von Ysenache, die halbe Mark Geldis hat He boweyset uff syme Husse obewendig *Czerkniecke*. (fit civis.)

G. Br. 1365. Orthus neben Brunen, das etwan hies *Isenach* (neben Brunen i. e. neben dem Braunfels, wie aus der Urk. erhellet).

S. G. P. 1398. Die Herberge zum Frawendorlin.

O. U. 1531. H. — zum Frawenthürlein genant uff U. L. F. Berg neben einem Gesschin gegen Braunfels uff einer und die Behausung Swanawe.

Reg. cens. fabr. It. 1 marc. den. — de domo in monte Rossebohil in acie prope domum *Ysenache*, quam Gele Usenmengern quondam inhabitavit sita (rec. man.) datur de domo dicta *dye Handelose*. F.

posito domus dictae zum Paradyss; dat D. Adam Loniccrus."
L. C. B. M. V. in M. Saec. XVI.

„zur grünen Frawen Thür neben dem Braunenfels." R. C. de 1636, f. 36.

Das Nebenhaus im Gässchen, welches gleichen Namen führte, wurde mit dem Eck vereinigt und zahlte unserer Präsenz auf Jacobi 2 fl. 18 kr. 2 hllr. Grundzins.

Lit. K. No. 48. *Schwanau.* S. vorher. [1421, Johan Inkuss zu Swancauwe, vgl. Mittheil. des Vereins II, 362. Ein anderes Haus Schwanau lag in der Sandgasse.]

Lit. K. No. 49. *Kastenmeister,* wie ich vermuthe.[176] S. Hohenberg gegenüber. [Ob auch Baumeister?]

Lit. K. No. 50. *Hohenhaus,* dessen wird 1350 bei der gegenüber stehenden Beutelkiste gedacht.[177] In dem S. G. P. von 1404 wird es „die herberge zum hoen huse" genannt. Es war also ein Gasthaus, das 1433 noch an die goldene Schmiede stiess, und nachmals getheilt wurde. Das Haus soll einstens der Familie von Hohenhaus zugehört haben. Noch vor wenigen Jahren hing ein grönländisches Schiff, so lang, als das Haus breit ist, am Ueberbaue, in welchem ein Grönländer mit dem Ruder sass.

---

[176] G. Br. 1366. H. zum Bawmeister. S. Schurge zu Lichtenstein 3. 3.

— 1369. H. zum Baumeister zuschen *Luneburg* und Swauauwe gelegen.

— 1369. H. z. Buwemeister zuschen Luneburg und Swanuwe. S. Chron. II, 189.

S. G P. 1390. H. *zur Bawmeistern.*

Stdt. Rchnbch. de 1489. It. — den Buwemeistern eyn Buwe zu besehen *zu Kastenmeister* (nuwen). F.

[177] O. U. 1350. Style der Wirth zum Hoenhuse (ob *dieses* Hohenhaus?). S. G. P. 1382. H. zum Hoenhuse. 1395.

O. U. 1454. Das Honnhuss neben Lynenburg und der gulden Smytten gelegen.

— 1458. H. genannt Hoenhuss neben Lüneburg und der gulden Smytten gelegen. F.

Die *Lünburg*, vorher *Luneburg*.[178]) S. Birnbaum auf der entgegengesetzten Seite. Es machte 1433 mit dem Hohenhaus noch ein Haus aus. Unter dem Ueberbaue hing eine grosse Wallfischrippe, die erst vor kurzen Jahren hinweggenommen wurde. Das Haus wurde nicht nummerirt, weil es zu dem vorigen gehörte.

Lit. K. No. 51. *Goldne Schmiede*.[179]) Auch *schwarzer Adler*.

„Hus zur gulden Smitten zwischen dem roden lewen und dem Hohenhuse dem Birnbaume gen uber." O. U. von 1433.

„domus dicta zu der gulden schmidten, uff dem Hawmart, latere occidentali contigua domui aciali dictae zu dem Roden lewen, ex opposito domus dicte zum Byrbaum." L. C. B. M. V. in M. Saec. XVI.

H. zur goldnen Smyden 1399 im Testament der Cathar. zum Stern.

Im XIV. Jahrhundert vermachte die genannte Frau Catharina zum Stern der Bruderschaft des Liebfraustifts 5 fl. von dem Hause zur goldnen Schmiede ex opposito der Buttelkisten. Ms. P. C., f. 38.

In dem stiftischen Zinsbuche heisst es: „vom Hauss zum schwartzen Adler olim zur gulden schmitten genand unter den

---

[178]) Stdt. Rchnbch. de 1394. It. Einnahme: 25 ß 1 hllr. an Hussgelder zu *Luneburg* von ii den nesten vergangenen Messen.

O. U. 1487. 2 Husunge und Gesess genannt Lunenburg und zum Hochhus, die nu zusammengebrochen sind — gelegen uff dem Heuwemarkte zushen den Gesessen zum Buwmeister und zur golden Smitten, stossen hinden an die Gesesse zum wissen Rosen u. Schwanave.

S. Luneburg. 1. 3. F.

[179]) O. U. 1342. Die guldin Schmide an dem hohinhuse.

Stdt. Rchnbch. de 1387 wird Hussgeld von der goldnen Smyden zur Einnahme gebracht.

O. U. 1490. H. uff dem Hewmargt gelegen genant zur gulden Smydten neben den Gesessen zum Roden Löwen und Lunburg. F.

Mspt. XVII. Sec. H. zur *gulden Schmidt* neben dem rothen Löwen.

[Urk. von 1399, 1511, 1585 vgl. Mittheil. des Vereins II, 359 folg.]

Neuen Kräm olim Heumark". Da der Name zur goldnen Schmiede noch an dem Hause angeschrieben steht, und in dem Intell.-Bl. von 1756, No. 88 zu lesen ist: „bey Ruland unter den Neuen Kräm zum schwarzen Adler und goldenen Schmide genannt", so lässt sich nichts anders vermuthen, als dass der Besitzer des Hauses den alten Namen, der auf einige Zeit abgeschafft war, wieder hergestellt hat; denn so breit ist das Haus nicht, dass sich an eine Vereinigung zweier Häuser denken liesse. Das an dem Hause erscheinende Hufeisen hat zu einer fabelhaften Erzählung unter dem gemeinen Manne Anlass gegeben: es hat aber nichts mehr und nichts weniger, als eine Anspielung auf den Namen zum Grunde. Die adeliche Gesellschaft Frauenstein hielt ehemals ihre Versammlung in diesem Hause, deren Mitglieder im Jahre 1407 die Gesellen zur goldnen Schmiede genannt wurden. *Orth's* Anmerk. über die Frfr. Reform in der 3. Forts. S. 911.

Lit. K. 52. *Rother Löw.*[180]) Ad rufum Leonem 1312 [Cod. 401.] S. Sensenschmied. Das Eck an der grossen Sandgasse.

---

[180]) O. U. 1322—1326. H. genant zu deme *rodin lewin*. S. Bonach v. Lichtenstein, 1. 2. — 2. 4. dahin gehört. Monis 2. 3. Marpurg z. G. 16..2.

S. G. P. 1382. H. zum roden Lewen. Desgl. 1394, 1395. 1399.

G. Br. 1399. H. zum roden lewen an der gulden Schmiede gelegen, ist das orthus als man die Santgassen aufgehet.

O. U. 1439. Porthus Hof u. Stallung hinter dem rothen Löwen.

— 1490. Orthaus gēt zum rothen Löwen gelegen auf dem Heumarkt stosst hinten auf das H. zur weissen Rosen.

— 1511. Eckhaus — genant zum rothen Lewen gegen dem alten Sensenschmitt und der Sommerwonne über gelegen zwuschen der gulden Schmitten und der wissen Rosen.

S. P. 1525. H. zum roden Lewen gelegen by den Barfussen.

O. U. 1584. Eckbehausung zum rothen Lewen gegen der Sommerwunen über neben der Behausung zur *gulden Schmitten* gelegen. F.

[1314. Domus dicta zu dem rothen Lewin. Cod. 406.]

[Die Haus-Urkunden des rothen Löwen, welche sich jetzt im Besitze des Vereins für Gesch. und Alterth. befinden, von 1314, 1356, 1368, 1394 1399, 1421, 1439, 1511, 1545, 1575, 1585, 1586, 1609, 1706, sind in der Mittheilungen des Vereins II., 354 u. flg. verzeichnet. Die Familie zum

„Rodelewe sita latere occidentali in acie Santgazze respiciente orientem et meridiem ex opposito domus dicto zu der Summerwunnen et domus dicte Sensynsmyt." P. B. de 1356, f. 15.

„vi β Martini de domo zum Rodenleben, et est acialis vico dividente etc. Dat Hr. Joh. Stralnberger mit seinen Ganerben." C. O. DD. de 1563, f. 10.

Das Haus erstreckte sich 1695 schon bis an Schwanau in der grossen Sandgasse, wie ich aus der Brunnenrolle bemerkt habe. Von einigen mit dem rothen Löwen vereinigten Häusern ist in gedachter Gasse nachzusehen.

[Dazu gehört die *Weisse Rose*, welche 1511 als Nebenhaus des rothen Löwen angeführt wird. Mitth. des Vereins II, 367.]

II.

Zwischen der grossen Sandgasse und der Barfüsserngasse.

Sommerwonne. Auch Sommerwynne und Sommerwile. [181]) Das Haus nahm die ganze Seite zwischen den beiden Gassen

---

Rothenlöwen besass demnach dies Haus noch 1394, schon 1399 aber war es in andern Händen und kam noch in demselben Jahre an Peter vom Paradies. Im Jahre 1545 besassen es die Familien Weiss und Kühorn; 1575 ging es an den Schöffen Georg Neuhaus über, 1585 besass es Doctor Heinrich Kellner, 1706 wurde es von dem Schöffen N. A. Ruland und dessen Ehefrau, geborne Kellner, an den Handelsmann Le Long verkauft. Der Vertrag von 1545, womit die Wollen-Webermeister von Oberursel einige Räumlichkeiten dieses Hauses in Miethe nahmen, ist abgedr. in den Mittheil. I, 240.]

[181]) O. U. 1331. Gotzhus das ist gelegin hindone an der *Summerwune* da Johanne Emere inne was gesezzen. (Bei der Erwähnung dieses Gotteshauses werden die Bewohnerinnen desselben die *Kind* oder *Kinter* Gottes genannt (Gotteskinder). Dieser Ausdruck für Beginen findet sich auch in andern gleichzeitigen Urkunden.)

S. G. P. 1339. Gudela zu der Sumirwonne. 1340 Ebenso. 1340 Die junge zur S. 1355 Sifried zu d. S. 1355 Johann z. d. S.

O. U. 1348. (census) de domo dicta zu der Summerwunnen tota; tam parte lanificum, quam Sifridi ibidem residentis, duas acies, unam usque

ein; wurde aber nachmals in zwei Häuser getheilt. Die Theilung war 1452 bereits geschehen.[182]

---

minores (fratres) aliam versus domum zu den Rodinlewen sarciente etc. Conf. *Würdtwein* dioec. mog. II, 577.

    S. G. P. 1360 Elheit z. d. S. 1371 Elbrecht z. d. S. 1371 Conzchin z. d. S.

    — 1373. H. zur Sommerwonne.

    — 1386 Wenzel z. S. 1414 Else Sedelman z. S.

    Gr. B. 1410. H. zur Sommerwonne gelegen bi der barfuszerkirchen stoszt mit einem Ort in die grosze Sandgasze gen dem roden lewen uber und vorn zu gen dem pletener uber.

    S. G. P. 1484. Margarethe zu S. 1484 Katrine die Frau zur S.

    O. U. 1496. Das Nuwe Huss zur Sommerwonne an dem engen Gesschin gein des Rates Speicher über gelegen und das andere Theil der Sommerwonne stosst hinten an Gutenberg.

    O. U. 1512. Nuwes Huss uff dem Ecke geyn dem Barfusser Kirchhof über, genannt zur Sommer Wunne, dass ettwan des gemeynen Wollenweberhandwerks allhie zu Frankfurt gewest sy, stoisst hinten an das Gesess Gudenbergk.

    — 1546. Haus — zur Sommerwunne genannt untern newen Kremen am Eck wan man in das Barfussergesslin geet neben dem Haus zur Sommerböne gelegen.

    Archiv: Verz. Wfrkl. 1546. H. zur Sommerbühne unter neuen Krämen

    O. U. 1574. Behausung bei der Barfüssern Schulhof am Eck der Barfüssergassen zur Sommer Wohnung genannt neben der Behausung zu Sommerbüne gelegen.

    — 1581. Eckhaus — zur kleinen Sommerbünen genannt.

    — 1627. Eckbehausung under der neuen Kremen zur kleinen Sommebien genannt.

    [1511. Eckhaus zum rothen Löwen gegen den Sommerben über, un 1575 Eckbehausung zum rothen Löwen gegen der Sommerbünen über, vg Mittheil. II, 367. 368.]

    [182]) O. U. 1348. H. zwichen dem *rothen Löwen* und dem *Weidell* an dem Markt.

        (Ob Weideller hier das Haus zum Wyddel bedeuten soll? Markt heisst hier wohl so viel wie Heumarkt? denn die Neu Krämen waren früher der alte Heumarkt.) F.

    Z.-B. 1428. *Klein Falkenstein.*

    Gltbrf. de 1428. H., hinden und forn, gelegen by den Barfussen schen der Sommerwonnen und cleinen Falkenstein.

„1½ marca den. de domo dicta zu der Sommerwonnen, tota, sita in antiquo opido Frank. inferiore parte vico opidum dividente, latere occidentali, infra vicum Minorum septentrionalem, versus meridiem sibi contiguum, in acie eiusdem respiciente orientem et meridiem, in vicum dictum Santgazze versus septentrionem sibi contiguum, in acie eiusdem respiciente septentrionem et orientem, et est sola sita infra vicos prenotatos etc." L. r. B. de 1350, f. 61.

„Due marce cedunt in vico Santgassen de et super suis attinenciis contiguis der Summerwunnen ex opposito deme roden lewen." L. C. SS. Marie et Georgii de 1412, fol. 63.

Diese 2 Mark jährlicher ewiger Gülde verkiefen Heintze Rebstock, Schneider und Burger allhier und Engele seine Frau im Jahre 1352 an Conrad Liederbecher auch Burger und seine Erben, dessen Sohn sie nachmals dem Leonardsstifte vermachte. Ex lib. in libro Statut. Eccl S. Leonh. in 4º.

„zu der Sommerwunnen sita — infra vicos Minorum septentrionalem et Santgazze maiorem sola sita." L. V. B. Saecl. XIV. Vic. S. Matthiae.

Wenn *Orth* in seinen Anmerk. über die Frfr. Reform in der 3. Forts. S. 695 anführt, dass das Kaufhaus (unter den neuen Krämen) die Stube des Wollenweberhandwerks gewesen, darauf alle Käufe geschahen, bis im Jahre 1430 das Haus zur Sommerwonne sammt 27 Stätten zu ihrer Gesellschaft gekauft wurde, welche keiner, er musste dann ein Weber und Hausgesell sein, kaufen oder miethen durfte, so muss ich dagegen bemerken, dass das Wollenweberhandwerk längst vor gedachtem Jahre im Besitze des Hauses gewesen, indem dasselbe schon 1350 unserm Stifte den Grundzins mit einer und einer halben Mark Pfennige entrichtete, wie in dem angezogenen Zinsbuche zu ersehen ist. Ueberdiess spricht auch schon das S. G. P. von 1381 von „der weber hus zur Sumerwonne." Durch die Theilung des Hauses entstanden endlich die zwei nachstehenden Eckhäuser.

Lit. K. No. 88   Die *Engelapotheke*, vorher *Sommerwonne*. Das Eck an der grossen Sandgasse. In der Br.-Rolle von 1695 heisst es zur kleinen Sommerbühn.

„1½ marca de domo dicta zu der Sommerwynne, latere occidentali vici dividentis, et est acialis versus Redenlewen." L. C. de 1452, f. 34.

Gegenwärtiger Auszug dient zum Beweise, dass das oben gemeldete Haus Sommerwonne 1452 schon getheilt war, und dass auch nach der Theilung der alte Namen noch beibehalten wurde, bis endlich im J. 1629 am 10. Nov. Hanns Jacob Saal [Sual], ein Zuckerbäcker, die vierte Apotheke in diesem Hause errichtete und sie zum Engel nannte. Chron. I, 26. Dieser Saal hat gegen das Rathsdecret durch ein besonderes kais. Rescript für seinen Sohn durchgesetzt.... Annal. Reip. Francof.

Lit. K. No. 89. *Sommerlaube*, auch *Sommerhütte*. Das Eck an der Barfüssergasse. War ehemals mit dem vorigen ein Haus. S. oben Sommerwonne.

III.

Zwischen der Barfüssergasse und der Wedelgasse.

Coemeterium fratrum Minorum, und in dem S. G. P. von 1411 „der Barfussen Kirchhof". Derselbe erstreckte sich von der Barfüssergasse bis wider der Weber Kaufhaus, das nun mit Lit. K. No. 93 bezeichnet ist. Seine Lage bestätigen die alten Beschreibungen der gegenüber gestandenen Häuser Hohenfels, Klein Hohenfels, Stern, Landskron und vorzüglich das Haus des Henrich Bender, das 1350 gegen der Kirchhofpforte über (ex opposito fratrum Minorum seu porte cemiterii eorundem orientem respicientis) beschrieben wird.[183]) Anno 1485 am Samstage nach Invent. Crucis verkiefen Bruder Underthan Guardian und das Convent des Klosters zu den Barfüssern den Rathe einen Theil ihres Kirchhofs von der Sommerwonne bi zu der Weber Kaufhause, wo keine Begräbnisse waren, und w der Rath längst der Mauer Kräme stehen hatte, um 720 f

---

[183]) S. G. P. 1362. Der Barfüsser Kirchhoff.
— 1411. Der Barfüsser Kirchhof. 1435.

Der Verkauf geschah mit Bewilligung ihres Provincials Heinrich Karrer, und man versprach die päbstliche Bestätigung darüber einzuholen. Aus der O. U. Der Rath liess nachmals die Mauer und seine auswendig derselben gestandene Kräme niederreissen und neue auf dem abgetretenen Kirchhofe erbauen.[164] Des

---

[181] Stdt. Rchnbch. de 1401. Kommt eine Hutte by den Barfüssen, die mit Schyffersteinen gedeckt und an einen Krämer vermiethet war, vor.
— 1402. Auch hier erscheinen mehrere Miethzinse von Kremern by den Barfussen; also die Kramladen unter den neuen Krämen heut zu Tage, die damals an der Mauer des Barfüsserklosters angelehnt waren.
— 1407. Es werden viel mehrere Standgelder (jährliche ständig) als bisher bezahlt von den Kremen a. by S. Katharinen, b. by den Barfussen vnd c. by St. Niclas.

O. U. 1482. Samstag nach Invent. Crucis verkaufen Bruder Underthan Gardian und der Convent gemeinlich des Closters S. Franciscus Ordens genannt zu den Barfussen um 720 fl. hiesigem Rath einen Theil ihres Flecken so sie an der gemeinen Gasse gen den Gesessen Hohenfels, zum Monch, und der Landskrone über liegen haben, wo keine Begräbnisse der Menschen ist, vor welchem Flecken längs der Mauer hin des Rath Kreme stehen hat, soll gehen in der Länge von der Sommerwonne bis zu der Wober Kaufhus auf Bewilligung H. Heinrich Karrer ihres Ordens in Oberlanden Provincial und versprechen päbstl. Confirmation einzuholen.

St. Rchnb. 1484 It. vij c. xx fl. han wir geben dem Guardian vnd Convente gemeynlich des Kloster sant Franciscus Ordens genannt zu den Barfussen by vns vmb eyn Theil irs fleckens so sie an dem vorgenanaten Kloster liegen han an der gemeynen Gassen geyn den Gesessen Hoinfels, zum Monche vnd der Lantskronen über (Gesesse heisst hier Vorderhaus), der ungewichet, vnd keines Menschen Begrabniss drauff ist, fur solichen flecken langest der Muren hyne off der Gassen, wo der Rat Kreme steen vnd herbracht han vnd ist der flecko in dem llechten zuschen den Muweren gein der Gassen zu vnd der scheidemuweren, sowie zuschen demselben flecken den sie noch da behalten, vnden vnd oben xvijj wergschuh breyt, vnd geet nach der lange gantze vss von der Muwern an gein der Summerwonne bis au der Wober Kaufhuss.

übrigen Kirchhofs wird 1579 noch gedacht, indem da 4—500 Bürger in Rotten auf dem Barfüsser Kirchhofe zusam kamen. Chron. I, 390.

Die neue Kräme. Wie diese entstanden sind, habe ic eben gesagt. Sie werden von der Rechnei vermiethet, un

---

Stdt. Rchnbch. 1489. Es waren in beiden Messen xij Kreme verm by den Barfussen.

— 1497. It. ij fl. geben von xv gemalten Tiernzeichen an des Kremen by den Barfussen vff Blech gemalt, damit ma Kreme nach jrer ordnung dester bess erkennen moge.

— 1552. *Ständgelder* in den Messen wurden erhoben: im Röm vnter den Kremen vff Römerberg und hin und wieder i Gassen — auch in dem Barfüsser und S. Bartolomes-C gange etc.

— 1552 zahlen (mehrere Jahre schon früher auch) die Goldschmitt Näterine (Putzmacherinnen!) vnder den newen Krämen ur S. Niclas-Kirchen Zins von Laden vnd Krämen.

— 1569. Der Goldschmiedladen zum Elephanten vnder den Krämen.

— 1570. Der Goldschmiedladen zum Hirsch genannt vnder den Kremen.

— 1585. Der Goldschmiedladen zum Hellfant, zur Katzen, zum l zum Atzell, zum Hirsch, zum Fuchsen, zum Drachen, zur (Eulen oder *Ygeln*?).

— 1586. Der Goldschmiedladen zum Sackpfeiffer.

— 1587. Der Goldschmiedladen zum Narren (Hannswurst?).

— 1588. Der Goldschmiedladen zum Ygel und Drachen.

— 1589. Der Goldschmiedladen zum Gembs und zum Fuchs.

— 1599. Noch die Läden zum Fuchs, zum Sackpfeiffer etc.

— 1602. Noch dieselben Läden mit denselben Namen.

— 1608. Schon Buchbinderladen zum Ygel — jedoch immer noc alten Namen, namentlich zum Pfawen, zum Ochsen etc. v Kremen, auch zum Löwen, zur Katzen, zum Hellfant.

— 1616. Noch die alten Ladenbenennungen zum Vgel etc.

— 1649—1666 kömmt nur noch der Laden zum Pfaw namentlicl vermiethet vor.

[Vgl. auch Jobst Rohrbach's Chronik in dem Archiv für Frankf schichte und Kunst, neue Folge, III, 139.]

über denselben hinziehenden Speicher wird der alte Kornspeicher oder Herrnspeicher genannt.

Lit. K. No. 93. *Zum grossen Kaufhaus* 1749. Vorher *Kaufhaus*. *Altes Kaufhaus*. *Der Weber Kaufhaus*. [163]) In der Beschreibung des gegenüber stehenden Hauses zum rothen Kopfe von 1350 wird es domus communis textorum und in einer andern von 1453 der Wobir Kaufhus genannt. *Orth* in seinen Anmerkungen zur Frfr. Reform im 3. Thl., S. 695 sagt, dass das Kaufhaus der Wollenweber Stube gewesen, darauf alle Käufe geschahen. Ich vermuthe, dass es daher auch den Namen des Kaufhauses erhalten hat. Ferner theilt er uns im II. Thl. der Anmerk. S. 504 die Nachricht mit, dass das so genannte grosse

---

[163]) O. U. 1357. Ein Stand in dem neuwen Koufſhusse der wuber by den Barfüssern.

S. G. P. 1362. H. zum neuen Kaufhaus.

Stdt. Rchnbch de 1363. E. Hussgeld von dem Koufhuse by der Sommerwonne (auch anderorts). Koufhuse der Wuber (nuwen alibi) in derselben Rechnung.

S. G. P. 1372. Wenzel ufm grossen Kaufhause.

O. U. 1377. Gülte uff dem Kauffhuse an den Barfussen gelegin.

Testament des Jos. Holzheymer vicar. 1380. In den Weberkaufhuse zu Frankf.

St. Rchbch. de 1479. Den Wobern vff daz Kauffhus.

Wfrkl. Z.-B. von 1480. Der *Weber-Kaufhus* gelegen gein dem *Swalbecher* vber, geben der Wober Buwemeyster.

O. U. 1496. H. — der Wober Kaufhuss genannt neben Wernher Dulling und dem Barfusser Kirchhoff, stosst hinden an das Baarfusser Kloster.

Bed. R. von 1509. Es wird dieses H. der Wober Kauf Hus genannt.

Stdt. Rchnbch. 1572. Die Hausgesellen vff dem Wollweber Kaufhaus.

— 1593. Desgleichen.

O. U. 1593. Behausung zum Kaufhauss genannt — neben unser des *Raths Geschaue* uff einer und N. anderseits stosst hinten uff der Barfüsser Kloster.

[Satzung Werner Duling's von 1494: er gibt dem Rathe zu frommen Zwecken seine zwei Häuser zu dem G. Lindenbaum (wohl Quittenbaum) und zum Gyseler, zwischen der Leiter und dem Wollenweber Kaufhaus. Vgl. Archiv für Fr. Gesch. u. Kunst. V. 44.]

Kaufhaus vor 100 und mehreren Jahren eine Zunftstube gewesen, und hernach, da man die Zünfte (Zunftstuben) aufgehoben, eine Ganerbschaft geworden sei. Sie soll aus 14 bis 15 Antheilen oder Stellen, wie sie es zu nennen pflegten, bestanden haben, deren eine jede auf 1000 Rthlr. geschätzt, zuletzt aber weit geringer verkauft wurde. Die Ganerben hatten unter sich einen Verwalter, welches Amt alle Jahre bei denselben umwechselte. Jährlich kamen sie einmal zusammen, theilten ihre Einkünfte unter sich aus, und hielten dabei eine grosse Mahlzeit. Unten im Hause befanden sich drei Läden, in welchen die fremden Leinwandhändler feil hielten. Als aber die Ganerben das Haus im Jahre 1706 einem Italiener vermietheten, mussten die Läden heraus, und wurden 1707 in der Herbstmesse auf dem Liebfrauberge aufgeschlagen, wo sie aber leer stehen blieben. Chron. II, 571. Die Ganerbschaft hörte nachmals auf (confer. *Orth* Anmerkungen, Forts. III, S. 558), und das Haus wurde 1749 neu gebaut.

[Das Haus hiess früher zur *Rusern*.] [166])

Appenheimer, nachmals *Quittenbaum*.[167]) In einem magistra-

---

[166]) Das Haus zum *Rusern* bei den Barfüssern, welches schon in einer Urkunde von 1354 vorkommt, ist das nachher so genannte *grosse Kaufhaus*. S. zu Lewenstein.

G. Br. 1370. H und gesesse gelegen by den barfussen genannt zum aldin Ruser.

— H. zur alden ruszern by dem barfüszen. S. Scheid 3. 4. — Stralenberg. 8. 1.

O. U. 1374. H. genant der Ruser stosst einerseits auf der Barfussen Kirchhoff und anderseits auf das H. zum Quiddenbaum.

— 1455. Fer. 6 pt. fest. Joannis Bapt. verkaufen Clas Schijt und Junge Henne von Kebel, Buwemeistere des 'grossen Wober Kauffehusses genannt *zur alden Rusen* und auch des Huses zur Sommerwonnen, in der Hausgesellen Namen eine Gülte auf beide Häuser. Das erste wird beschrieben: H. genannt das grosse Wober Kauffhuss — gelegen an dem Appenheymer und neben der Barfussern Kirchhoff gein Hoenfelsch über. F.

[1314. Curia dicta zu der Ruseren. Cod. 411.]

[167]) O. U. 1361. H. u. Gesess der Birseckin Hus, das man itzund nennet zum alden Appenheimer an Syfried Griffensteine.

tischen Verzeichnisse der Häuser, welche jährlich ein Gewisses zu den Fegungskosten der Andaue beitragen mussten, von den Jahren 1393 und 1447 wird der Appenheimer zwischen den Giseler und das Kaufhaus gesetzt. Der Quittenbaum kann also laut seiner Beschreibung kein anderes Haus als der Appenheimer gewesen sein, das zuletzt mit dem Giseler vereiniget wurde.

„Hus Gwidenbaum neben dem hus zum alden Kaufhus." S. G. P. von 1469.

„domus dicta zum Quiddenbaum, latere occidentali contigua domui dictae der Weber Kaufhauss, ex opposito domus dictae zum Schwalbacher." L. C. B. M. V. in M. Saec. XVI.

Lit. K. No. 94. *Zur Stadt Antwerpen*. 1749. Auch *Stadt Antorf*.[168]) Vorher zum *Giseler* oder *Geisseler*.[169]) „domus dicta

---

S. G. P. 1370. Jude zum Qwedinbaume. 1371 Frau Gudechin z. Q. 1373 Gudechin z. Q.

O. U. 1447. H. zum Qwidenbaum by der Leittern gelegen.

Mspt. XVII. Saec. H. zum Quittenbaum bei der Leitern neben dem Kaufhaus. F.

[Der Quydenbaum unter den Krämen war ein Wechselhaus, vergl. *Kriegk* Zustände 335.]

[168]) O. U. 1749. Zur Stadt Antwerpen (Gasthaus oder Herberge).

[169]) O. U. 1342. H. *zum Gyseler* und *zume Sluszel* an ein andir neben der *leitirn* gein der barfuszen.

— 1348. Domus dicta zum Gyselere. Conf. *Würdtwein*, Dioec. mog. II, 574.

— 1350. H. u. Gesess zum *Slozseln* an der Wullewober Koufhuse.

S. G. P. 1361. Liege zu dem Gysiller. 1370 ebenso. 1367 Hentzen zum Gysiller.

O. U. 1395. H. z. Gyseler gelegen zwischen dem H. zum Gwidenbaum und zur Leitern.

S. P. 1401. H. zum Gyseler neben dem Huss zum Widdel.

— 1421. H. in der *Giselergasse*, Jeckel *Giseler* gehörig(?).

O. U. 1474. Backhaus zu der Leytern neben dem Appenheimer.

— 1550. H. — zum Geissler genant undern neuen Krümen neben dem Haus zur Leittern genannt uff einer und dem Haus zum Quitgenbaum uf der ander seiten gelegen, stosst hinten uff das Parfüsser Kloster.

zum Gyseler sita in antiquo opido Frank. inferiore parte vico opidum dividente, latere occidentali, infra vicum Penitentum et Claustrum (Coemeterium) fratrum Minorum." L. V. B. Saec. XIV. Vic. S. Matthiae.

„Hus zum Giseler neben dem hus zur Widdel." S. G. P. von 1401. Der Giseler stand wohl mittelbar, aber nicht unmittelbar neben dem Widdel.

„zum Geissler neben der Laidern." R. C. S. Leon. de 1644.

In dem neuesten Z.-B. des Liebfraustifts heisst es das Haus zur Stadt Antorf, wie Antwerpen sonst auch pflegte genannt zu werden. Von dem mit ihm vereinigten Hause ist oben bei dem Appenheimer nachzusehen.

Lit. K. No. 95. *Leiter. Goldne Leiter.*[190]) Vor Zeiten ein Backhaus.

„domus dicta zu der Leythern sita in antiquo opido, inferiore parte, vico opidum dividente, latere meridionali (occidentali) contigua fossato opidum transeunte, versus septentrionem." L. r. B. de 1350. f. 70.

„zur leytern — gelegen zuschen dem Wydel vnd dem Giseler." Gültbr. von 1399 im von Holzh. Archive. L. No. 2.: „de domo zu der leytern pistrina by dem husze zu den widdel." L. red. custodiae Saec. XV. f. 11,

„Backhuss genant zur Leitern zushen dem Widdel und dem Gyseler, daz man auch nennet zum Appenheimer." O. U. 1458.

„domus pistoria dicta zu der Leytern, latere occidentali contigua

---

O. U. 1565. H. - zum Geissler genannt under den neuen Krämen gegen dem Swalbächer uber neben der Behausung zur Leitern uff einer und dem Haus zum Quittenbaume — uff der andern Seiten gelegen, stosst hinten uf das *Galmai* Hauss.

[Der Giseler war ein Wechselhaus. *Kriegk* Zustände 335. Wurde von Werner Duling 1494 der Stadt gegeben. Vgl. Note 185.]

[190]) S. G. P. 1339. Girnandus zur Leitern. — 1368 Hermann z. L. — 1397 Heinzchin zur L.

Gr. Br. 1396 H. und gesesse genant *die leiter* gelegen zuschen Wyddel und dem Gyseler.

— 1571. H. zum Widder neben der Becker Zunftstuben gelegen.

domui dictae zum Wedel ex opposito domus dictae zur Schmitten 1570." L. C. B. M. V. in M. Saec. XVI. Anno 1416. Feria secunda post diem beati Martini Apost. bezeugt der Stadtschultheiss Rudolf Geiling, dass von Jud Süsskind an Jeckel Hombrecht zu Schonstein gesessen, eine Mark Geld auf dem Backhause zur Leiter an dem Weddel sei verkauft worden. Chron. II, 179. Eben daselbst S. 675 wird einer Verordnung des Raths von 1409 gedacht, welche die Bäcker in der Gasse bey den Barfüssern zur Leittern und herab zu Landecke etc. anweist, ihre Schweine zum Fahrthore hinaus an den Mayn zu treiben. [Schon die Gesetze der Bäcker von 1377 enthalten im Absatz 33 dasselbe Gebot. Cod. 752.] Dieses wäre also das älteste Zeugniss von dem Backhause, und es scheint nach der oben angeführten Stelle 1570 noch ein solches gewesen zu sein.

In dem vorher angezogenen magistratischen Häuserverzeichnisse von 1393 folgen der Widdel, die Leiter, das huszgin daby, der Giseler etc. in der Ordnung auf einander. Es scheint das kleine Häuschen damals schon zur Leiter gehört zu haben und späterhin auch mit derselben unter ein Dach gekommen zu sein.

Lit. K. No. 136. *Zum Wedel.* Vorher *zum Widdel* und im Lateinischen ad Arietem. Das Eck an der Wedelgasse.[191])

„domus dicta ad Arietem volgariter zum Wydele, sita in antiquo opido inferiore parte, vico opidum dividente, latere occidentali, infra vicum Penitentum et fossatum, ac claustrum fratrum Minorum, sola sita, in acie respiciente orientem et meridiem vici Penitentum prenotati." L. r. B. de 1350, f. 21.

---

[191]) G. Br. 1392. II. und gesesse genant der Weddel gelegen uf dem orte neben gein dem Saltzhuse uber.
— 1396. Ebenso.
O. U. 1468. Husunge u. Gesesse genannt vornen zu zu dem Wedel uff der Ecken der Baarfüser Gassen gein dem Huse zum Swanen und dem Saltzhuse über und stosse mit dem cleynen Husagin daran an daz Backhuse zu der Leitern, so hinden zu seyen sie genannt zum Phaen gen Lewenstein uber und stosse uff die Barfusser Herrn. F.
[1363. Lutze zu dem Widel. Cod. 689.]

Die Worte Sola sita geben hier zu erkennen, dass die nächsten Häuser damals noch nicht an dem Widdel anstiessen, sondern durch Höfe oder Gärten von ihm getrennt waren.

„zum Wyddel gelegen uff dem orthe neben zu gein dem Saltzhuse uber." Gültbr. von 1399 im von Holzh. Archiv.

„Hus zum Weddel vor der Kremerstoben." S. G. P. von 1448. Die Krämerstube muss ohne Zweifel hinten in der Wedelgasse gestanden haben.

Nach der Mitte des XV. Jahrhunderts gehörte das Haus den Weissen von Limburg; denn wie die hiesige Chronik im I. Th. 2 Bd. S 37 erzählt, starb 1462 Elisabeth von Rohrbach, Henrichs Weiss von Limburg zum Wedel Hausfrau.

Im J. 1525 wurde Hans, ein Schwertfeger, weil er in dem Hause zum Wedel 11 Bürden Leder gestohlen und Feuer angelegt hatte, vor dem Hause mit glühenden Zangen gepetzt und darauf gleich mit dem Strange gerichtet. Chron. II, 692.

Im J. 1781 erhielt das Haus einen neuen Anstrich, und weil man die ursprüngliche Bedeutung seines Namens nicht kannte, so wurden anstatt eines Widdels oder Widders zwei übers Kreutz gelegten Mückenwedel an dasselbe gemalt, die den Namen zum Wedel andeuten sollten. Das Haus gab der Praesenz auf Martini 1 fl. 15 kr. Grundzins.

Häuser auf der Ostseite.

I.

Zwischen dem Römerberge und der Schnurgasse.

Lit. K. No. 135. *Weisser Schwan.* [192]) Schwanen-Apotheke. Das stumpfe Eck beim Römerberge.

---

[192]) S. G. P. 1341. Heilmann zum Swanen. 1355. Heile z. S. 1362 Henne zu d. S. 1387 Wigand z. S. 1394 Wigel z. S. 1395 Katrine z. S.

O. U. 1442. H. u. Gesesse genannt zum Swanen gelegen uf dem

„domus dicta zum Schwanen, et est Apotheca contigua domui zum Kranch, latere septentrionali ex opposito domus dictae zum Saltzhauss." L. C. B. M. in V. M. Sacc. XVI.

A. 1378 kaufte Conrad von Rohrbach den weissen Schwan auf dem Samstagsberge. Eine Nachricht, die mir aus dem von Holzhaus. Archive zugekommen ist. [Vgl. Rohrb. Fam.-Chron. in dem Archiv, neue Folge, II, 421 §. 37.] Das Haus scheint 1537 schon eine Apotheke im jetzigen Verstande gewesen zu sein. S. in der Chron. I, 255. Es nahm das Haus zur Kanne zu sich, und musste deswegen der Praesenz auf Walburgis 15 fl. Grundzins entrichten, die vorher von der Kanne gegeben wurden.

Kanne. [193])

Samstagsberge zuschen dem Kranche und der Kannen gein dem Wyddel uber.

Stdt. Rchnbch. 1608. Peter Weber von Rudisheim Apotheker zum weisen Schwanen.

[193]) Beedbuch 1320. It. domina dicta zur Kannen.

— 1322. It. Henricus zur Kannen (hierher gehörig).

O. U. 1322—1326. H. zu der Kannin, daz uf den grabin stosit bi demo Kranin.

— 1342. H. zu der Kannin an me Swanin daz uf den grabin stossit.

— 1348. Domus dicta zu der Kannen super fossatum civitatem transiens ex opposito domus dicte zum Widyl sita etc. Conf. *Würdtwein* Diocc. mog. II, 574.

— O. U. 1431. H. und Gesesse und was dazu gehört, genannt zur Kanne gelegen an dem Schwannen by der Smytten und gein dem Widel ubir.

L. C. B. M. V. Sacc. XVI. It. v ß den facit viij ₰ (?) ced. Michael. de domo dicta zur *Khandten* ex opposito domui dictae zum Widdel, contigua domui dicte zum Schwanen.

O. U. 1511. H. — genant zur Kannen neben dem Huss zur Smitten und dem Gesess zum wisen Schwan stoisst hinden uff den Kranch.

O. U. 1514. H. — genant zur Kanten am Sambstagsberge gelegen zwischen der Apothecken und dem Gesess zur Smydden.

Mspt. XVII. Sec. H. zur Kanne zwischen der Schmiedt und dem Schwanen auf dem Samstagsberg.

[1326. — de domo dicta ad Cantrum supra fossatum contigua domui dicte zu dem Swanen. Cod. 484.]

[1332. Henkele ein wirt zu der Kannen. Cod. 516.]

„domus dicta zu der Kannen, sita in vico opidum divid
latere orientali, infra plateam Samysdagisberg, et fossatum
dum transiens, super idem fossatum versus meridiem ex
sito domus dicte ad Arietem (zum Wedel)." L. r.
1350, f. 4.

„15 fl. de domo zur Kanden in vico dividente con
pharmacopolio zum Schwan versus septentrionem." R.
1581, f. 37.

Die Kanne wurde um diese Zeit mit dem Schwanen
einigt; indem schon 1586 der Apotheker Adam Reck den G
zins von der Kanne auf Martini mit fl. 7. 30 kr. und mit e
viel auf Walburgis bezahlte.

Am 16. Nov. 1780 Nachmittags um 2 Uhr brannte
Schornstein in der Schwanenapotheke.

Lit. K. No. 96. *Schmiede. Alte Schmiede. Wilberg. Z*
Erlen. [194])

„de duabus domibus contiguis dictis zu der Smitten
zu den Erlen, sitis in vico opidum dividente, latere oric

---

[194]) Beedbuch. 1320. It. Wilpert Faber (hieher gehörig und wa
damals noch eine Schmiede).

O. U. 1350. H. das do heisst zu den Erlyn und dann — H.
rickes Wiltpern. die zwey huser lygent an einander und hat Heinriches
pern Hus zu einer Syten den grabin der durch die Stad geet. Cfr. H
wein Dioec. mog. II, 598.

— 1381. H. zur Smytten uff dem Grabin an der Kannen.
— 1419. 2 Hus genannt zur Schmieden und zur Erlen.

Wfrkl. Zb. von 1480. H. zu der Smytten gelegen uf der Sit
Ufgang der Sonnen zuschen den H. zu der Kannen und dem Swalt
giebt Conrad von Geylnhusen.

O. U. 1538. H. zur Schmitten genant unter den Nuwen Kremen
dem H. zum Schwalbächer uff eyner und dem Haus zur Kauften uf
dern Seyten gelegen, stosst hinten an den Schwalbächer und Hau
Bornfleck.

Mspt. XVII. Sec. H. zur alten Schmiedt unter den neuen Krem
NB. Vor den Stadtthoren waren gewöhnlich die Schmieden in
Zeiten anzutreffen; daher der Name alte Schmiede in der ä
Zeit. F.

infra plateam dictam Samysdagisberg, et vicum Textorum seu Snargazze dictum, super fossatum opidum transiens domus zu der Smytten prenotate." L. r. B. de 1350, f. 59.

Wir sehen aus dieser Stelle, dass die Häuser zur Schmiede und zu den Erlen 1350 schon zusammen gehörten.

„domus dicta zu der Schmitten sita in vico dividente, latere orientali, supra et infra fossatum opidum transiens contigua domui zu der Kannen ex oposito domus zu der leytern." L. V. de 1453, f. 53.

Der Name „zu der alten Smitten" kömmt 1481 bei dem Hause zu der Erlen vor; die Erlen aber werden 1350 infra domus Wilperg et Swalbach beschrieben; es kann demnach das Haus Wilperg kein anderes als das Haus zur Schmiede gewesen sein, das diesen Namen vielleicht darum erhielt, weil es eine wirkliche Schmiede war, sonst aber nach seinem eigentlichen Namen Wilperg hiess. [Der Schmied Wilpert 1320 gab wohl den Namen.] Die Schmiede stand über der Andaue; nicht aber das mit ihr vereinigte Haus zu den Erlen. Das Haus scheint ein Gasthaus gewesen zu sein, denn 1463 wurden die gefangenen Knechte in die Herberge zur Schmitten gelegt, und mussten geloben ohne des Raths Wissen nicht aus derselben zu gehen. Chron. II, 384. Das Haus gab unserer Praesenz auf drei Terminen 21 fl. 22 kr. 2 h. Grundzins, wovon 13 fl. 30 kr. ehemals der Vikarie S. Joannis III institut. zufielen.

Zu den Erlen. [193]) Dass dieses Haus 1350 schon zu der Schmiede gehörte, ist vorher bemerkt worden, ob aber beide Häuser auch damals schon in ein Gebäude vereiniget waren, lässt sich nicht entscheiden.

„domus dicta zu den Erlin, sita in vico opidum dividente, latere orientali, infra fossatum idem opidum transiens et vicum

---

[193]) O. U. 1349. 2 Huser zu den Erlin.
G. Br. 1455. II. zur Erlin zuschen dem Swalbecher und der Smitten.
L. C. B. M. V. Sacc. XVI. ½ marc. ced. nativ. Christi de domo dicta zum Wiltberger, quae modo vocatur zu der Erlin; et sunt duae domus an der Smitten et est domus contigua domui zu der Kanne.

Snargazze. Et infra domus Wilperg et Swalbach." L. r. B. de 1350, f. 8.

„domus dicta zum Erlen sita in antiquo opido Frank. superiore parte vico opidum dividente, latere orientali infra fossatum opidum transiens et vicum Snargazze, contigua versus septentrionem domui zur Smytten." L. V. B. Saec. XIV. vic. S. Jodoci.

„domus dicta zu der Erlyn et est media domus inter domum Swalbecher et domum zu der alten Smitten, coniuncta der alden Smitten, respicit ad occidentem." R. C. Capellae S. Cathar. in ponte de 1481, f. 2.

„7 fl. 21 β de duabus domibus zur Erlen vnnd Schmidden, modo conjunctis latere orientali vici dividentis, modo vnder den Neuen Krämen infra domos zur Kanden vnnd dem Schwalbecher." S. C. de 1581, f. 36.

Lit. K. No. 97. *Schwalbach* oder *Schwalbächer*.[196]) Beide Namen sind gleich alt, wie aus den Beschreibungen des vorigen und des folgenden Hauses von 1350 abzunehmen ist.

„iiij gallinas de domo dicta zu deme Swalbecher contigua domui iam dicte zu der Erlene et ex alio latere deme roder Kopp, respicit ad occidentem." R. Cap. S. Cathar in ponte de 1481, f. 3.

„Hus zum Swalbecher neben dem hus zum rodenkoppe. S. G. P. von 1405.

„die herberge zum Swalbecher." Idem von 1483. De Schwalbächer war also vor Ende des XV. Jahrhunderts ei Gasthaus.

---

[196]) Beedbuch 1320. It. Sualebechere (hieher gehörig).

G. Br. 1460. H. und gesesse genant zum Swalbecher gelegen by d Samstagsberge zuschen dem H. zum roden Koppe und zur Smytten g dem H. zur Leytern über.

S. G. P. 1484. Der Wirth zum Swalbecher.

O. U. 1608. Behausung — zum alten Swalbächer geñt under den ne Kremen neben N. einer und der Behausung zur alten Schmietten anders stosst hinten auf den Nürnberger Hof.

Lit. K. No. 98. *Rother Kopf*, vorher *Pfannenschmied*. [197])

„domus dicta zu deme Pannensmyde nunc zu dem Roden Koppe, sita in vico opidum dividente, latere orientali, infra fossatum opidum idem transiens, et vicum Snargazze, ex opposito domus communis Textorum dicte Kaufhus." L. r. B. de 1350, f. 4. — Daselbst f. 20 wird noch hinter Snargazze beigefügt: „ac domus zum Swalbecher et zu Hohinfels."

„vj sol. den. de domo dicta zum Rodinkopp sita in vico dividente, latere orientali infra domus Swalbechir et Hoenfels ex opposito der wobir Kauffhus." L. V. de 1453, f. 26.

„viij ℔ iiij hllr. vj honer (Hühner) de fundo domus zum roden Koppe ghen den barfussen." R. C. Antonit. in Höchst. Saec. XV.

„domus dicta zum Rodenkopp contigua domui dicta zum Schwalbecher, latere orientali, et ex opposito domus dictae Quiddenbaum. Haec domus annexa est novae contiguae structae domui, dictae gross Hohenfelss quam aedificavit Hannss Schmidt dictus der Schweytzer circa Annum 72." (1572.) L. C. B. M. in Saec. XVI.

Das Haus zahlte der Praesenz auf Pfingsten 22 kr. 2 hllr Grundzins, die ehemals zur Vikarie der zehen tausend Märtyrer gehörten.

---

[197]) Boedbuch 1320. It. Dilmanus zumo roden Coppe.
— 1321. It. Thilo ad rufum Cyfum.
— 1322. It. relicta ad rufum cyphum.
[1323. — uf dem huse daz da heiset zu dem roden Koppe. Cod. 469.]
S. G. P. 1394. H. zum roden Koppe.
O. U. 1435. H. genant zum Roden Kopff zwischen Hoenfels und den Swalbecher.
O. U. 1464 wohnen Johann Langstorff Gertrud ux. in dem ihnen gehörigen H. zum Rodenkoppe.
— 1497 wie 1435.
Mspt. XVII. Sec. H. zum rothen Kopf unter den Kremen an der Catharinenpforten (?) vel Schwalbecher.
[Unter Kopf wurde hier ein Becher⬛⬛standen, wie die Uebersetzung zeigt. Vgl. unten S. 199. *Frisch* Wörterbuch I, 537, Kopf, Geschirr, Scyphus.]

Lit. K. No. 99. *Hohenfels. Gross Hohenfels.* [198])

„domus dicta Hoinfels, sita in antiquo opido superiore vico opidum dividente, latere orientali infra plateam Samy berg et vicum Snargazze et infra domus dictas zum Rodin‹ et kleyn Hoinfels." L. V. B. Saec. XIV. Vic. IV

„Sita in vico opidum dividente, latere orientali infra ‹ tum opidum transiens et vicum Snargaszen ex opposito ‹ terii fratrum minorum." R. C. de 1390, f. 96.

In dem Zinsbuche von 1586, S. 55. heisst es de domo H‹ felss maiori. Es gab der Praesenz auf Decollationis S. 5 fl. 14 kr 1 h. Grundzins.

Lit. K. No. 100. *Klein Hohenfels.* [199]) Dieses Haus w 1780 mit dem goldnen Stern vereinigt.

---

[198]) O. U. 1342. H. zu hohinfels gein den barfuszin ubir.

S. G. P. 1362. H. Hohenfels.

— 1392. Die Herburge zu Hoenfels.

— 1459. H. Hoenfelsch zwischen dem roden Koppe und Herrn H. zum *Cleynsterne.*

O. U. 1461. H. — genannt Hohenfelsch hinden und vorne — g‹ gein dem Weber Kaufhusse uber zuschen dem Rodenkopfe und dem k Sternen.

O. U. 1568. H. — unter den neuen Krämen, Gross Hohenfels g‹ neben klein Hohenfelss uff einer und dem Haus zum Roten Kopff u andern Seiten gelegen, stoisst hinten uff den Nürnberger hoff.

Mspt. XVII. Sec. H. zum grossen Hoenfels ist der *Schweitzerh*

Ibid. H. zum Schweizerhut (unleserlich ob Schweizerhut oder unter den Krämen neben dem Rothen Kopf, ist genannt Gross Hohin‹

[1401. Hohenfels gegen den Barfüssern. *Chmel* reg. Ruperti 511

[199]) O. U. 1366. H. z. kleinen Hoenfels.

S. G. P. 1445. H. zur Landskrone und H. Hoenfels stossen an ander (wohl durch die Hinterhäuser).

— 1457. H. zwischen den H. Hoenfels und zum Sterne.

O. U. 1541. H. — clein Hohenfels genannt undern nuwen K‹ neben dem Haus zum gulden Stern uff einer und dem Haus gros H fels uff der andern Seiten gelegen.

— 1505 klein Hoenfels zwischen dem H. z. Stern und Gross Hoc

„Hoenfels infra fossatum opidum transiens et vicum Snorgass contigua habitationi zum Stern ex opposito cimiterii Fratrum minorum." R. C. de 1450, f. 31.

„domus dicta Cleinenhoenfels sita in vico dividente, latere orientali contigua domui zum Sterren — versus meridiem." L V. de 1481, f. 127.

1524 fer. 2. post Martini verkaufte das hiesige Karmeliter-Kloster an Hanemann von Holzhausen 2 fl. ewiger auf Martini fälliger Gült: „vff der behusung genant cleynen Hoenfels, gegenn den nuwen Kremen vber gelegenn, neben dem huss groiss Hoenfels vf eyner vnd dem huss zum Stern vf der andern seytten." Ex orig.

Das Haus wird 1394 „des alden hennen Blaszbalgis hus des Kremers" genannt. S. beim folg. Hause.

Lit. K. No. 100 u. 101. *Stern. Goldner Stern.* [200])

„domus dicta zu dem Sterren, sita in vico opidum dividente, latere orientali, infra fossatum opidum idem transiens et vicum Snargazze, ex opposito cemeterii fratrum minorum." L. r. B. de 1350, f. 4.

„domus dicta zu dem Sterren, ex opposito porte orientem respicienti cemiterii fratrum minorum." L. V. med. Saec. Vic. S. Laurentii II institut.

„infra domus Cleynenhoenfels et Landis Cronen." L. V. de 1481, f. 127.

---

[200]) O. U. 1395. H. genannt hinten und vorn zum Sterne zwischen der Landskronen und des alten Henne Blasbalgs H. des Kremers.

G. Br. 1453. Die Husungen und Gesesse gīt zum Sterne und kleinen Hoenfelsch zuschen der Landskronen und Grossen Hoenfelsch.

S. G. P. 1463. H. zum Sterne zwischen den H. zur Landskrone und zum kleinen Hoenfels.

In Siefried Rumps (zur Landskrone) Stiftungsbrief von 1331, der in dem S. Sp. Hospitalbriefe sich befindet, heisst es: H. daz da heiszet zu dem *Sterren* und uf dem andern H. darane in der Barfuszer Gassen. (Die Neue Krämen werden hier also die Barfussergasse genannt wegen dem daran stossenden *Barfüsser-Klosterkirchhofe*.) F.

ij marc. ced. annunc. Mariae de domo dicta zum Stern, latere orientali contigua domui dictae klein Hoenfels, quasi ex opposito domui dicta der Weberkaufhaus, ex alio vero latere contigua domui dicte zur Landskrone. L. C. B. M. V. Sacc. XVI.

Anno 1394 vermachte die geistliche Jungfrau Catharina zum Stern der Kartaus bei Mainz eine halbe Mark ewiger Gült, auf Martini fällig, vom Hause zum Sterne, um jährlich ein Seelgeräth für sie zu halten. In dem Instrument heisst es: gelegin zu ffrankeford vff dem huse vñ gesesze hinden vñ forn genant zum Stern vnd stet daz hus zuschen der landiskronen vñ des alden hennen Blaszbalgis hus des Kremer." Ex orig. apud Carthus.

In dem nämlichen Jahre vermachte sie auch dem hiesigen Prediger-Kloster eine halbe Mark zu gleichem Zwecke von eben diesem Hause. Anno 1510 verkiefen die drei hiesigen Stifter, die Prediger, die Klosterfrauen zu S. Catharina, und die Karthäuser bei Mainz, als Zinsherren, das Haus an Martin von Hochheim, einen Schneider, um 17 fl. 7½ β Grundzins und jährlicher ewiger Gült. Vid. Lat. B. II ℂ. No. 19.

Im J. 1780 vereinigte H. Dornheck das Haus Klein Hohenfels mit dem seinigen zum Stern, und liess an dem Krachsteine des ersten C. M. D. 1780 einhauen.

Unsere Praesenz erhielt vom Sterne auf Ostern 1 fl. 52 kr. 2 h. und wieder 9 fl., die vorher der Vicarius S. Stephani bezog.

Lit. K. No. 102. *Landskrone.*[201]) Kommt beim folgenden Hause 1350 als Nebenläger vor.

---

[201]) Wfrkl. Zb. von 1480. H. zu der Lantzcronen gelegen gein den Barfussen vber uf der Siten gen Ufgang der Sonnen zuschen den H. zu dem Monch und dem Stern, gibt der alte Walther Schwarzenberg.

O. U. 1497. H. — genannt zu der Landes-Cronen — gein unserer des Rats Kremen gein den Baarfussen uber gelegen neben dem Gesess zum Stern uff eyner und dem Gesess zum Monche uff der andern Siten, stosse binden an das Gesess Firnberg.

— 1516. H. genant zur Landtkron gegen den nuwen Kremen über ge-

„iiii¹/₂ β ij honer (Hühner) de fundo domus zur lants Kronen ghen den barfoissen." R. C. Antonit. in H. Saec. XV.

Mönch. ²⁰²) Domus Heinrici Benders.

„zum Monich by den Barfussen gelegen zuschen dem Isenmenger vnd der landszkrone." I.-B. von 1430.

„zum Monche ex opposito der barfuszen." R. C. de 1438.

„j sol. den. de domo Heinrici benders, sita in vico opidum dividente, latere orientali, infra fossatum idem opidum transiens et vicum Snargasse, ac infra domus Landis Cronen et Ysenmenger, ex opposito Lud. Faber, sed modo fratrum minorum seu porte cemiterii eorundem orientem respicientis." L. r. B. de 1350. f. 8.

Ob der Mönch mit der Landskrone oder mit dem Eisenmenger sei vereinigt worden, bleibt ungewiss. Für die Vereinigung mit der Landskrone scheint ein Gültbrief von 1383 im von Holzh. Archive zu sprechen; dagegen wird in unserer Fabrikrechnung gesagt, dass das Haus Lit. K. No. 103 zum Mönche unter den neuen Krämen auf Cathedra Petri 18 fl. an die Fabrik bezahle.

Lit. K. No. 103. *Ysenmenger* oder *Eisenmenger.* ²⁰³)

---

legen neben dem Huss zum Moniche und neben dem Huse zum Stern stoisst hinden uff den Eicheler Hoff.

Mspt. XVII. Sec. H. Lantzkron unter den Kremen bei Klein und Gross Hoenfels. — S. Landskrone 2. 2. und 3. 1. F.

²⁰²) G. Br. 1361. H. gen den Barfussen zuschen dem Isenmengir und der lantiscronen. (In dorso der Urk. bemerkt eine neuere Hand, dass dies das H. z. Mönch sei.)

— 1382. H. zum Münch unter den newen Kremen.

O. U. 1458. Haus und Gesess mit sinen R. u. Z. genannt zum Monch gelegene in der Barfüssergassen gein der Barfüsserkirchen vber zuschen den Gesessen zur Landeskrone und dem Isenmenger.

G. B. 1458. H. zum Moncho in der Barfussengassen gein der Barfusser Kirchen uber zuschen den gesessen zur Landskronen und dem Isenmenger. F.

Insatzbrief de 1458. H. zum Monche gelegen in der Barfüssergassen zushen der Landskrone und dem Isenmenger.

²⁰³) Beedbuch. 1320. It. Wiglo filius Ditmari zumo iunge ysenmengere.

„i sol. den. de domo dicta zu deme ysenmenger sita in vico, latere, et infra loca prenotata, et infra domum immediate supra scriptam (Heinrici Benders) et domum quondam dictam zu der Buchen nunc Firnberg." L. r. B. de 1350, f. 8.

„domus zum ysenmenger ghen den barfoissen." R. C. Antonit. in H. Saec. XV.

„iiij marc. ced. Nativit. Christi zum Eysenmenger vnd zu Firneberg indivisim. L. C. B. M. V. Sacc. XVI.

Lit. K. No. 104. *Firnberg* oder *Virneburg*,[204] vorher zur *Buche*. S. beim vorigen Hause und beim Eichener in der Schnurgasse.

„Virneburg zwischen den husern zum weselin und isenmenger gen den Barfussen ubir" S. G. P. 1406. In dem hiesigen Intell.-Bl. von 1808 No. 72. kömmt auch Lit. K. No. 104 zum Firnenberg vor.

Weichsel. 1359 u. 1406. zum *Weselin*.[205] S. beim vorigen und folgenden Hause. Vor kurzen Jahren sah man noch einen Baum mit Kirschen angemalt, weil das Wort Weichsel eine besondere Gattung von Kirschen zu verstehen gibt. Das Haus wurde nicht nummerirt, weil es zu Lit. K. No. 106 gehörte [Vgl. Band 3 dieses Werks, S. 51 und die Hausurkunden von 1415, 1424, 1437, 1545, 1626 in den Mittheil. II, 360 flgd.]

S. G. P. 1339. Wigelo zum I. 1340. Ebenso 1340 Hen. zum I.
— 1355. Wigel zum Isenmenger Bürger Meister.
O. U. 1381. H. u. G. zum Ysenmenger gein den Barfussin ubir.
S. G. P. 1389. H. zum Ysenmenger.
O. U. 1541. H. zum *Eisenmenger* genant neben dem Haus zum Firberg uff einer und dem Hauss zum Munche uff der andern Seiten gelegen.
Mspt XVII. Sec. H. zum Isenmenger unter den Kremen.
Bekanntlich bedeutet das Wort — *Manger* einen Händler, Verkäufer aus dem lateinischen Worte mango. In diesem Hause muss also eine Eisenwaarenhandlung gewesen sein, woher das Haus den Namen erhielt. F.

[204] S. G. P. 1406. H. genant *vorn* Virnburg zwischen dem H. z Weselin und Isenmenger gen den Barfüssen über, *hinten* Brandenburg z schen den H. Erenberg und dem Eichener.

[205] S. G. P. 1355. Hen zum Weselin 1367, 1370 ebenso.
— 1382. H. zum alden Weselin. 1398 ebenso.

Lit. K. No. 105. *Goldenes Herz.* Sonst *Pletener.* Das Eck an der Schnurgasse.[206])

„j marca den. de domo dicta zum Pletener sita — in vico opidum dividente, latere orientali, in acie respiciente occidentem et septentrionem vici Snargazze seu Textorum." L. V. B. Saec. XIV, f. 1.

„zum Plettener neben dem Weisszlyn ghen der barfoissen." R. C. Antonit. in H. Saec. XV.

1359. Fer. VI. ante Nativ. B. Marie virg verkaufen Contzechin zu dem Pletener der junge und Else an Johann Luneburge und Elsen 12 Mark Geld „vff dem huse vnd gesezse gelegin an dem orte an dem Weseline gein den Barfuszen vbir genant der Plettener." Ex orig. im von Holzhaus. Archive.

„zum goldenen Herz genannt unter den neuen Kräm." Lit. K. No. 105. Fr. Int.-Bl. von 1786, No. 35.

Zum rothen Becher.[207]) A. 1327 legirte Hedwigis Kachilhartin dem Predigerkloster unter andern Zinsen auch ein Pfund Heller „de domo dicta ad Rufum Cyfum sita ex opposito fr tribus minoribus." Vid. in Lat. C. II ☉ 31. B. [Jetzt gedr. im Cod. 483.] Das Haus scheint in diese Gegend zu gehören, und späterhin seinen Namen verändert zu haben.

S. G. P. 1387. Frau Else z. W. Eod. vir Else Weselin.
— 1412. Henchin Stubenknecht irfolgt Hermann zum W. vor 10 fl.
[206]) S. G. P. 1339. Conrad z. Pletener. — 1340 Gotzechin z. P. — 1361 Beche z. d. P.
G. Br. 1359. H. und Gesesse an dem orte an dem Weseline gein den barfussen uber, genant der pletener. (Ist das jetzige H. zum gulden Hertz unter den Neuen Krämen, gehörte der Wittwe Jacquet.)
S. G. P. 1386. H. zum Platener. 1389 ebenso.
— 1426. Das Steinen Hus neben dem Platener.
O. U. 1623. Eckbehausung zum *alten Platner* genannt under den neuwen Krämen vornen an der Schnurgassen das Eck.
Mspt. XVII. Sec. H. zum *Plattener* an der Schnurgass am Eck.
Ibid. H. *zum Blüttner* am Eck der Schnurgasse.
[207]) Richtiger zum rothen Kopf (d. h. Becher, Cyphus), vergl. oben Nota 197. F.

II.

Zwischen der Schnurgasse und der Salmannsgasse.

Lit. G. No. 68. *Sensenschmied.* Das doppelte Eck an der Schnurgasse, und hinten am Salmannsgässchen. In dem von Holzhaus. Archive befindet sich eine Handschrift, die von diesem Hause folgende Nachricht mittheilt; A 1312. Hertwicus de Alta domo (Hert von Hohenhaus) emit domum Seysnen Schmidt, ex opposito domus dictae ad rufum Leonem pro precio 40 marcarum coloniensium. [Die Urk. ist jetzt gedr. im Cod. 400.] Anno 1327 übergab der Dechant Bertold von S. Barthol. als manu fidelis der Hedwig Kachilhertin dem Predigerkloster mehrere Zinsen, um ihr ein Jahresgedächtniss zu halten, und unter solchen befanden sich 25 sol. den. „de domo dicta zu dem Senszinszmyde." Ex Arch. Monast. [Die Urk. steht jetzt in Cod. 488. [Das Haus wird 1511 zum alten Sensenschmidt genannt. Mittl. des Vereins II, 367.]

Lit. G. No. 67. *Bommersheim.* [208]) Gehörte in ältern Zeite zum Birnbaume. S. unten.

„Hus Bommersheim by dem hus zum Sensensmyde. S. P. von 1407.

Am 26. Nov. 1797 entsand ein Feuer in dem Hause, welches das ganze Dach zu Grunde richtete.

Lit. G. No· 66. *Birnbaum.* [209]) *Bommersheim.*

---

[208]) O. U. 1362. H. u. Gesess Bommersheim gen dem Roden Lowen
S. G. P. 1371. H. Bommersheim.
— 1382. H. zu Bommersheim.
— 1407. H. Bommersheim gelegen bei dem H. zum Sensenschmi
Mspt. XVII. Sec. H. *Bommersheim* bei U. L. Frauen gehört Dietz Henno Bommersheim Goldschmidt.

[209]) O. U. 1358. H. zu dem Birnbome hinten und vorn an der B kisten allernest gelegen.
S. G. P. 1383. H. zum Birnbaum. Ebenso 1384—1399.
— 1404. Die Herberge zum Birnbaum.

„iiij sol. den. de domo dicta zum Bierbaume et duabus contiguis que quondam fuerunt vna domus, sita in vico opidum dividente, latere orientali, infra vicos Snargazze, et angularum transitus vicorum Snargazze et opidum dividentem prenotatum, dictum Salmansgazze, et infra domus sibi contiguas dictas Sensin Smyt, et Budilkiste, ex opposito domus dicte Guldin Smytte" L. r. B. de 1350, f. 11.

„zu dem Bierbaume sita latere orientali infra montem Marie et vicum Snargazze." P. B. de 1356, f. 13.

Die Beschreibung von 1350 belehrt uns, dass sich der Birnbaum in frühern Zeiten von dem Sensenschmiede bis zur Beutelkiste erstreckte, damals aber schon in drei Häuser getheilt war, von welchen das eine 1407 Bommersheim hiess, die zwei übrigen aber mit der Zeit wieder vereinigt und endlich auch wieder getrennt wurden: die folgenden Auszüge werden dieses zu erkennen geben.

„die herberge zum Birbaum." S. G. P. von 1404.

Herberge war in damaligen Zeiten die gewöhnliche Benennung der Gasthäuser.

„Hus zum Bierbaum zwischen dem hus zur Budilkisten und dem hus Bommersheim." Dasselbe von 1412.

vi β Decollat. Joannis, de domo zum Bierbaum sita latere originali (orientali) vico dividente: contigua domui zur Beudellkisten: et de duabus particulis domus Bomerssheym." C. O. DD. de 1563, f. 10. Unser Stift empfing noch die vi β oder 15 kr. auf Joh. Enthauptung vom Hause neben Bommersheim

---

O. U. 1483. H. zum Birnbaume uf dem Hewemargte bei U. L. Fbergo gelegen.

O. U. 1567. Behausung zum Birnbaum gnaßt unter den neuen Krämen neben dem Haus zum Sensenschmidt einer und dem Haus zur Beutelkisten uf ander Seite gelegen.

O. U. 1584. 2 unterschiedliche Behausung — unter den Newen Krämen, deren die eine zum Birnbaum, die ander zum Bommersheim genannt ist, neben einander neben der Beutelkisten und N. anderseits, stosst hinten uff ein Allmend.

G. No. 66, das 1553 der Beutelkiste an der Seite lag, nun ab[er] nicht mehr.

„j ferto cedit Martini de domo dicta zum Byrbaum vff de[m] Hewmarkt latere orientali, contigua domui dicta zu der Beute[l]kisten, ex opposito domus dictae zu Luneburg. Dat Niclau[s] Burckhart Doct. et Advocatus Francofort. modo Hector zu[m] Jungen, modo Johann Philipps Völcker ao. . . 73 (1573), mo[do] Jörg Ammess Sutor qui hanc domum ao. . . 85 nominavit Bo[m]mersheim ex depicto titulo." L. C. B. V. in M. Sacc. XVI. D[as] Ferto (vierte Theil einer Mark), welcher 22 kr. 2 hllr. a[us]machte, wurde noch wirklich dem Liebfraustifte auf Martini vo[m] Hause G. 66 entrichtet. Die abermalige Theilung des Birnbau[ms] scheint nach dem J. 1573 geschehen zu sein, und die Zins[e] weil sie nicht vertheilt werden durften, fielen diesem Hau[se] allein zu. Obschon Jörg Ammess demselben 1585 den Nam[en] Bommersheim beilegte, so stellte doch einer der spätern Ha[us]besitzer den alten Namen wieder her.

Lit. G. No. 65. *Birnbaum.* S. beim vorigen Hause.

Lit. G. No. 64. *Beutelkiste.* [210]) Der Name stand ehed[em] mit goldnen Buchstaben am Hause geschrieben.

---

[210]) Beedbuch. 1320. It. domina zum Budelkisten (hieher gehörig).
S. G. P. 1339. H. zur *Budelkisten.* 1392 desgl.
O. U. 1365. H. zur Budelkisten und das dazu gehörende H. das nu[n] über der Gassen lieget.
— 1392. Gesess — genand zur Budelkisten gelegen zuschen *Schenk*berg und den Hocnberger.
S. G. P. 1394. H. zur Budelkisten.
— 1412. H. zur *Budelkisten* gelegen zwischen dem H. zum Bi[rn]baum und dem H. zum Hoenberg.
O. U. 1479. H. u. G. genannt zu der Budelkisten — gelegen dem Heumarkte zuschen den Gesessen zum Birnbaum und zum Hoenberg[.]
— 1586. H. zur Beutelkiste neben der *Krämer Zunfftstuben* ei[ner]
und dem H. z. Birnbaum anderseits, stosst hinten auf ein Allmond.

Botteley bedeutet ein Behältniss, worinnen Esswaren, Utensilia [u.] andere Sachen mehr aufbewahrt wurden; daher auch Buttelkisten ein[...]hälter. Vgl. *Avemann,* Geschichte der Burggrafen von Kirchberg. Urk[.] p. 185. — Vielleicht vom französischen Bouteille herrührend. F.

„domus dicta Budilkiste, sita in vico, latere et infra vicos iam notatos (s. Birnbaum), et infra domus sibi contiguas, dictos Bierbaum et Hohenberg ex opposito domus dictae zum Hohinhus." L. r. B. de 1350, f. 11.

„zur Budelkisten gelegen uff dem Hauwemart zushen den gesessen zum Bierbäume vnd dem Hoenburger." I.-B. von 1454.

A. 1340 vermachte Gerlach Weiss ein Priester der Bruderschaft in der Liebfraukirche 4 Mark vom Hause zur Beutelkiste, gelegen hinter den Stiftshäusern in der Ziegelgasse. Ms. P. Cunibert, f. 38.

A. 134. schwoll der Main zu einer so ungewöhnlichen Höhe an, dass er bis an die Beutelkiste ging.

Hohenberg [211]) 1350. S. vorher. Das Haus wurde ums Jahr 1575 von der Krämerzunft gekauft, und in der Zeitfolge mit der Beutelkiste vereiniget.

„v marcae cedunt Martini de domo dicta zum Hohenberger vff dem Hawmart latere orientali, contigua domui dictae zu der Buttelkisten, ex opposito domus dictae zum Buwemeister. Dat Johann von Lützelburg, modo sodalitium institorum, emerunt hanc domum et modo dederunt Lucas Schot et Johann Schadt cives, qui se Burggravios vocant, cum per annum soleant esse duo symposiarchae vel principales, de annis 75 et 76." L. C. B. M. V. in M. Sacc. XVI.

Laut des neuesten Zinsbuches dieser Kirche wurden die 5 Mark oder 7 fl. 30 kr. von *hohen Homburg* unter den neuen Krämen Lit. G. 64 erhoben, welches Nummero doch der Beutelkiste zugehört, und hieraus schloss ich auf die Vereinigung der Häuser.

---

[211]) O. U. 1375. H. u. Gesess zum Hoenberger nidewendig dem Paradise gelegen.
— 1428. H. Höenberg uf dem Hauwemarkte.
— 1481. H. u. G. genannt zum Höenberger — gelegen uff U. L. F. Berge zushen Heintze Dirmstein und dem Gesesse zur Budelkisten.
●. — 1544. H. genaßt Homberg neben dem H. zum *Schelhorn* einer und dem H. zur Beutelkisten anderseits, stosst hinten auf eine Almoy.
[1313. domus zume Hohenbergere. Cod. 403.]

Lit G. No. 63. Das Eck an der geschlossenen Salmann
gasse. [Haus *Schelhorn*, welches neben Homburg lag. Verg
hier, Nota 211.]

III.

Zwischen der Salmannsgasse und dem Liebfrauberge.

Baumeister.[212]) War das Eck an gedachter Gasse, hint
den vier Praebend-Häusern an der Ziegelgasse gelegen, welch
Arnold Hennekin zum Baumeister, der Catharina von Wan
bach Mutter Bruder und erster Scholaster, dem Liebfraustif
im J. 1330 legirte. Ex codice Ms d. E. p. 3. 6. et 30. D
Stift überliess das Haus 1367 an S. Peters Tage dem Sifr
zum Paradies, der es mit dem Grimmvogel vereinigte.

Lit. G. No. 62. *Grimmvogel* und *Paradies.* Das doppel
Eck zwischen dem Liebfrauberge und der Salmannsgasse.[213])

---

[212]) Mspt. B. M. V. p. 3 et 6 Cunib. 1330. Arnoldus dictus Hennel
zum Baumeister, 1. Scholasticus, avunculus fundatricis Catharinae de Wa
bach, domum suam legavit zum Baumeister dictam, sitam retro 4 dom
praebendales in platea Ziegelgasse.

Ibid. p. 30. H. zum Baumeister et Buttelkiste est retro domos nostr
in vico Ziegelgassen.

Reg. cens. Fabr. It. 1 marc. legavit Arnoldus de Frideberg al
dicto zu deme Horne, de domo eiusdem sita in antiquo opido Frankf.
feriori parte, vico dividente opidum, latere occidentali dicta *zu den Ba
meystern* (rec. man.) dat Heinricus Sororius Arnoldi modo Hentze *zu d
Bumeystern.*

[1393. Domus zu der Bumeistern. *Würdtwein* dioec. II, 630.]

[213]) Beedbuch. 1320. It. dictus Crimmvogel (hieher gehörig).

G. Br. 1497. Der Thorn mit siner Zugehorunge auf Unser Lich
Frauen Berge genant der *Gryme Fogel* neben dem Gesess *zum Parae*
uf dem engen Geschin gen Heinzen Dirmensteine Hus zu.

Stdt. Allmendbch. de 1521. Allmey neben dem Grimmvogel be
Paradeis, stosst hinten auf die Ziegelgassen.

Marburg z. Paradeis. 3. 1. 2. 7. 4. 8. 2. 10. 3. 4. 13. 2. 23. 2. Des
v. Marburg z. P. u. v. Martorf über das Cöllnische Lehen dieses Hauses

A. 1366 Dom. post Dionysii übergaben Irmentrud, des Jakob Roden Wittwe, Jeckel ihr Sohn und Lucard dessen Hausfrau dem hiesigen Stadtschultheissen Siefried von Marpurg genannt zum Paradeis und Catharina seiner Hausfrau all ihr Recht an dem Hause zum Grimmvogel neben dem Paradeis gelegen. Und A. 1367 Dom. post Nativit. Mariae verzichtet Emmerich von Eschersheim auf sein Recht, das ihm daran zustand. In dem nämlichen Jahre an S. Peters Tage erhielt auch gedachter Siefried vom Liebfraustifte das Eck neben dem Grimmvogel, das hinten an das Paradies stiess. Beide Häuser wurden bald darauf niedergerissen, und an ihre Stelle kam ein hohes steinernes Gebäude mit einem viereckigen Thurme an der Seite zu stehen. Siefried liess oben an den Thurm sein Schild und Helm setzen, unter den Zinnen des Hauses aber einen grossen Vogel von scheusslicher Gestalt mit der Unterschrift: ZVM GRIMVOGEL. Zwischen dem J. 1378 und 1389 erhielt Siefried von Pabst Urban VI. die Erlaubniss, eine Hauscapelle zu errichten, die nach entstandener Reformation entweihet wurde und zuletzt zu einem Waarenlager diente. Ich habe diese Nachrichten aus der Chron. I, 20 und aus verschiedenen alten Handschriften geschöpft.

Als die Familie mit Ludwig zum Paradeis, Ritter und Stadtschultheiss im J. 1502 am 30. August erlosch, kam das Haus in andere Hände, und zuletzt an die adeliche Gesellschaft Frauenstein.[214]) Diese liess nun die alten Häuser zum Grimmvogel und zum Paradeis im J. 1775 niederreissen und dafür ein neues Gebäude vom ersten Range aufführen. Oben am Dache sind auf zierlich gehauenen Steinen die Namen zum Grimmvogel und zum Paradeis zu lesen, welche den ehemaligen Standort dieser Häuser zum Andenken erhalten sollen. Ueber dem Thore unter den neuen Krämen zeigt sich ein einfacher weisser Adler als das Wappen der adelichen Gesellschaft, und unter

---

[214]) Der sonderbare Irrthum, dass dieses Haus zu der Gesellschaft Frauenstein gehört, wird bei dem Haus *zum Paradeis* widerlegt werden. S. daselbst. F.

demselben befand sich eine weitläufige Schrift mit goldnen Buchstaben, die aber beim Eintritte der Franzosen im J. 1792 ausgelöscht wurde.

Beim Abbruche des Grimmvogels fand man verschiedene sehr alte Münzen, worunter einige von Theodorich von Erbach, dem Erzbischof von Mainz, waren. Vielleicht hätte man im Fundament dieses alten Gebäudes sonst noch was merkwürdiges entdeckt, wenn nicht die Thurmmauer neben der Salmanngasse wäre stehen geblieben. S. Paradeis auf dem Liebfrauberge.

Brunnen.

Er war gleich andern ein offener Zichbrunnen, der aber wenig gebraucht wurde, weil die meisten Häuser der Gegend ihre eigenen Brunnen haben Dies war auch die Ursache, warum man ihn im Jahre 177. bei der Veränderung des Strassenpflasters abschaffte und ihn bei der Erde mit einer viereckigen Platte bedeckte. Man erblickt noch an dem Hause Lit. K. No. ... den Stein, woran ehemals die Rolle hing. Nach der von Hrn. Doctor Behrends angestellten Probe war sein Wasser eines der besten in der ganzen Stadt, und er hätte in Rücksicht dessen wohl verdient, länger beibehalten zu werden.

Salmannsgasse,

Ist die geschlossene Gasse neben dem Grimmvogel unter den neuen Krämen. Ihre Geschichte entwickelt sich aus der Geschichte des Salmannsgässchens in der Schnurgasse.

Liebfrauberg.

Ein grosser, viereckiger und schöner Platz, auf welchem nach der ältern Abtheilung der Stadt der vicus dividens seinen Anfang nahm. Unter seinen alten längst erloschenen Namen verdient der *Rossbühel*[215]) am ersten bemerkt zu werden, der in dem Testamente der Hedwig von Massinheim vom J. 1298 im damaligen Volkstone der Rossebohel genannt wird. L. T., f. 110.[216]) In dem alten Seelenbuche unserer Kirche Ser. II, No. II. wird beim 17. Nov. eine Adelindis Molneren in Rossebohele gefunden, die wahrscheinlich in der ersten Hälfte des XIV. Jahrhunderts ihr Leben endigte. Und Albrecht auf der Hofstatt verordnete in seinem Testamente von 1322: „czu dem Altare vnd czu der vicarie der Kirchen vff dem *rossebohel* die man nennet czu vnsir frawenberge vij Mark Gelt." L. T., f. 83.

Auch heisst es daselbst: „der dechen *vf dem Rossebuhel* czu vnsir frawenberge." Der Name rührte von dem Eckhause zum

---

[215]) O. U. 1305. Census super quinque domunculis in nova curia (Volgwini de Wetflaria) nostra juxta montem dictum Rossebuhel versus murum civitatis in arto vico sitis. S. Holzhaus. Urkunde No. 22. [Gedr. Cod. 367.]
— 1308. Domus curia et mansio sita apud Rossebohel. [Cod. 381.]
— 1316 curia in loco Rossebol vulgariter nuncupato.
Altes Insatzbuch de 1328 de ao. 1336. domus sita ufmo Rotszebuhol, dicta *der Roubedermen* Huss prope Heilmannum de Eschirsheim.
— 1330. Hartmann von Grunenberg eyn priester und Vicarius der Kyrchen vnsir vrauwen uf dem Rossebohel.
— 1353. H. uff dem Rossebuhel, das do waz der alten Bumeysterinn.
— 1341 uff dem roszebuhel Herrn Johans Kurseners Hus. F.
[1321 domum sitam juxta Rossebuhel. Cod. 456.]
[1323. — der Wigeln cappellen — uf dem Rossebuhel. Cod. 464.]
[216]) [Dies Testament ist gedr. in Cod. 317. Es heisst darin: domum sitam apud Rossebuhel.]

Rosse her, [217]) und deswegen müssen die Namen Raszbohel, Rosspful und Rosenbühl, die nur selten und in den neuen Handschriften erscheinen, als fehlerhafte Namen betrachtet werden.

Von der im Jahre 1322 gestifteten Marienkirche, die anfänglich die Capella Wigelonum oder Wiegelskapelle hiess, soll der Rossbühel zuweilen auch der Wiegelsberg (Mons Wigelonum) geheissen haben. Diese Nachricht hat mir einstens der gelehrte und in der hiesigen Geschichte wohl bewanderte gewesene Senator von Senkenberg mitgetheilt. Aber als gedachte Kirche zu einem Stifte erhoben war, und sie auf ausdrücklichen Befehl des Erzbischofs von Mainz keinen andern Namen mehr, als den der Marienkirche führen durfte, so kam auch für den Mons Wigelonum der Mons Mariae, oder Mons Ecclesiae Sanctae Mariae auf und in der gemeinen Sprache: Unser Frauen Plan, der Frauenberg, oder wie er jetzt pflegt genannt zu werden, der Liebfrauberg. [218]) Der Name „Auf unser Frauenberg" zeigt sich schon in dem Testamente der Catharina von Wanebach vom J. 1333. Man hat übrigens sich wohl in Acht zu nehmen dass man die in alten Urkunden und Zinsbüchern vorkommenden Ausdrücke in Monte Mariae und in vico Montis Mariae nicht für gleichbedeutend hält. Durch jenen muss der Liebfrauberg, durch diesen aber die Bleidengasse verstanden werden.

Im J. 1416 wurde dieser Berg das erstemal gepflastert. Ir J. 1490 verordnete der Rath, den Ochsenmarkt künftig au unser lieben Frauenberg zu halten. In der letzten Hälfte des XV. Jahrhunderts machte der Rath einen Versuch, die Messe übe den Liebfrauberg auszubreiten. Er liess deswegen Hütten fü die Kaufleute aufschlagen, und da in einigen Jahren keine B ständer sich dazu fanden, wurden sie im J. 1576 wieder abg schafft. Chron. I, 557. 560.

Ebenso misslang der Versuch, welchen die Ganerben d alten Kaufhauses im J. 1707 anstellten. S. Lit. K. No. 93. W

---

[217]) Diese ganz irrige Ansicht wird unten widerlegt. F.
[218]) [1326. Apud montem Sanctae Mariae. Cod. 484.]

Liebfrauberg.

aber seit so langer Zeit nicht bewirket werden konnte, kam endlich vor einigen Jahren zu Stande, nun ist schon der grösste Theil des Liebfrauberges in Messzeiten mit Läden bestellt. [219]) Von feierlichen Begebenheiten auf diesem Platze verdient noch bemerkt zu werden, dass der Römische König Maximilian im J. 1486 und König Leopold 1658 allda die Huldigung von der Bürgerschaft empfingen.

Ideen von *Fichard's*.

Dass die Sitte, Strassen und Plätze nach den darauf gehaltenen Märkten zu benennen, sehr alt sei, bedarf keines Beweises. So finden wir in der Schenkungsurkunde Friedrich II von 1219 die Strasse, welche sich aufwärts der Leonhardskirche zieht, bereits mit den Namen Kornmarkt bezeichnet. Unter den Gegenständen des täglichen Verkehrs (Kaufs und Verkaufs) machten die Pferde (wie noch jetzt) einen Hauptartikel aus, wie der noch in viel späteren Jahrhunderten hier befindliche grosse Rossmarkt beweisst. Dass er dem Platz, auf dem er gehalten wurde, seinen Namen gegeben, ist mit grösster Wahrscheinlichkeit wohl zu vermuthen. Wo konnte er bequemer sich denken lassen, wie vor der alten Pforte der ersten Umschliessung, durch welche man auf den Samstagsberg (spätern Römerberg) und von da in den königl. Palast ging. Es ist also der höchste Grund zu vermuthen, dass der alte Namen des Liebfrauenbergs von den Rossen, mit denen er an Markttagen besetzt war, der *Rossebühel* genannt wurde. Eben ein solcher Pferdemarkt, der mehr einen freien Platz wie eine Strasse erfordert, war gewiss der Grund, warum bei der ersten Erweiterung der Stadt hier

---

[219]) Stdt. Rchnbch. de 1405. It. iij Gulden Meister Conrad dem scherer, als er Contzen von Hanau, Russer (i. e. Schublapper, Flicker, Altreis), geerztit hatte, als er by dem fure gefallen waz, als ez uff vnser fruwenberg braunte.

— 1451. It. xiij ß xix ß v hllr. han geben die Decklecher von xiiij Steden vff vnser lieben Frauenberg von dieser Herbstmesse (zum erstenmal). (Nach geholt: von der Fastenmesse 14 fl. als sie zuerste dostunden.)

— 1457 kommen alda 14 Decklecher steden in der Messe vor.

— 1573. Von den 51 Hutten auf U. F. berge abzubrechen, den Schreinern zahlt 12 fl.

— — Dieselben in folgender Messe wieder abzubrechen.

— — Meister Mathes Schweitzern dem Maler zahlt von den newen Krämen auf vnser Frauenberg mit den Nummeris zu zeichnen 8 ß 6 hllr.

dem Römerberg gegenüber ein freier Platz stehen blieb, dessen Anlage mit der des Römerbergs eine auffallende Aehnlichkeit darstellt. Dass dieser und die von dem Römerberg hinführende Strasse noch im 14. Jahrhundert auf ihrer westlichen Seite viel breiter gewesen, erweisst der Umstand, dass der auf dieser Seite gelegene alte Kirchhof des Barfüsser Klosters sehr viel weiter zurückstand, wie künftig erwiesen werden wird, und die Linien der zu beiden Seiten angrenzenden Häuser, die nun diese Seite der Strasse ausmachen, späterhin weiter vorgerückt worden sind. Am östlichen Ende des ehemaligen Rossebühels, wo jetzt die Bleidengasse anfängt, war dieser Platz also viel weniger entfernt von der Bockenheimer-, nachherigen Katharinen-Pforte, wie jetzt.

Dies führt auf die Vergleichung, dass, sowie auf dem alten Samstagsberge, also auch auf dem Rossebühel die Pforte des Austritts aus der Stadt gegen Osten auf der Nordseite befindlich war. Nach der zweiten Erweiterung der Stadt wurde der Rossmarkt dahin verlegt, wo er noch jetzt dem Platze den Namen ertheilt oder davon behalten hat. Da dieser alte Rossmarkt einen viel grösseren Raum, wie der jetzige einnahm (sich den Beweis an Ort und Stelle), so ergibt sich daraus die Grösse und Wichtigkeit dieses Marktes, zudem bei der zweiten Erweiterung der Rossebühel wohl keinen zureichenden Raum darbot. Natürlich ist es, dass Gegenstände des täglichen Marktverkehrs, die in genauester Verbindung zusammen stehen, neben einander sich befinden mussten und so war denn der Heumarkt ein sehr natürliches Aggregat des Rossmarktes. Er befand sich in der Neustadt, ganz in der Nähe desselben, wie noch der Name der Gegend von der Katharinen-Pforte bis auf den jetzigen Rossmarkt und der Umstand, dass noch jetzt der Heumarkt daselbst gehalten wird, erweisen. Sehr bemerkenswerth ist es hier, dass noch urkundliche Beweise vorhanden sind, nach welchen die jetzige *neue Kräme*, die zunächst dem alten Rossebühel liegt, den Namen Forum graminis, Heumarkt führte. Dieser befand sich also damals ebenfalls in der Nähe des Rossmarktes und vervollständigt den Beweiss alles bisher Gesagten. Siehe noch Weiteres bei den neuen Krämen im Text und Noten.

[1280 domus apud *Forum* quod dicitur Rossebuhel. Cod. 201.]

Häuser auf der Nordseite.

Lit. G. No. 16. *Kleiner Marstall.*[220]) Das Haus neben der Kirchenthüre, welches vor Zeiten das Schulhaus des Liebfrau

---

[220]) Wahrscheinlich die alte Kinderschule. Der Name *zum kleinen Marstall* erhellt aus den Haus-Documenten. F.

stifts gewesen, und 1682 durch einen Tausch gegen ein anderes Haus in der Gisengasse in bürgerliche Hände gekommen ist. M. S. P. Cunibert, f. 151. Nach der Mitte des XVI. Jahrhunderts soll Sigismund Feyerabend seine Druckerei darin gehabt haben. [221] Schon eine Zeit lang hegte man von Seiten der Stadt den Plan, dieses Haus zu kaufen und eine Strasse von dem Liebfrauberge nach dem Holzgraben und der Zeile anzulegen. S. Liebfrauschule. [222]

Limburg. War vermuthlich das Haus neben der Schule, das nachmals mit derselben vereinigt, den Namen zum kleinen Marstalle annahm. Drei Theile dieses Hauses waren ehemals mit einer Korngült von 13 Maltern beschwert, die dem Vicarius S. Jodoci im Liebfraustifte geliefert wurden. P. Cunibert sagt in seinem M. S., f. 94: „Domus dicta Limburg prope nostram ecclesiam, de 3 partibus domus dictae habet vicarius S. Jodoci pro corpore 13 Octalia Siliginis."

Schola b. Mariae Virginis. Die Liebfrauschule. [223] Nebst der Pfarrschule befanden sich auch bei den Stiftskirchen des h. Leonard und Unserer Lieben Frau Schulen zum Unterrichte der Jugend; wovon aber die letzteren durch die Reformation wieder eingingen. Die Liebfrauschule nahm wahrscheinlich im J. 1333 ihren Anfang; indem Catharina von Wannebach in ihrem ersten Testamente von selbigem Jahre in Betreff der Schule Folgendes verordnete: „Item noch dan gibt mir der vorgenannte schultheiss der Becker 8 achtel Korn, die setze ich in die schuhl armen schülern, die da zur schuhl gehen auf unser frauenberg".

---

[221] Der kleine Marstall auf dem Liebfrauberge. Vgl. *Münden* Jubelpredigt der Buchdrucker Kunst. S. 210. [*Gwinner* Künste. S. 56.]

[222] Mspt. Cunibert S. 114. Ao. 1480 war ein Posthaus neben der L.-Frauen-Kirche nach S. Catharina zu.

[223] Stdt. Almendbuch 1521. Allmey ueben U. L. Frauen Kirche stosst hinten uff die Schule z. U. L .F.

S. P. 1397. Der Clusener uff der Clusen bei U. F. Kirchen. (?)

[1366. Kaiser Karl IV gebietet auf Bitte der Clausnerin Else dem Rath zu Frf. die auf des Reichs Flecken an dem Stifte zu U. Fr. gemachte Clause ewiglich bleiben zu lassen. Cod. 715.]

Und weiter unten: „noch soll ein stift gemeinlich auf unser frauenberg einen Kindermeister setzen, der der schuhl nützlich seye".

In einem Instrumente von 1366 kömmt Ludowicus de Lym purg rector scolarum ecclesiae Montis s. Marie als Zeuge vo L. T., f. III.

Wo die Schule zuerst gehalten wurde, wissen wir nicht aber 1361 kief das Liebfraustift das Haus, das neben der grosse Kirchthüre hinter der Orgel stand, und machte es zu einer Schulhause. E. Cod. Mss. Eccl. p. 99. Dasselbe wird auch i der Cunibert'schen Handschrift S. 151 beschrieben: „Domu dicta Schulhaus (quae fuit permutata cum domo in platea Geisen gassen ao. 1682 et habet duplum exitum in Geissengassen (Kornblumengassen) penes magnam portam ecclesiae nostra sita."

Ich füge noch einen Auszug aus unserm Vikariebuche vo 1453, f. 115 bei, woraus wir einen ehemaligen Besitzer diese Hauses kennen lernen, und zugleich erfahren, dass nicht da ganze Haus zur Schule, sondern auch ein Theil davon zu Kirchhofe verwendet wurde: „Item xviij den. cum j pullo e dentes Martini de domo Heylonis listigins contigua versus occ dentem aree prenotate (ecclesic montis sancte Marie) modo pa cimiterii et scole ecclesie prenotate." Ueber der Schule befan sich die Kapitelstube; denn als im J. 1366 Dechant und K pitel in einer Streitsache über das Haus zur goldenen W ihr Urtheil fällten, geschah dieses in der Kapitelstube über Schule. Ich will die Worte, wie sie in dem Instrumente lauf aus dem L. T., f. 161 hierher setzen: „Que pronunciacio ht sentencie acta est in stupa super scolam sepedicte montis sa Marie ecclesie in Franck. edificata, ubi domini canonici ip ecclesie capitulariter convenire solent pro causis ipsorum d niendis." Wie das alte Schulhaus 1682 vertauscht wurde, vorher bei Lit. G. No. 16 schon gesagt worden.

Lit. G. No. 17 A. *Die Liebfraukirche.* Vorher die *W Kapelle* oder die Kirche zu den Wiegeln.

Fuerat primitus nuncupata capella zu den Wigelen auf dem Rossebuhel circa annum 1323, in qua fuerunt 6 beneficia seu Vicariae sacerdotales primitus instituta, super quibus jus patronatus quoad 4 beneficia habuerat nobilis Domina Catharina de Wanebach, nata de Hohenhaus precipua post modum fundatrix ecclesiae, unacum Gysela Froyschin nata de Wanebach, et quoad reliqua duo D. Wygelo Froysch quondam Scabinus et confundator ac Heilmannus Froysch et ejus successores descendentes ex altera parte; unde capella nimirum nominabatur zu den Wygelen, de quibus Wigelonibus etc.

In ipsa vero consecratione à Mathia Archiep. Mog. 1325 facta ecclesiae ex tunc in collegiatam erectae instituebantur 6 Canonici, anno vero sequenti 3 prelati fuerant nominati, scilicet Nicol. Gobelius in Decanum, Arnoldus in 1. Scholasterum et Gerlacus in 1. cantorem, quare predicti tres prelati in perpetuam rei memoriam predicti Mathiae Archiep. statuam lapideam ex lapide pretioso offaber[224]) in superiori pavimento templi in medio ingressus chori ad medium usque corpus infigi curarunt 1326. Actus vero consecrationis contigit 1325. 6. Cal. Julii. (Nachher sind mehrere Präbenden und Beneficia eingesetzt worden.) Ecclesia ipsa fuit constructa in proprio fundo Catharinae de Wanebach fundatricis. Anno verum 1503 Elisabetha de Heringen, relicta Ludovici zum Paradys Sculteti, donavit ecclesiae in ampliationem chori domum dictam *Ratheim*, quam emerat pro 520 florenis, et Catharina Froyschin, relicta domini de Holzhausen, expendit innumerabiles sumtus ad novum chorum construendum, quare nimirum sui mariti et sua insignia in superiori pavimento chori in perpetuam rei memoriam in altam affigerunt 1509. Mspt. Cunib., fol. 1 et 2.

---

[224]) Oppali?. doch richtiger affabre, nach Mspt. Joh. *Agricola* de 1602 ubi: in rotundo quodam lapide affabre etc.

Zusätze *Battonn's*.

Fundatores primarii ecclesiae fuerunt: (vigore testamenti Catharinae, 1333.)

Wigelo de Wanebach, scabinus Francf. qui obiit 1322, 18 9br., wurd begraben auf S. Elisabethen-Abend.

Catharina de Wanebach, nata de Hohenhaus, predicti Wigelonis ux(quae obiit 1335 in vigilia S. Laurentii.

Wigelo Froysch, scabinus Francf. qui obiit in peregrinatione s St. Jacobum, 1324.

Gysela Froyschin, nata de Wanebach, predictae Catharinae unica fil et predicti Wigelonis Froysch uxor. obiit 1326 d. 4. Februarii.

Wigelo Froysch, scabinus Francf. ex alia Froschiana familia, qui is ante ecclosiae in collegiatam erectionem obiit, et jus patronatus in pri capella habuit, adeoque eam primitus cum aliis fundavit, videtur obii circa 1318.

Heylmannus Froysch ex linea altera Froysch descendens hic cater numeratur, quatenus ex altera linea jus patronatus in dicta capella hab Hic videtur obiisse circa annum 1336. Mspt. Cunibert, f. 2.

In der untersten Kapitelstube hinter der Sacristei zum kleinen Ch chen zu, worin die erste kleine Capelle soll gestanden haben, stehen Wappen des Stifters von Wanebach und der Stifterin von Hohenh Ibid. fol. 169.

Wigelo de Wanebach et Wigelo Froysch nec non eorum coniuges tharina videlicet et Gysela filia eiusdem in suo fundo proprio (struxerunt etc.

1430 fuerat sacristia noviter constructa in qua fuerat altare S. chaeli Archangeli positum; ea cum adjacente hypocausto, quod antiquus pituli locus fuerat, usque dum 174. novum in altis suppositum fuerat pituli cubiculum, fuerat primitus antiqua capella nostrae ecclesiae iam (annum 1310 erecta, ubi sex sacerdotes beneficia simplicia possidel Ibid. pag. 3.

1478. Turris nostrae ecclesiae aedificata fuit. Ibid.

1503 chorus inchoavi et ao. 1509 consummari coepit. Ibid.

1526 auffugerunt in festa s. Remigii moniales S. Catharinae ad | dicantes et amicos. Ibid.

1533 usque 1548 per 15 annos divina fuerunt prohibita clausis ten quorum claves magistratus retinebat. Ibid.

Von der Zeit an, wo sie zu einer Collegiata erhoben worden, hie ecclesia S. Mariae in Rossebuhel.

In einem Schreiben des Erzbischofs Mathias v. 7. Cal. May darin er dem Dechant S.S. Mariae et Georgii das Commissorium ert am nächsten Sonntag vor Ascensio dem Clero und Volke in der Kirche S. Bartholomäus unter dem Amte solenniter zu publiciren, dass er die capellam S. Mariae in Rossebuhel zu einer Collegiata erhoben, heisst es: Cum nos olim capellam S. Mariae in Rossebuhel in Franckenvord in Ecclesiam collegiatam, quam ecclesiam montis S. Mariae ex nunc — volumus nuncupari, creximus etc. Ibid. fol. 7.

Zusätze von *Fichard's*
(zum Theil nach Battonn's Notizen).

Ao. 1308 verkauft der Interims-Meister des Johanniter-Ordens an Catharina von Wanebach und deren Gatten den 4. Theil eines Hauses und Hofes uffm Rossebuhel (siehe Hohenhaus Beilage A).

Auf diesem Platze wurde laut eines alten Mspts. erst die Capelle und dann die U. L. Fr. Kirche uffm Berge der zu den Wygeln erbauet.

Ao. 1310 wurde einer Seits von Wigelo von Wanebach mit seiner Gemahlin Catharina, gebornen von Hohenhaus und seinem Tochtermann Wigelo Rana mit dessen Gemahlin Gysela, auf der andern Seite aber von Wigelo und Heylmann Rana oder vielmehr letzterem ex successione die Capelle „uff dem Rossebuhel zu denen Wigeln genannt" erbauet und darinnen 6 geistliche beneficia saecularia gestiftet, worinnen erstere 4 und letztere Linie 2 derselben zu begeben hatten. Sie wurde deswegen die Kirche zu den Wigeln genannt und zwar noch bis in das J. 1420, weil die erstern Stifter alle sich Wigelones genannt haben. Mspt.

Ao. 1326 haben Albrecht uff der Hoffstatt (de arca) und Adelheid Eheleute zum Altar und zur Vicarie dieser Kirchen auf dem Rossbuhel unser L. Fr. berg genannt, tit. S. Crucis et S. Huberti 7 Mark Geld gestiftet.

Desgleichen hat Gysela, vidua Wigelonis Froysch, kurz vor ihrem Tode (1326) alle Jahr einem jeden Stiftsherrn 1 Mark Silbers, 1 Malter Waitzen und ein halb Viertel Weins verordnet, ohne was sie sonst zuvor zum Mandat vor die Armen uff die 4 Jahrzeiten gegeben, wie in ihrem Instrumento weitläufig zu sehen. Mspt. *Rühl.*

Ao. 1333 kaufte Catharina die Stifterin einen Hof von Gotzen von Eschersheim, um die Scholasterei und Sängerei darauf zu bauen, die Dechanei aber war ihr eigenes Wohnhaus. Mspt.

(Sieh das Testament der Catharina v. Wanebach, geborene von Hohenhaus, de 1333 bei Hohenhaus, Anlage 4.)

Ao. 1361 wurde von V. L. F. Stift das Haus so neben der grossen Kirchenthur hinter dasiger alten Orgel stunde, erkauft und zu einem Schulhaus gemacht. Mspt.

Ao. 1493 erstach ein Vicar zu U. L. Frauen (Simon Leonhardi? *Battonn*) genannt Simon Feist einen andern Vicarius desselben Stiftes Nicolaum von Buchen in die 7 dormientium de sero post horam 9 in plateis. (Annal. Reip. F., fol. 38.)

Ao. 1494. Vicarii ad B. M. Virg. invidiam ad invicem habentes propter mulierculam ut dicebatur tandem in vigilia SS. Petri et Pauli unus nomine Symon interfecit alium scilicet D. Nicolaum Gynbach. (*Senckenberg* Sel. jur. et hist. 24.)

Ao. 1495 wurden die Stühl des Chores zu Cölln gemacht und allhier in der Behausung Herrn Henrich Grünbergers Dechants zusammengesetzt.

Nicolaus Dechant hat 2 neue Präbenden und Vicarien zu Ehren S. Catharina vff seinen eigenen Altar gestiftet. Er hat auch seine Behausung zur *Weinreben* genannt, verkauft und den Kaufschilling zur Erhaltung der 3 Vicarien und seiner Präbenden gegeben.

Siehe bei *Glauburg* ad annum 1364, worin Conrad v. Gl. mit seiner Mutter Frau Mezzo Brunnin die Präbend Altar oder Vicariam S. Joannis B. und bald hiernach vor sich selbst die Präbende S. Jodoci gestiftet. (*Lersner* II, 175.)

Conrad von Glauburg stiftet 1384 in die S. Georgii eine Vicarie Joh. B. zu U. L. F. und dotirt sie mit 3 Huben Landes zu Schwanheim. Ex Notit. famil. de Holzh.

Vicariam S. Albani M. hat Arnold von Glauburg Scholaster gesetzt.

S. Joh. B. et Evangelistae und S. Annae Vicariam hat Johann Neuhoffer Cantor daselbst angeordnet.

Vicariam tit. SS. 10 mill. Mart. hat Johannes Deutsch Vicarius des Stifts gestiftet.

Die Orgel wurde 1511 gemacht.

Ao. 1528 Conrad Fichard wird Canonicus ibid.

Die erste lutherische Predigt daselbst hielt am 14. Juli 1633 Doctor Heinrich Tettelbach.

Ao. 1633 den 27. Juni wurde das Stift sammt dem Barthol. Stift eingezogen und die Canonici ihre Sacra zu S. Leonhard zu halten verwiesen.

Ao. 1344 ist das Theil gegen Niedergang in der Liebfrau-Kirche mit 2 Altären eingeweihet worden. Vid. *Florian* Chron. Fr. 244.

Ao. 1560. Die Dechanei auf dem Liebfrauberg ist gebaut, daran steht am Ecke geschrieben: Beatam me dicent omnes generationes. Lucae, Cap. I

Inter caetera vero Gysela pretiosos illos duos Scyphos argenteo deauratos et tribus ranis in pede signatos ad degustandum amorem S. Johannis Evangelistae in honorem Dei et ejus matris S. Marie dono dedit ao. 1326.

Herburdus Landgrave et Johannes Grusset cives Fr. sanguine sequenti Nicolae juncti et Decanus primus Nicolaus Göbel instituerunt du novas praebendas. Ex Mspto. Joh. Agricolae Cantoris huj. eccl. d. d. 28. 9br. 1602.

Johann Holzhausen cond. Vicariam S. Salvatoris, Mariae et Johannis Evangel. — Henricus Gunsheim ordinavit Vicariam S. Theobaldi. — Nicolaus Göbelius primus Decanus huj. eccl., nepos et testamentarius fundatricis, ex Göbelio cive Friedberg. patre et Bingela matre primogenitus confecit testamentum suum ao. 1326, in quo multa et preclara munera eidem ecclesiae legavit.

Frater primi Decani, Gerlacus Goebel, testamentum fundatricis serio inpugnavit.

Idem Nicolaus G. primus Decanus instituit pro se Vicariam S. Catharinae in proprio Altari et inter caetera amplissima dona eidem ecclesiae legavit crystallinum vitrum, quod ab ipsa Gysela fundatricis filia ex legato acciperat vigore testamenti de 1326.

Post annum 1520 (quo tempore Joannis Cochlaeus Decanus erat) omnes Ecclesiastici Francf. in exilium trusi; ao. 1525 restituuntur.

Deinde a festo D. Georgii. M. anno 1533 Divina officia fuerunt suspensa usque ad diem S. Francisci ao. 1548.

Ad annum 1418. *Lersner* II, 180 et 181.
" " 1407. " II, 189. Conrad Freitag betreffend.
" " 1373. " II, 189. Emmerich Holzheimer betr.
" " 1713. " II, 295.
" " 1692. " II, 776.

Dignitarii Ecclesiae B. M. V. in monte
(nach *Battonn* und nach *Joh. Agricolae* Manuscript 1602).

Ad Seriem Decanorum in Supplementum Lersneri variationes Agricolae:

1. 1326. Nicol. Göbel subit adhuc 1336. † 1340.
2. Heilmann Schwab fehlt nach Agricola (jedoch bei Lersner 1336).
3. Wintherus Decanus 2dus ex Hilla primi Decani sorore progenitus eligitur 1341. Subit 1348, testamento Henrici Schrenke Custodis ad S. Leonardum sigillum suum appendens. Obiit 1374.
3. Petrus Wisbaden, natus de Wisbaden, humilis sortis parentibus, electus 1376. Ao. 1378, electus est in Pro-Episcopum Spirensem, Decanatum statim dimisit † 1387 (nach Battonn, cl. 1362, obiit 1385? Successore L. de monstätt elect. 1388).

Nicol. de W. Episc. Sp. et electus 1385, qui obiit 1387.

5. Merkelinus de Eltwill obiit 1407 (statt 1417) n. B. 1401 subiens elect. 1386 n. B.

218 Liebfrauberg.

Lunandus B. M. V. in monte Decanus, electus 1407, subit 1417 in Archivio S. Barthol. (n. B.)

6. Johannes Grünauer. Sub hoc funditus aedificata Sacristia ao. 1430, subit n B. 1416. — ao. 1420. *Senckenberg* Selecta II, 82. elect. 1419. † 1447 vel 1454? [*Mittheil.* III, 33.]

7. Nicol. Hemmingk, frater Cantoris Henrici II. filius cuiusdam Matronae Merkelae Francof. electus in Decembri 1457 (alibi 1448), obiit 1463 (alibi 1469).

Joannis Nubel subit Decanus 1462 in Diplom.

8. Henricus Grünberger. Elect. 1467 obiit 1492 alibi el. 1470 † 1491. (Alibi vixit adhuc 1495.)

10. Jacobus Degenhard ex matre et familia Scheid. el 1505 (alibi 1506), obiit 21. Mai 1515.

Joannes Zinck. Elect. 1515, resignavit 1518.

11. Johannes Dobeneck, alias Cochleus, (*Lersn.* II, II, 206.) S. Theol Doctor, elect. 1520 (alibi 1518). Discessit ob seditionem civium 1525. Multo praeterea eosque doctissimos et praeclaros edidit libros. *Ritter* p. 35 et 81 Not. et pag. 82. Als im Jahr 1521 M. Luther zur Verantwortung seine Lehre nach Worms reiste, wurde er von den hiesigen Geistlichen dahi deputirt.

15. Elias Deublinger Francof. J. U. Dr. elect. 1576 (1575 richtige n. B.). Subit 1587. 99. 1601. Alibi Columbinus latine, obiit 23. Novemb 1604. (30 Jahre lang Dechant.)

16. Philippus Wischius, Wezlariensis (1615 Suggestum novum fic fecit) n. B.

19. Wernerus Nussbaum (Fundator der Frühmesse), jacet sepult in templo B. M. V. in monte, quam ecclesiam ex asse haeredem institu (ex libro paroch.).

21. Casparus Vollmann, obiit 1715. 28 Mai. (Nun folgen ganz fehlend

22. Joannes Philippus Haberkorn † 1727. Subit 1721, elect. 1715.

23. Joannes Georgius Martinus Brentano, elect. 1728, obiit 1744.

24. Petrus Franciscus Ludovicus de Habermann, Herbipoli natu Protonotar. Apost. et Sacr. Caesar. Majest. Comes Palatini J. V. Doct 1744. Colleg. S. Bartholomaei etiam Cantor et Vicariatus Archiep. Me consiliarius actualis: liess dem Muttergottesbild zu U. L. Fr. den Marmo altar bauen auf eigene Kosten.

Ad Seriem Scholasticorum:

1. Arnoldus de Glauburg instituit Vicariam S. Albani.
2. Gerlacus. Electus 1332.
3. Wigelo Frosch. Subit 1348, testamentarius Henrici Schrer Custodis S. Leonhardi.

4. Petrus Hasenstapp, Wigeloni successit, qui deinde senio confectus resignavit 1388, monasticam vitam amplectens.

5. Ludovicus Rad 1390. Ao. 1418 Executor pro Nicolao Emerici Canon. SS. Mar. et Georgii apostolice proviso constitutus. — 1408 qua Canon.

6. Nicolaus Konigstein 1493 (1393 ex Documentis famil. de Holtzhusen erroneo).

7. Johannes Eck 1400. Obiit 1417. Subit 1405. 1407.

8. Magister Conradus Welgelin, elect. 1419. † 1458. Subit 1420.

9. Ditwinus Merckel de Friedberg. Ao. 1460. 1467. Subit 1439.

10. Joh. Braun (alis Briin, Brune), diversus a Joanne Braun Scholast. S. Barthol. Ambo testes subeunt 1505, subit 1490. 1484. Filius cujusdam scribae Francof. civitatis. Conservator ecclesiae elect. 1473, obiit 1505. Subit etiam 1484. 1490 (n. B.).

11. Stephanus Frisch, Ginheimensis, elect. 1505. ob. 1531. Subit 1509. *Guden.* cod. dipl. V, 1085. Subit 1516. 1527 (n. B.).

12. Philippus Kronberger dictus Hillebrand. Elect. 1531, resignavit residentiae 1547 profectus Moguntiam, obiit ibidem 1553.

13. Johannes Neydecker, Bambergensis. Elect. 1554, subit 1554. 1555. Obiit Augustae Vindelicorum in Comitiis 1559. 3. Mai.

14. Johannes Schwaggerus, Sultzbachens. Noricus elect. 1559, obiit 4. Juli 1583. Hic lucubrationibus SS. literarum multum dedit operam.

15. Johannes Finck, Westfalus, Braklensis. Elect. 11. Aug. 1586, obiit 9. August 1601.

16. Johannes Dopf, Rendelensis. Elect. 18. Febr. 1602, obiit 6. Mart. 1612.

17. Jodocus Assler, Wetzflariensis. Elect. 1612. 13. Aug. † ultimo Juni 1617.

18. Cornelius Gertmann, Attendorniensis, cum omnium votis electus 8. August 1617. Subit 1617. 1624, obiit Coloniae 1632.

19. Henricus Hoberus, Coloniensis. Electus omnium votis 15. Juni 1632, fit Decanus 1635.

20. Tobias Euler(us) 1637. † 1637 d. 2. April.

22. Just. Theodor. Baronius. J. V. Licentiatus (noch n. B. 1648 Scholaster).

25. Johannes Henricus Michels. Elect. 1667, fit Decanus 1681. Subit (n. B.) 1676.

26. Henricus Philippus Haberkorn. Elect. 1682, subit 1684. qua Decanus 1727, 17. Octobr.

27. (Vacat n. B.)

18. (Vacat n. B.)

29. Johannes Nicolaus Grau 1715 Scolast. et Concionator in M. olim

per annos X Sacellanus parochiae hujatis, rite provisus. Sepultus in ecclesiae ante Altare B. M. V. dolorosae anno 1754. (Ex libro paroch.

    Grau, Canon. in Monte, subit adhuc ao. 1729 (n. B.).

30. Andreas Lincinius. 17..
31. Henricus Bödiger. 1781.
32. Carolus Fridericus Krohe, Mogonus a Capitulo electus et in p sionem missus die 17. Febr. 1781.

Ad Seriem Cantorum :

1. Ludovicus Weiss, primus Cantor 1325.
    [Arnoldus, Cantor S. Mariae in Fr. 1329. *Baur* Hess. Urk. III, 8
2. Giso (Simul officialis Praepositurae S. Bartholomai), testis ac 1332 in Instr. fundat. 2 Vicariarum, quas Conradus Rindfleisch instituit in ecclesia nunc S. Leonhardi, his verbis: „her Gise ein Senger Stiftes unser frauwen vf dem berge, der ein Official ist der probist Frankinfurt."
3. Henricus de Kalbach (?) 1347.
4. Joh. Rodenlöwe 1366.
5. Joh. de Butzbach 1380.
6. Joannes Müller 1388.
    Tielmann Cleyne von Sassinhusen, Cantor 1394.
7. Jodocus Feist (Jost Feist), Senger des Stifts uff unser l Frauenberge ao. 1400.
8. Thilmannus Klein 1400. 1401. 1407. Obiit 1422.
    Theodoricus Klein ao. 1418.
    Tylmannus Kleyn, Cantor ibidem electus.
    Dylmannus Cleyn, Cantor 1452—1460.
9. Henricus Hemmingk, Frater Decani ejusdem Nominis et huj. (vide supra). Obiit 1458, subit vel electus 1446.
10. Johannes Neuhoffer (Nuwenhoffer). Subit 1455. Fundator vic SS. Joh. Bapt. et Evang. et Annae, matris Mariae; electus 1459. † (Subit tamen qua cantor iam ao. 1455, n. B.)
    Joannes Rorich 1462. (n. Mspt. Agric.)
11. Mangotus Lindheim 1465. † 1466. (Alii Mengerus, Wing al. 1464.)
12. Henricus Mire elect. 1467. † anno eodem 1467.
13. Jodocus Feist de Nidda elect. 1468 per 35 annos cantor † l
14. Magister Nicolaus Steybe, elect. 1503 † 1509.
15. Hieronymus Hilderici. Elect. 1510, obiit 1520. Hic ao. 151: cidit in lepram et ita reliquos vitae suae annos transegit in aedibus a leprosos, sepultus tamen hic in ecclesia B. M. V.
16. Philippus Folle. Cantor 1525 (n. B.).

Liebfrauberg.

17. Philippus Cronberger dictus Hildebrand. Elect. 1515, obiit Moguntiae ao. 1553 ut supra

18. Joannes Pistorius successit 1553. Subit 1549 (n. B. 1532—1535, 1553) † 1562.

19. Joannes Budinger, Saxo. Elect. 1562. Subit 1563 † 1586 in die natali Domini. Ecclesiae S. Bartholomaei crucem argenteam cum reliquiis 1 marca et 2 uncias ponder. legavit (n. B.)

20. Magister Joannes Agricola, Amorbacensis. Elect. 1590, subit 1604 † 1605.

21. Jodocus Asslerus. Elect. 1605, subit 1607. 1608.
22. Philippus Heid, Elect. 1613 † 1614.
23. Cornelius Gertmann, Attendornicusis. Elect. 1614 † 1632.
24. Thomas Raub. † 1622.
25. Nicolaus Delphinus. Elect. 1622 † 1624.
26. Henricus Huberus. Elect. 1625.
27. Johannes Rodinbeck, Francofurtensis. Elect. 1631 † 1635.
28. Leonhardus Schapplet — 1636?
29. Michael Stock — 1658? (1673 sepult. in eccl. B. M. V. in Monte.)
28. Balthasar Erbenius. Elect. 1674? (Sepult. 1679, subit 1676.)
29. Conradus Kaull † 1679. Sepult. in eccl. B. M. V. in Monte.
30. Henricus Philippus Haberkorn. Elect. 1682.
31. Johannes Jacobus Haun. Subit 1683. 85. 88. elect. 1682. Aetatis 80 annos. † 1722.
32. Nicol. Georg. Battoni. Elect. 1722.
33. Antonius Pleiser? † 1717. (Subit 1718. 1728 (n. B.)
34. ?
35. Wilhelmus Georgius Köberlein. Cantor in Monte et S. Leonhardi, subit Canon. Cap. 1724. Canon. Senior † 1741. Aetatis 63. sepult. in Monte.
36. Henricus Petrus Cunibert.
37. Lind, Francof. Elect. 176.?

Vicarii Ecclesiae B. M. V. in monte:

Heinrich von Münden 1301.
Friedrich Kuchhain 1373.
Dytwin Pellificis 1394—1407.
Johann Mulbach 1407.
Stephan Fischer von Gynheim 1487.

Helfricus Stompe 1476. 1470. 1474. Joannes Richelius 1601. Franciscus Knauff † 1693. Valentinus Engelhaus 1609—1616. Joannes Theod. Frisamus 1608. Henricus Lindheim 1413 (ex processu Joh. Kempe 1416). Henricus Fabri de Hanaue (ibid.). Joannes de Harheim 1411. *Lersner* II, p. 183.

Vicarius Joannes Stirn. *Guden.* cod. diplom. III, 991. Fundatio Carth Mog. (alibi 1481 n. B.)
    Vicarius Martinus Wielhäuser 1678. Sepult. in eccl. B. M. V. in mo
    „ Johannes Blicker 1516.
    „ Gerlacus N. 1464.
    „ Joannes Hoffmann sub finem Saeculi XV.
    „ Joannes Michael Bischoff 1720—29.
    Vicarie S. Theobaldi possessores: Henricus Appel 1475—1482 Sy Feist 1483—1492 Johannes Numeister 1493. Paulus Fisch 1494—1519.
    Vicarii (cujus? fund.) Johannes Reuss 1531—1533. Philipp K 1508. Henricus Schuring de Friedeberg 1418. Henricus Molpetz 1404.

Canonici B. M. V. in monte:
    Johannes Spanheymer Canon. 1467.
    Andreas Husen Canon. 1474—1479.
    Henricus Snabel Canon. 1527—1537.
    Theodoricus Reymelt Canon. 1487. (Dietrich Reymolt 1484.)
    Henricus Greffe 1525 Canon.
    Johannes Seliginstadt Canon. 1476. 1490.
    Wolfgangus Konigstein 1525—1535. Can.
    Mengoz Canon. 1467.
    Ludovicus Rat Canon. 1412.
    Johann Ecken Scholast. 14..
    Henricus Lantgravius Can. 1423.
    Joannes de Battenberg Can. 1428.
    · Conradus Welgelin Can. (1428?).

    Johannes Nicol. Steube 1501. Johannes Gelnhusen 1467. Jodocus / lerus 1601. Petrus Mallet 1662. Michael Stock 1645. 1654. Johann Reinh Marx 1645. 1647. Joannes Matthiä 1650. 1641. Joh. Jacob Frey 16 Joannes Pauli 1660. Georg Ernestus Straub, Decanus S. Leonhardi et to Cleri Senior aetatis 77 † 1646. Sepult. in eccl. S. Leonhardi ad altare M. V. Nicol. Georg. Battoni † 1729. Theodor. Hittorf eccl. Colleg. S. Le et B. M. V. in M. Canon. et resp. Scholaster et Cantor, subit 1724. S laster 1720 † 1730/2. Delphinus 1622. Joannes Bott 1609. Philipp Hey 1612. Joannes Radt 1609. Cornel. Gretmann 1609. 1611. Joannes Dopl 1592. Joannes Gross 1593. Nicol. Saal 1615. Jodocus Canon. et Cantor 1 1608. Joannes Jacob Dreher 1718. Georg Brentano 1719. Phil. Ernest I zier 1727.
    Phil. Crutzenach 1394. Marternus Gurre de Francofurt in locum functi Wygardi Wiedenbusch electus 1416. Nycol. Gysselbrecht 1484. I ricus Prum 1516.

Juxta litteras ecclesiae B. M. V. in monte de ao. 1473 olim dabatur certus census annus de bonis in Bringesheim et area ibidem dicta *Lindheimer Hof* (n Domino Henrico Lindheim, Cantore dotat. 1380.) Mspt. Cunibert n. B.

Add. ad Decanum Cochlaeum (vide pag. 218 in Serie Decanorum No. 11) n. B.

„Ex eo tempore, quo profectus ad Wormatiam 1521, non modicum Lutherani in eum conceperunt odium, mox omnis generis scommatibus et maledictis in eum insurgentes; quinimo carmina edidere quorum initium erat:

„O vesana cochlea, Lutheri nova fabula,
Morionum memoria, notanda vel ignavia.
Describenda versibus, depingenda cornibus
Perungenda facibus, defricanda calcibus" etc.

Confinxerunt quoque Teutonica cantica, quibus illudebant ei.

Ao. 1525, cum plebs in clerum et Senatum, altero sartore, sutore altero ducibus consurgeret et magno impetu in Feriis paschalibus ad arma undique concurreret, Joannes *Cochlaeus* haud ignorans, quam infensam in se haberet plebem ob scripta in Lutherum, una cum Decano S. Bartholomai, Friderico Martorffio auffugit, priusquam clauderentur portae civitatis. In maximo autem periculo fuissent duo Decani, si remansissent; fecerunt enim impetum in eorum domus seditiosi, quaerentes illos. Ex eo die Cochlaeus Francofurtum haud revertit amplius, sed Coloniae exulans beneficio Papae aliud post annum beneficium Moguntiae ad S. Victorem obtinuit. Moguntia tandem Missaniam a Saxoniae duce catholico, Georgio fuit evocatus et in Collegiata, quae ibi est, cathedrali eandem sortitus est provinciam. Obiit Augustae ao. 1552 adhuc certans contra Lutherum, resignavit 1530 hic; obiit 10. Januar. 1552.

Wolfgangus Konigstein heisst auch oft: *Wolf zur Winreben* ab aedibus suis zur Weinreben (n. B.). Vicarius etiam in ecclesia S. Bartholomaei collegiata (n. B.) subit 1555 et 1556 in computibus S. Barthol. (n. B.)

Inter Decanos Wolfgangus Königstein et Gerardus Weinranck, Decania vacavit per 3 annos.

1329 kommt Arnoldus cantor S. Mariae in Frankenforth urkundlich vor. (Sieh *Bodmann* Rheing. Alterth. pag. 222, not. 8.)

Die Liebfraukirche wurde 1322 gegründet und 1526 zu einem Stift erhoben. Dazumal befahl der Erzbischof Matthias, dass die Capella Montis S. Mariae sollte genannt werden: in Rossebohel; sie wurde aber demoli-

geachtet in dem Anniversarienbuche des ehemaligen Predigerklosters von 1421, S. 4. noch Ecclesia zur Wigelin genannt. In einer Urkunde (Leihbrief) de 1516 in libr. rubro Siligin. f. 66. heisst es noch: das Stift zu unserer Lieben Frauen Berge, *zu den Wegilen genannt.*

Ao. 1430 Sacristia consumatur. (Mspt. Agricolae.)

Extr. ex orig. 1452. Dienstag nach Philippi Revers U. L. Frauenstifts an hies. Rath:

„Nachdem der Rath ihnen erlaubt, ihren *Kirchthurn* auf der Stadt Gemeinde zu setzen und durch ihre *Stadtmauer* zu brechen, so vergönnen sie dem Rath dagegen, wenn der Thurm so hoch gebuwet werden sollte, dass die Stadt ihn zur Wacht brauchen könnte, dass dieselbe ihre *Wecker* und Nachwächter darauf haben, der Zu- und Abgang auch durch die Kirchthüre ihnen (den Wächtern) offen stehen solle, auch solle der Bau des Thurmes so vorgenommen werden, dass der Gang auf der *Stadtmauer* dadurch nicht verhindert werde." — [Ueber den Thurm vergl. Conversations-Blatt 1860. S. 128.]

Ao. 1453 wurde der Thurm gebuwet (Mspt. Rühl).

Die längs der Kirche stehenden kleinen Läden gehören und gehörten längst der Rechnei.

Sellerhütte bei der L. F. Kirche 1608. Lersners Chron. II, 1776. (Ob nicht dieselbe Hütte beim Blidenhause in der Stadt-Rechnung?)

Ad annum 1453. Lersner I, 511. Schulrector betreffend.

Ad annum 1658. Lersner II, II, 191. Kaiser Leopold betr.

„ „ 1678. „ II, 709. Soldaten betr.

Altarista S. Jodoci altaris (non Vicariae separatae ab altari). Andreas Aldenstadt. (Ex Processu Jo. Kempe 1410.)

Vicarius Carolus Tholette 1686. 1680.

Vicarius Joannes Stirn 1482.

Vicarius Philipp Kvett (Krutt) 1508. 1510.

Vicarius Johann Steindecker 1507.

Ao. 1573 bekam Hr. Johann Latomus, Dechant zu S. Barthol. eine Canicat im Liebfraustift auf dem Berge, wurde aber des Chors vom Erzbisch eximirt, und bekam daher jährlich nur 30 fl. 1576 verehrte er dem St einen Kelch etc. (Mspt. Cunibert.)

(S. Hohenhaus 5. 1.)

Der *Liebfraukirchhof.* Dass die Liebfraukirche vor Zeit einen Kirchhof gehabt, ist aus folgenden Ereignissen abzune men: 1366 am 27. Mai übergeben Wigelo Frosch, Scholast Heinrich von Caldebach Can. und Godeschalk von Reden, Vi des Liebfraustifts, einem Notarius in Gegenwart der Zeugen, ein von der Bertha von Edichenstein zu Gunsten ihrer Kirche abgefasstes Testament, um solches zu copiren und öffentlich bekannt zu machen. Dieses geschah „in Cimiterio ecclesie montis sancte Marie Franckf. L. T., f. III." A. 1373 am vorletzten Tage des Jänners bezeugt Frau Catharina Palmstorffern vor Notarius und Zeugen „jn der stad zu Franck. Mentzer bischt. uff dem Kirchhove des Stifftes zu vnser Frauwenberge doselbs zu Franck." dass sie dem Herrn Hartmud Kunhan Altaristen des Altars S. Margaretae zu S. Nicolaus xxiij ʒ hllr. ewigen Zinses auf einem Hause in der Neugasse verkauft habe. l. c. f. 184.

Dergleichen Handlungen auf den Kirchhöfen und dieser Gebrauch an andern geweihten Plätzen, wird noch anderswo abgehandelt.

Es erstreckte sich aber der Kirchhof anfänglich über die Gegenden, worauf nachmals die kleine Kapelle erbaut wurde und endlich auch um das Schulhaus und den Chor und wo nunmehr das Haus zum Salvator steht.

Radheim.[225]) „Hus Radeheim uf U. Frauenberge." S. G. P. von 1396. Dasselbe war neben dem Hause zum Infall gelegen. Chron. II. Th. II, 190. Elisabeth von Heringen, die Wittwe des Ritters und Stadtschultheissen Ludwig zum Paradeis, kief das Haus für 520 fl. und schenkte es 1502 dem Liebfraustifte zur Erweiterung des Chors. Sie starb noch in selbigem Jahre am 3. August und erhielt in besagter Kirche ihre Ruhestätte, wo auch ihr Mann begraben liegt. Mspt. P. Cunibert. S. 91. Im folgenden Jahre auf Bartholomaei gab der Rath seine Einwilligung, das Haus zum Chore zu verwenden. Chron. l. c. Bald darauf wurde es niedergerissen, und der Platz wurde theils zum Chore, theils zum Kirchhofe gezogen. Der Keller vorn

---

[225]) G. Br. 1360. II. gelegen an der *Wygelnkirchen* genant *Radeheim*. Auch wird in derselben Urkunde der Herren uf der Wygelnberge (Liebfraustift) erwähnt.

O. U. 1413. Husunge und Gesesse hinden und vorn — genant *Radeheim* gelegen uff U. *Frauenberge.* F.

bei der Strasse mit einem darüber erbauten Schoppen blieb, und hiess nachmals der Praesenz- oder Kirchhofkeller; bis endlich das Haus zum Salvator dahin zu stehen kam. Mspt. P. C. p. 11. 9.

Radheim. Prope chorum Ecclesiae.

„Item vi marce cedebant Decoll. Joannis et Letare de domo dicta zu Radheym e septentr. contigua ecclesiae nostrae b. Mariae Virginis et alio vero latere contigua domui dictae zum Innfall. Anno vero dni 1504, praedicta domus Radheym per honestam matronam Elisabetham Heringen relictam egregii vir. D. Ludovici zum Paradeyss LL. Doctoris ac militis aurati huiusque oppidi Francofordensis, dum vixit, sculteti, est empta et demum de consensu Consulatus in honorem Dei et b. Mariae Virginis pro ampliatione Chori assignata. Decanus vero et Capitulum nostrae ecclesiae remiserunt econtra decem marcas perpetui et irredimibilis census de domo zum Paradyss, anno vero salutis 1561 domini de Capitulo verentes ruinam cellae vinariae sub fundo sepedictae domus Radheym constitutae, quae jam ultra 50 annos imbri ac muribus fuerat exposita, struxerunt suis expensis parietes cum tecto desuper. Census igitur omnis, qui nunc et in posterum de area illa et cella cedit ad ipsorum calendas optimo iure pertinet. Ex L. C. Eccl. B. M. V. saec. XVI.

Lit. G. No. 17. B. *Salvator*. Im Jahre 1603 wurde ein Hau auf den vorgedachten Kirchhofkeller gesetzt und ihm der Nam Salvator beigelegt. Mspt. P. C. p. 171. Ums J. 17.. übernah Herr Brentano, ein katholischer Kaufmann, das Haus vom K pitel auf gewisse Jahre, und baute es ganz neu. Davon ist e Bild in einer Nische zu sehen, welches den Namen des Haus im Andenken erhalten soll.

In dem oben angezogenen Mspt. P., 151, wird das Ha beschrieben: „Domus dicta domus Salvatoris penes minor januam nostrae ecclesie et penes domum dictam zum Infall, viter exstructa, secundum libros antiquos auf dem Kirchho Keller, estque praebendalis. Literae adhuc adsunt de 1562 verbis: locatio horrei vel potius porticus et cellae in coemit ad 12 annos.

Lit. G. No. 18. *Infall.*[226]) Das doppelte Eck am Scharfengässchen. Der Name ist sehr alt; indem man ihn schon in der Mitte des XIV. Jahrhunderts dem gedachten Gässchen mittheilte. Ums J. 17.. wurde die kaiserl. Briefpost aus dem Predigerkloster in dieses Haus verlegt. „domus zum Infall sita in vico S. Anthonii, latere septentrionali et est secunda domus ab ecclesia montis sancte Marie contigua domui Spangenberg." L. V. de 1453 et 1481, f. 106.

Die Beschreibung in vico S. Antonii ist unrichtig; sonst aber war der Infall in Betracht des Hauses Radheim, das damals noch stand, das zweite von der Kirche, und Spangenberg lag ihm, doch durch das Gässchen getrennt, an der Seite. „It. v marce iiij β. It. iterum xxvii den. colon. facit vi β vi hllr. iii ort eines Hellers cedunt Martini de domo dicta zum Infall, et est acialis latere septentrionali orientem et meridiem respi-

---

[226]) S. G. P. 1370. Peter zum Infalle.

O. U. 1400. Uff dem hindersten H. zum Infalle by dem huse Spangenberg. Cfr. *Würdtwein* Dioec. mog. II, 770.

O. U. 1447. H. u. G. mit 17 Prossen darinne genant zum Innefalle gelegen uff U. L. Frauenberge gein der Wynereben nber, zuschen den Gesessen Rodeheim und Spangenberg.

O. U. 1530. H. sampt Prossen und allem Werkzeug — zum Infall genannt uff U. L. Frauenberg neben dem Haus Spangenberg und dem Kirchhoff zu U. L. Frauen stoisst hinden uff ein Haus itzt gemeldtem Stiffte gehörig.

O. U. 1546. H. — Eckhaus zum Infall uff unserer Frauenberg neben U. Frauen Kirchen gelegen stosst hinten uff eine gemeyne Gasse.

O. U. 1564. Haus zum Infall genannt uff unserer Frauenberg mit seiner Zugehörung neben unserer Frauen Kirchen uff einer und einem gemeinen Güsslin uf der andern Seiten gelegen stosst hinten uff ein Allmend.

Stdt. Allmdbch. de 1688. Allment hinten an der Lieb Franen Kirche befindet sich ein Durchgang nach der Brunnenstube und geht über den Schiessgraben uff dem Thielgraben heraus. F.

Mspt. Cunibert (1503). Das Haus zum Infall wurde bei Erweiterung des Chors zum Theil dazu oder vielmehr zum Kirchhof verwendet, worauf der Präsenz Keller gestanden und hernach 1603 das Haus S. Salvator darauf gebaut worden.

ciens, contigua choro novo Ecclesiae nostrae ex opposito de dictae zur Weynreben." L. C. B. M. V. in M. Saec. XVI.

II.
Häuser auf der Ostseite.

Das Eck. S. Lit. G. No. 53 in der Töngesgasse.

Lit. G. No. 54. *Hirschhorn*, auch *grosses Hirschhorn* S. bei der Weinrebe. Vorher zum *Gloderer* oder Glodener Ein vorstehendes Eck: „domus dicta zum Gloderer, sit antiquo Frank. superiore parte, platea dicta Rossebohil montis Marie, latere orientali, infra zygilgazze et sancti Ant contigua Scolasterie montis prenotati." L. V. B. Saec. Vic. XL iiij.

„Domus dicta zum Glodener nunc Hirtzhorn sita in n sancte Marie — contigua a retro domui Scolasterie montis notati." L. V. de 1481, f. 151. Im J. 1399 war dieses Hau Schneider Zunftstube. Chron. I, 99. Ja, es wird auch in Vikariebuche von 1453 S. 150 bemerkt, dass die Schneider

---

[227]) S. G. P. 1381. H. zum Hirtzhorn 1387. 97.
— 1393. Girhard z. Hirtzhorn.
O. U. 1453. Verkaufen die Buwemeister des Snyderhandwerl Gülte auf dem Hause genant zum grossen Hirtzhorn gelegen uff Frberge zushen der Weinreben und dem cleinen Hirtzhorn (welches Handgewerk gehörige Haus als daz geschediget und verbrand ist), St. Petri et Pauli expedit.)
— O. U. 1458. H. u. G. genannt zum *Hirtzhorn* uff U. L. F. zuschen dem Huse zu der *Winrebe* und der *Schulmeisterei* zu U. gelegen.
Stdt. Allmendbuch de 1521. Allmey (3 Schu weit) neben der Se an U. L. F. und neben dem Hof beim Hirschhorn.
O. U. 1540. H. zum Hirtzhorn jetzt der Schneider Trinkstoben Lt Stdtrchng. de 1608. Wirt *zum Hirschhorn.*
Mspt. XVII. Sec. H. zum Hirschhorn auf U. L. Frauenberg Schneiderstuben neben der Weinreben.

[228]) O. U. 1359. H. zum Gloderer uff dem Rossebohel. Cfr. *wein* Dioec. mog. II, 593, 594.

von selbiger Zeit bis 1525 den Zins entrichtete, und sie war 1565, wie ein anderes Buch bezeugt, noch im Besitze desselben. Sie blieb auch darin, bis 1616 die Zunftstuben auf kaiserl. Befehl abgeschafft wurden.

Zusatz *von Fichard's.*

Die Lage *dieses* Hauses, welches mit dem Hause zur *Weinrebe* das Eck des Liebfrauberges ausmacht, beweist, dass von dieser Seite her der Liebfrauberg ehmals grösser gewesen, und das Haus zur Weinrebe mit Berücksichtigung des Lichtrechtes der daranstossenden Häuser in der Töngesgasse vorgesetzt worden, ehe die nebenstehenden nach der Ziegelgasse hinführenden Häuser in gleicher Linie nachfolgten. Da wir von diesem Vorbau keine urkundliche Nachricht haben, fällt er gewiss wenigstens in das 13. Saeculum. Meine Ansicht ist folgende. Die Ziegelgasse war in früherer Zeit ein geschlossener Hof, durch den nach dem Liebfrauberg der Ausgang durch ein Porthaus führte. Der nebenbemerkte Vorbau der östlichen Seite des Liebfraubergs muss erfolgt sein, wie der alte Hof, der vielleicht der *Zigerhof* hiess, in die Zieger- corrupte Ziegel-Gasse umgeschaffen ward, von welcher das Pforthaus noch 1414 stand. Vgl. Band II, S. 304.

Lit. G. No. 55. *Kleines Hirschhorn.* [229]) War das Eck neben dem Scholasterichöfchen. Auch dieses Haus gehörte der Schneiderzunft, deren Zunftmeister es im J. 1566 an einen Schneider für 400 verkiefen, dabei aber sich den mittleren Stock für die Schneiderstube zum grossen Hirschhorn vorbehielten und ihn von dem Kaufe ausschlossen. Dabei wurde noch bedungen, dass, wenn einstens dieses Haus neu gebauet werden müsste, das unterste Stockwerk nicht höher, sondern dem anderen im grossen Hirschhorn gleich gemacht werden sollte. Nach dem grossen Brande im J. 1719, wo auch diese Häuser abbrannten, wurde die in dem Kaufbriefe enthaltene Bedingniss durch einen Vergleich der Eigenthümer abgeändert. *Orth* Anmerk. über die Frkfr.

---

[229]) O. U. 1545. Behausung zum cleinen Hirschhorn genannt uff U. L. F. Berg neben dem grossen Hirschhorn uff einer und dem Pfaffenhoflin uff der andern Seiten gelegen stosst hinten uff die Schulmeisterey des Stiffts zu U. L. F.

Reform. 3. Fortsetzung, S. 425. Im Jahre 1805 kief Hr. Mylius im Hirschhorn das Scholastereihöfchen und die hinten gestandene Scholasterie und Sängerei mit ihren Gärten, und führte an ihrer Stelle ein neues, sehr langes und hohes Gebäude auf; den Bogen aber bei der Ziegelgasse liess er mit einem Thore verschliessen.

III.

Häuser auf der Südseite.

Lit. G. No. 61. *Die Dechanei des Liebfraustifts.*[230]) Curia Decanatus B. M. V. in monte. Das Eck an der Ziegelgasse. Sie wird in einer Handschrift des Liebfraustifts beschrieben: Est proxima domui dictae kleinen Braunfels, et prima domus angularis a dextris, qua itur de monte in plateam zigelgass.

Durch das Klein Braunfels kam wohl hier kein anderes Haus gemeinet sein, als das Paradeis, weil es der adlichen Gesellschaft Frauenstein im grossen Braunfels gehörte.[231]) Die Dechanei war ein Wohnhaus der Catharina von Wanebach, die es in ihrem Testamente von 1333 dem Dechanten des Liebfraustifts vermachte. In ihrem ersten Testamente sagt sie: „Item darüber setze ich und gebe Hrn. Nicolaus meinem lieben neven meiner mumen Bingele sohn dem Dechant von unser frauenberg, ob er meinen toth gelebet, meine Wohnung allzumahl auf unserem frauenberg zu Ffurth, es seye hauss, keller, stub, hoff, scheuer, ställ, alles dass gesesse hinten und forn." Ex

---

[230]) O. U. 1342. Drei H. in der Ziegelgasse gen des Dechens hove uf dem berge. F.

Der Scholastereihof hatte wahrscheinlich auch einen Ausgang auf U L. Fberge.

[Jetzt ist die Dechanei mit den Nebenhäusern abgebrochen und a deren Stelle steht das grosse Kessler'sche Haus.]

[231]) Diese Handschrift ist offenbar irrig und das Haus zum Parade hiess nie klein Braunfels und gehörte nie der Gesellschaft Frauenstein. F

copia Testam. In ihrem zweiten Testamente vom nämlichen Jahre vermachte sie auch noch 1000 Pfund Heller zum Baue der Dechanei. Sie wurde 1560 neu gebaut, und am Ecke unter dem Ueberbaue ist ein kleines von Stein ausgehauenes Marienbild zu sehen, mit der Unterschrift: Beatam me dicent omnes generationes.

Die Dechanei erstreckt sich auf dem Liebfrauberge bis an das Paradeis, und die zwei kleinen Nebenhäuser in der Ziegelgasse gehören zu derselben und wurden von dem zeitlichen Dechanten vermiethet. Die Häuser zusammen machten ehemals den Wohnort des Wigelo von Wanebach, des ersten Stifters der Liebfraukirche, aus, den nachmals noch seine zurückgelassene Gemahlin die Catharine von Hohenhaus bis zum Jahre ihres Ablebens 1335 besass. [232]

Schelhorn. [233] Wird 1454 in einem deutschherrischen Zinsbuche hart am Paradeis auf dem Liebfrauberge beschrieben;

---

[232] Beedbuch 1320. It. Wiglo de Wanebach
„   1321.   ditto.
„   1322. It. Gabel de Frideberg   } hierher gehörig. F.
„   1328. It. Cathar. de Wanebach

[233] Beedbuch. 1320. It. Wenzel zume Schelhorne (hierher gehörig).
Testament des Joh. Schelhorn 1378. H. zum Schelhorn.
G. Br. 1459. H. zum Schelhorn uf U. L. Frauenberg an dem Paradise.

O. U. 1504. Behusung genannt zum Scheller (Schelhorn?) — neben dem Gesess zu Hornburg und gegen dem Gesess zum Paradeiss und hinten gegen etliche Priester Häuser.

O. U. 1513. H. zum Scheller uff dem Hauwemargt gelegen neben dem Huss Hoenberg und dem Paradeiss gelegen stosst hinden gegen etliche Priester Häusern über.

— 1528. Behusung — zum Schellhorn genannt neben dem Haus Hoenberg uf einer und gegen dem Haus zum Grimmfogell uf der andern Syten gelegen stoisst hinten und vorn uff zwo gemeine Gassen.

— 1549. H. — hohen Homburg genant zwizchen der Behausung zum Schellhorn und der Behausung zur Beutelkisten genannt, stosst hinten uf eine Allmend.

es kann demnach kein anderes Haus sein, als dasjenige, welches zur Dechanei gehörte, und auswendig ein besonderes Haus auszumachen scheint.[234])

Lit. G. No. 62. *Paradeis. Grosses Paradeis. (Klein Braunfels*, siehe vorher.)[235]) War zwischen der Dechanei und dem Ecke zum Grimmvogel gelegen und war das Stammhaus der adeligen Familie[236]) von Martorf,*) die sich von ihm den Beinamen zum Paradeis beilegte. Obschon Sifried von Marburg ums Jahr 1368 das ansehnliche Gebäude zum Grimmvogel neben seinem Stammhause aufführen liess, so wich er doch nicht aus demselben; denn als er im J. 1401 am 27. Sept. sein Testament machte, geschah dieses, wie das Instrument sagt: „in cubili seu dormitorio domus et habitationis honesti viri Sifridi dicti zum Paradise opidani opidi Franck. mog. dioc. in monte sanctae Marie site volgariter zum Paradise nuncupate." In gedachtem Testamente bestellte er Johann Gotschalci Canonicus der Kirche SS. Mariae et Georgii zum Vormunde seines erstgeborenen Sohnes, der auch Sifrid hiess. Aus eben dem Testamente und einer Randnote ist auch noch ersichtlich, dass Sifrids erste Gemahlin Greda und die andere noch lebende Gela geheissen hat. Petrus zum Paradeis war sein leiblicher Bruder, und Johann

---

Mspt. XVII. Sec. H. Hohen Homburg unter den neuen Krämen neben dem Schellhorn.

Ibid. H. Schellhorn unter den neuen Krämern neben dem H. hohen Homburg.

[1367 gazzen czwischen dem Schelhorn und .. dem Paradyse. C. D. 720.]

[234]) Das Haus Schelhorn lag auf der östlichen Seite der Neuen Kräme neben dem Grimmvogel und gehört also nicht hierher. [Vergleiche ober S. 204.] F.

[235]) Dass die Benennung Klein Braunfels diesem Haus nicht zukommt ist bereits bemerkt. F.

[Klein Braunfels ist K. 45.]

[236]) Siehe die Geschichte des Hauses zum Paradeis in meiner Geschichte der Familie von Marpurg und meinen Auszug aus den Akten de Churköllnischen Lehen über dieses Haus. [Vgl. Cod 676 von 1360.]

S. Starkrad v. Sulzbach ad 1340.

* Vorher *Marburg* und nachher derselben, Erbin der Familie. F.

von Hültzhusen (Holzhausen) der alte sein Schwager. Wie sehr dieser Sifrid beim Kaiser in Gnaden stand, lässt sich daraus abnehmen, dass derselbe mit seiner Gemahlin im J. 1374 das Absteigquartier in seinem Hause nahm. Chron. II, S. 38. Und 1376 ihm und seinen Erben das Pferd verlieh, worauf ein neu gewählter römischer König zur Kirche ritt. *Olenschlager* Erläut. der G. B. im Urk.-B. S. 156. [Cod. 740.] Dieser Schriftsteller hat auch S. 287 bemerkt, dass das Haus zum Paradyss auf dem Liebfrauberge von Kur-Köln zu Lehen rühre[237]) und man findet auch, dass die Kurfürsten von Köln in älteren Zeiten, wenn sie hierher kamen, ihre Wohnung in diesem Hause nahmen, wovon uns die Chronik bei den Jahren 1558, 1562, 1570 und 1573 Beispiele liefert. Im J. 1502 am 30. August starb Ludwig zum Paradeis, Ritter und Stadtschultheiss, der letzte seines Geschlechts. Chron. II, 179. Und vermuthlich wurde hierauf die adelige Gesellschaft Frauenstein von Kur-Köln mit dem Hause belehnt.[238]) Dasselbe hatte ein sehr altes Ansehen und man erblickte allenthalben über den Thüren das Marburgische Wappen. Ueberdies war das untere Stockwerk durchaus mit allerlei nach dem Geschmacke des Alterthums in Stein gehauenen Figuren und Laubwerke gezieret. Im J. 1775 wurde dieses alte Haus sammt dem Ecke zum Grimmvogel niedergerissen und von der Gesellschaft Frauenstein[239]) neu aufgebaut. Beide Häuser kamen nun unter ein Dach zu stehen, und an dem Orte, wo das Paradeis gestanden, wurde oben das Marburgische Wappen mit der Unterschrift: ZVM PARADEIS aufgestellt.

---

[237]) [Vgl. über die Häuserlehen und namentlich über das Lehen des Hauses zum Paradies *Klotz* diss. de feudo aedificii, Giss. 1743 und Mittheilungen des Vereins II, 156, Note 3.]

[238]) [Den letzten Satz als einen irrigen hat v. Fichard durchstrichen.]

[239]) [Diese zwei Worte hat v. Fichard durchstrichen und dafür „Ganerbschaft Alt Limburg" gesetzt.]

IV.

Häuser auf der Westseite.

Lit. K. No. 42. *Sludekoppe*[240]) (*Salatkopf*). *Zum Rosse Frauenberg. Liebfraueneck.* Jetzt *Fraueneck.*[241]) Das Eck a der Bleidengasse.

„zum Sludekoppe in acie respiciente septentrionem e orientem vicorum opidum dividentis et Mariae." L. r. B. d 1350, f. 12.

„zum Rosse sita in antiquo opido Frank. inferiore part platea dicta Rossebohel, seu montis sancte Marie latere occ dentali in acie respiciente septentrionem et orientem vici monti sancte Marie." R. C. de 1390, f. 108.

Grosse offene Plätze wurden immer Planum oder Plate

---

[240]) Siehe v. Frankenstein'sche Streitschrift (Vertheid. kaiserl. Eige thums) de 1775, p. 26. [Battonn citirt diese Stelle, weil daselbst eine U kunde von 1294 abgedruckt ist, in welcher die Worte vorkommen: iot pondus quod dicitur Schludo. Im Cod. dipl. S. 292 aber findet sich diesel' Urkunde aus dem Original abgedruckt und das Gewicht heisst hier clude

[241]) O. U. 1364. H. u. Gesess gelegen uff unser Frauen Berge genat zum bunten Rosse hinden an dem Frauenberge.

G. Br. 1365. H. uf U. L. Frauenberge genannt Frauenberg das etzw was gcheiszen zum Cludekopf und Hans Juden H. zum bunten rosze.

S. G. P. 1368. H. genant Frauenberg.

G. Br. 1396. H. Frauenberg und das H. darniben genannt We herberg, vor ziten genant was zum bunten Rosze.

— 1467. Die H. Frauenberg und Winterberg auf U. L. Fberge nel dem H. Strasburg.

O. U. 1491. Eckhuss genannt *Frauweneck* uff dem Haeu Markt legen neben dem Huss Strassburg und N.

— 1515. H. u. Gesess genant *Frauweneck*, neben eym Gesess *Straspurg* uff unser lieben Frauwenbergk.

Mspt. XVII. Sec. H. zum bunten Ross bei Frauenberg.

Ibid. H. zum Frauenberg auf U. L. Frauenberg. F.

[Das Haus hatte den Namen von seinem Besitzer; 1310 domus q dictus *Sluderkopp* inhabitat. Cod. D. 392.]

niemals aber vicus genannt, und unter dem hier vorkommenden vicus Montis s. Mariae ist die Bleidengasse zu verstehen. [242])

„hus gnant zum Rosze gelegen uff vnszer lieben Frauwen berge." Urk. von 1416.

„zum Rosse nunc dicta Frauwenberg in foro feni." L. Univ. monast. Ord. Praedicat. de 1421.

„domus dicta tzum Rosze sita in antiquo opido nunc dicta Frauwenberg in inferiore parte platee Roszbohel." R. C. de 1423, f. 10.

„Hus Frauwenberg zwischen dem hus Heidelberg und Strasburg uf U. L. Fr. berg gelegen." S. G. P. von 1472. [243])

In einem Kaufbrief von 1536 wird das Haus zum lieben Fraueneck genannt, wovon nachmals der abgekürzte Name Fraueneck entstand. Im J. 1789 wurde es neu gebaut, und nahm die zwei nächsten kleinen Häuser in der Bleidengasse No. 40 und 41 zu sich.

Lit. K. No. 43. *Strassburg. Stadt Strassburg.* [244]) „Hus Straspurg uf U. F. berge." S. G. P. von 1407.

---

[242]) Diese Stelle (in inferiore parte platee Rossebohil) scheint zu beweisen, dass die jetzige Bleidenstrasse früher als ein Theil des Rossebühels angesehen worden. F.

[243]) Diese Beschreibung scheint unrichtig, da Frauenberg zwischen beiden Häusern liegt.

[244]) O. U. 1398. Gang hinder dem H. Strassburg an Johann Burggraf Schöffen zu Fr.

S. G. P. 1399. Frau Gude zu Strassburg. Henne deren Knecht.

— 1412. Jungfrau Demud von Strassburg. 1421 Jungfrau Katharine von Strassburg.

G. Br. 1444. H. genant Straspurg uf U. L. Frauenberge zuschen dem H. Frauwenberg und cleynen Heidelberg.

Ex Cop. 1444. Gült Brf. Huss und Gesesse genannt Strassberg gelegen uff U. L. Frauen Berge zuschen dem H. u. Gesess genannt Frauenberg und dem Gesess Klein Heydelbergk.

Stdt. Rehnbch. de 1478. Der Fiskal Meister Hans Keller von S. Kayserl. Majestät wegen, logirte in der *Herberge* genannt Straspurg.

S. G. P. 1484. H. Straspurg uf U. Frauenberge.

In dem Kaufbriefe vom 23. März 1769 wird es neben dem Hause Fraueneck gelegen und hinten auf Braunfels stossend beschrieben. Dieses und das folgende Haus wurde 1805 neu gebaut und mit einander vereinigt.

Lit. K. No. 44. *Heidelberg.* [245])

„domus dicta heidelberg — sita in monte sancte Mari(contigua domui brunenfels domo sellatoris duntaxat accepta (ex cepta)." L. C. SS. M. et G. de 1412, f. 44.

Unsere Praesenz empfing von diesem Hause auf Jacol 1 fl. 30 kr. — Es macht seit dem Jahre 1805 mit dem vorige Hause ein Gebäude aus.

Lit. K. No. 45. *Stadt Metz,* vorher *Klein Braunfels.* [24 „Kleinbrunfels uf U. F. Berge." S. G. P. von 1464.

---

[245]) O. U. 1371. Domus et habitatio super montem Mariae dicta H(delberg.

S. G. P. 1426. Fladenhans gesessen zu Heidelberg.

O. U. 1454. H. gelegen uff U. L. F. berge genannt cleyn Heidelb zuschen den Husungen Strassburg und grossen Heidelberg.

O. U. 1457. H. u. G. genant Heidelberg — vff U. L. F. berge gele, zushen cleynen Brunenfels und N. und stosse hinden an Brunefelser Hoffe(

S. G. P. 1463. H. Heidelberg uf U. L. Frauenberge 1465. 66.

O. U. 1488. H. genannt Heidelberg uff U. L. F. berge zushen (Brunfels uff cyner und Strassburg uff der andern Sytt und stosse hi(an grossen Brunenfels.

Mspt. XVII. Sec. H. klein Heidelberg auf U. L. Frauenberg.

[246]) O. U. 1359. H. und Gesess gelegen uff U. Fr. berge vbebe *Brunenfels* genannt *Eschirsheim.*

— 1381. H. *Eschersheim* auf dem . . . Berge gelegen.

— 1453. H. u. G. mit der Stallunge darhinden genannt cleinen Br fels — vff U. L. F. berge hart an dem Gesesse Brunenfels gelegen — (der Flecke Garte oder Borne und der Flecke do die Brodstobe vf(hinder Brunefels gelegen.

S. G. P. 1462. hind an zu klein Brunfels.

— 1464. H. *klein Brunfelsch* uf U. L. Frauenberge.

Stdt. Allmendenbuch de 1688. Allmende neben dem kleinen Br fels — zieht unten gegen dem Hirtz(horn) heraus. (NB. Ist dieselbe m(beim Grimmvogel.)

„Hus Kleinbrunfels zwischen dem huse Grossbrunfels und Heidelberg." S. G. P. von 1483.

„Cleinen Brunenfels gelegen hart an dem gesesse grossen Brunenfels" I.-B. von 1454.

„aufm Liebfrauberg neben dem Braunenfelss in dem Hauss zur Stadt Metz." Int.-Bl. von 1756. No. LX im Anhange.

Lit. K. No. 46. *Braunfels. Grosses Braunfels.* [247]) Auch *Frauenstein.* (?) Das Eck am geschlossenen Gässchen.

„Brunenfels sita in opido antiquo parte inferiore vico opidum dividente latere occidentali infra vicos a monte Marie ad portam Bockenh. et Santgasze maiorem in acie vici inpertransibilis respiciente orientem et meridiem, latere montis Marie occidentali." R. C. de 1390, f. 112. Des Namens Bruninfels wird schon 1350 bei dem hintern Theile des Hauses in der kleinen Sandgasse gedacht. Das Gebäude ist von einem grossen Umfange, stösst hinten auf die kleine Sandgasse, und hat auch

---

[247]) Siehe unten: der *Handlosen* Haus; die daselbst angeführte Stelle vom Jahre 1348 betrifft wahrscheinlich den vordern Theil des Braunfelses, welches Haus, ehe es den Namen *Brunfels* erhielt, wahrscheinlich der *Handelosen* Haus hiess.

O. U. 1367. H. am Brunenhuss *Thüringen* genannt.

— 1469. H. Brunfelsch gelegen uf dem Heuwemart zuschen Clas Schyd und klein Brunfelsch stosst hinten in die kleine Sandgasse. (S. Brun v. Brunfels 2, 2 u. folg.)

— 1475. Husunge genannt Brunfels uff unser Lieb-Frauenberge gelegen dem Gesesse zum Paradeise uber und stosset hinden uff die Santgassen.

Stdt. Allmdbch. de 1521. Allmey neben Braunfels und gegen dem Paradeis über und stosst hinten in Braunfels.

O U. 1588. Behausung Braunfels — uff unser Frauenberge gegen der Behausung zum Paradeis uber neben der Behausung zum grunen Durlein Schwanaw und Florsheim genannt uff der andern Seiten, stosst hinten uff N. u. N. und die kleine Santgassen.

In einem Register der Gefälle des Schultheissen-Amts unter Johann Brendel von Hornburg Stadtschultheissen (1439 abgefasst) findet sich folgendes: „Item Brune viij ß hllr. von dem Huse zum *Slodekopp* vnd dem Huse zum *alden Kursener*; die flecken hat er verbuwet zum Huse *Brunenfels.*" F.

neben eine Ausfahrt in das kleine Gässchen nach der Bl
gasse, wo der Bogen zur Nachtszeit mit einem eisernen (
thore geschlossen wird. Durch den Hof ist den ganzen
über für Jedermann ein freier Durchgang. Der Hof gehö
älteren Zeiten den Patriziern Brun oder Braun, die ihn b
und sich nachmals von ihm Brun oder Brunfels schriebe
sie im J. 1589 erloschen.[246]) Chron. II, 180. Der folgend
sitzer, Namens Greif, baute 1596 die grosse Brandmauer
schen Braunfels und dem Sandhofe auf eigene Kosten, und
1597 den Gangbau aufführen. Chron. I, 26.

Am 28. Juni 1694 brachte die Gesellschaft Frauenstei
Hof durch einen Kauf an sich, liess ihn repariren, und
Wappen der Gesellschaft, eine goldene Lilie im blauen I
über das Thor setzen mit der Unterschrift: Gesellschaft Fr
stein. Daher kömmt es auch, dass das Haus zuweilen Fr
stein genannt wird. Am 13. Nov. g. J. wurde die erste Si
und Aufnahme in ihre Gesellschaft darin gehalten. Chro
100 u. 115. Vor kurzen Jahren liess die Gesellschaft hinte
der kleinen Sandgasse einen ansehnlichen Bau von Stein
führen, und nach dessen Vollendung in den mittleren Gä
des ganzen Gebäudes Einrichtungen für Kaufleute, während
Messen daselbst feil zu halten, mit dem besten Erfolg tr
wodurch nicht allein dem Römer, sondern auch dem Leinw
hause ein sehr merklicher Schaden zugefügt wurde. Zur
schichte des Braunfels gehört auch noch, dass Kaiser)
milian I im Jahre 1495 am 31. October das erste kaiser
Kammergericht darin hielt, wie es vorher auf dem Reich
zu Worms war beschlossen worden. Er sass selbst mit zu
richte, nahm den Kammerräthen und den Assessoren den
ab, und liess ihnen die Justiz in einer schönen von Veit
Wolfenstein gehaltenen Rede ernstlich anbefehlen; welche
auch am 3. November im Braunfels ihre erste Sitzung hi
und 1496 am 16. Februar das erste Urtheil der Acht p

---

[246]) Siehe meine Geschichte der Familie *Brunfels*, deren erster
Braunfels gebürtig war. F.

cirten.²⁴⁹) *Florian* S. 176. Chron. I, 128. Dieser Palast diente auch öfters den Kaisern zu ihrem Aufenthalte. So kehrte Friedrich III im Jahre 1474, Matthias 1612, Ferdinand II 1619, Leopold I 1658 und Leopold II 1790 daselbst ein, wie aus der Chronik und den Wahl- und Krönung-Diariis zu ersehen ist. Zum Andenken hingen noch zwei grosse kaiserliche Wappen von Ferdinand II und Leopold I auswendig an dem Gebäude, die aber 1792, als die Franzosen in die Stadt kamen, eilends abgenommen wurden. Auch der König Gustav Adolph von Schweden wohnte in dem J. 1631 u. 1632 in demselben, so oft er hieher kam. Chron. I, 398. Zur Zeit als die Reformirten . . . . hielten sie eine Zeitlang ihren Gottesdienst darin. Unter die Seltenheiten des Hauses gehörte die Regenzisterne, die die erste in' der Stadt war und 1507 gemacht wurde. An derselben stand die Schrift: Haec est prima cisterna que facta est Francofordiae aedificavitque eam Augustinus Magnus. 1507. Chron. I, 23.

[Erzb. Gerlach von Mainz heisst 1360 Brunen zu Brunenfels seinen lieben Wirth. Cod. D. 673.]

---

²⁴⁹) Stdt. Rchnbch. de 1495. It. ij Gulden fur xx roder liddern Kussen zum Kammergerichte kommen.

— 1496. It. vi bllr. fur ein Gebunt Grass an das Kammergericht (zum Streuen für die Prozession?).

— It. dreyssigk Gulden Johann Saxsen zu Brunfels von der gemeynen Gauerben wegen, zu Zinse erschienen galli, als man den Kammergericht besteilt hat und ist daz erst (d. h. der erste Zins).

— It. v ß Peter dem Murer den Ofen im Brunfelss dem Kammergericht machen laissen.

— 1497. It. ij ß für grass vff das Kammergerichthuss.

— It. xv fl. für ½ Jahr virsessen Zins von des Kammergerichts wegen in dem Gesesse Brunfels Johann Saxen.

— It. xv. fl. geben Johann Saxssen von dem Gesesso Brunfels für ½ Jare zu zynss als die Kammerrichter daselbs ir Gerichtsstat hielden, und ist das Kammergericht vor Trinitatis von vnd vff Fraukfurt gein Worms transferirt worden. F.

[Vgl. auch Jobst Rohrbachs Chronik in dem Archiv für Frfr. Gesch. Neue Folge III, 132.]

Springbrunnen.

Die v. Lersnerische Chronik II, 8 meldet, dass im J. 1494 ein Born auf dem Liebfrauenberge sei gebaut worden, ohne weitere Nachrichten mitzutheilen, ob er ein Zieh- oder Röhrbrunnen gewesen.[250]) Ferner erzählt sie I, 26: den 15. Juli 1594 ward der Springbrunnen auf dem Liebfrauenberge neu ausgegraben und verfertiget. Und die zum jungischen Annalen sagen A. 1596 8. Sept.: fons novus. prope fanum B. M. efficditur. Und wieder A. 1610: Scatebrae novae in monte Mariae et foro equorum saliunt 21 Junii. Aus so verworrenen Nachrichten lässt sich nichts mit Gewissheit bestimmen, wohl aber vermuthen, dass 1594 der Anfang mit Legung der Röhren gemacht und 1596 das Fundament zum Brunnen gegraben wurde, das ganze Werk aber erst im Jahre 1610 seine Vollkommenheit erreichte. Der Wasserbehälter fassete 58 Fuder 5 Ohm und 18½ Viertel. Chron. I, 9. Und seine Schalen waren mit Delphinen und vielem Laubwerke gezieret. An dem Stocke, um den einige Figuren sassen, war die Schrift zu lesen: Fastum avaritiam etc ,S. *Müller's* Beschr. der St. Frkf., S. 27. Weil der Brunnen durch die Länge der Zeit sehr baufällig geworden war, wurde er im Jahre 1771 wieder ganz neu aufgebaut. Der Baumeister war Scheidel, ein katholischer Steinmetzmeister, der auch die Zeichnung dazu lieferte. Aus der Mitte des Sarges hebt sich eine Pyramide, auf deren Spitze eine strahlende Sonne glänzet. Unten sitzen um dieselbe 4 Wassergötter, und auf einer übergoldeten Kupferplatte liest man die Schrift...

---

[250]) Stdt. Rchnbch. de 1397. It. iiij ß iiij ₰ vmb stein zum Born unser frauwenberge.

[251]) Nur Schade, dass das Ganze in seiner Proportion und Zeichnung nicht besser gerathen ist.

Beschreibung
des niedern Theils der alten Stadt.

Anmerkung. Die westlichen Häuser des vicus dividens, zu welchem der Liebfrauberg, die Neuen Kräme, der Römerberg und die Gegend am Fahrthor gehören, stehen zwar alle schon in dem niedern Theile der alten Stadt, und ich war deswegen auch Willens, ihnen hier einen besondern Platz anzuweisen; allein ich fand dabei so viele Anstände, dass ich es zuletzt für's Beste hielt, die Strassen und ihre Häuser nicht von einander zu trennen.

Bleidengasse.

Diese Gasse erstreckt sich vom Liebfrauberge auf der einen Seite bis an den Ort, wo noch vor Kurzem die Katharinenpforte stand, und auf der andern bis an den kleinen Kornmarkt. Sie heisst in den Zinsbüchern des XIV., XV. und auch des XVI. Jahrhunderts der vicus Mariae (die Mariengasse) oder der vicus montis Mariae und erhält zuweilen den kleinen Zusatz: versus Bockinheymer porten, weil die Katharinenpforte vorher die Bockenheimerpforte hiess, oder tendens ad portam sanctae Katharinae. Im XIV. und XV. Jahrhundert waren die Worte in vico Mariae und in platea Mariae nicht von einerlei Bedeutung. Die letzten zeigten den Liebfrauberg an, indem die Alten das Wort Platea oder Planum gewöhnlich nur bei offenen Plätzen, nicht aber bei den Gassen gebrauchten. Unten bei dem

Hause der Kronenberger wird die Gasse ohne Namen beschrieben: „vicus ab ecclesia montis s. Mariae, ad antiquam portam dictam Bockenheimer dor." Noch kürzer aber lautet die namenlose Beschreibung in dem Baldemar'schen Z.-B. von 1356, f. 15 „vicus prope Blidenhus." Und von eben diesem Hause erhielt die Gasse endlich den Namen der *Blidengasse*, der sich nachmals in die *Bleidengasse* änderte, für die nun auch schon di Bleigasse gehört wird. Die Häuser gegen der Katharinenpfort über zwischen der Flarmaulsgasse und dem Kornmarkte wurde ehemals durch ein heftiges Feuer ganz zu Grunde gerichte und weil die Plätze lange wüst lagen, so wurde dadurch d Benennung der Gegend *auf dem Brande* veranlasst. Das S. (P. von 1460 sagt deswegen: „der flecken den man nennet de brand by S. Cathrinen porten." Mehrere Zeugnisse sind bei de Häusern Rieneck und Pforteneck selbiger Gegend zu finden.²

Häuser auf der Nordseite.

Die *Katharinenpforte*, ²⁵³) vorher die *Bockenheimerpforte*, c 1790 niedergerissen wurde. S. Einleitung §. X. [Heft 1, S. 8

---

²⁵²) Die Bedrolle von 1509 nennt diese Strasse, die Sanct Katrin gasse zu Unser lieben Frauen. F.

²⁵³) In den Beedbüchern des 14. Seculi wird die Katharinenpf stets die *Bockenheimer Porte*, das jetzige Bockenheimer Thor aber *Reddelnheimer Porte* genannt.

Stdt. Rchnbch. de 1348. It. vm gebackene Steine zu Buckinhei Turn 7 ℔ 4 ♃.

— It. zu Buckinheimer Turne zu welbene Arbeitslohn 12 ℔ ((nebst weiteren Ausgaben in Betreff dieser Wölbung).

— 1350. It. den Segern vm ein Holtz zu segen, zu der Bruckin Buckinheimer Porten 4 ℔ 4 ♃.

— 1354. It. Hartmud zur Kaunen 4 ℔ von den Fleckhr vff (Grabin, du itzund ein Cram ist zu wezseln.

— 1354. It. Meyster Gernanden von der Kebyn (Gefängniss) Buckinheimer Porten 58 ℔.

— 1357. It. Falken dem Beckere, den Gefangenen vm Brod Buckinheimer Porten von einem ganzen Jahr vi ℔.

Lit. G. No. 1. Das Haus, das wider der Katharinenpforte stand.²⁵⁴) [Zum Ziegenhain.]

Stdt. Rchnbch. 1377 kommen viele Ausgaben zu neuen Kebygen in Bockenheimer Thorn vor ex. gr.

— It. ij ℔ iiij ₰ vmb Quadersteine zu Kebigen in Bockenheimer Thorn etc.

— It. x Gulden Sultzbecher vmb sonderwerz zu den nuwen Kegbien (Kebigen) uff Bockenheimer Thorn.

— 1378. It. wir han gegebin Syfriede zum Paradyse zum nuwen Kebigen vff Bockinheymer Thorn 38 ℔ 7 ₰ 4 hllr.

— 1383. It. v fl. 12 hllr. Syfrieden zum Paradiesse vmb Brod (?) zu kremen vndir Bockinheimer Thorn (Sabbatho ante Symon et Judae).

— It. iij Gulden vii ₰ alder vmb eyn viertheyl mentzer Holtzer vnde vmb xij Zweylinge vnde das Holtz von mentze heruff zu furen zu den Cremen vnder Buckinheymer Thorn.

— 1384. It. ij Gulden Sultzbecher (dem Smyde) für eyn Sloz an die Thure der Bockenheimer Pforten vnde die Thuren zu hencken an dem *Sneckin*. (Ob nicht zur Rödelnheimer Pforte gehörig?)

— 1385. It. — das grosse Gefengniss vff Bockenheimer Porthen zu fegen.

— 1386. It. für Steyne zum Geholtze zum neuen Borne in der Nuwenstadt by Sant Catherinen.

— 1390. It. vff der *vndirsten* Bockenheymer Porte — Wechterlohn.

— 1391. Das Porthuss by sand Katharinen — ist schon seit mehreren Jahren vermiethet.

O. U. 1403 verleiht der hiesige Rath an Dyne, etwan Sicfried Huppners Wittwe das *Portenhuss* vor der Bockenheimer Porten allernest an St. Catrinen Kirchen auf ihr Lebenlang um 3 fl. jährlich fer. 3. p. Michael.

Stdt. Rchnbch. 1415. It. 10 ₰ von der grossen Kebigen vff Bockenheimer Torn, da der Stock (Folter) inne steet, zu fegen (daher der Stocker, Stöcker, Foltermeister).

— 1418. It. — iij ₰ von eym Sprachhuseln zu fegen vff Bockenheimer Thorn.

— 1434. It. xi vmb ₰ ii hllr. kacheln zu eym ofen an dem crame by sant Katrinen da Peter Smyd inne wonet.

— 1449. It. iij ₰ vom grossen Gefengnisse vff S. Kathrinen Thorn zu reinigen.

— 1472. (Es brannte in dem Katherinen-Kloster selbsten.)

— 1477. It. — vmb eyn koppe an die suelle vor s. Katrinen Porten. (Die Strafwippe der Hurer?)

Lit. G. No. 2. *Sonne. Goldene Sonne.* „In der Sonnen bei S. Catharinen Pfortten." R. C. de 1636, f. 5. Eben daselbst f. 16 heisst es die Gulden Sonn.

— 1479. It. v ß vi hllr. den Grabenfegern iij nacht vff dem Burg-graben by sant Katrinenporten zu fegen.

— 1494. It. xc fl. hat gebin Hanns von Soden vmb daz Huss zuschen Sant Cathrinen Porten vff der lingten syten obenlig des Dores vff den Graben gein der Steynhütten zuschen dem Huss darinne Heilo Settelers Wittwe sitzet vnd des Rathes ist, vnd dem Huss, darinne des Rates Marstellere itzund wonet, vff ij fl. geltes ewiger gülte ersten Zinses vnd Eigenschaft.

Bürgerbuch 1496. Conratt Otto Buwe Meister uff St. Catharine *Snecken*.

Stdt. Rchnbch. de 1496. Huss neben dem Thore an der Brotwagen.

— 1497. It. iiij fl. ddt. Hans Lutter zu Husszins neben der Broitwagen.

— 1500. Zins vff dem Huse und Krame neben der Brotwage by sant Katrinenthorne.

— Zins von dem Husschin innewendig neben dem Dornborn.

Stdt. Allmendbuch de 1521. Allemey neben der Stadt Mauer stosst an S. Catharinen Pforten.

Stdt. Rchnbch. 1548. Der Rath verkauft ein Haus hart am Katherinentorn zur rechten Hand gelegen um 200 fl. mit dem Bedinge, dass kein höherer Bau und kein weiteres Lichtrecht für die Zukunft statt haben sollte.

— Der Kram unter S. Katharinen Pforten Steegen ziuset.

— 1550 ein Schwibbogen bei S. Katharinen Pforten, worinn gekocht wird, kommt als verpachtet vor.

— 1613. Zins vom Laden gegen dem Pantzloch über.

— 1614. Zins aus dem Kram vnder der Catherinen Pforten gegen dem Pantzerloch übir 12 fl.

— 1618. Das *Panzerloch* ist ein Gefängniss. F.

254) O. U. 1360. H. — genannt Ziegenhain in der alten Stadt zu F. by Buckenheimer Dor gelegen.

S. P. 1392. H. Cziegenhen.

— 1416. H. Ziegenhan by Bockenheimer Porten.

Zinsbuch 1428. Gässchen hinter Ziegenhain.

O. U. 1489. H. — in der Gassen bei der Catherinen Pforten genant Ziegenhain.

O. U. 1490. H. — gelegen by S. Catherinen Pforten neben ein Backhaus und dem Huss zum Ziegenhain etc. ditto 1490 (neben Henne von Bergen, Becker).

Lit. G. No. 3. War in älteren Zeiten mit dem vorigen ein Haus.

„Item 1 marca cedit Martini de duabus domibus contiguis dictis Adamsshauss, ex opposito domus dicta Eschersshcim, sitis latere septentrionali, contiguis domui dictae Assenheim, et dant duo in aequa portione. Et est vnus census." L. C. B. M. V. in M. Sec. XVI.

Dieses und das vorige Haus gaben jedes dem L. F. Stifte jährlich eine halbe Mark oder 45 kr.

Lit. G. No. 4. *Assenheim.*[255]) S. vorher „Hus Assenheim by S. Katrinen." S. G. P. von 1455.

Lit. G. No. 5.

Lit. G. No. 6.

Lit. G. No. 7.

Lit. G. No. 8.

Lit. G. No. 9. [Zum Raben.][256])

Stdt. Rchnbch. de 1495. Zinss vom Huse hart neben sant *Catharinensnecken.*

O. U. 1530. Eckhauss — Ziegenhain genannt bei S. Catherinen Pforten neben N. uff eym und dem Haus zum Plaermaul über, uff der andern Seiten.

— 1531. Eckhauss — zum Ziegenhain genant bei der Catharinen Pforten gegen dem Flarmaul über.

— 1453. Backhaus genannt zum *cleinen Isenmenger* bei innere St. Catharinen Pforten uff dem Orth gein N. etc. über.

— 1467. H. genannt zum cleinen Isenmenger gelegen by St. Catharinen Porten zuschen dem Gesesse *Ziegenhain* und dem Becker daselbst.

— 1521. H. u. Gesess — genant *zum Eilner* (Ulner, Silner?) neben N. und dem *Blidenhuss* uff der andern Syten stoisst hinden uff den Hirtzgraben.

Mspt XVII. Sec. H. *Wurtzberger* bei dem Bleidenhaus. F.

[255]) O. U. 1482. H. — genannt Assenheim gelegen by S. Catharinen Porten zushen N. N. stosse hinden an unserer Stedte Hirtzengraben.

— 1596. H. Assenheim an der Catharinen Pforten stosst hinten auf den Schiessgraben. F.

[256]) Zsbch de 1356. ii fl bllr. nd missas secundas quadragesimae dividens — de domo Lotzonis Gyselers et Lukardis ejus legitime — latere orientali respicienti ad meridiem, ex opposito domui *zum alten Raben* contigua curie quoudam Hermanni de Montebur textoris.

Lit. G. No. 10. *Blidenhaus.*[257]) *Blideneck.*[258]) *Bleidenhaus. Bleihaus.* Nun das grosse Kaffehaus. Ein doppelt vorstehendes Eck.[259])

Zsbch. 1346. 1 marca in festo Petri et Pauli dividd, de domo — contigua domui Lotzonis Gysclers latere orientali — N. *recentiori manu*: zum alden Raben ware vielleicht ein Eckhause einer nicht mehr vorscienden Gass ut ex sqq. patet:

„v sol. den. in anniv. Joh. et Hylle coniug. dictorum Heilgeyst, vigilia Simonis et Jude — sita vico dicto rabingasse, latere orientali modo Herman de Moutebur.

(Ob gehörig hierher oder in die Schnurgasse beim Rabengässchen? F.)
O. U. 1534. Behausung und Schmidt *zum Raben* genannt bei S. Catharinen Pforten neben dem Bleidenhauss uff einer und N. uf der andern Syten gelegen.

[257]) S. G. P. 1339. Sutor by dem Blidenhaus.

Stdt. Rchnbch. de 1348—1351. It. von dem Huse by dem Blidenhuse zu Cinse 7 ₰ collnisch.

It. desgleichen pro 1349.

S. G. P. 1354. Das Belidenhus 1361. 1381. 1387. 1389. 1412.

Stdt. Rchnbch. It. — von dem Fleckin an dem Blydenhus — 21 Schllg. Heller (1354).

O. U. 1374. H. zuschen Bockinheimer Porten und dem Blidenhuse.

S. G. P. 1399. Henne Blidenhus Smidt 1400.

— 1406. Der Smydt by dem Blydenhus 1410.

O. U. 1413. Zwei H. an dem Blidenhus gelegen.

S. G. P. 1423. H. zum Blidenhause.

— 1430. Else zum Blidenhause.

Stdt. Rchnbch. de 1432. It. iii 𝑓 hat gebin Hans Seiler von Strasburg von der Schalen vnd Schoppe by dem Blydenhuse zu Zinse.

— 1434. It. iii fl. — H. Seiler v. Str. von der vmbgemauerten Hofstede by dem Blydenhuse.

— 1438. It. iii 𝑓 hat geben der Seiler by dem Blydenhuse zu Czinse von dem Flecken in den Schalen an dem Blydenhuse.

— 1439. It. Hans Seiler von dem Schoppen by dem Blydenhuse (iij 𝑑 per Jahr).

— 1440. It. Hans Seyler von dem Flecken by dem Blydenhuse.

— 1443. Desgleichen — von der Schalen vnd Flecken bei dem Blydenhaus.

— 1444. It. iij fl. han wir betzalt für den schoppen in den schalen by dem Blydehuse, den Seiler Siefried etliche jare innegehabt hat jährlich vmb iii 𝑓 vnd den schoppen am ersten selbs gebuwet vnd den man jm nu abgelecht hat, nach irekenntnuss der werglude.

Bleidengasse.

Joannis hat in II. Tom. von Mainzer Sachen, S. 374 bewiesen, dass Blide vormals bei den Deutschen so viel als Freude bedeutete, und der Ortsnamen Bleydenstadt wird daselbst im Lateinischen Locus laetantium übersetzt. In gleichem Sinne hätte also das Bleidenhaus ein Freudenhaus angezeigt; allein das Wort Blide hatte auch noch eine andere Bedeutung. Nach solcher war es eine Wurfmaschine, auf welche schwere Steine gelegt und nach den Städten geschleudert wurden. [260]) Man

---

— 1460 u. vord. Jahre heisst es ständig: von der Schalen by dem Bliedenhuse — sofort in allen Rechnungen, namentlich:
— 1466 ein Waner (Wagner) von der Schalen by dem Blidenhuse.
O. U. 1482. II. — gelegen gen Unser Stedte Blidenhuss über — stosse hinden an das Gehuse Brunfels.
O. U. 1485. Hofstatt und Flecken, auch Nuwes Gehuss, so itzund daruff gebauet werden soll, innewendig S. Catharinen Porten gelegen zuschen unserm des Rats Blydenhuse, daselbst und N. Husunge genannt *Clebergk*, stosse hinden an unserer Stedte Hirtzgraben (welchen wüsten Flecken und Hofstett der Rath an Claus Wennerer zu Erbe verluwen hat jährlich um ii ₰ Heller Zinss).
Sdt. Rchnbch. 1488. It. iij ₰ dedit der Weyner by dem Blydenhuss von dem Huse neben dem Blydenhuse zur Zinse (also nicht mehr Flecken oder Schale).
— 1489. ditto der Weyner uss seinem nuwen Huse neben dem Blydenhuss. F.
[258]) *Blideneck* und *Bleidenhaus* waren verschieden. F.
[259]) Ueber das Bleidenhaus siehe *Orth's* Sammlung merkwürdiger Rechtshändel. 1, 148.
Zinsbuch S. Barthol. 1405. „1 ₰ heller de domo ante portam (innerhalb wie immer) dictam Bockenhemmer Dor by dem Wenner" (Wagner) und neben auf dem Rande noch beigefügt: apud S. Catharinam. Es besass auch die Karthauss zu Mainz eine gerichtliche Urkunde de ao. 1437 Dominica post Udalrici über eine Mark jährlich ewiger Gülde auf U. L. F. Tag in der Fasten fällig und wird das Haus, worauf der Zins haftete, beschrieben: „gelegen uff der nesten Smytten by dem blidenhus an dem Wener" (Wagner) Frater Brum, der vermuthlich von hier stammte, vermachte diesen Zins seinen Mitbrüdern, wie auswendig auf der Urkunde bemerkt steht.
[260]) *Blyden* als Wurfmaschine kommt noch vor 1399. Vid. *Guden.* Cod. III, 645.
[1280 kommt domus machinarum in einer Urkunde vor, in deren zweiter Ausfertigung dafür domus Blydenhus gesagt wird. C. D. 201.]

lose hierüber die kleine Schrift: Schloss Wartburg, ein Beytrag zur Kunde der Vorzeit. 2. Aufl., S. 96. Und mit dieser Bedeutung stimmen die Nachrichten, welche in der Chronik II, 814 (794) von dem Blidenhause mitgetheilt werden, am besten überein. Ich glaube demnach, dass anfänglich die Wurfmaschinen, die man sonst Büchsen oder Steinbüchsen zu nennen pflegte, und deren mehrmals in der Chronik gedacht wird, in diesem Zeughause aufbewahret wurden; da aber nach der wichtigen Erfindung des schweren Geschützes solche Maschinen von keinem Gebrauche mehr waren, und endlich gar ihre Existenz verloren, musste dasselbe zur Aufbewahrung der Schwerter Spiesse und anderer kleiner Waffen dienen. *Müller* in seiner Beschreibung der Stadt Frankfurt, S. 41, wo er von den Zeughäusern schreibt, bezeugt, dass zu seiner Zeit (1747) in diesem alten Gebäude noch unterschiedliche Kriegsgeräthschaften lagen Es wurde 1752 am 20. März von der Rechnei an den Meistbietenden verkauft und kurz darauf wurde an seiner Stelle ein neues Gebäude aufgeführt, das den alten Namen Bleyhaus beibehielt. Zwei sehr grosse steinerne Kugeln, wie sie bei den Wurfmaschinen von Gebrauch waren, lagen an den Ecken des Hauses, durch die man ohne Zweifel seine ältere Beschaffenheit im Andenken zu erhalten suchte; sie wurden aber den Augen der Vorübergehenden entzogen, als die Gewölbe in Zimmer verändert, und das Ganze zu einem Kaffeehause eingerichtet wurde. Von der Zeit an hiess es das grosse Kaffeehaus, und dieser Name dauert noch fort, obschon das Kaffeehaus 1806 wieder aufgehört hat.

Am 13. August 1785 ereignete sich ein ganz sonderbarer und für das Haus unglücklicher Fall.[261]

Lit. G. No. 11. *Stadt Kopenhagen*. War ein Gasthaus; ist aber jetzt ein Kaffeehaus. Dasselbe soll ehemals zum Bleidehause gehört haben, wie ich von einem glaubwürdigen Mann erfuhr.

---

[261] Betraf einen ausgebrochenen Brand, siehe darüber „*Belli* Leb in Frankfurt a. M. II, 68." (Neuere Bemerkung.)

Lit. G. No. 12. *Kleeberg. Kleiner Kleeberg.* [262] „eyn phund hellir geldis — gelegin vff dem huse vnd gesezse genand Cleberg by dem Blydenhuse." Ex orig. de 1378 in Lat. F. IV. No. 18. Dieser Zins fiel auf Walburgis, und wurde nach einer Bemerkung auf dem Rücken der Urkunde 1412 ad Kalendas capituli gezogen.

„xxi *s* Martini de domo contigua dem Blydenhauss versus B. Virginem latere septentrionali, dat Peter Bayer Wagener." C. off. DD. de 1563. f. 10. Ser. III. No. 11.

Das Off. DD. empfing noch wirklich den Zins von diesem Hause. Am 11. Juli 1577, um 2 Uhr nach Mitternacht, entstand ein Feuer in diesem Hause, wodurch dasselbe bis auf den Grund abbrannte. Peter Bayer der Wagner und seine Frau wussten sich nicht anders, als durch einen Sprung vom Fenster herab, zu retten; der aber für beide so unglücklich ablief, dass sie bald darauf ihren Geist aufgaben. Noch unglücklicher waren ihre Kinder. Der Sohn, ein Mensch von 14 Jahren, als er durch das hintere Fenster in den Graben sprang, wurde er von dem herabfallenden Gebälk erstickt, und die achtjährige Tochter fand man nach gelöschtem Feuer beinahe ganz verzehrt. Ex Ms. c. t. Chron. I, 540.

Lit. G. No. 13. *Zur Schmiede.* [263]
Wird in dem Liebfraustiftischen Z.-Buche also genannt. Auch

---

[262] O. U. 1347. H. zu Cleberg an dem Blidenhuss.

— 1480. II. u. G. — gelegen by u. l. F. Kirchen genannt zum Kleeberg neben dem Blydenhuse uff eyner und einer Smytten uff der andern Syten stosst hinden uff unser Stedte Hirtzgraben.

— 1485. Siehe S. 247, Note 257.

— 1650. Behausung — Cleeberg genannt an und neben dem Plädenhause einer und N. anderseits — stosst hinten an Schlessgraben.

[263] S. G. P. 1454. Die Smitten bei U. L. F. Kirchen.

— G. Br. 1457. Zwei H. uf dem Hauwemargte zushen den Gesessen zum roden Schilde und Stalburg da inne Peter von Rendel barberer und Joist v. der Synne *Smede* wonen.

S. G. P. 1484 eine Smytte auf U. L. Frauenberge zwischen dem H. zum roden Schild und dem H. Bommersheim. (?)

spricht das S. G. P. von 1460 von „Hus und Smytten by U F. Kirche an dem hus zum rodenschilde."

Lit. G. No. 14. *Zum rothen Schilde.* [264]) Der Name steh über dem Thore ausgehauen.

„Domus dicta zum roden Schilde in Monte dicto Ross bubil sita." Ex Instr. de 1350. Das Haus steht noch am Lieb frauberge, aber nicht auf demselben.

„Domus Rotschylt sita in antiquo opido inferiore parte vic

---

[264]) O. U. 1361. H. zum *Rodenschilde* uff Unser Frauenberge.
S. G. P. 1392. Heinze Wener zum roden Schilde.
O. U. 1444. H. u. G. hinden und vorn — genannt zum *Rode Schilde* gelegen by uns. L. F. Kirchen zuschen Josten von der Synne Hu schmidt und Rudolf von Schraberg.

O. U. 1460. 2 H. gelegen neben einander by U. L. F. Berge zusch Hermann Wüst Isen und Joisten von der Synne Hufschmyde, davon ei genannt sy zum roden Schilde und daz andere zum alten Burghard u stossen beide binden uff unser Stedte Murren.

S. G. P. 1461. H. zum roden Schilde und H. zum alden Burkart neb einander by U. L. F. Kirchen gelegen. Auch 1466.

O. U. 1475. H. — bey unser L. F. Berge gelegen genannt Bomme heim zuschen Crafft Stallburg Ratgesell und Joist von der Sinne Hufschu und stosse hinden uf unsern Stadtgraben.

Stdt. Rchnbch. de 1493 werden Tuchpressen im Huse zum Rod schilde erwähnt.

O. U. 1516. H. u. Gesess — genannt zu *Bommersheim* uff un L. F. Berge zwischen den Gesessen *Stalburg* unde dem Roden Sch gelegen.

O. U. 1535. H. u. Gesess uff dem Hauwemarkt sampt XXXI pres und — zum roden Schilt genannt — stosst hinten uf unserer Stedten Mur

— 1542. H. — uff Unser Frauenberg neben dem Haus zum ro Schilt uff einer und der Behausung zum Paumgarten genannt uff der dern Seiten gelegen, stosst hinten uf den Hirschgraben.

— 1542. H. zum Rothen Schilt genannt neben N. N. und N. H schmitt gelegen, stosst hinten uf den Hirschgraben. F.

Mspt. XVII. Sec. H. zum rothen Schild auf dem Heumarkt ne dem H. Stalburg bei U. L. Frauenkirchen.

Mspt. XVII. Sec. H. *Boberstein* bei U. L. Frauen zwischen H. Stallburgk u. H. zum rothen Schild.

montis Marie latere septentrionali infra ecclesiam montis sancte Marie prefate et domum Blydenhus." R. C. de 1390. f. 66.

„Zum Rodenschilde vnd zum alten Burckart sin aneynander by vnszer lieben Frauwen Kirchen gelegen zuschen Herman Wustisen vnd Jost von der Synne huffsmyden." I.-B. von 1459.

„Haus auf unser Frauen Berg zum Rothen Schild genannt, und hinten auf dem Hirschgraben stosend" Ex. lit. Senatus de 1563.

„ij marc. practer ij β cedt. decoll. Joann. de duabus domibus sitis lat. septentr. dictis zum Rodten Schilt et de domo Fabri huic iam dictae domui contigua, ex alio vero latere contigua domui dicte Cleeberg bey dem Bleydenhaus." L. C. B. M. V. Sec. 16.

Lit. G. No. 15. Vermuthlich *zum alten Burkhard.* S. bei dem vorigen Hause.[265]

---

[265] Wahrscheinlich ist dieses No. 15 das Haus *Stalburg.*

S. G. P. 1341. Johannes de Stahilberg.

— 1386. H. zu Stahilberg.

— 1395. H. *Stalberg.* — H. Stailberg.

— 1399. Die Herberge zu Stalberg.

O. U. 1403. H. u. G. Stalburg gelegen by unserer Frauen Kirchen an Bommerheim.

S. G. P. 1421. Das H. zu Stalberg — 1451. H. Stalberg auf U. F. Berge.

S. P. 1451. H. Stalberg uf U. F. Berge.

O. U. von 1468. f. 2. post Division. Apostol. eine Schöffenauleit zwischen dem H. Stalberg und dem neuen Hause U. Lfrauenstifts (letzteres Haus wird auf dem Umschlag der Urk. die neue Schule genannt), wobei über den Kändel und die Traufe bei dem geführten neuen Baue entschieden wird. Es heisst darin, der Besitzer des H. Stalberg solle sein Wasser neben an der horren nuwen huse in das Schulgeschin ausleiten.

— 1477. H. gēt Stalberg bei U. L. Frauen gehort Clas Stalberg. (Monis 6. 1.)

Mspt. XVII. Sec. H. *Alt Stalburg* auf U. L. Frauenberg neben der Kinderschul.

S. Stalburg 4. 3 - 6. 2. F.

[Von diesem Hause entlich die Familie Stalburg bei ihrer Einwanderung aus Rödelheim den Namen.]

Domus Conradi Paternoster.

„ix den. de domo Conradi dicti Paternoster, sita in vico Marie, latere septentrionali, infra ecclesiam eiusdem et portam dictam Bogkinheimerdor antiquam, ex opposito, quasi sed plus ad occidentem, domus dicte zum Sludekoppe, site in acie respicient⟨e⟩ septentrionem et orientem vicorum, opidum dividentis e Marie." L. r. B. de 1350, f. 12.

Eben daselbst f. 17 wird das Haus infra ecclesiam et domum dictam Blidenhus beschrieben.

Lit. G. No. 16. S. auf dem L. Frauberge.

Häuser auf der Südseite.

I.

Zwischen dem kleinen Kornmarkte und der Flarmaulsgasse.

Lit. K. No. 171. *Rieneck.* Das Eck am kleinen Ko⟨rn⟩markte. [266]

---

[266] S. G. P. 1370. Dilmann zu Rinecken. 1399. Jungfrau Meckel Rieneko 1403.

Stdt. Rchng. de 1385. Sabbatto post Bartholomei. It. xvi ß in xxi heller vmb Wyn vnd Knechten zum lone, ales iz brannte *vor* Boc⟨k⟩heimer Porthen Rynecken vnde andere Gesesse alz man da loschete ⟨in⟩ Nachts hute. (Der Ausdruck *vor der Porten* beweist hier wie viel a⟨us⟩wärts, dass durch vor nicht *ausserhalb*, sondern innerhalb (gegenüber verstehen sei und bedeutet, dass man an das benannte Haus aus der ⟨Mitte⟩ der Stadt zuvor gelangte, ehe man an die Pforte kam.)

S. G. P. 1392. H. Renecke.
— 1397. Flecken genannt Reneck.
— 1399. Der Flecken da das H. Rieneck uff gestanden.

B. Z. B. 1409. Eyn Stall hinden bei dem Gesesse Rynecken vn⟨d⟩ vor ziden geheissen in der *Plugishaubtsgassen* hinter Wentzel Giss⟨en⟩ Becker — was vor tzyden eyn Huss, nu ein Stall ist.

S. G. P. 1426. Der Fleck da Rieneck uff gestanden.

O. U. 1431. Die Husunge vorn und hinden mit Kellerunge, ⟨…⟩ und andern ihr Zugehörunge geuannt Portenecke geyn unserer innern Bo⟨ck⟩heimer Porten uber, und den Flecken und Hofestad darneben zushen

„Domus Rienegkin sita latere meridionali infra vicos Kornmertig et propiorem versus orientem in acie occidentem et septentrionem respiciente ex opposito directe porte Bogkinheymer dor." P. B. de 1356. f. 15.

Flecken genant Rieneck. S. P. 1397.

„Der Flecken da das hus Ryenecke uf gestanden." S. G. P. von 1399 u. 1426.

„Hus Reneck by S. Catrinenporten neben dem Brand und dem hus Portenecke." S. G. von 1484.

Im von Holzhaus. Archive meldet eine Nachricht, dass das Haus Rieneck gegen der Bockenheimerpforte über 1426 abgebrannt sei. Der Flecken von Rieneck muss also vor gedachtem Jahre schon wieder überbauet gewesen sein.

„Flecken gen S. Catharinen Porten am Ort innwendig der Statt Dhoreborn, daruff itzunt Zimmer und ein Backhuss gebut werden sollen, neben Portenecke, stoisst hinden uff das Huss Rineck." O. U. von 1512.

Lit. K. No. 172. War in ältern Zeiten ein Backhaus.

---

selben Gebuwe tzu *Portenecken* und der Hofstadt, da uffgestanden hat Renicke.

O. U. 1451. H. gelegen in dem Gessechin hinter Ziegenheyne und by der Hoffestatt da vor zyden ein Husunge genant Renecke uffgestanden haben.

G. Br. 1455. H. gut. Rienecke gen Sente Katherinen Thorn uber. S. *Weiss* v. L. 49. 3. 4 ad 1426.

O. U. 1482. H. mit einem Hindergehuse — gelegen by Skt. Catharinen Porten uber genannt *Reneck* zwischen dem Brande und dem Gehuse Porten Eck. Ebenso 1483.

S. G. P. 1484. H. Rineck by S. Catharinen Pforten neben dem Brande und dem H. Portenecke.

O. U. 1513. H. — uff dem Kornmargt gelegen genannt Reneck zwischen Classen von Mltnzenberg Becker und N., stosst hinden an eine wusten Flecken.

— 1522. H. u. G. Reneck — geiegen uf dem Kornmarkt neben Claysen v. Minzenberg dem Becker uff eyner und an der andern Syten auf eine gemeine Gassen und hinden uf den Guldenkopff stossend. F.

[1422. Rieneck bei der Bockenh. Pforten in der Altstadt. *Senckenberg* de testam. publ. S. 80.]

„Der flecken zwischen dem hus Rieneke vnd Portenecke da vor ziten ein backhus gestanden." S. G. P. von 1424. Das Haus Rieneck wurde schon 1399, und auch dieses Haus noch vor dem Brande von 1426 ein Flecken genannt; es entsteht daher die Vermuthung, dass die beiden Häuser schon durch einen weit frühern Brand zu Grunde gerichtet waren. Rieneck war zwar wieder erbauet worden, bis es 1426 zum zweitenmal abbrannte; nicht aber das Backhaus, welches wüst liegen blieb, und lange Zeit nicht wieder aufgebauet wurde, indem „der flecken den man nennet den brand by S. Cathrinen porten" in dem S G. P. von 1460 noch vorkömmt und das Haus Rieneck daselbst beim J. 1484 noch neben dem Brande beschrieben wird.[267])

Lit K. No. 1. *Flarmaul*.[268]) Sonst *Pforteneck*.[269]) Das Eck am Flarmaulsgässchen.

„Ein hus mit siner zugehorunge gelegen vff dem brande gein Sant Katherinen porten uber, genant Porten Ecke." I.-B. von 1439. Des Namens wird auch 1424 und 1484 bei den vorigen Häusern gedacht.

„II. *Portenecke* gelegen innewendig der innern Bockenheimer Porten." Insbrf. 1437.

„9 β de domo zur Flerrmaulern Conrat Seyler." Verzeichniss abgelegter Zinsen vom XVI. Jahrh. Ser. II. No. 38.

---

[267]) G. Br. 1424. Ein flecken da vormals ein backhus uf gestanden das abgebrant sy, an Rienecken gelegen. S. unten 1363. S. *Weiss* v. L 49. 4. F
[268]) G. Br. 1363. Husunge wonunge und Gesesse gelegin uf Unser Frauenberge mit namen uf eyner Syten an dem *backhuse* das da ist Frauwen Elsen Frayschen alse verre alse das backhus geet und furbass by *Brunen schure* uz bis an das gezschin und uf die ander Syten an dem huse das Conrad Heckelins ist.
   O. U. 1546. H. — bei Sant Catharinen Pforten neben der Behausung. zum Flarmaul.
   — 1575. Eckhaus zum Flarmaul — bei der Catherinen Pforten. F.
[269]) S. G. P. 1384. Rorich zu Portenecke.
   — 1423. Der Fleck Portenecke.
   O. U. 1459. *Porteneck* by sant Catryno uff dem Brande. F.

„im Flarmaul an der Catharinenpfort." Int.-Bl. an. 1741. Das Haus war um selbige Zeit eine Fussherberge.

II.

Zwischen dem Flarmaulsgässchen und dem Rothenlöwengässchen.

Lit. K. No. 6. *Zum Burckhard.* Das Eck am Flarmaulsgässchen.

„i libra olei de domo dicta zum Burghardis, sita in vico Marie, latere meridionali, infra vicos inpertransibiles meridionales videlicet medium et occidentalem, in acie respiciente occidentem et septentrionem vici inpertransibilis occidentalis prenotati." L. r. B. de 1350. f. 61.

„domus dicta zum Burkartis sita in antiquo opido Frank. inferiore parte vico Marie, latere meridionali infra vicos videlicet Lupurgis et Mulichis gazze in acie respiciente occidentem et septentrionem vici Mulichis gazze iam notati." L. V. B. Sec. XIV. Vic. S. Michaelis.

Lit. K. No. 7. *Rother Löwe.*[270]) Domus Friderici de Selgenstadt. Das Eck am Rothenlöwengässchen. Es war vor Zeiten ein Backhaus, nun aber ist es eine Fussherberge.

„Sex sol. den. de domo Friderici de Selgenstat pistoris sita in antiquo opido Frank. inferiore parte vico Marie, latere meridionali infra vicos dictos Lupurgis et Mulichisgazze, in acie respiciente septentrionem et orientem vici Lupurgisgazze iam notati." L. V. B. Sec. XIV. Vic. S. Valentini.

„super pistrino ex opposito des blidenhuses by bockenheimer dor." L. Annivers. monast. Praed. de 1421. f. 8.

„domus pistoria Friderici de Selginstadt pistoris sita in vico Marie, latere meridionali infra vicos Lupergergasz et Mulichsgasz in acie respiciente septentrionem et orientem vici Lupergergasz iam notati. Dat Lupergers eiden Contz." L. V. de 1453. f. 159.

---

[270]) Stdt. Rchnbch. de 1387. Wird Hussgeld vom rothen Löwen zur Einnahme gebracht. F.

III.

Zwischen dem Rothenlöwengässchen und der kleinen Sandgasse.

Lit. K. No. 14. *Rother Knauf*, vorher *Weidenbusch.* [271]) Das Eck am Rothenlöwengässchen.

„Zum Wydenbusch mit aller siner zugehorunge vnd dan das Orthusz darneben gelegen uff dem Ort der Santgassen vnd uff der andern Syten gen Luperger dem becker uber." I.-B. von 1430.

„Das Eckhaus zum rothen Knauff ohnweit der Catharinen Pforte." Intell.-Bl. von 1741. No. 61.

Lit. K. No. 15. *Citronenbaum*, vorher *Weidenbusch*. Das Eck an der kleinen Sandgasse. [272])

„iij marca den. de domo dicta Widenbusch sita in vico Marie versus Bockenheymer porten, latere meridionali in acie respiciente septentrionem et orientem vici Santborngasz." L. V. de 1453. f. 149.

Eine neuere Hand bemerkte in diesem Buche, das Haus sei ums Jahr 1460 in 3 Häuser getheilt worden.

Die vordere Ecke der abgerissenen 2 Häuser sind die nächsten in der kleinen Sandgasse.

---

[271]) O. U. 1374. In dem H. des Eberhardis Isenmengers in der Stadt Fr. bey dem Bockenheimer Tore aller nest by Widenbuschs Hause und Gesesse des Beckers.

S. G. P. 1432. H. zum Widenbusch und das Orthus daneben gelegen uf dem Orte der Santgassen.

— 1434. Messkram im H. zum Widenbusch.

O. U. 1438. H. zum Knauffe an dem Wydenbusch gelegen.

— 1457. Backhuss genannt zum cleynen Isenmenger uff dem Ort geine dem rothen Knauff uber. F.

[272]) Domus Friderici Lupurg. *Weidenbusch*, anitzo *Citronenbaum*.

„vi solid. den. cedentes Martini de domo Friderico Lupurg sita in vico Marie tendens (tendente) ad portam sancte Katherine, latere meridionali infra vicos Santborn et Lupurgis Gass in acie respiciente septentrionem et orientem ex opposito Jeckel Seyler." Lib. Vicar. de 1453. f. 76.

„Das Geschin hinten Widenbusch." S. P. 1405.

„Hus zum Wydenbach oben am Orte der Sandgassen." S. G. P. von 1462. 1463. 1468.

„i marca de domo aciali dicta Weidenbusch sita latere meridionali orientem et septentrionem respiciente praecise vff der Sandtgassen, ex opposito domus dictae zu Praunheim et ex opposito dem Bleidenhauss." L. C. B. M. V. in M. Sec. XVI.

In einem Währbriefe vom 8. August 1731 heisst es: „eine Eckbehausung an der kleinen Sandgass, gegen dem Bleyhauss über, zum Citronenbaum genannt. Gibt 4 fl. 30 kr. ins Bartholomäus-Stift." Diesen Zins empfing der Besitzer der Vicarie SS. Mathiae et Bonifacii auf Martini.

Am 15. Juni 1805 wurde das Haus durch einen darin entstandenen Brand sehr übel zugerichtet, und noch im selbigen Jahre wieder ganz neu aufgebauet.

IV.

Zwischen der kleinen Sandgasse und dem Faustgässchen.

Lit. K. No. 33. *Braunheim*. [Praunheim.] Das Eck an der kleinen Sandgasse.[273])

„1360 verkief Henne zu dem Rade die Hälfte vom Hause Prunenheim gegen dem Bleydenhause über an Frau Alheid Clobelauchin." Ex docum fam. de Holzhausen.

---

[273]) G. Br. 1357. II. genant Prumenheim uf dem rozsenbuhel gein dem blidenhuse ubir.

— 1363. H. Prunheim by dem Blidenhuse.

O. U. 1375. II. u. Gesesse gelegin by dem Blidenhuss ubit uff dem Orthe an der Santgassen genant Praunheim.

— 1503. II. und Gesess — genant Prunheim uf der Santgassen an der Ecken gein dem Blydenhuse uber gelegen und die Husserchen, die dazu geboren, mit Namen das Huss do Hans Scheffer der Winknecht itzt innewonet und das andere Huss hart darneben am Prunheim gelegen — stosst hinden an Brunenfels. F.

[1307. Erimbertus de Prunheim et Gertrudis uxor geben dem deutschen Orden ihr Haus auf dem Rossebühel in Fr. Aus einer ungedr. Urk. Archiv für Frankf. Gesch. VI, 70.]

„Hus genant Prumenheim uf dem rozsebuhil gein dem Blidenhuse ubir." O. U. von 1357.

„Domus — in vico Santgaszen ex opposito dem Blydenhuse et domus dicitur Prumheim." L. C. S. Leonardi. Sec. XV. f. 7.

Man sehe auch beim vorigen Hause.

Lit. K. No. 34. *Heidelberg*, vorher *Bicheling*. [274]) Das Haus gab der Praesenz auf Martini 11 kr. 1 d. Grundzins.

„Der Döringen haus, jetzt Heidelberg genannt, gen dem Blidenhaus uber." O. U. von 1422.

„vj den. de domo Heidelberg alias zum Bicheling ex opposito dem Blidenhus. L. C. S. Leon. Sacc. XV. f. 17.

„i marca de domo — alias dicta Heidelberg, latere meridionali contigua a retro habitationibus dictis Brunfilsch." R. C. de 1499. f. 36. (33.)

Lit. K. No. 35. [275])

Lit. K. No. 36. Das Eck am Faustgässchen. [276])

„3 fl. vom Eckhauss an dem Faustgässchen gegen dem Bronnen am Bleyhaus (Bleydenhaus) über." Zinsb. U. L. F. Berg.

In einem andern Zinsbuche heisst es: „gegen dem Bleybrunnen über." Der Zins ist Pfingsten fällig. Das Haus bildet jetzt mit dem vorhergehenden ein Haus.

Das eiserne Gatterthor vom Braunfels schliesst das Gässchen.

V.

Zwischen dem Faustgässchen und dem Liebfrauberge.

Lit. K. No. 37. *Flörsheim.* Domus Hartmudi Kebeler. Das Eck am Faustgässchen. [277])

---

[274]) O. U. 1361. Huss und Gesesse zum *Bichelinge*. F.

[275]) Dieses Haus scheint 1335 der Rorichen Huss geheissen zu haben, wie die bei dem Haus Königstein angeführte Stelle beweist.

[276]) O. U. 1480. H. Blyden Ecke bei U. L. F.

— 1485. H. genant *Blideneck*, gelegen uff dem Ecke des Gesschins, als man uff dem Gesesse Brunfels hindenheraus gehe.

Stdt. Allmendbuch de 1688. Allment gen dem Bleydenhaus ubir stoset hinten uff den Braunfels. F.

[277]) 1353. Zween Husere gein dem Blydenhuse über genannt Flersheim.

„xiij sol. den. de domo Hartmudi dicti Kebeler sita in antiquo opido Frank. inferiore parte vico Marie latere meridionali infra vicos, dividentem et Fustgazze, in acie respiciente occidentem et septentrionem Fustgazze iam notati." L. V. B. Sacc. XIV. Vic. S. Valentini.

„xiij β den. modo xxvij β hllr. de domo dicta Flerszheim sita in vico Marie latere meridionali infra vicos dividentem et Fustgasz in acie respiciente occidentem et septentrionem vici Fustgasz ex oposito Blidenhusz." L. V. de 1453. f. 159. Das Haus gab der Präsenz auf Martini 1 fl. 43 kr. Grundzins.

Lit. K. No. 38. [*Königstein.*] [278] [Ob auch *Fleischer?*] [279]
Lit. K. No. 39. *Glocke. Goldne Glocke.* [280] In einem Gültbriefe von 1382. f. 3. ante Georgii lautet die Beschreibung

---

S. G. P. 1383. H. zu Flersheim.
G. Br. 1399. H. genant Flersheim by dem Blidenhuse gelegen.
B. Z-B. 1409. H. genannt Flersshcym das do lyget an Koniggesteyn gein dem Blidinhuse ubir.
O. U. 1439. Ort Huss u. Gesesse — genannt Flerssheim gein dem Blidenhuse über an dem Huse genannt Konigstein gelegen.
O. U. 1468. H. genannt Flersheim gelegen gein dem Blidenhuse uber zushen dem Huse Kongenstein und N. und stosse hinden uff Brunfelss.
G. Br. 1484. H. güt. Flersheim hinden an Brunfels und vorn gein dem Blydenhuse uber.
Mspt. XVII. Sec. H. Flersheim bei U. L. Frauenberg gen dem Bleidenhaus über, stosst hinten auf das H. Brunfels. F.

[278] O. U. 1335. Domus noviter aedificata, domo dictae Koningstein contigua ex opposito der Rorichen Huss.
— 1367. H. u. Gesesse gelegin by dem Konistein (?) genannt die *Rose*, als es etzwann Lübenberger besass.
S. P. 1396. H. Kunigstein. F.
Mspt. XVII. Sec. H. Königstein gen dem Blidenhause uber auf U. L. Fr. Berg.
Fr. N. Bltt. de 1726. No. 102. H. zum *Königstein* dem Bleydenhaus über.

[279] O. U. 1477 und Mspt. XVII Sec. H. *zum Fleischer gen dem Bleidenhaus*, stosst hinten auf Braunfels.

[280] G. Br. 1382. H. gelegen neben der Kloken und an die sitten an dem bunden Russe, gen dem blidenhus uber.

eines Hauses: „in der gaszen als man zu sant Katherinen geet zuschen Wintherberg und der Glocken, gein dem Blydenhuse uber." [261])

Lit. K. No. 40. *Landstrasse.* [262]) War ein schmales Häuschen, an dem noch ein Gemälde mit der Unterschrift „zur Landstrasse genannt" zu sehen war. Es hatte mit dem folgenden einerlei Schicksal. In dem Zinsbuche des L. F. Stiftes vom XVI. Jahrhundert lautet seine Beschreibung: „domus dicta zu der Landstrassen, latere meridionali ex opposito domus dictae zum Rodenschilt."

Lit. K. No. 41. Vermuthlich *Winterberg.* [263]) S. bei K. No. 39. War auch ein schmales Häuschen, das mit dem vorigen 1788 niedergerissen und im folgenden Jahre mit dem Ecke beim L. Frauberge vereiniget wurde.

Das Eck. S. K. No. 42. auf dem Liebfrauberge.

Bleibrunnen.

Oder der Brunnen am Bleihause. Er steht am östlichen Ecke des grossen Kaffeehauses, das von Alters das Blydenhaus und in den neuern Zeiten das Bleidenhaus oder Bleihaus genannt wurde. Von dem alten Hause hat er nach meiner Mei-

---

O. U. 1382. H. gelegen in der Gassen als man zu S. Catherinen geet, zwischen Winterberg u. der Glocken gen dem Blidenhuse uber.

G. Br. 1444. H. gen dem roten Schildt uber zuschen dem H. Winterberg und der alten Klocken.

O. U. 1560. H. — gegen dem roten Schildt uber neben dem Haus klein Winterbergk und dem Haus zur kleinen Glocken. F.

[261]) Das beschriebene Haus ist also K. No. 40. F.

[262]) O. U. 1592. H. uff dem Liebfrauberge zur Landtstrassen genannt neben dem Haus zur kleinen Glocken einer und der Behausung klein Wintterberg anderseits. F.

[263]) O. U. 1378. H. u. Gesess Winthirberg hinder Frauwenberg gelegen.

S. G. P. 1414. Herr Johannes zu Wintherberg.

Mspt. XVII. Sec. H. *Winterberg* auf U. L. Frauenberg neben dem H. Frauenberg. F.

nung anfänglich der Blidenhusborn und nachmals durch eine
Abkürzung des Namens der Blidenborn geheissen. Er war ein
offener Ziehbrunnen wie alle andern, bis ihm endlich seine
Eimer und Schalen abgenommen wurden und er dafür eine
Pumpensäule erhielt. Diese Veränderung hat sich wahrscheinlich schon zu der Zeit zugetragen, als aus dem alten Bleiden-
hause das neue Gebäude entstand.

Flarmaulsgässchen.

Von den drei Stumpfgässchen, welche auf der mittägigen
Seite der Bleidengasse ihre Eingänge haben, war dieses nach
den ältern Nachrichten das dritte oder der vicus inpertransibilis
occidentalis vici Mariae. L. r. B. de 1350. f. 61. Ihm liegen
also der kleine Kornmarkt und das Rothelöwengässchen an der
Seite.[264]) Die vorher mitgetheilten Beschreibungen der Häuser
zum Burckhardt und zum rothen Löwen geben uns zu erkennen, dass es in der Mitte des XIV. Jahrhunderts die *Mulichisgazze*, oder wie das Vikariebuch von 1453 den Namen aus-
drückt, die Mulichsgasz geheissen hat. Es ist eine erprobte
Wahrheit, dass die kleinern Gassen höchst selten anders, als
nach den Namen der Anwohner oder ihrer Häuser benannt
wurden, und daher glaube ich nicht zu irren, wenn ich den
Namen der Mulichsgasse vom Hause zum Flarmaul herleite.
Unsere Vorfahren im Alterthum sprachen Mul oder Mulich für
Maul, und so mag das Gässchen anfänglich die Flarmulichs-

---

[264]) O. U. 1355. (Census) de domo et fundo ejusdem sita infra muros
antiquos F. — in vico parvo, qui pertransiri non potest prope portam antiquam Bockinheimer Dor dictam in latere orientali ejusdem parvi vici in fine
ubi pertransiri non potest, contigua parte posteriori curie quondam Symonis
dicti procuratoris. Confer. *Würdtwein* Dioec. mog. II, 590.

gasse geheissen haben; da es aber späterhin üblich wurde, lange Namen auf verschiedene Art abzukürzen, so entstand endlich durch einfache Abkürzung die Mulichsgasse.[265]) Das Haus zum Flarmaul gab zuletzt die Veranlassung, dass der alte abgekürzte Name im Tone der neueren Sprache wieder ergänzt hergestellt wurde.

Häuser auf der Ostseite.

Lit. K. No. 2. Das Haus hinten in der Ecke.
Lit. K. No. 3.
Lit. K. No. 4.
Lit. K. No. 5.
Das Eck. S. Lit. K. No. 6 in der Bleidengasse.

Auf der Westseite.

Das Eck. S. Lit. K. No. 1 in der Bleidengasse.
Domus Juttae Beginae de Erlebach.
„i marca den. — de domo Jutto begino de Erlebach, sita in antiquo opido inferiore parte, vico inpertransibili meridionali occidentali vici Marie, latere occidentali, contigua domui dicti Mulich, versus meridiem." L. r. B. de 1350. f. 61.
Das Haus der Jutta von Erlebach ist nun das Hinterhaus vom Ritter auf dem kleinen Kornmarkte; und das Thor hinten im Gässchen gehört zum goldenen Kopf in der gr. Sandgasse.

---

[265]) *Mulich* ist ein Name einer hiesigen Familie des 14. Jahrhunderts. F.

Rothelöwengässchen.

Ein in der Bleidengasse zwischen dem Flarmaulsgässchen und der kleinen Sandgasse gelegenes Gässchen, dass erst in neueren Zeiten diesen Namen vom Eckhause zum rothen Löwen erhielt. In der Mitte des XIV. Jahrhunderts legte man ihm den Namen der *Lupurgisgasse* bei, den das folgende Jahrhundert in die *Lupurgergasse* abänderte.[285] Dieses ist aus den Beschreibungen der in seiner Nähe stehenden Häuser abzunehmen, und das S. G. P. von 1436 beschreibt ein kleines Haus mit den Worten: „Ein huschin hinder dem Wydenbusch in Lupergers Geschin gelegen." Der Name Lupragisgaze ist mir nur einmal zu Gesichte gekommen, und ich kann ihn nicht anders, als für eine fehlerhafte Schreibart erkennen. Uebrigens müssen die Lupurg oder Luperger, welche dem Gässchen schon in der Mitte des XIV. Jahrhundert ihren Namen mitgetheilt hatten, gar lange Zeit seine Anwohner gewesen sein; indem das Eck Lit. K. No. 14 in einem Insatzbriefe von 1430 noch gegen Luperger dem Bäcker über beschrieben wird. Einer seiner Vorfahren, der Bäcker Friedrich von Selgenstadt, führte vermuthlich auch schon diesen Namen; er schrieb sich aber von seinem Geburtsorte, um sich von dem Friedrich Lupurg zu unterscheiden, der nächst bei ihm an der kleinen Sandgasse wohnte. Der Besitzer des Hauses Lit. K. No. 13 versicherte mich einstens, dass das Gässchen in einem seiner ältern Kaufbriefe das Froschgässchen genannt wurde. Er konnte sich des Jahres der Urkunde nicht erinnern, und er konnte sie mir auch nicht vorlegen, weil sie sich damals in andern Händen befand. Von den drei Stumpfgässchen auf der mittägigen Seite der Bleidengasse ist dieses das mittelste, und es wird deswegen in den alten Handschriften öfters vicus inpertransibilis medius vici Marie beschrieben.

---

[285] S. G. P. 1319. Die Lupurgergasse.
— 1405. Das Gessechin hinter dem Widenbusch. F.

Häuser auf der Westseite.

Das Eck. S. Lit. K. No. 7 in der Bleidengasse.
Lit. K. No. 8.
Lit. K. No. 9. Hinten in der Ecke. Das Haus in der grossen Sandgasse Lit. K. No. 55 schliesst hinten das Gässchen.

Auf der Ostseite.

Lit. K. No. 10. Hinten in der Ecke.
Lit. K. No. 11.
Lit. K. No. 12.
Lit. K. No. 13.
Das Eck. S. Lit. K. No. 14. in der Bleidengasse.

Faustgässchen.

Das Alterthum, welches öfters mit den Namen grösserer Gassen sehr zurückhaltend ist, war es hier weniger bei einem ganz unbedeutenden Stumpfengässchen. Ich entdeckte von ihm zwei Namen: die *Kibelersgasse* und die *Fast-* oder *Faustgasse*. Den ersten fand ich bei dem Hause des Conrad Zan in dem Zinsbuche von 1390, aber sonst an keinem Orte mehr. Er rührte wahrscheinlich von dem Hartmud Kebeler her, dem ehemals das Eck Lit. K. No. 37 am Gässchen gehörte und der, wie es scheint, in der Mitte des XIV. Jahrhunderts oder noch früher lebte. Den andern Namen, Faustgasse, sonst im alten Volkstone die Fustisgazze, Fustgasz und Fustingass, nahm ich eben daselbst und noch in andern zum Theil älteren Handschriften wahr. Weil sich in der Bleidengasse drei kleine Stumpfengassen befanden, so war diese, nämlich das Gässchen zwischen dem Liebfrauberge und der kleinen Sandgasse, nach der alten Beschreibung der vicus inpertrausibilis oriontalis vici Mariac.

Häuser auf der Ostseite.

Domus Henrici Rondis. „iii½ sol. den. de habitatione Heinrici Rondis, sita in vico inpertransibili orientali vici Marie, latere orientali in fine meridionali contigua retro porte septentrionali habitationis dicte Brunenfels et est modo posterior pars Curie quondam *Sculteti de Eschersheym*." L. r. B. de 1350. f. 8.

In eben diesem Zinsbuche f. 17 heisst es: „de habitatione Heinrici dicti Rende, sita in opido vico dicto Fustisgazze, latere orientali, in fine meridionali, et est nunc pars Curie Sculteti de Eschersheym."

Domus Conradi Zan. „i marca de domo et habitatione Conradi dicti Zan sita in antiquo opido Franck. inferiore parte vico dicto Kibelers seu Fustgaszen, latere orientali contigua retro habitationi Brunenfels." R. C. de 1390. f. 86.

Auf der Südseite.

Brunfels. Dieser Hof stiess schon 1350 mit seiner Nordpforte auf das Faustgässchen. Dieses Thor steht den Tag über offen und gestattet Jedermann den freien Durchgang vom Gässchen bis zum Liebfrauberg.

Auf der Westseite.

Ein Haus ohne Nummer. [267])

Brunenfelsgässchen.

Ist das kleine nun geschlossene Stumpfengässchen nächst beim Liebfrauberge neben dem grossen Braunfels, von dem es ehemals den Namen trug. [268]) In der Baldemar'schen Beschrei-

---

[267]) Reg. cens. Fabr. It. 1 libram hall. legavit Rulo de Boghinheim de domo ciusdem sita in antiquo Fr. inferiori parte vico imperio vici Marie, latere occidentali ex opposito des Blydenhuses, contigua domui dicti Fust.

[268]) Diese Strasse oder Almey würde am schicklichsten zwischen dem Braunfels und dem Hause zum Frauenthürlein vorkommen. F.

bung der Strassen von 1350 wird es die Bruninfelsgazze genannt, und in einer Handschrift des von Holzhaus. Archivs vom XV. Jahrhundert wird der abgekürzte Name *Brunengass* gelesen. Unser Stift hatte vor Zeiten Grundzins auf einem Hause in dem Gässchen liegen, das in einigen Zinsregistern zum Frawendorlein genannt wird, und nachmals mit dem Ecke gleiches Namens Lit. K. 47 vereiniget wurde. In dem Zinsbuche von 1452, f. 33 kömmt von diesem Hause folgende Beschreibung vor: „xxv β den. de domo sita in parvo vico latere meridionali retro domum Brunfels a retro contingente Frauwen dorlin."[289]) Hier wird das Gässchen namenlos vicus retro domum Brunfels angezeigt.

Grosse Sandgasse.

Unter die wenigen Gassen, die Jahrhunderte lang ihren Namen stets beibehielten, ist vorzüglich die grosse Sandgasse zu zählen. Ihr Name rührt von dem Sandhofe her, und weil noch eine Gasse den nämlichen Namen führte, so nannte man diese anfänglich die *wite* (weite) und späterhin die *grosse Sandgasse*. Gemeinlich aber erscheint der Name ohne dass er von einem Beiworte begleitet wird, und alsdann muss vorzugsweise die grosse Sandgasse verstanden werden.[290]) In dem L. T. f. 191 befindet sich ein Urtheilbrief vom Jahre 1410, darin der Vikarie S. Mathaei Zinsen von einem Hause „in der wyden Santgaszen" zuerkannt wurden, und in den Akten in Lat. H. No. 22 sind auch die Worte „in der witden Santgaszen" zu lesen. In dem Zinsbuche von 1452, f. 38 heisst sie schon „Santgasz maior" oder die grosse Sandgasse. Sie erstreckt sich von

---

[289]) Irrig; es ist die Allmende zwischen Dufay und Brunfels anderer Seits. F.
[290]) S. G. P. 1421. *Backhus* in der Santgasse.
Mapt. XVII. Sec. II. zum Swäbchin in der Sandgasse. F.
Vgl. Chron. 1726 II, 812. (792.) Beckerhaus in der Sandgassen.

den neuen Krämen bis zum Kornmarkte, und hat gegen Osten die Schnurgasse, und gegen Westen die Weissadlergasse gerade gegen sich über liegen.

Häuser auf der Nordseite.

I.

Zwischen den neuen Krämen und der kleinen Sandgasse.

Das Eck. S. Lit. K. No. 52 unter den neuen Krämen.
Zum Stalle. 1350. S. Domus Conradi Pellificis bei Lit. K. No. 87.
Weisse Rose. 1453. S. Rymps Gotteshaus eben daselbst.[291]
Lit. K. No. 53. *Schwanau*, vorher *Schneeberg*.[292]

„xxvj sol. den. de domo dicta Sneberg et huic retro annexa sita in antiquo opido, inferiore parte, vico dicto Santgazze, latere septentrionali infra vicos dividentem et Santburnengazze, contigua versus orientem Curie dicte Santhof." L. V. B. Sec. XIV. Vic. VII.

---

[291] S. *Weiss* v. L. 271 ad 1360. F.
[292] S. G. P. 1385. II. zu Swanauwe. Auch 1395.
— 1399. Johann zu Swanauwe.
— 1401. H. neben dem H. Falkenstein in der Santgasse gen dem H. Swanauwe über.
O. U. 1540. 2 H. — das ein zur weisen Rosen und das ander Schanauw genant mit ihrer Zugehörunge hinten zusammen stossend; liegt das Haus zur weisen Rosen zwischen dem Santhof und dem Haus zum roden Löwen; und das Haus Schwanauw bei Unser Frauenberg neben dem Haus zum Frauenthürlein uff einer und dem Haus zum Paumeister uff der andern Seite gelegen [betrifft das andere Haus Schwanau, vergl. oben S. 174].
G. Br. 1541. Zwo Behausungen so zusammen geprochen und jetzt ein Wonung sein Schwanauw und Weiss Rose genant. (Vgl. auch oben S. 174.)
Mspt. XVII. Sec. H. Schwanau in der Sandgasse.
S. *Schurge* zu Lichtenstein. 3. 4.
Mspt. XVII. Sec. H. Schwannau in der Sandgass hat Hironimus v. Glauburg neu gebaut.

„xiij *ß* colln. facit xxxix *ß* hellr. Cedentes Martini de domo dicta Sneberg — infra domus Santhoff et Rodinlewen." L. V. de 1453, f. 123.

In dem hiesigen Int.-Bl. vom 7. Nov. 1769 im Anhange wird dem Hause unter obigem Nummero der Name zum Schwanau beigelegt. Der Name zum Schönau in der Brunnenrolle von 1695 scheint also unächt zu sein. Damals war Junker Achilles Siegmund von Glauburg der Besitzer des Hauses.

Lit. K. No. 54. *Kleiner Sandhof.* [293]) Das Eck bei der kleinen Sandgasse. Anno 1397 hatten die Patrizier von Frosch

---

[293]) [Auch *zum vordern Sandhof* genannt. Es scheint, dass dieses Haus mit dem grossen Sandhof Lit. K. No. 26 vor Zeiten *ein* Haus gewesen ist und den Namen Sandhof führte, bis es 1594 von demselben getrennt wurde und seitdem zum vordern Sandhof hiess. Vgl. folgende Hausurkunden:

1555. Daniel zum Jungen und Bernhard Wolf von Rosenbach, als Vormünder der Kinder des Schöffen Joh. Leneck, Ludwig Martroff Namens seiner Ehefrau Emerentia und als Vormund der Kinder Conrads Schott und dessen Hausfrau Katharina Leneck, Jacob Weiss für sich und seine Hausfrau Elisabeth Leneck, geben dem Amandus Anspach et ux. auf die Besserung einer Behausung Santhof genannt am Eck der Santgasse, neben Dr. Hieron. von Glauburg gelegen, hinten auf Braunfels stossend (welche Behausung fl. 35 Zins gibt), und erklären, dass bereits 1545 die seitdem verstorbenen Katharina Leneck, Philipp Werth und Conrad Schott diese Behausung um fl. 1400 an A. Anspach verkauft haben.

1594. Caspar Burckhardt gibt dem Dr. med. Johann Hartmann Bayer auf die Besserung der vorderen halben Eckbehausung, der Sandhof genannt, neben dem Schöffen Johann Ludwig von Glauburg gelegen (welche halbe Behausung fl. 80 Zins gibt), die für fl. 1900 verkauft worden.

1642. Dr. Erasmus Seyfart Rathsfreund und Johann Philipp Fleischbein, beide von der löbl. Gesellschaft Frauenstein, als Testamentarii des Dr. med. Joh. Hartm. Bayer, erklären, dass dieser dem Phil. Jacob Kistner die Eckbehausung zum vordern Sandhof in der Sandgasse neben Achilles Sigismund von Glauburg, stosse auf den hintern Sandhof, um fl. 6400 verkauft habe und geben sie des Käufers Tochter Anna Catharina, des Obristen Lieutenants Erhards Daibitz Hausfrau, auf.

ihre Wohnung in dem Sandhofe und wird 1510 noch eines Johann Frosch im Sandhofe gedacht. Chron. II, 170 u. 258.

II.

Zwischen der kleinen Sandgasse und dem Rittorgässchen.

Lit. K. No. 25. *Augspurg. Neu Augspurg.* [294]) Das Eck an der kleinen Sandgasse. Bei der Bezeichnung der Häuser wurde dieses Haus als ein Haus der kleinen Sandgasse betrachtet; die Zinsbücher aber sahen es immer als ein Haus der grossen Sandgasse an:

„domus dicta Auspurg sita in antiquo opido inferiore parte vico dicto Santgasse, latere septentrionali infra vicos Santburnengazze et Santgazze minorem, in acie respiciente orientem et meridiem Santburnengazze iam notati." L. V. B. Saec. XIV. Vic. S. Mariae Magdalenae.

„sita ex oposito domui Santhoff vici Santgasz." L. V. de 1481, f. 109.

„xv β ij hllr. — de domo in der Santgassen dicta Augspurg: et est acialis ex opposito dem Santborn, latere septentrionali, fuerunt olim plures domus, ut patet in antiquis libris. C. off. DD. de 1563, f. 10.

1660. Die Wittwe Anna Catharina Daibitz gibt dem Hans Georg Firnauer auf die Behausung zum vorderen Sandhof, neben Achilles Sig. von Glauburg einerseits und der Behausung zum grossen Sandhof andererseits wie auch hinten gelegen, um fl. 6000 . .

1682. Johann Phil. Fernauer gibt an Jacob und Peter Campoing Gebrüder auf die Eckbehausung zum vorderen Sandhof neben den v. Glauburg'schen Erben und Hanss Georg Lesch gelegen, um fl. 5000. —.

1682. Genannte Brüder Campoing geben dieselbe Behausung dem Joh. Georg Lesch auf um fl. 7000. —].

[291]) O. U. 1490. H. Neuwe Augsburg in der Sandgasse gen dem Sandhofe über.

O. U. 1490. Husung Hof und Stalle in der Santgassen yn (uf) dem Ort genannt Nuwen Augsburg gein dem Santhof über neben dem H. Alten Augsburg, stosst hinten an das Backhus. F.

[Augsburg in der kleinen Sandgasse 1393. *Würdtw.* D. M. II, 630.]
[A. in der Sandgasse 1410. Ibid. 619.]

Lit. K. No. 55. *Augspurg. Alt Augspurg.* [293]) Vorher *Biersack.*[296])

„zum Biersagke sita in antiquo opido Frank. inferiore parte vico Santgazze maiore, latere septentrionali infra vicos Santburnengasse et Santgazze minorem." P. B. de 1356, f. 16.

„domus der Biersegkin sita — infra vicos dictos Santburnen et Kleyne Santgasse, contigua domui dicte Auspurg versus occidentem." L. V. B. Sacc. XIV.

„ij marce in anniversario Domini Güntheri Comitis de Schwarzburg electi Regis Romanorum Marie et Marcelliani (18. Junii)* de curia dicta zu dem Byersack in vico Santgasz. Registr. distribut. de 1397, f. 49.

„H. genannt der Biersecken hus in der Santgasze." S. G. P. von 1399.

[293]) S. G. P. 1354. H. alden Ausburg in der Santgasse 1360.
— 1367. Lotze zu Ausburg. 1368 Bernhart zu A. 1389 Hilchin zu A.
— 1368. H. zu Ausburg.
— 1370. H. Augsburg in der Santgassen.
O. U. 1384. H. Hoff Stallunge hinden und vornen — genannt zum Birsacke an dem Gulden Koppe — hinden Augspurg.
B. Z. B. 1409. H. u. Gesesse genannt alden Aussburg in der Santgassen.
O. U. 1554. Behausung Alt Augspurg genafit sammt noch tzweien Zinssheusern und einer Hofstatt hinten daran — neben dem Haus *Newennaw* uff einer und der Behausung zum Gulden Kopf uff der andern Seiten (d. h. Augsburg).
Mspt. XVII. Sec. H. Alt Augsburg auf dem Markt neben dem Gulden Kopf. (Hier ist die Benennung auf dem Markt irrig, und soll in der Sandgasse heissen.) F.

[296]) O. U. 1363. (Census) de curia domo habitacione tota ante et retro et fundo corundem dicta der *Bersecken Gesesse* seu Heynkelonis de Wetslarin sita in antiquo opido F. inferiori parte vico dicto Santgasse majore, latere septentr. infra vicos Santburnengassen et Santgasse minorem. Conf. *Würdtwein* Dioec. mog. II, 565.
S. G. P. 1402. H. zum Biersack in der Santgasse.
B. Z. B. 1409. H zur *Byersacken* in der Santgassen gein dem Santborne über an Reinhart Snyders von Vrsele Husefrauw.
O. U. 1627. Behausung in der grossen Sandgasse zum Biersack genannt — stosst hinten uff eine gemeine Gass.

* [Beweis dafür, dass König Günther am 18. Juni (1349) gestorben ist. Vgl. Periodische Blätter 1856. S. 313.]

Um diese Zeit war es sehr gewöhnlich, dass die Leute sich die Namen von ihren Häusern beilegten.

„Hus zum Biersack gelegen hart an dem gulden Kopf in der groszen Sandgasze, gen Wiltberg über, stoszt hinten auf Rinecken." O. U. von 1409.

Der hintere Theil bei Rineck gehört zum neuen goldenen Kopfe; und dass das Haus 1445 seinen alten Namen bereits abgelegt hatte, wird aus folgender Stelle erwiesen:

„Hus alten Auspurgk in der Santgasse, das vormals der bierseeken hus geheissen." S. G. P. von 1445.

It. i libr. hall. legavit Conradus Gisibil, Metza, conjuges, de domo Henke pistoris de Elwinstatt, sita in der Santburngasze contigua domui *Ausburg*. Reg. cens. Fabr.

Lit. K. No. 56. *Goldener Kopf.* [297])

---

[297]) Bürgerbuch 1367. It. Heylmann Guldinkopp von Wetzlar (tit civis).

O. U. 1370 Fer. Sabbathe ante Misericordiam Dni. Heilmann Guldinkopp von Wetszlar verpfändet an Wigand von Swanauwe s. Haus Hof und Gesesse daz etzwanne der Appenheimer Kinder waz, gelegin in der Santgassin.

S. G. P. 1390. Die Herburge zum gulden Koppe.

B. Z. B. 1409. H. gelegen in der grossin Santgasse gein dem gülden Kopfe uber, daz etzwan was eins, genannt Storghart.

O. U. 1443. H. zum Gulden Koppe.

S. *Steffan von Cronstetten* 3. 3. 4. u. folg.

O. U. 1451. H. u. G. — genant zum gulden Koppe, das vormals zwei Gesess und genannt gewest sein zum gulden Kopp und zum Biersack, gelegen in der Sant Gassen zwischen Johann Niegebauer (Santhof) und dem Backhuse dasselbs vornen zu gein Wilpurg uber, und stossen hinden uff den Braut gein S. Catherineu Porten zu.

G. Br. 1457. H. in eim Gessgin by Sant Katharineuporten, als man hinten zum Gesess zum gulden Kop in get.

G. Br. 1498. H. zum golden Kopf in der grossen Sandgasse neben dem H. zu der Behmschen Kugel und stoisst hinden auf eine gemeyne Gnssen zu S. Catharinen Porten zu.

Stdt. Allmdbch. de 1521. Allmey (ein Winkel à 2½ Schuh weit) neben dem Gulden Kopf.

Dass das Wort *Kopf* soviel wie *Becher* bedeute, erweist sich aus einer Rechnung des Basler Stadtraths de 1451. Siehe *Ochs* Geschichte von

„zum golden koppe in der Santgasz, latere septentrionali."
R. C. de 1405. f. 48.

„xiiii Coloniens. faciunt iii½ β hellr. de curia dicta Gulden Kop sita vico Santgasz maioris latere septentrionali contigua domui Ausburg." R. C. de 1499. f. 38 (34.)

Wie die Chronik II, 215 berichtet, baute Stephan von Cronstett gegen die Mitte des XV. Jahrhunderts das Haus zum goldenen Kopfe in der Sandgasse. Und aus dem Zinsbuche von 1563, f. 77 ist zu ersehen, dass der Schöff Johann Stephan damals in gedachter Gasse wohnte.

Der goldene Kopf hat hinten in das Rothelöwengässchen und neben in das Rittergässchen Thore.

Lit. K. No. 57. *Böhmische Kugel.* [298]) [Eigentlich Kogel, d. h. Kappe.] Das Eck am Rittergässchen.

„Hus zur behemschen Kogeln in den kleinen Santgesschin." S. G. P. von 1472.

„3 huser in der Santgasse uf dem ort des engen geschins, neben dem hus zum gulden Kophe, des ein backhus gewest sy, genant zu der beheimschen Kogeln." S. G. P. von 1472.

Basel IV, 39. not. 1, wo er dieses Wort von coppa herleitet. Ebendaselbst III, 93. not. 1, kömmt vor, dass 1411 zwei Pocale *Köpfe* genannt wurden, die der Herzogin verehrt wurden. Siehe ferner *Köhler's* Münzbelustigungen XVIII, 207: Cuppam seu ciphum argenteum, zu Deutsch *silberner Kopf.* F. [Vgl. auch oben S. 199.]

[298]) O. U. 1469. 3 Husser aneynander in der grossen Santgassen gelegen uff dem Ort des engen Gesschins gen N. u. N. über, neben dem gulden Koppe, datz ein ein Backhus gewest und zu der Behemschen Kogeln genannt sy.

O. U. 1466. Neues Orthuss gelegen in der grossen Sandgassen neben dem Huse zum goldnen Kopp und gein Grede von Spyr uber.

— 1476. H. Hoff Scheune u. Stalle — gelegen in der grossen Santgassen zushen N. u. N. gein dem Huse uber genannt zur Beheimschen Kappen. F.

III.

Zwischen dem Rittergässchen und dem kleinen Kornmarkte.

Lit K. No. 61. *Falkenstein.* Das andere Eck am Rittergässchen.[299]) Steht neben dem Eck am kleinen Kornmarkt. Das Haus zahlte an die Praesenz auf Laetare 45 kr. Grundzins. Das Eck am kleinen Kornmarkt. S. Lit. K. No. 164.

Häuser auf der Südseite.

I.

Zwischen dem Kornmarkte und dem Barfüssergässchen.

Lit. K. No. 62. *Weilburg. Stadt Weilburg.*[300]) S. Frfr. Int.-Bl. von 1806 No. 54. Das Eck beim grossen Kornmarkte.

---

[299]) O. U. 1389. H. u. G. genannt Falkenstein gelegen in der Santgassen neben zu gein dem Roden Lewin ubir, hart an der Sommer Wonne.
— 1434. Zweye Husungen aneinander gelegen mit einer nuwen Koche auch daran genant Falkenstein gelegen in der Santgassen neben gein dem Roden Lewen uber.
— 1454. H. u G. genannt Falkenstein zushen der Sommerwonnen und eynem Kochnhusschin — gein dem Roden Lewen über gelegen.
— 1499. H. — inn der Santgassen gelegen genant *Falkenstein* zushen eynem Gottshuss und N. gegen der *wissen Rosen* und dem *roden Lewen* über.
— 1546. Behausung *clein Falkenstein* genant neben Jost Miller etc. uff eyner und der Newhuser Gotteshauss uff der andern Seiten gelegen stosst hinten uff das Barfusser Gesslin.
Frfrtr. Nachrichtsblatt de 1739, No. 66. Die wohl gebaute Eckbehausung in der grossen Sandgassen zum *Falkenstein* genannt, Einwohner Hr. Christian Seelig.
Zu diesen Angaben, die zum Theil noch von Battonn selbst beigefügt sind, macht v. Fichard die Bemerkung: diese Einträge sind irrig und gehören zu dem Hause K. 88 in der Sandgasse. Dagegen richtig dafür:
O. U. 1517. H. u. Gesess — in der grossen Santgassen gelegen genannt zum *Erbes Sack* uff dem Eck gegen der Böhmischen Kappen uber und neben N.

[300]) O. U. 1577. Eckhaus Weilburg genannt neben dem Haus zum Schornstein gelegen stosst hinten uff das Haus Starkenburg.

Der Name Weilburg kömmt schon in einem Kaufbriefe von 1519 vor. Die Alten schrieben Wilburg, und daher entstand der verdorbene Name Wiltberg, wie er in . . . . geschrieben wird. Im Jahr 1610 verkaufte der Rath ein Allmend in der grossen Sandgasse neben der Käuferin Anna Elis. des Joh. le Blompé Handelsmanns Wittwe, gelegen und hinten auf gedachte Käuferin stossend um 33 fl. Die Käuferin bewohnte das Haus Weilburg.

Sackgässchen
in der grossen Sandgasse.

In unsern Tagen zeigen sich keine Spuren mehr von diesem Gässchen. Wir können aber doch die Gegend, wo es ehemals seinen Eingang hatte noch so ziemlich genau angeben, und zwar aus des *Baldemar's* Libro redit. de 1350, wo es pag. 12 heisst:

„ii solidi den de domo Heinrici dicti Konig, sita in vico iam dicto Santgassen latere meridionali infra vicos transitus iam dicti (Snabilsgasse) et Kornmertig in acie respiciente septentrionem et orientem *vici parvi inpertransibilis* ex opposito vici angularis transitus vicorum Santgasse et Kornmertig predictorum."

Der vicus parvus inpertransibilis oder die kleine Sandgasse befand sich nach dieser Beschreibung auf der mittägigen Seite der grossen Sandgasse, zwischen dem Kornmarkt und der Schnabelsgasse, die jetzt das Barfüssergässchen genannt wird, und das daran gestandene Eckhaus wird ex opposito vici angularis (gegen dem Rittergässchen über) beschrieben.[301]

Stdtrchng. de 1633 verunglcket Zapfgetränk der Wirth im *Weyelburg*. (Ob hierher gehörig?) F.
O. U. 1769. Weilburg. Auch 1797.
[301] Reg. cens. Fabr. It. i marcam legaverunt Jacobus et Lysa coniuges, dicti zum Newehus — de domo sita in antiquo opido Fr. inferiori parte, vico Santgassen maiori, latere meridionali, vico inpertransibili prope habitationem domini Syfridi de Spira.

Es war demnach das abgekommene Sackgässchen zwischen den Häusern sub Lit. K. No. .. und .. gelegen, mit dem einen es nachmals vereinigt wurde. Aus dem älteren Entwurfe *Battonn's.* [302])

Lit. K. No. 63. *Starkenburg.* [303]) Sonst auch *Starkenberg* und zuweilen *Storckenburg*, wie aus den Hausdokumenten zu ersehen ist. „Hus gnant Starckenburg gelegen in der Santgassen an Wendesag vnd stosse hinden in der von Spire hoff gein dem Guldenkoph über." Aus dem Kaufbriefe von 1410. Das Haus wurde damals für 40 fl. verkauft. A. 1429 verlangte der Inhaber der Starkenburg durch eine Thüre hinten in der Hof der Grede von Spier einen Ausgang, weil derselbe eine Gasse sein sollte, er erhielt aber denselben nicht. Aus der Urkunde. Im Jahr 1530 verkiefen die Abtissin und das Convent des Klosters Clarenthal bei Wiesbaden 1½ fl. von diesem Hause auf Martini fälligen Zins für 30 fl. Ex orig.

„Hus Starkenburg genannt, in der grossen Santgassen gegen dem Gesess zum gulden Kopf über gelegen, neben Peter Wissen vf einer ynd eynem verfallen wusten flecken, Herrn Johann Hässchins, Vicario zu Barthol. allhier, zugehörig. O. U. 1510.

A. 1549 kiefen Christian Egenolff, Buchdrucker und Margrete, Eheleute, das Haus Starkenburg. Ex orig.

---

[302]) Vgl. unten S. 291, das Gässchen bei Starkenburg. F.
[303]) S. G. P. 1370. H. *Stargkenburg.*
— 1383. H. *Starckenburg.*
— 1411. H. *Starckenburg* in der Santgasse.
O. U. 1438. H. zur alten Montze by dem Luseborn. Ebenso 1470.
— 1476. H. u. Hoff — genant die *alde Montze* inne der groissen Santgassen gelegen neben dem Gesesse Wiltberg und N.
— 1539. H. Starkenberg genant in der grossen Santgassen neben N. uff einer Seite und der andern Syten neben einem gemeinen Gesslin, so man ins Haus Wiltberg geet.
— 1540. 1549. 1581. 1582. H. Starkenburg in der Santgasse.
Stdtrchng. de 1633 verungeltet der Wirth *zur alten Münze* sein Zapfgetränk. (Ob hierher gehörig?)
Sieh auch später das Haus zur alten Münze im Text und Noten. F.

Das Haus ist seit dem Jahre 1797 ein Gasthaus geworden. Es zahlte an die Fabrik S. B. auf Palmarum 45 kr. Grundzins.

Lit. K. No. 64. *Klein Augspurg.* [304])

„10 ß 2½ hllr. de domo klein Augspurg Storckenau contigua." R. C. de 1586, p. 59. Die Praesenz erhielt noch jährlich auf Martini diesen Grundzins mit 25 kr. 2½ d. Ferner empfing die Fabrik auf Joannis Bapt. 8 fl.

Lit. K. No. 65. *Storkenau.* [305]) „Storkenau latere meridionali infra vicos Kornmarck et vicum fratrum minorum ex opposito domus Augspurg vnnd dem Gulden Kopff." R. C. de 1581, f. 38. Das Haus gab der Praesenz auf Martini 33 kr. 2½ hllr. Grundzins.

Zwischen den Häusern 65 u. 66 befindet sich eine Almey.

Lit. K. No. 66. *Goldenes Rad.* [306])

„2 Marck de domo modo dicta zum Guldenrath in vico Sandgass, latere meridionali infra vicos Kornmarck et minorum ex opposito domus Augspurg." R. C. de 1581, f. 38.

Diese 2 Mark wurden jährlich auf Gertrudis (17. März) an die Praesenz abgegeben.

---

[304]) Mspt. XVII. Sec. H. *Klein Augsburg* das Eck an der Sandtgass.

[305]) O. U. 1559. H. — Storckenauwe genannt in der grossen Santgassen — stosst hinten uff die Behausung zum Schornstein.

— 1588. H. Starkenauw genannt in der grossen Sandtgassen neben N. uff einer und einer Allmeye uff der andern Seiten stosst hinten uff die Behausung zum Schornstein.

— 1593. Behausung — zum Storkenay genannt — stosst hinten uff die Behausung zum Schornstein.

— 1406. H. u Gesess genant zum *kleynen Storck*, gelegen gegen dem gulden Koppe uber zuschen Greden von Spier und Heintze Rudolph Bender.

Stdtrchng. de 1649. Der Rath hatte 1649 das Haus Storchenaw vermiethet (für ¾ Jahr zu 33 fl. 18 ß.)

— 1655. Zinss aus dem Haus Storchenaw in der grossen Sandgassen f. Jahr 40 fl. F.

[306]) O. U. 1632. Behausung zum gulden Rad genannt in der grossen Sandgasse.

Lit. K. No. 67. *Zum alten Baumeister.* [307]) Brunnenrolle von 1695. [K. 66. 67 jetzt *weisse Schlange*.]

Lit. K. No. 68. *Biersack.* Br.-R. von 1695.

Lit. K. No. 69. A. *Kleine Blatteis.* Br.-R. von 1695.

Das Eck am Barfüssergässchen. Dasselbe war so baufällig geworden, dass es, um den Einsturz zu verhindern, gestützt werden musste. Es wurde also 1804 mit dem zwei auch baufällig gewesenen Nebenhäusern bis zur weissen Schlange niedergerissen, und die drei neuen Häuser wurden unter ein Dach gesetzt, dass sie nun ein Haus auszumachen scheinen.

II.

Zwischen dem Barfüssergässchen und den neuen Krämen.

Lit. K. No. 85. *Ortenstein.* [306]) Das Eck am Barfüssergässchen. Man liest auch *Arthenstein*; aber dieser Name stimmt mit dem Sinne des vorigen nicht überein, der von Ort (Ecke) und Stein zusammengesetzt ist.

„Hus zum Ortenstein auf der Ecken in der Santgassen." S. G. P. von 1413.

Mspt. XVII Sec. H. *zum alten Radt* in der alten Sandtgass.

[307]) O. U. 1414. H. u. G. genannt zum Baumeister gelegen by dem Santhofe.

— 1439. H. gelegen in der Santgassen gein Nuwen Auspurg uber zushen dem Gesesse zum alden Bauwemeister und Clesen Sosenheimer.

— 1479. 2 H. — derer das eyn zu dem alden Buwemeister genannt sy, in der grossen Sandgassen und stosse hinden mit dem Hindergehusse an das Gehuss genannt zum Schornstein.

Wfrkl. Zb. von 1480. Santgasse. H. genannt zu dem alten Baumeyster gelegen uf der Siten gen Mittage gein dem H. Augspurg vber.

Stdtrchng. 1503. Brand im Hause zum alten Bumeister in der Sandgassen. F.

[306]) S. G. P. 1390. H. zum Ortenstein.

— 1436. H. Ortenstein hinter den Barfussen uf dem Orte gelegen.

O. U. 1483. Ort H. genannt Ortenstein gein dem Santhoffe über.

— 1576. Behausung *Hartenstein* genannt bei der Barfusser-Kirchen am Eckh gegen dem Sandthoffe uber.

„Hus Ortenstein gen dem Santhof ubir." Idem von 1436.

„H. zwischen dem H. Ortenstein und Falkenstein." S. P. 1466.

„Hauss Arthenstein genand in der grosen Sandgass gegen dem grosen Sandhof das Eck linker Handt, wo man nach der Barfüser Kirche gehet." L. C. B. M. in M. V. Sec. XVI.

Das Haus *Hohenhaus* auch Ortenstein genannt, hinter den Barfüssern gelegen, gehörte dem Liebfraustift, war ein Gotteshaus für Beginen und stand unter der Aufsicht der drei Stifts-Prälaten. Mspt. Cunib.

Rosrneck [309]) Stehet neben vorigem und erhielt kein besonderes Nummero, weil es zu Lit. K. No. 84 im Barfüssergässchen gehört. Die Häuser, deren Namen sich mit Eck endigen, sind allemal Eckhäuser oder sie waren es einstens. Es lässt sich also wohl vermuthen, dass das Eck Ortenstein zuerst Roseneck hiess und nach seiner Theilung den Namen änderte, der abgerissene Theil aber den alten Namen beibehielt.

„Item una marca cedit in vico dicto Santgasse de et super domo et tota habitatione dicta Rosenecke sita ex opposito quasi curie Santhoff contigua domui lapidee aciali dicte Artenstein." L. C. SS. M. et G. de 1412, f. 48.

„Rosenecke gelegen in der Santgassen gein dem Santhofe uber." Ins.-B. von 1428.

„xij ß de domo ex opposito dem Sandthoff, dicta *Roseneckh nova*." R. C. S. Leon. de 1536.

Lit. K. No 86. *Ulmerhof*, vorher *Baumeister* [310]) Hat in der Barfüssergasse zwischen Lit. K. No. 82 u. 90 ein Hinterhaus-

---

[309]) S. G. P. 1367. Herman zu Rosinecklin — 1389. Gele z. R. O. U. 1392. H. u. G. — gelegin in der Santgassen genannt Rosenecke gelegen an einem Gesesse genannt Ortenstein gein dem Santhoff über. S. G. P. 1406. H. Roseneck gen dem Santhof über in der Santgasse. — 1428. H. Roseneck in der Santgassen. — 1465. H. Rosenecke gyn dem Sandhove über. F.

[310]) S. G. P. 1416. H. zwischen den H. Artenstein und Falkenstein gelegen.

Stdtrehng. de 1605. Es ungeltet der Wirt im Ulmer Hofe. F.

Arnold und Juda zu der Baumeistern stifteten zu ihrem Jahrgedächtnisse in der Pfarrkirche, das auf den 29. Mai gehalten wurde, eine Mark von ihrem Hause in der Sandgasse. Registr. distribut. de 1397, f 58.

Diese waren ohne Zweifel die nämlichen, welche 1267 ein Pfund Häller für die Todtengräber stifteten, damit sie die Todten unentgeltlich begruben. *Müller* hist. Beschreibung des S. B. Stifts S. 163.

A. 1393 vermachten die beiden Schwestern Lucardis und Catharina Stockarn dem Baue (der Fabrik) der Pfarrkirche S. Bartholomaei das Haus zum Baumeister, wie aus ihrem Testamente in libro Testam. f. 113 erhellet. Folgender Auszug wird noch einige Kenntniss von diesem und den benachbarten Häusern geben:

„Item daz hus vnd stallunge genant zum Buwmeister by dem Santhofe mit allen sinen zugehorden setzin wir dem Buwe der pharrekirchen zu Franckfr. mit solicher vnderscheid daz die besitzer desselben gehuses die 2 profeyen zugen [fegen] wan yn das noit ist, ane hindernisze derselben besitzer. Auch sollen dieselben besitzere keynerleie buwe thun da den zweyn gotshusern ir liecht noch den Begynen yr gang zu den profeyen vorgenommen moge werden. Item sollen die begynen in dem hindersten gotshuse recht haben zum dore des groszen hoves vz vnd in zu geen, vnd ir gescheffte darjnne zu thun wan yn daz eben ist ane geverde. Auch sal ein wentgin sten mit 2 porten zuschen dem vorg. hofe vnd dem hindersten gotishuse in der hohe vnd glich dem wentgin [daz] den vorg. hoff vnd daz cleyne hoffchin vor dem furdersten gotshuse vnderscheidet, vnd sal daz wentgin vor dem hindersten gotshuse reichen von dem vorg. wentgin an bisz uff den winckel dar die vorg. profayen june stent."

A. 1503 hat es in der Santgasse im alten Baumeister gebrannt. Chron. I, 539.

In dem hiesigen Intell.-Bl. von 1803 No. 64 wird das Haus Lit. K. No. 86 der Ulmer Hof genannt und gesagt, dass er in der Sandgasse und Barfüssergasse ein- und andererseits gelegen sei. Das Weitere ist bei dem Ulmer Hofe in der Barfüssergasse nachzusehen.

Lit. K. No. 87. Domus Conradi Pellificis.

„Sex den. de domo Conradi Pellificiis sita in antiquo opido inferiore parte, vico dicto Santgazze, latere meridionali, quasi in medio infra vicum opidum dividentem, et transitus vicorum minorum septentrionalis et vici Santgazze iam dicti, dictum Snabilsgazze, ex opposito domus dicte zum Stalle nunc due domus Beginarum vulgariter dicte Godishus, orientalis Sodin, occidentalis Landiscronin godishus nuncupate." L. r. B. de 1350, f. 12.

Das Haus des Kürschners Conrad wurde nachmals getheilt, und aus ihm entstunden die zwei folgenden Beginenhäuser.

Das Beginenhaus neben dem Baumeister, sonst *Rymps Gotteshaus* oder der *Landiskronen Gotteshaus* genannt, weil sich dessen Stifter Rymps zur Landiskrone schrieb.

„iiij sol. den. de domo dicta Rympis Godishaus, sita in opido, parte, vico, latere et infra loca prenotata, contigua versus occidentem domui iam notate." L. V. B. Sec. XIV. Vic. VIII. Diese Stelle hat ihren Bezug auf das folgende Beginenhaus, welches diesem in dem Vikariebuche vorgesetzt ist. In einem andern Vikariebuche von 1453 wird der Beschreibung neben auf dem Rande beigefügt: „ex opposito quasi der wissen rosen."

Das Beginenhaus neben dem vorigen, sonst *Henrichs von Soden Gotteshaus*. Es trug von seinem Stifter, der ein Steinmetz war, den Namen.

„iiij sol. den. de domo Henrici lapicide, nunc domo beginarum dicta Heinrici de Sodin godishus sita in antiquo opido Frank. inferiore parte, vico dicto Santgazze, latere meridionali infra vicos dividentem et Snabilsgazze, contigua versus occidentem domui dicte Falkinsteyn." L. V. B. Sec. XIV. Vic. VIII.

„Item vj den. ex opposito Rodenlewen in Julio Jacobi dant die Beckinen by nüwen (neuen) Falckenstein." R. C de 1438.

Das dem Beginenhause an der Seite gestandene Haus Falkenstein gab die Gelegenheit, dass man dasselbe das Gotteshaus by Falkenstein, und zuletzt ganz irrig *Falkensteins Gotteshaus* nannte. Das S. G P. von 1464 liefert uns hiervon ein Beispiel, indem darin „die sustern in Falckensteins Gotzhus" vorkommen, anstatt dass es die Sustern (Schwestern) im Gotzhus by Falkenstein hätte heissen sollen.[311]

In den ersten Reformationszeiten wurden diese zwei Beginenhäuser aufgehoben und verkauft. Das eine wurde nachmals mit dem Baumeister vereiniget. In der Brunnenrolle von 1695 wird bemerkt, dass die Häuser Falkenberg und Klein Falkenberg 1627 sind zusammen gebauet worden. Diese können keine andern als Falkenstein und das Beginenhaus gewesen sein, indem sie in ihrer Ordnung zwischen Guttenberg und der Stadt Ulm stehen, die schon früher das andere Beginenhaus zu sich genommen hatte.

Lit. K. No. 88. *Falkenstein*. *Neu Falkenstein* [312]) Nachher *Falkenberg*. Der ältere Name kömmt schon in der Mitte des XIV. Jahrhunderts bei dem vorher gedachten Beginenhause des Henrichs von Soden vor, das 1627 mit ihm vereinigt wurde, wie ich kurz zuvor gesagt habe. „Hus Falkenstein in der Santgasze gen dem hus Swanawe uber." S. G. P. von 1401. [Vgl. auch S. 273.]

---

[311]) Beedrolle von 1509. Klein Falkenstein Gotteshaus in der grossen Sandgass, wohnen 3 Schwestern darinn. F.

[312]) S. G. P. 1372. Erhard zu Nuwen Falkenstein.
— 1384. Engel zu F.
— 1393. Vir Engel zu F. 1394. 95. 96.
S. G. P. 1398. H Falkenstein.
— 1404. H. in der Santgasse an dem Gotshuse by dem H. Falkenstein.
S. *Weiss* v. L. 32. 3 ad 1411.
O. U. 1470 H. Hoff u. G. — genannt Falkensteyn gelegen forn zu in der grossen Santgassen zwischen N. und einem kleinen Beykynen Husse gein dem Gesesse zur Wissen Rosen uber und hinden zu gein dem Barfusser Kloster über und demselben Kloster vormals gehörig.

NB. Auf diesem Haus hatte das Kloster zu den mynern Brüdern genannt zu den Barfüssen im besagten Jahre eine Gült liegen.

— 1535. H. — Falkenstein genannt in der kleinen Santgassen — und gegen der Behemischen Kappen über gelegen

— 1555. H. klein Falkenstein stosst hinten auf das Barfüssergässlin. F.

Mspt XVII. Sec. H. Gross und Klein Falkenstein unter der Neuen Kräm, stosst auf der Barfüsser Kloster Sacristei.

Guttenberg. [313]) Das schmale Häuschen, das nicht nummerirt ist, weil es zu dem Hause . . . . . gehört. Es steht in der Brunnenrolle von 1695 unter diesem Namen zwischen der kleinen Sommerbühne (der Engelapotheke) und Falkenberg. [314])

---

[313]) S. G. P. 1429. H. by den Barfüssen zwischen dem H. zur Sommerwonne und dem H. Klein Falkenstein.

O. U. 1437. H. u. G. — genannt Gudenberg — gelegen by den Barfussen in dem Gessechin gein dem Isenmenger über an der Sonnenwonne und hinden an dem Huse, da Heinrich Rohrbach inne wohne und der genannten Herren Huse dem Convent zum Barfussen zugehöre.

— 1450. Husunge u. Gesesse hinden und vornen — genannt Gudenberg gelegen by den Barfussen neben Hartmann Becker unserm Ratgesellen und dem Gesesse genannt zur Sommerwonne.

— 1474. H. u. Gesess genannt Gudensperg gelegen gein der Barfusser Kirchhof und der Weber Kaufhuse neben zu uber zushen den Gesessen zur Sommerwonne und dem Gertchin, das zum Gesess Falkenstein gehöre — und liege hinten gein dem roden Lewen uber

Stdt. Rehnbch. de 1499. Brand in dem Huse Gudensperg by den Barfüsser hinden an der Sommerwonne by Peter zum *Christoffel.*

O U. 1505 H. — hinden und vorn — bi den Barfussen gelegen, genannt Gutenberg stosst vorn in das klein Gesslin zwischen der Barfüsserkirchen und hinden in die grosse Santgussen neben dem Huss Falkenstein uff eyner und zur Sommerwonne uff der andern Siten gein dem Roden Löwen über.

— 1545. H. Gudenberg genannt hinter den Barfüssern neben N. uf einer und dem H. zum *Falken* (sic) genannt auf der andern Seiten gelegen, stoszt hinten und vornen auf zwei gemeine Gassen. F.

[314]) Zwischen den Nummern 87 und 88 steht das Hinterhäuschen von No. 90 in der Barfüssergassen; ist das Häuschen neben der Engelapotheke.

Kleine Sandgasse.

Baldemar sagt in seiner Beschreibung der Strassen bei den vicis transitus des untern Theils der alten Stadt: „Santgazze et Montis Marie vnus, Santburnengazze a puteo dicto Santburne". Die Sandgasse ist bekannt, und der vicus Montis Mariae heisst nun die Bleidengasse. Der einzige vicus transitus, oder die Gasse, die zwischen ihnen durchging, konnte also keine andere, als die kleine Sandgasse sein, die damals noch von dem bei ihrem Eingange stehenden Brunnen den Namen der *Sandborngasse* führte.[315] Dieser Name wird auch durch die Beschreibungen der Häuser Schneeberg, Augspurg, Biersack u. a. m. bestätigt. Der Name Kleine Sandgasse kam um solbige Zeit noch dem Rittergässchen zu, wurde aber nachmals auf die Sandborngasse verlegt. Wenn demnach in Urkunden und Zinsbüchern die kleine Sandgasse erscheint, so muss das Alter der Handschriften jedesmal entscheiden. Sind dieselben aus dem XIV. Jahrhunderte, oder aus den ersten Jahren des folgenden, so wird man nicht irren, wenn man den Namen der kleinen Sandgasse dem Rittergässchen zueignet. Nähert sich aber ihr Alter der Mitte des XV. Jahrhunderts so hat man schon Ursache, gegen diesen Namen misstrauisch zu sein, ob er dieser oder jener Gasse zugehöre; denn ich finde schon in dem Vikariebuche von 1453, f. 109. das Haus Handelose, hinten neben Braunfels gelegen, anstatt in vico Santburngasz in vico Sant-

---

[315] 1350 werden Gotteshäuser in Urkunden in der Sandgasse hinter Brunnen Gesesse erwähnt.

O. U. 1359. H. in der Santbornengassen. Cfr. *Würdtwein* Dioec. mog. II, 593, 594.

S. G. P. 1478. H. in der kleinen Santgasse.

Die Beedrolle von 1509 erwähnt in der kleinen Sandgasse einer Hofstatt (in der Mitte der Westseite gelegen).

Stdt. Allmdbch. de 1521. Allmey stosst hinten auf Braunfels. F.

gasz minore beschrieben. Je näher wir dem Ende des XV Jahrhunderts kommen, je mehr häufen sich die Beispiele von solcher Namensveränderung, und der Name Sandborngasse scheint erst in der letzten Hälfte des XVI. Jahrhunderts ganz abgekommen zu sein. Ohne Name erscheint die Gasse in dem alten Vikariebuche des XIV. Jahrhunderts, wo bei der Vikarie des h. Petrus und Paulus ein Zinshaus „in vico ad vicum Montis Marie a fonte Santburnen ascendente" angezeigt wird.

Häuser auf der Westseite.

Das Eck. S. Lit. K. No. 15 in der Bleidengasse.

Lit. K. No. 16. *Schönau*.[316]) Bei dem Brande des Nebenhauses am 15. Jan. 1805 litt das Haus so sehr, dass es neu gebauet werden musste.

Lit. K. No. 17. *Bunter Wolf*, wie die Brunnenrolle von 1695 vermuthen lässt.[317])

Lit. K No 18. *Alter Schweitzer*.[318])

Lit. K. No. 19 *Alter Schreiber*.[319]) So lautet der Name in dem Zinsbuche des Liebfrauenstifts; in der Brunnenrolle von 1695 aber *kleiner Schreiber*.

---

[316]) Wfrkl. Zb. von 1480. H. gelegen in der Santgassen als man gehet zu Sant Kathrin uf der Siten gen Nidergang der Sonnen und stosst hart an *Wiedenbosch* Eck H. das etwan ein Backhus gewest ist.

O. U. 1573. Neuerbautes H. — jn der Sandtgassen, Schonaw genannt neben dem H. zum *Weidenbusch* etc. F.

[Ist dies die der Familie Holtzhausen 1296 zustehende curia et domus vulgariter Schönenaue nuncupata? C. D. 302.]

[317]) O. U. 1582. H. — in der Sandtgassen zum bunten Wolf genant neben der Behausung zum alten Schweitzer einer und N. anderseit. F.

Mspt. XVII. Sec. H. zum Wolf auf U. L. Frauenberg (?).

[318]) G. Br. 1601. Behausung zum *alten Schweitzer* genannt in der Santgassen stosst hinten uff ein Allmend.

[319]) G. Br. 1441. H. z. alten Schreiber in der Santgasse.

— 1471. H. in der Santgassen genant zum alden Schriber.

O. U. 1598. H. zum alten Schreiber in der Sandgasse, stosst hinten auf ein Almey. F.

„zum alden Schriber gelegen in der Suntgassen" I.-B. von 1425.

Wir haben hier zu bemerken, dass nicht allein in den Zinsbüchern, sondern auch in öffentlichen Dokumenten die grösseren Gassen öfters für die kleineren genannt wurden.

Lit. K. No. 20.

Lit. K. No. 21. *Heusaame.* In der Br.-Rolle von 1695: Alter Heusaame.

„domus der Heusamen in der Sandtgassen latere occidentali à retro ex opposito dess Sandthoffs." L. C. B. M. V. in M. Sec. XVI.

Lit. K. No. 22.

Lit. K. No. 23.

Haus des Hans Glock. „Domus Glockhenss magistri fabricae ecclesiae S. Barthol. in der Sandtgassen latere occidentali contigua pistoriae retro dem Sandthoff." L. C. B. M. V. in M. Sec. XVI. Der gedachte Glock war nur ein Unterfabrikmeister oder Werkmeister, der die Aufsicht beim Kirchenbaue über die sämmtlichen Handwerksleute hatte, und von den eigentlichen Fabrikmeistern abhing. Eine gleiche Beschaffenheit hatte es im XIV. Jahrhundert mit Gerlach Glock und noch andern, die alle nur untergeordnete Fabrikmeister waren. S. beim folg. Hause.

Lit. K. No. 24. *Windfang. Grosser Windfang.*[320]) Ein Backhaus. Anno 1539 bauete der Bäcker Hans von Grotzenberg dieses und das vorige Haus in eines zusammen.

„j marca — de domo quondam Gneypensiling, et est pistorium in der Sandtgassen latere occidentali ex opposito à retro curiae dictae Sandhoff. Dat Hanss von Grotzenberg, qui ex hac domo et praescripta unam novam domum construxit, Anno 39 (1539) L. C. B. M. V. in M. Sec. XVI.

Das Haus gab der Fabrik S. Barthol. auf Cathedra Petri 1 fl. 30 kr. Grundzins.

---

[320]) S. G. P. 1434. Zwei wuste Flecken und Hofstede in der Santgassen gen dem Santhofe hinten über. F.

Kleiner Windfang. Wurde 1728 mit dem grossen Windfang vereiniget, wie eine neuere Hand in der Br.-Rolle von 1695 bemerkt hat.

Lit. K. No. 25. Das Eck. S. in der grossen Sandgasse.

Häuser auf der Ostseite.

Lit. K. No. 26. *Der grosse Sandhof.*[321]) Das vorstehende Eck beim Brunnen. In dem Zinsbuche des Baldemars von 1356, f. 16 wird ein Haus beschrieben:

„Sita vico dicto Santburnengazze, latere occidentali ex opposito quasi domus maioris curie dicte Santhof."

Er gehörte ehemals den Patriziern von Nygebuer, die sich von demselben im Sandhofe nannten,[322]) und 1467 hier abstarben. In dem Hofe befand sich eine Kapelle, und Bernhard Nygebuer erlangte 1383 vom Pabste Urban VI. für alle, welche diese Kapelle besuchten, 100 Tage Ablass. Chron. II, 181.

Der Hof hatte nach der grossen Sandgasse hin ein Thor, über welchem der Name mit grossen goldnen Buchstaben geschrieben stand Bei einer vor ohngefähr . . . Jahren vorgenommenen Veränderung des Baues verloren sich beide.

Lit. K. No. 27. Der hintere Bau vom grossen Braunfels auf dem Lieb-Frauenberge, an dessen Stelle vor dem Jahre 1350 seine Scheuer gestanden.

„j sol. den. pro pullo — de horreo seu domo posterioris

---

[321]) O. U. 1365. Hus zuschen dem Santhof und dem rothen Löwen, hinden uf das gessechin stossend gen Brunen zuschen Johann Luneburgs Schuren und Frauenthurlins gesesse.

— 1500. Husung und Hoff — genant zum Santhoff gelegen neben dem Gesesse zum Swanauwe, stosse hind an Brunfels.

— 1503. Husung Hoff und Stallungen genant der Santhoffe hinden u. vorn — uff dem Ort der Santgassen by dem Borne gegen dem Huse alde Augspurg über neben dem Gesesse zur Swanauwe, stoiss hinden uff eine Allmey zushen Brunfels und Frauwendorlin. F.

[322]) S. *Nygebur* 1. 2. u. folg. F.

partis, habitationis dicte Bruninfels, sita in antiquo opido, inferiore parte, vico dicto Santburnengazze, latere meridionali quasi in medio." L. r. B. de 1350, f. 51.

In einem Gültbriefe von 1368 wird ein Haus „in der Santgazze gein Brunenhuse uber" beschrieben L. T. f. 188.

Das grosse ansehnliche Gebäude, wie es gegenwärtig steht, wurde aus dem alten Theile von Braunfels und den hinzugekommenen Häusern Lit. K. No. 28 u. 29. im Jahre 17 . . aufgeführt.

Lit. K. No. 28. } S. vorher.
Lit. K. No. 29. }

Handelose.[323] „Domus dicte Handelose prope Brunfels a retro" R. C. de 1452, f. 36.

Ao. 1348 in die b. Galli conf. übergiebt Syfrid zu dem Sassenstein der Vikarie B. S. S., deren Besitzer er war, dimidiam marcam den. lev. Wederabons. Michaelis fällig etc. — de domo quondam dicte *Handelosin* off deme Rossebohil in acie ex opposito domui quondam Wygelonis de Wanebach sita — et de domo alia in vico parvo retro domum Grevenecke dictam ibidem sita. Vid. lib. testament. des S. Barth. Stifts fol. 172.

In dem Vik.-Buche von 1453 f. 109 wird auch ein Haus „in vico Santgasz minore latere occidentali ex opposito domus Handelosen a retro Brunenfels" angezeigt.

Domus der *Grunenbergern.* „Item i pullum in carnisprivio de domo dicta der Grunenbergen, ubi nunc sunt due domus site in vico transitus infra vicos Santgazen seu fontem dictum Santburnen, ac vicum ab ecclesia montis S. Marie, ad antiquam portam dictam Bockenheimer dor, retro horreum Brunonis site. Legavit Reynoltus Cappellanus S. Georgii. Censum dedit Hermannus Clobelauch, post Christina filia ejus, post Sifridus Rana, post Gdua Froschin. L. V. B. Sec. XIV, f. 45. Diese Stelle wurde aber von einer etwas neuern Hand eingetragen.

Lit. K. No. 30.

---

[323] Vgl. oben Seite 273, Note 247, die Anmerkung v. *Fichard's.*

Lit. K. No. 31.
Lit. K. No. 32.[324]
Das Eck. S. K. No. 33 in der Bleidengasse.

Sandbrunnen.

Dieser hat von dem nächst dabei stehenden Sandhofe den Namen erhalten, und er hat wahrscheinlich in den ersten Zeiten der Sandhofborn geheissen, bis endlich der Name gleich vielen andern eine Abkürzung erlitt. Nach der Beschaffenheit seines Standortes zu urtheilen mag seine Entstehung mit der ersten Anlage der Gasse gleichzeitig sein. Sein hohes Alter erhellet schon aus dem Seelenbuche unserer Kirche, welches beim 19. Jänner einer Gertrudis uxoris Friderici pellificis de Omestat apud Santburnen gedenket, die zum spätesten im Anfange des XIV. Jahrhunderts ihr Leben schloss. Auch wird in einigen Gültbriefen von 1334 in L. T., f. 140. des Santburnen gedacht, und 1350 wurde die Gasse von ihm schon die Santburnengazze genannt. Aus diesem veroffenbaret sich, dass die Nachricht der Chronik II, 8, der Sandborn sei 1492 gegraben worden, nicht den Sinn seiner ersten Entstehung, sondern einer vorgenommenen weitern Vertiefung haben müsse.

Von einer Delinquentin, die sich 1637 in den Brunnen stürzte, als sie eben auf den Katharinenthurm gebracht werden sollte, ertheilt die Chronik II, 707 weitere Nachricht.

---

[324] Eins dieser drei Häuser war es wohl, das zum *Kühlen Moy* genannt wurde.

Insatzbr. von 1427. „Ein hus genant zum *Kielenmey*, gelegen in der Santgassen hinder Brunenfels.

S G. P. 1429. H. genant die *Kulmeyen* in der Santgasse. F.

Rittergässchen.

Ein schmales Winkelgässchen, welches seine Eingänge in der grossen Sandgasse und auf dem kleinen Kornmarkte hat. Es wird in den Zinsbüchern, wo die Rede von Häusern der Gegend ist, gemeiniglich durch die Worte vicus angularis angedeutet, die jedoch auch zuweilen von einem seine Lage anzeigenden Zusatze begleitet werden, z. B. vicus angularis transitus vicorum Santgazze et Kornmertig. Oder vicus angularis in vico Santgaszen. In dem Anniversarien-Buche des hiesigen Predigerklosters von 1421 S. 2 heisst es die enge Gasse hinter Königsberg, welches das Eck gegen dem Elisabethenbrunnen über ist. „dimidia marca super domo retro habitacionem Kuntzele Steindeckerin in der enggaszen retro Kunigsberg by dem Luseborn." Die kleineren Gassen nahmen öfters die Namen der grösseren an, und auf solche Weise erhielt dieses Gässchen von der grossen Sandgasse den Namen der kleinen Sandgasse.[325] Die Häuser Augspurg und Biersack, die „infra vicos Santburnengazze et Santgazze minorem" beschrieben werden, überzeugen uns hiervon. Dass durch die erste die Gasse bei dem Sandbrunnen, oder die heutige kleine Sandgasse verstanden wurde, darüber gibt der Name selbst den Beweis; es konnte mithin durch den vicum Santgazze minorem damals keine andere Gasse, als das Rittergässchen gemeinet sein. Dieses zum voraus gesetzt, ist zu bemerken, dass die Handschriften vom XIV Jahrhundert und die vom Anfange des XV., so oft sie von der kleinen Sandgasse sprechen, jedesmal ihren Bezug auf das Rittergässchen haben. Weit anders verhält es sich mit den Handschriften der späteren Zeiten. Ohngefähr im zweiten Viertheile des XV. Jahrhunderts fing man nach und nach an, den Namen kleine Sandgasse diesem Gässchen zu entziehen, und ihn auf die Sandborn-

---

[325] S. G. P. 1395. Die kleine Santgasse. F.

gasse zu übertragen. Er wurde derselben endlich so eigen, dass die Sandborngasse durch ihn in gänzliche Vergessenheit gerieth. Doch ist nicht zu leugnen, dass oben gedachtes Gässchen in manchen Zinsbüchern den alten Namen noch bis zum Ende des XVI. Jahrhunderts beibehielt; derselbe bekam aber alsdann einen Zusatz, durch welchen man dem Irrthum, der aus der Gleichheit der Namen leicht entstehen konnte, vorzubeugen suchte. Eine einzige Stelle aus dem Z.-B. von 1586, S. 66. soll mir genug sein, dieses zu zeigen: „ij ß 6 hllr. de domo in der Klein Sandtgass angulari vico infra Ausburg et Königsbuerg domus latere orientali." Hier ist die kleine Sandgasse eine Winkelgasse, was die jetzige kleine Sandgasse nicht ist, und das Haus Augsburg ist das westliche Eck bei der jetzigen kleinen Sandgasse, und Königsberg das Eck am kleinen Kornmarkte. Wenn man also den Namen kleine Sandgasse in nicht gar alten Handschriften antrifft, so muss man aus Nebenumständen zu urtheilen wissen, wohin er gehöre. Um welche Zeit das Rittergässchen vom Eckhause zum Ritter aufgekommen ist, weiss ich nicht zu sagen; gar alt aber scheint dieser Name nicht zu sein. Man legte aber diesem Gässchen von Zeit zu Zeit auch noch andere Namen bei, die jedoch nur von kurzer Dauer waren. In einem Kaufbriefe des Hauses klein Lederhose soll es das *Stiefelgässchen* genannt werden, und ein alter noch lebender Anwohner weiss sich noch zu erinnern, dass es ehemals von einem Schulhalter, der in dem Gässchen wohnte, das *Wernergässchen* geheissen hat. [Auch das *Sossenheimergässchen* wurde es genannt.][326)

Sossenheimer Gesschin. S. G. P. 1432.

Die Sossenheimer Gassen. Ibid. 1435.

[326)] Beedbuch 1463. Die Sossenheimer Gassen, ohnweit dem golden Koppe; sie kann keine andere als das Rittergässchen sein. F.

Häuser auf der Ostseite.

Das Eck. S. Lit. K. No. 57 in der grossen Sandgasse.
Lit. K. No. 58. Domus Harpelonis.

„xviij den. de domo Harpelonis sita in vico angulari transitus vicorum Santgazze et Kornmertig, latere orientali, retro habitationem Biersagkis contigua versus septentrionem domni site in acie respiciente meridiem et occidentem dicti vici angularis." L. r. B. de 1350, f. 8

Lit. K. No. 59. *Kleine Lederhosen.* [327])

„18 β de domo dicta Klein Lederhosen in vico Klein Sandtgass latere meridionali (orientali) 2da ab acie respiciente occidentem. Dat Joh. Ludwig von Glauburg." R. C. de 1586, p. 59. A. 1563 gab Doctor Hieronymus von Glauburg den Zins, wie aus dem Z.-R. des Adol. Hartung vic., f. 27. zu ersehen ist.

Lit. L. No. 60. *Kleine Lederhosen.* Nach der Versicherung des Eigenthümers waren dieses und das vorige vor Zeiten ein Haus.

Ein Hinterhaus vom goldenen Kopf, welches keine Nummer hat. [328])

Das Thor zum Ritter gehörig.

Häuser auf der Westseite.

Sind die Hinterhäuser vom kleinen Kornmarkt.

Gässchen neben Starkenburg.

Auf der mittägigen Seite der grossen Sandgasse befand sich eine kleine Stumpfgasse, von der in unsern Tagen nicht eine

---

[327]) Mspt. XVII. Sec. H. zur kleinen Lederhose in der kleinen Sandgass.
[328]) G. Br. 1457. Heustein in einem gessegin bei S. Catarinen porten als man hinden zum geses zum *gulden Kop* in geet. F.

Spur mehr zu finden ist.[329]) Der schon oft erwähnte Baldemar nahm dieselbe, wahrscheinlich aus einem Versehen, in seine Beschreibung der Strassen nicht auf, gedachte aber doch derselben in seinem Libro redituum von 1350, f. 4. in der Beschreibung eines Zinshauses, ohne welche ich sie nie hätte kennen lernen. Die Beschreibung lautet: ij sol. den. de domo Heinrici dicti Kenig sita in vico Santgazze, latere meridionali infra vicos transitus Snabilsgazze et Kornmertig in acie respiciente' septentrionem et orientem vici parvi inpertransibilis ex opposito vici angularis transitus vicorum Santgazze et Kornmertig predictorum." Der vicus parvus inpertransibilis war laut dieser Beschreibung in der Sandgasse zwischen dem Kornmarkte und der Schnabelsgasse gelegen, die nun das Barfüssergässchen genannt wird; und das gegen dem Rittergässchen über stehende Haus Weilburg war das Eck, welches den Zins zu entrichten hatte, mithin war zwischen diesem und dem Hause Starkenburg der Eingang des Gässchens, der Hinterbau von Weilburg verhinderte seinen Durchgang. Im Jahr 1610 verkief der Rath der Wittwe Anna Elisabetha Le Bloms, der Besitzerin des Hauses Weilburg, das Gässchen für 33 fl. und diese erweiterte hierauf ihren Bau bis wider Haus Starkenburg. Ich habe diese Nachrichten aus den Hausdocumenten gezogen, welche mir der jetzige Haus-Eigenthümer, Herr Peters, gefälligst mittheilte. Als derselbe bei der vor kurzem vorgenommenen Veränderung seines Hauses die wider Starkenburg gestandene Wand niederreissen liess, sah man, dass die ganze Wand von Starkenburg gemalt war. Ein Umstand, der die ehemalige Lage des Gässchens neben Starkenburg bestätigt.

---

[329]) Vgl. oben S. 275, das Sackgässchen als hieher gehörig. F.

Barfüssergässchen.

So wird nun die Gasse genannt, durch die man von der grossen Sandgasse nach der Barfüsserkirche geht. Sie hat im XIV. Jahrhundert und noch weit später vom Eckhause zum Schnabel die *Schnabelsgasse* geheissen; [330]) doch wird in den Zinsbüchern für diese zuweilen auch der vicus fratrum minorum gesetzt, wie bei dem Hause Storkenau in der grossen Sandgasse zu ersehen ist: und bei der gänzlichen Verschweigung ihres Namens erhielt sie eine solche Beschreibung, dass man sie leicht von jeder andern Gasse unterscheiden konnte. Z. B. „vicus transitus inter vicos minorum septentrionalem et Santgazze." P. B. de 1356, f. 16.

„vicus descendens a vico Santgasze maiore ad ecclesiam minorum." R. C. de 1390, f. 21.

„vicus dirigens de ecclesia fratrum minorum ad curiam dictam Santhoff." L. C. SS. M. et G. de 1412.

Das Barfüsserplätzchen, welches aus dem Barfüssergässchen seinen Eingang hat, veranlasst zuweilen eine Verwechselung der Namen.

Häuser auf der Westseite.

I.

Zwischen der grossen Sandgasse und dem kleinen Stumpfengässchen.

Das Eck. S. Lit. K. No. 69. A. in der Sandgasse.

Lit. K. No. 69. B. Das Eck am Gässchen [*Prunheim*]. [331])

---

[330]) Die Benennung Schnabelsgasse kommt nicht allein bei Baldemar vor, sondern wir finden sie auch in dem Zinsbuch von 1390 S. 71, wo das Haus der Elisabeth von Esslingen einer Beguine in der Sandgasse beschrieben wird: „infra vicos Snabilsgassen et Kornmark quasi in medio", und dann bei dem Gotteshause in ebengedachter Gasse.

[331]) O. U. 1280 *apud me*. Census de domo Gerhardi bone memorie de *Prunheim*, sita apud minores fatres. [Abgedr. Cod. 195.]

II.

Zwischen dem kleinen Stumpfengässchen und dem Barfüssergässchen.

Lit. K. No. 70. Das Eck am Gässchen.
Lit. K. No. 71. *Erlebach. Klein Erlebach.*
"Decollationis j marca (1 fl. 30 kr.) de domo Erlebach sita in vico minorum latere occidentali infra duos vicos inpertransibiles eiusdem vici." L. C. S. M. de 1464. Unsere Praesenz erhielt von diesem Hause auf den 17. März 1 fl. 45 kr. und auf Joh. Enthauptung 1 fl. 30 kr. Grundzins.

Lit. K. No. 72. *Kleiner Schornstein.*[332]) Unter diesem Namen und Nummero kommt das Haus in dem Intelligenzblatt von 1805 No. 4 vor. "2 huser by dem Barfusser genannt zum kleinen Schornstein." S. G. P. von 1429. Es gab der Praesenz auf Mariae Geburt 2 fl. 26 kr. 2 hllr. Grundzins.

Lit. K. No. 73. *Schornstein. Alter Schornstein.*[333]) Das Eck am Barfüsserplätzchen.

Wohl eine der ältesten urkundlichen Nachrichten vom Barfüsser Kloster und Beweis, dass der Hausname auch vom ersten Besitzer herrühre.
O. U. 1361. H. gelegen oben an der Santgassen genand Prumheim.
S. G. P. 1398. Hillechin gesessen zu Prumheim hy dem Barfüsser.
— 1443. H. by den Barfussen uf dem Orte gen dem Sandhof uber.
Wfrkl. Zb. von 1480. Santgasse H. genant Prunheym gelegen zuschen der Barfusserkirchen und dem Santhoffe uf der Siten gen Nidergang der Sonnen, und ist das nechst H. an dem Eckh. oben by dem Sandhoffe. F.

[332]) O. U. 1450. H. genant zum kleinen Schornstein gelegen by dem Barfüsser neben dem Gotteshusse daselbst.
— 1583. H. bei der Barfüsserkirchen zum kleinen Schornstein genannt neben N. einer und der *Weissen Gotteshauss* anderseits; stosst hinten uf ein Almey. F.
Mspt. XVII. Sec. H. klein Schornstein im Gesslein am grossen Schornstein neben den Korb hinten stossend.

[333]) Beedbuch 1355. It. Heile Schornstein (wohnt die Barfusser um gein der Santgassen.
S. G. P 1396. H. zn dem Schornstein.
— 1399. H. zum Schornstein hy dem Barfüsser.
— 1443. Das H. zu Schornstein bei der Barfüsserkirche gelegen.

„quatuor floreni cedunt de et super domo et eius fundo dictis Schornstein sitis in acie vici dirigentis de ecclesia fratrum minorum ad curiam dictam Sandthoff sinistro latere ex opposito der Grunenmynne." L. C. SS. M. et G. de 1412.

Soviel sich aus dem Zinsbuche abnehmen läst, wurde dieses Haus vom Kapitel der Kirche SS. Mariae et Georgii den beiden Eheleuten Henne Vndertan de Miltenberg und Guda erblich überlassen

„2 Marck de domo zum Alten Schornstein apud fratres minores latere occidentali in acie vici inpertransibilis orientem et meridiem respiciens, modo sunt duae habitationes." R. C. de 1581, f. 40. Es entrichtete unserer Praesenz auf Mariae Geburt 2 fl. 48 kr. 3 hllr. Grundzins.

III.
Zwischen dem Barfüsserplätzchen und der Barfüssergasse.

Lit. K. No. 81. *Drutmanns Gotteshaus*. S. unten bei No. 82. Ein doppeltes Eck. [334])

S. G. P. 1447. H. zum *Schornstein* by der Barfüsserkirchen.

O. U. 1471. Orthuss — gelegen in der Barfüssergassen, genannt zum alten Schornstein gein dem alden Snabel über.

Stdt. Allmdbch. de 1521. Allmey (Winkel à 2½ Schuh weit) bei den Barfüssern.

O. U. 1528. Das neue Eckhaus zum alten Schornstein genannt und ein altes Haus hinden daran — neben einem Hus den Stiftsherrn zu S. Bartholomaeus u. S. Leonhard zugehörig gelegen.

— 1608. H. — zum alten (kleinen) Schornstein genannt bei der Barfüsserkirchen neben der Weissen von Limpurg Gotteshaus einer — stosst hinten uff eine Allment.

Stdt. Allmdbch. de 1688. Allmend in der grossen Sandgasse zieht hinten uff das Plätzchen und stosst unden auf der Weissen Gotthans. F.

[334]) Beedbuch. 1367. Hinter den Barfussen:
    It. der Morlem Gotzhuss.
    It. der Trutmanns Gotzhuss.
    It. die Gottshuser der Ruhmann by einander.

Wann dieses Gotteshaus gestiftet wurde, lässt sich nicht sagen. In dem S. G. P. von 1396 wird schon der „Sustern in dem Gotzhuse by den Barfüszer" gedacht, da sich aber mehrere Gotteshäuser in der Gegend befanden, so kann man auch nicht sagen, zu welchem Hause dieselben gehörten. In dem Protocolle von 1413 finden wir die Bewohnerinnen des Hauses das erste mal „die Süstern in Drutmanns Gotshus" genannt. Und eben daselbst beim Jahre 1436 erscheint „Henne Drutmann Vormunder des Drutmann Gotzhuses hinter den Barfussen gelegen und der Begynen da inn". Auch zeigen sich da beim J. 1454 „Suster Else von Soden und Suster Katrine von Butspach nomine ihrer Mitsüstern in Drutmanns Gotteshus".

Die entstandene Reformation machte dieser Beginnen Gesellschaft ums Jahr 15.. ein Ende.

Häuser auf der Ostseite.

Lit K. No. 82. *Zum Hohenhaus.* Vorher *zum alten Schnabel.* [335]) Das Eck an der Barfüssergasse.

Beedbuch 1367. It. der Schornstein.
It. des Lowensteins Gotzhuss.
Daran kommt die Sandgass in Beedgang.
O. U. 1473. Gottzhuss hinder dem Barfussen Kloster gein des Gerichtsschreibers Huss uber, genannt Drutmanns Gotthuss.
— 1486. Die arme Frauen im Gottshusse by den Barfüssen genannt Thruthmauns Gotshuss.
Beed-R. von 1509. Der Drutmann Gotshus hinter den Barfüssern sind 6 Weibspersonen darinn. F.
Mspt. XVII. See. Drutmanns Gotzhus liegt hinter der Barfüsser Kirche. Dieses hat Eberhard v. Landeck, Amtmann zu Burg-Schwalbach, dem Almosenkasten verkauft.
[335]) O. U. 1372. Fer. quarta post domin. Jubilate. Ditwein Snabel N. uxor verpfänden ir Huss uund Gesesse gelegen gein der Sytten Thor geyn den Barfüssler datz derselbe Ditwin itzund innewonet.
S. G. P. 1430. H. zum Snabel bei den Barfussen.
— 1454 H. u. G. genannt zum Alden Snabel by den Barfussen an dem Husse genannt zur Grünen mynne und gein der Drutmanns Götteshuse uber vff dem Ort gelegen.
— 1584. H. – zum alten Schnabell genannt — stosst hinten uff den Ulmer Hoff. F.

„Hus zum alten Snabel in der Barfussergassen uf dem ecke gen der kirchdure ubir." S. G. P. von 1481.

„1½ Marck de domo nova et antiqua dicta zum Alten Schnabel sita. latere orientali vici fratrum minorum in acie meridiem et occidentem respiciens ex opposito Drutmans Gottshauss." R. C. de 1581, f. 39.

Diesen Namen bestätiget auch die Br.-Rolle von 1578, darin Peter Orten Haus zum alten Schnabel vorkömmt.

„domus dicta zum Hohenhaus retro minores in parvo vico contigua domui aciali, cui est annexa, sita latere orientali, meridiem et occidentem respiciens, ex opposito Drutmans Gottshauss." L. C. B. M. V. in M. Sec. XVI. Das Hohenhaus in der Barfüssergasse, ein ehemaliges Beginnenhaus, wurde mit dem alten Schnabel vereinigt und dieser Name kam dadurch in Abgang. S. in der Barfüssergasse. Unsere Praesenz erhielt von diesem Hause auf Martini 2 fl. 15 kr. Grundzins.

Lit. K. No. 83. [*Zur grünen Minne.*] [336])

Lit. K. No. 84. *Weinsberg,* vorher *Klein Artenstein* oder *Ortenstein.* [337]) Eine Fussherberge.

„Hus gross und klein Artenstein neben einander in der Barfussergasse." S. G. P. von 1451 u. 1452.

„eins huses gelegen an der Barfussengassen genant clein Ortenstein zuschen dem Orthuse genant grossen Artstein vnd Contzen vom Grunenberg." Ins.-B. von 1451.

---

[336]) O. U. 1454. S. vorhergehende Note.

O. U. 1593. 1628. 1660. Neue Behausung zum *Grünen Mündle* (Mändlein, Männlein, eigentlich Minne) genannt, in der Barfüssergassen — stosst hinten uff den Ullmer Hoff. F.

Mspt. XVII. Sec H. zur *grünen Minne* bei der Barfüsserkirch neben dem alten Schnabel.

[337]) Stdt. Rchbch. de 1387 kommt Hussgeld von dem H. zu Winsperg zur Einnahme.

— 1485. Das Haus Winsperg und mehrere andere brannten Tag und Nacht, wobei 16 Pferde verbrannt sind, die die Schinder wegführten. F.

Gässchen,
sonst der Grede von Speyer Hof.

Ein ganz unbedeutendes Stumpfengässchen zwischen der grossen Sandgasse und dem Barfüsserplätzchen, in welchem die hintere Einfahrt des Gasthauses zur weissen Schlange den Schluss macht Es erstreckte sich in älteren Zeiten bis an die Starkenburg, von welchem in einem Kaufbriefe von 1410 gesagt wird, dass es hinten in der von Spire Hof stosse; und aus einer Urkunde von 1429 erhellet, dass der Inhaber der Starkenburg hinten durch eine Thüre in den Hof der Grede von Spier einen Ausgang verlangte, weil derselbe eine Gasse sein sollte, dem aber sein Gesuch fehlschlug. Aus diesem schliessen wir, dass der Hof damals noch der Grede von Speyer gehörte, aber schon so sehr verbaut war, dass er einer Gasse glich, von der zuletzt das kurze Stumpfengässchen übrig blieb, das nun bei nächtlicher Weile mit einer eisernen Gatterthüre geschlossen wird.

Barfüsserplätzchen.

Dasselbe hat auf der Abendseite des Barfüssergässchens seinen Eingang und ist eigentlich eine breite Stumpfengasse. Es theilt zuweilen dem Barfüssergässchen seinen Namen mit, und beide nehmen zuweilen in den Zinsbüchern gemeinschaftlich den Namen des vicus minorum an.

Häuser auf der Nordseite.

Das Eck. S. Lit. K. No. 73 im Barfüssergässchen.
Lit. K. No. 74.
Lit. K. No. 75. *Kleiner Schornstein.*[336])
„domus dicta Klein Schornsteyn sita latere occidentali vici fratrum minorum in parvo vico inpertransibili latere septen-

---

[336]) O. U. 1583. Eckhauss — zum kleinen Schornstein genannt in der Barfüsser-Gassen. F.

trionali." R. C. de 1452, f. 38. Das Haus zahlte der Praesenz auf Martini 1 fl. 10. kr.

Lit. K. No. 76. Herrn von Stallburg gehörig.

Lit. K. No. 77. Von Stallburgs Gotteshaus. [339]) Eck an der Allmey. In der Brunnenrolle von 1748 kommen Stallburgs und Glauburgs Gotteshaus vor und gab jedes Brunnengeld.

II.
Auf der Westseite.

Lit. K No. 78. Dieses Haus schliesst das Plätzchen und hat hinten in das Schornsteingässchen einen Ausgang. [340]) Ueber dem Thore steht ein kleiner Schild mit dreien Muscheln und darunter die Jahrzahl 1729.

III.
Auf der Südseite.

Lit. K. No. 79. *Kleiner Schornstein*. Liegt in der Ecke, und geht hinten durch in die Barfüssergasse.

Lit. K. No. 80. Hat gleich dem Vorigen hinten einen Ausgang.

---

[339]) O. U. 1455. Das nuwe Hus uf dem Ort in der Barfüssergasse, gein Johann Moins Scab. seel. H. über, genannt zum *Ave Marie, laiss den Mantel hie!*

Beed-R. von 1509. Gottshaus zum *Avemary* hinter den Barfüssen, denen v. Glauburg gehörig, darin 2 Schwestern.

G. Br. 1521. Gotteshaus genannt *Ave Marie hinten im Höfchin* an Hans Degenhardts Haus neben dem Gotteshaus der Herrn zu U. L. Frauen. (S. Degenhard. 2. 2.)

[340]) *Von Glauburgs Gotteshäuschen*. Das Haus auf der Nordseite welches jederzeit von 2 alten Weibern bewohnt wird. In der Brunnenrolle de 1578 wird es der Glauburger Gotteshaus genannt, und in der Rolle von 1703 heisst es Junker Glauburgers Waisen Häuschen. *Der Weissen Gottshaus*, dessen auch in der Brunnenrolle von 1578 Erwähnung geschieht, scheint mir das nämliche zu sein. (?) [Nach dem bemerkten Wappen muss es jedoch ein Stallburger Haus gewesen sein.]

Das doppelte Eck. S. Lit. K. No. 81 in dem Barfüssergässchen.

Brunnen.

Man findet von diesem Brunnen keinen besondern Namen. In der Brunnenrolle wird er im XVI. Jahrhundert der Brunnen hinter den Barfüssern, und in den folgenden der Brunnen auf dem Barfüsserplätzchen beschrieben. Wie die Brunnenrolle bezeugt, liess Achilles von Holzhausen im J. 1578 zu seinem und der Nachbarschaft Nutzen einen neuen Ziehbrunnen aufrichten, zu welchem hernach neun Nachbarn, um sich desselben nach Nothdurft bedienen zu können, 8 fl. und 6 Schilling bezahlen. Zugleich wurde verabredet, dass künftig jede Person, die sich des Brunnenrechts theilhaftig machen wollte, ebenfalls 8 fl. 6 Schilling in die Brunnenbüchse erlegen sollte, um den Brunnen davon im Baue und Besserung zu unterhalten. In der Zeitfolge vermehrte sich die Brunnenrolle bis auf 12 Häuser. Am 18. Juli 1683 wurde bei einem starken Gewitter das Wasser so gross, dass es über den Brunnen lief. Am 9. Juni 1734 wurde der Brunnen tiefer gegraben, unterfahren und frisch gebohrt. Am 4. Mai 1744 lag eine Frau im Brunnen, die aber lebendig wieder herausgezogen wurde.

Barfüssergasse.

Die zwei Gassen, welche dem Barfüsserkloster an der Seite lagen, wurden in den Zinsbüchern vicus minorum oder vicus fratrum minorum genannt.[341] Man suchte sie öfters durch Beiworte von einander zu unterscheiden, und auf solche Weise war die eine der vicus minorum meridionalis, und die andere der vicus minorum septentrionalis. Die letzte ist es, von der ich

---

[341] S. G. P. 1372. H. by den Barfüszen.
— 1427. Ein Kram zun Barfussen. F.

rede. Baldemar beschreibt ihren Lauf ab acie cocmeterii minorum; allein diese Beschreibung wird einem jeden unverständlich bleiben, so lange er nicht weiss, dass der Kirchhof auf der mittägigen Seite dieser Gasse zwischen der Barfüsserkirche und den neuen Krämen unmittelbar gelegen war. Die Gasse war längs der alten Kirche sehr schmal und düster, jetzt aber verhält es sich mit ihr ganz anders. Die neue Kirche wurde so weit eingerückt, dass die Gegend nun mehr das Ansehen eines freien Platzes, als einer Gasse hat. Sie wird bei dem Teutelhofe auf dem grossen Kornmarkte namenlos angezeigt: vicus retro minores. Bei dem Hause zum Schmiedskeil daselbst: vicus minorum ad ipsam ecclesiam dirigens. Und in dem Zinsbuche des Liebfraustifts vom XVI. Jahrhundert: parvus vicus quo itur de foro siliginis ad minores. Dass hier die nördliche Barfüssergasse zu verstehen sei, gibt die beigefügte Beschreibung eines Hauses hinter dem Schmiedskeil und in der Gegend des Einhorns zu erkennen. Das gegen der Kirchenthüre über gelegene, und nach der grossen Sandgasse hinziehende Barfüssergässchen, wird in den Zinsbüchern zuweilen als ein Theil der Barfüssergasse angesehen. Wenn man also Häuser darin antrifft, deren Beschreibung in latere orientali oder occidentali fratrum minorum lautet, so können diese keiner andern Gasse als dem Barfüssergässchen zugeeignet werden.

Häuser auf der Nordseite.

I.

Zwischen dem grossen Kornmarkte und der Barfüsserkirche.

Das Eck. S. Lit. K. No. 147 auf dem grossen Kornmarkte.

Lit. K. No. 148. (*Zum Kugelbrunnen.*)

Lit. K. No. 149. Das Backhaus zum *Kastenhofe*, oder das Kastenbackhaus, weil es dem Kastenamte gehörte [342]).

Lit. K. No. 150. Das Senioratshaus, oder die Wohnung eines zeitlichen Herrn Seniors oder Oberpfarrers der lutherischen Gemeinde. Das Haus, das sonst dicht wider der Kirche stand, ist nun das Eck gegen derselben über.

---

[342]) Stdtrchng. de 1591 zahlt der Becker *im Kasten* Wellen etc.

II.

Die Barfüsserkirche.
De claustro Franciscanorum.

(Angaben v. Fichards, theilweise nach Battonn.)

Ao. 1230 vel circa, soll das Chor dieser Kirche zu bauen angefangen worden sein. S. Chron. I, II, 60 u. II, 181.

[1270 werden die Fratres minores Frank erwähnt. C. D. 155]

Ao. 1275 vel circiter claustrum Fr. (vel minorum) conditur (al. 1273). (Ex annal. R. F.)

[1295 Irmengardis apud fratres minores. C. D. 293.]

[1308. Pabst Clemens V lässt die Beschwerde des Stadtpfarrers Siegfried wegen der Beerdigungen apud fratres ordinum Predicatorum et Minorum untersuchen. C. D. 384.]

Ad annum 1323 cfr. *Gudeni* Cod. dipl. III, 212. Ulricus de Hanau betr.

Ao. 1330. 3. non. Septbr. haben die Minores den Gottesdienst eingestellt. (*Florian* S. 241. 255.)

O. U. 1333 — de domo habitationis Ruperti Winschroeder sita in platea parva quae est in medio infra ecclesiam fratrum minorum et curiam in qua habitat Hermannus de Ovenbach dictus Klobelauch.

Ao. 1336 müssen die Barfüsser den vierten dem Pfarrherrn zu S. Barthol. geben, diese haben das Fest Conceptionis Mariae zum erstenmal begangen, welches hernach 1434 auf dem Baseler Concilio confirmirt worden. (Ex Mspt. *Rühl*.)

Ao. 1350. 3 Kal. Novembr. divina resumuntur, forte ob excommunicationem Ludovici Bavari ante 20 annos.

Ao. 1351 haben die Minores den Gottesdienst wieder angefangen, den sie wohl 20 Jahre hatten eingestellt. (*Florian* S. 256.)

Ao. 1353. 13 Kal. Augusti divina suspenduntur Henrici Archiepiscopi Mog. causa.

Ao. 1395 verzichtet der Erzbischof Conrad von Mainz auf die Personen der 3 Stifter der Prediger, Barfüsser und Carmeliter.

Ao. 1402 sind die Kräme bei den Barfüssern schon des Raths.

O. U. 1409. Bruder Ludwig Guardian des Convents und Klosters zu den Barfüssen. (Siehe *Scheid* 2. 3. den Titel betr.)

O U. de 1415. Wir der Guardian und der ganze Convent gemeynliche des Klosters der mynern Brüder genannt zu Barfüssen in der Stad Frankfurd gelegen. (S. *Orth's* Rechtshändel XI, p. 240.)

Ao. 1445 den 3. April verschrieben Fr. Johannes Geile, Custos und Fr. Nicolaus de Hendschuchsheim Guardianus der Bruderschaft zu S. Nicolaus, genannt die *Abentheurer* ihr gebaut Capelle und begräbde niemand zu verleihen.

O. U. 1446. Johann Mechlind Guardian Joh. Falkenstein Viceguardian der Mynern Brüder, genannt die Barfüssen.

Ao. 1454 hat Johannes Capistrano Minorita alhier auf dem S. Barthol. Kirchhoff alle Tage geprediget und auf den Feiertägen auf einem darzu erbauten Gerüste vor dem Römer alles in lateinischer Sprach; solches legte ein Frater ordin. minor. de observantia, was in einer Stund gepredigt war, gleich deutsch aus; hielte auch Mess. Viele Blinde, Lahme und so andere Gebrechen hatten, kamen zu ihm und wurden deren viele gesund. Unterdessen mussten die Bürgermeister die Landwachen mit ihren Söldnern bereiten und wurden die Stadtthore zugehalten. Er zog hinweg crastin. Simon. et Judae.

Ao. 1469 haben die Minores in festo S. Galli zum erstenmal herum terminirt, und seind durch die Stadt und Mark betteln gegangen, nach ihrer Regel stationare genannt.

Ao. 1470 ordinirte Bernhard Rohrbach ihm und den seinen eine Jahrzeit und Mess mit der grossen Orgel auf S. Bernhardi zu begehen. (Ex annal. R. F.) [Vgl. Archiv, neue Folge, II, 419.]

Ao. 1478 waren Pfleger des Klosters von Rechtswegen: Jost Eck Schöff, Bernard Rohrbach und Johann von Rodan.

Ao. 1478 ward der Kreuzgang gemacht.

1485 in vigilia conception Mariae. Kaufbrief des Barf. Klosters zu Frankfurt: es verkauft an das Jungfr. Kloster zu Hohenwiesel über 1 Hube Landes zu Niederweisel. (Das Original ist im von Frankenstein. Archiv.)

O. U. 1485 in dem Frankfurter Archiv. Johann Vnderthan, Guardian, des Ordens der mindern Brüder des Klosters zu den Barfussern zu Fr. Jost Ecke Schöff, Adolph Knobelauch und Peter Herbstein des Raths, geordnete Pfleger des Klosters.

O. U. 1486 kommen vor ein Schöff und einige Rathsherrn als Pfleger und Vürmünder der andächtigen und geistlichen Vätern Guardian und Convent Sti Francisci genant zu den Barfussen by uns etc.

Ao. 1496 stiftet Thomas von Venrod von Köln der alte ein Mandatum Pauperum der Almosen jährlich 5 fl. davon 130 Menschen jedem 12 hllr. auszutheilen. (Ex annal. R. F.)

Ao. 1499 war dieses Ordens Kapitel alhier, dem der Rath 1 Fuder Wein, einen Ochsen und 20 Malter Weizen verehren liess. — Desgl. 1511 fer. 8 post Jubilate.

Ao. 1510 ward ein neu Chor an das alte gesetzt.

Ao. Domini 1510 completus est hic chorus novus et antiquo adiunctus, Syndicis nostris providis et circumspectis Georgio Froysch et Sifrido Knobloch, quam fidelissime adinvantibus. (Ex Collectan. *Ph. Schurg* I, 8.)

Ao 1514 circa festum Michaelis *Balthasar von Rhein*, Patritius, sororium suum Fridericum Foyden sauciavit et in monasterio asylum quaesivit, innisit tunc, non obstantibus privilegiis, magistratus milites, ut illum extraherent (Ex annal. R. F.)

1519. H. auf dem Ecke an der Barfüsserkirch. (Cens. Praesent. p. 5.)

Ao. 1527 hat Petrus Pfeiffer Combergius mit seinen Conventualen dem Rath das Kloster mit seinen Zinsen, Nutzungen, Gülden und andern Gefällen übergeben. Darauf begehrte Fr. Henricus Stolleysen Provincialis per Germaniam ihnen solches wieder zuzustellen und ward mit ihm gehandelt, dass er vom Probst und General Consensbriefe erlangen sollte, weilen ohnedem das Kloster sehr verarmt, auch seithero gar verfallen wäre, die Hauptgüter zum Theil verthan, auch sonsten die Conventualen nit mit sonderlichen Einkommen versorget, darauf ein stattliches gegangen — das Kloster aber nit prophanirt, sondern zur Predigt göttlichen Wortes, Reichung der Sacramenten, Almosen und Schulen angeordnet sei.

Ao. 1529 den 7. Juli haben die Barfüssen ihr Kloster dem Rath sammt allen Renten und Zinsen deren nit viel mehr übrig gewesen, übergeben, welche damaliger Bürgermeister Stephan Grüneberger († anno seq. 10 Febr.) dazu beredet haben soll. Die Brüder sind alle bis auf Einen heraus gegangen, haben weltliche Kleider angezogen, denen allen hat der Rath nothdürftigen Unterhalt verschafft und ist also Gesang, Mess, Glockenklang und alle geistlichen Ceremonien daselbs auf einmal gefallen. Darauf hat einer an die Kirchenthür geschrieben: Ao. 1529 den 7. July ist die Messe zu den Barfüssen *verschieden*.

Ao. 1529 den 12. Juli hat der gewesene Lector Dyonisus zn 7 Uhren fer. 2 in der Kirche eine Predigt gehalten, in weltlicher Kleidung, und hat ihm viel Volk zugehört. Sein Thema war Joh. cap. 14. Ego sum via, veritas et vita. Darnach hat er 3 Artikel vorgenommen betreffend seinen Orden, nämlich die Armuth, Keuschheit und Gehorsam, und darauf bekennt, was er im Orden und in der Kutte gethan, wider Gott und sein Wort gewesen sei, denn die Werke machten nicht seelig; und hat zu S. Franciscus gerufen: Francisce, Francisce, die Platte (auf dem Kopfe), die Kutt und das Gebeth haben dich nicht selig gemacht. Er hat auch geprediget, dass keine andere Obrigkeit sei als die weltliche und nur dieser wäre man schuldig Gehorsam zu leisten, hat den Pabst darneben entweiht, die Ohrgebeichte verachtet und die Mess gar abgethan. Dieser hat sich in die Haushaltung gethan, und neben den Bleydenhauss auf U. L. Fr. Berge gewohnt. — Derselbe hat Ao. 1530 auf Cantate unter anderm geprediget: dass er vermerket, wie der Rath sogar kaltsinnig in Annehmung des Evangeliums umginge und nach weltlicher Klugheit handelte, zufügend: Er sollte lugen (zusehen) dass er sich nicht in der Wahrheit beschisse.

1529 7. Juni auffugerunt observantes monachi, vulgo Barfusser, instigante Stephano Grumberger. (Annales reip. zum Jungen.)

Ao. 1530 5. März ist der Almosenkasten des Raths von S. Niclas, da er vor Alters gewesen, zu den Barfüssen gelegt und demselben damals

Hanns Bromm Scabinus, Hans Ungelheimer des Raths und Dominicus Bocher, hernach aber noch ein Rathsfreund aus den Handwerken und noch ein Patritius und sonst einer aus der Burgerschaft vorgesetzt worden; darzu hat man alle Gefälle der andern Clausen, Kapellen und Kirchen als: S. Petri, 3 regum, S. Nicolai, Materni, Marthae, grossen Einung, der Herrgottsstube, Clause zu (ober)Rode, und guten Leuten genommen, und haben die Geschlechter sehr viel Korn- und Geldgefälle darzu gegeben, so sie aus andern Stiftern hinwiderum als Patroni zu sich genommen und so ad pios usus verwendet.

O. U. 1531 wurde den Pflegern befohlen, mit den teutschen Herren und den 3 Stiftern zu handeln, ihre Almosen auch in den gemeynen Kasten zu bringen.

Ao. 1533 ist dieses Kloster und S. Nicol. Kirche zugeschlossen worden.

Ao. 1548 als der Rath aus dem Domstift wieder ausgewiesen ward, hat er das lutherische Evangelium zu den Barfussen predigen und selbige Kirche zur Pfarre verwenden lassen.

Ao. 1550 nimmt Hamann von Holzhausen die Gefälle, so zum Salve in S. Bartholomaei Kirche gehörten, wieder an sich als von seinen Eltern gestiftet, und gibt sie dem gemeinen Kasten. Also thun auch mit ihren collaturen Herr Johann und Hieronymus von Glauburg. (Ex Mspt. *Rühl.*)

Ao. 1555 u. 1627 haben die Franciscaner Mönche die Restitution des Klosters gesucht.

O. U. 1591. Behaussung in der Barfussergassen *Gutenberg* genannt neben dem *Ulmer Hoff* — stosst hinten und vornen uff 2 gemeine Gassen.

Ao. 1629, 23 April. Capucinorum Provinciales per duos fratres literis ad Senatum directis cupiunt restitutionem ecclesiae zum Barfussen ex ipsa die, qua ante annum ecclesia S. Anthonii esset occupata, sed Senatus quoniam possessio satis fundata, id recusavit.

Stephan Grünberg betr. *Lersner* II, 219.

Ao. 1685 wurde der Barfüsser Thurn abgebrochen und dafür ein neuer grösserer Thurn erbauet. (Ex Mspt. B. V. in Monte.)

Ao. 1736, Kirchenreparatur. S. *Müller* Beschreibung S. 164.

Ao. 1786 im October ward die alte Kirche abgebrochen.

Stdt. Rchnbch. de 1374. It. v ß den Barfussen umb Wellen, die Stoben zu heyszen wenn der Raid da ist. (Schon wird dieser Stubenheizung im Kloster ausgeblich mehr erwähnt.)

NB. Die vorstehend erwähnte Stube zu den Barfussen war die Conventstube dieses Klosters, worin der Rath zusammen kam, wenn eine Streitigkeit desselben mit Bennchbarten oder Einem nicht unter dem Rath stehenden schiedsrichterlich in Güte ausgemacht wurde, wie deren mehrere in diesem Jahre ex. gr. mit Rudolf von Sassenhusen secl. Kinder, erwähnt werden. Der Rath erschien hier als Partei, deshalb geschah eine solche Handlung nicht auf dem Rathhause, wo der Rath nur als Richter und nicht als Partei erscheinen konnte.

Stdt. Rehnbch. de 1375. It. 10 ℔ den Baarfussen zur irgatzunge zu irem Buwe vnde vor Holtz die Stubin diesen Wynther zu heyszen.

— 1376. It. 10 ₰ die Stuben zu den Barfussen zu heysszen.

— 1377. It. 1 ℔ den piffern zun Barfussen zu irgatzunge.

— 1383. It. wir han usgegeben c Gulden 40½ Gulden, als vns geborte von des gemeynen Bundes wegen zu der Zyt als die Stedte Rechnungen taden zun Barfussen hy zu Frankfurt in diesem Jahre vff Sant Sixti Tag.

— 1389. It. vij hllr. vmb eyn ℔ Lichte als der Raid zun Barfussen by nacht waz (nach der Cronenberger Schlacht vermuthlich).

— 1511 hielten die Barfüsser ihr Kapitel alhier und der Rath schenkte ihnen einen Ofen dazu.

— 1533 wurden im Barfusser Kreutzgang vndt Hoiff die Messen über Miethzinse für Stände der Handelsleute erhoben.

— 1550. Das *Calmay* Haus zu den Barfüssern wird als gereinigt und geräumt erwähnt.

— 1550. Ausgab von etlichen Fassen vom Main bei das Calmay Haus hindern Römer zu furen.

— 1550 erwirbt Doctor Johann Fichard von dem päpstlichen Nuntius Herrn Sebastian Pighino, Archiepiscopo Sipontino (zu Augsburg residirend) confirmationem cessionis Monasterii Franciscanorum.

— 1553. Den Stangenknechten zalt von dem Stock vnd Tisch, so man vff dem Römer zu der Barchensieglung pflegt zu gebrauchen, aus dem Calmay-Haus vff den Römer zu thun.

— 1567 von 12 Weinfassen aus dem Kalmayhaus jnn Sant Maderus Kirchenn zu furen zahlt 4 ₰.

— 1604. Die neue Orgel zu den Barfüssern betreffend.

De claustro minorum confer. *Lersner* I, II, 60 u. II, II, 64.

Vid. *Lersner* Chron. I, II, 29.

„ „ II, II, 31. 32.

„ „ II, IV, 65.

Sec. XV. *Lersner* II, 215, betr. die Capelle des Steffan v. Cronstettes.
Ao. 1395. „ II, II, 3.
„ 1401. „ II, 195. v. Orth-Jungisches Erbbegräbniss betr.
„ 1454. „ II, II, 4 (bis).
„ 1477. „ II, 202.
„ 1487. „ II, 731.

Ao. 1489. *Lersner* II, II, 184.
„ 1499. „ II, II, 13.
„ 1502. „ II, 197.
„ 1511. „ II, 201, II, II, 10.
„ 1529. „ II, II, 65.
„ 1539. „ I, 342, die Rathsversammlung daselbst betr.
„ 1694. „ II, 823 (803).
„ 1697. „ I, 544.
„ 1704. „ I, II, 24. nov. campus.

 Ueber dieser Kirche Cession und Confirmation des päbstlichen Legati vid. Consilia Fichardi 8, II. consil. 36. §. Etliche andere aber.
  Titulus Cessionis ao. 1529.
  — Confirmationis ao. 1501. *Ritter* S. 412.
  — Pacificationis ao. 1555.
Ao. 1417. *Ritter* S. 2.
[Vgl. Archiv für Frankf. Gesch. u. Kunst. V. 170. VIII. 34.]
[Vgl. Gymnasial-Progr. vom Frühjahr 1839, das Barf. Kloster.]

Series Guardianorum zun Barfussen.
(Ex Mspto. Rühl.)

1233. Cal. aug. Theodoricus Guardianus Fratrum Minorum in Frankenfurt.
1379. Ludwig von Cleberg.
1391. Joh. Schmalz von Diepurg.
1425. Johannes Stempel.
1434. Nicol. Fritsschenstein.
1435. Steffan.
14.. Johannes Geyle (Geybe?)
1445. Joh. de Hendschbuchsheim.
1456. Joh. Massenhausen (*Ritter* p. 107.)
1468. Joh. Huetter.
14.. Lorenz Seiler.
1482. Johannes Unterthan.
1487. Peter Fischer.
1491. Ulrich Meerfeld.
1497. Petrus Moller Doctor.
1498. Joh. Moller.
1503. Seyfried Grünauwe.
1501. Petrus Heinschildt, auch 1510.
1516. Blasius Kirn.
1527. Petrus Komberg genannt Pfeiffer.

III.

Zwischen dem Barfüsserkirchenplatze und den neuen Krämen.

Lit. K. No. 91. Ein Pfarrhaus der lutherischen Gemeinde. Dasselbe stand wider dem Chore der alten Barfüsserkirche und ist nun ein Eck.

Lit. K. No. 92. Kastenamtshaus. Der Platz gehörte ursprünglich zum Barfüsserkloster. Durch sein Thor und seinen Hof war bei Tage ein freier Gang nach dem Kreutzgange und dem Gymnasium.

Das Eck der neuen Kräme.

Häuser auf der Nordseite.

I.

Zwischen den neuen Krämen und dem Barfüssergässchen.

Das Eck. S. K. No. 89 unter den neuen Krämen.

Lit. K. No. 90. *Gutenberg.* (*Judenburg.*) „Gudenberg gelegen hinder den Barfuszen hinzu stoszende an Hartman Becker vnd Hennen Humbrecht vnd vorn an die Sommerwonne." Ins.-B. von 1445.

„Hus Gudenberg neben dem hus zur Sommerwonne hintern barfussen." S. G. P. von 1451.

Das Haus zur Judenburg neben dem Ulmerhof in der Barfüssergasse, welches 1613 am 23. August, wie uns die Chronik I, 542 berichtet, bis auf den Grund abbrannte und wobei eine Magd und ein Schneidergesell ihr Leben einbüssten, war kein anderes als Gutenberg. Die hiesige Sprache hatte ehemals mit der cölnischen viele Aehnlichkeit. Man sprach jude für gute, und berg am Ende der Namen wurde öfters mit burg verwechselt. Auf solche Weise änderte sich der Name Gutenberg in Judenburg.

Falkenstein. Laut der Brunnenrolle war Christian Egenolf der Bewohner des Hauses. Bei dem Verzeichnisse der Häuser von 1544 wird dasselbe Falkenstein, beim Jahre 1588 aber abgekürzt *zum Falken* genannt, vermuthlich wurde das Haus mit dem vorigen vereinigt.

Der Neuhäuser Beginnenhaus. Steht in der Brunnenrolle bei den Jahren 1544 und 1558 unmittelbar nach dem vorigen. Die von Neuhaus gehörten mit unter die ältesten Geschlechter der Stadt.

Ulmerhof. Das hintere Gebäude vom Ulmerhof Lit. K. No. 86 in der grossen Sandgasse, welches 1622 am 13. Januar abbrannte. Ein altes Weib, welches Feuer mit in die Kammer nahm und das Unglück verursachte, kam dabei ums Leben. Chron. I, 542.

Zum Hohenhaus. War das Gotteshaus, von welchem in dem Testamente der Lucardis und Catharina Stockarn von 1393 gesprochen wird. Es stand hinter ihrem Hause zum Baumeister in der grossen Sandgasse, das nun der Ulmerhof heisst, und seine Bewohnerinnen wurden die Beginnen in dem hintersten Gotteshause genant, weil vorn in der Sandgasse noch zwei Gotteshäuser neben ihrem Hause standen. Sie verordneten unter andern, dass dieselben das Recht haben sollten, durch das Thor des grossen Hofes aus und ein zu gehen, und darin, wenn es ihnen gelegen wäre, ihre Geschäfte zu verrichten. In dem S. G. P. von 1399 wird einer „Lise in dem hohen Gotzhuse by den Barfuszen" gedacht. Dieses Gotteshaus war neben dem Ecke zum alten Schnabel gelegen. Es wurde im XVI. Jahrhundert mit demselben vereinigt, und der Name Hohenhaus ging darauf an das Eckhaus über. S. Lit. K. No. 82 im Barfüssergässchen. In den Häuserverzeichnissen der Brunnenrolle von 1544 und 1558 werden zwischen das Neuhäuser Beginnenhaus und den alten Schnabel noch drei Häuser gesetzt, und dieser Umstand hebt den Zweifel, ob nicht das Hohenhaus selbst der Neuhäuser Beginnenhaus gewesen sei. Vielleicht waren die Patrizier zum Hohenhaus die Stifter der Beginnen, und das Haus erhielt dadurch ihren Namen.

II.

Zwischen dem Barfüssergässchen und dem grossen Kornmarkte.

Das Eck. S. Lit. K. No. 81 im Barfüssergässchen.

Der Knoblocher Gotteshaus, oder das Knoblochshaus. So wird es in der Sandbrunnenrolle bei dem Jahre 1544, 1558 und noch früher genannt und neben dem Weissen Gotteshaus gesetzt. In dem Zinsbuche von 1438 wird auch dieser Häuser gedacht: „Item etc. viii den. von zweien Gotshusz ex opposito janue posteriori minorum aput dem Eynhorn." Das Haus ist auf dem Barfüsserplätzchen mit Lit. K. No. 80. bezeichnet.

Der Weissen Gotteshaus. S. vorher.

„das Gotzhus by den Barfuszen genant Weisen Gotzhus." S. G. P. von 1406.

Anno 1451 waren „Brant Clobeloch und Loitz Wisze vormunder der Bekynen in dem Gotzhuse hinter dem Eynhorn, an das hus zum Korb stoszend." S. G. P. vom g. J. Das Haus ist ebnermassen auf dem Barfüsserplächen mit Lit. K. No. 79 bezeichnet. [343])

---

[343]) O. U. 1459. Gotteshuss gelegen hinder den Barfussen zushen dem Eynhorn und Jacob Clobelauch, dessen Vormunder sind Brant Clobelauch und Lotze Wysse (beide erbare Jungherrn benannt).

S. P. 1460. Reinhard Mynners Gottshuss by den Barfussen (ob hieher gehörig?).

Zinsb. d. h. Geistspitals unter der Rubrik Kornmarkt 1475. Die Bekynen im Gotshus hinter dem Eynhorn by den Barfussen im cleyn Geschin.

Beed.-R. de 1509. Hinter den Baarfussen:

α) D. (Doctor) Adams (Schoenwetters) *Gotthuss*, darinn 2 Schwestern.
β) Das (Glauburgische) *Gotthuss zu Rustenberg*, darin 4 Schwestern.
γ) *Löwensteins Gotthuss* uff dem Plätzchen hinten neben dem Schornstein, darin 4 Swestern.
δ) *Lichtensteins Gotthuss*, darin 2 Swestern (zwischen diesem und dem vorigen sind 7 Häuser).

G. Br. 1521. Gotteshaus hintern Barfussen neben Friedrich Finck und dem *grossen Gotteshaus*, stosst hinten und vorn auf zwei gemeine Gassen. F.

Lit. K. No. 151. Ein vorstehendes Eck, das gegen Osten schaut, und in der Ecke neben Lit. K. No. 79 steht.[344])
Lit. K. No. 152. *Klein Dillenburg.*[345]) S. Frf. Int.-Bl. von 1782, No. 47. Es schaut gleich dem vorigen gegen Osten, und ist das Eck am Güsschen.[346])
Lit. K. No. 154. A. *Einhorn.*[347]) Das doppelte Eck mit dem Brunnen. „j marca Decoll. Joh. de domo Conradi vff dem Keller in vico iam dicto (in parvo vico quo itur de foro siliginis ad

---

[344]) O. U. 1470. H. *Meylawe* gelegen hinter den Barfussen zwischen dem H. Dilnberg und einem Bekginen Hus gen dem H. zum Einhorn über. F.
[345]) O. U. 1481. H. u. Hofchin hinter der Barfusserkirchen neben dem H. Dilnberg.
— 1538. Eckhaus — genant *Dielnberg* hinder den Barfüssern. F.
[346]) Dem Herrn Senior Hufnagel über.
Lit. K. No. 153 steht im stumpfen Güsschen, wo No. 159, der alte Korb, den Schluss macht und einen Ausgang hat. Siehe S. 313.
[347]) S. G. P. 1384. Conrad zum Einhorn. 1396. Conrad z. E. seel. 1408 Ruprecht z. E.
— 1395. H. z. Einhorn.
O. U. 1438. H. gelegen hinter den Barfussern zushen N. und der Krängen Huss, gen dem Gesesse, genannt *zum Jäger* über.
S. G. P. 1445. H. zum Einhorn hinter den Barfussen. 1451.
— 1453. H. zum Einhorn in dem Barfussgechin.
Beedbuch von 1463. It. die Cluse hinter dem Einhorn in der Barfussengassen.
O. U. 1473. H. und Gesess in der Barfussergassen gelegen genannt *Erbach* zushen Erwyen Kurschner und dem Riemenschnyder etc.
Zinsb. d. h. Geistspitals von 1475. 21 ß giebt Steffan Smydt seel. Witwe von dem H. *zum Einhorn.*
— It. von eym H. — in irme Huse gebrochen gut *zum Krynchen.*
O. U. 1544. H. — zum Ainhorn genant — stosst hinten uff das H. — zum Korb.
— 1557. — hinter der Barfüsser Kirchen zum Ainhorn genannt, neben N. uff einer, und der Behausung Weilandt genant uff der andern Seiten gelegen stosst hinten uff das H. zum Korb.
— 1602. Stall — *zum Jäger* genannt bei dem *Einhorn* neben des gemeinen Almosen Kastenshaus uf einer, Ulrich Jöckels Schöffen anderer seits, stosse hinden uff die Behausung *zum Barth.*
Mspt. XVII. Sec. H. zum Einhorn bei der Barfüsserkirche.

minores), latere septentrionali, et vocatur zum Einhorn et sunt plures domus in unam redactae. L. C. B. M. V. in M. Sec. XVI.

„de domo Wenzelonis Visirers in parvo vico quo itur de foro siliginis ad minores, lat. septentr. ex opposito domui dictae a retro zum Schmitzkeyl circa domum dictam zum *Einhorn*." Ibidem.

„Hus zum Einhorn hintern Barfussen." S. G. P.

Zum Kringe. (Catharinge) wurde mit dem Einhorn vereinigt.

„½ marca — de alia domo huic (dem Einhorn) contigua et annexa, modo zum Kringe, et sunt factae vna domus. Dat idem" Conradus vff dem Keller. L. C. B. M. V. Sec. XVI.

Lit. K. No. 154. B.[348])

Lit. K. No. 155.

Lit. K. No. 156.

Lit. K. No. 157. *Lichtenau.*

„iij ℔ de quadam domo dicta Lychtenaw in vico fratrum minorum ex opposito domus Schmidt Kyls a retro." R. C. S. Leon. de 1536.

Beginnenhaus. „j marca de domo sita latere septentrionali vici parvi quo itur ab ecclesia minorum parte occidentali versus Kornmark ex oposito Smytzkyl retro domus Lyntheym et est domus beginarum." R. C. de 1452, f. 37.

Ich vermuthe, dass dieses Haus, nachdem es im XVI. Jahrhundert aufgehört hatte, ein Beginnenhaus zu sein, endlich zu dem Ecke Lindheim gezogen wurde, das sehr tief in die Gasse gehet.[349])

Das Eck. S. Lit. K. No. 158 auf dem grossen Kornmarkte.

---

[348]) *Klein Eichhorn* (Einhorn?) in der Baarfussergassen zwischen Wiederhold und Zimmermann gelegen, giebt 3 fl. Grundzinss an die Schöff Fleckhammerische Familie, zuvor Conrad Schmorrens Wittwe, gestorben 1735.

[349]) Vermuthlich eines von den Gotteshäusern der Cath. v. Wanebach, das *Hohenhauss* genannt, auch Ortenstein. S. goldn. Frosch.

Brunnen am Einhorn.

[Battonn hat hierzu keinen Text gegeben.]

Gässchen hinter dem Einhorn.

Seine Lage gibt schon die Ueberschrift zu erkennen. Es ist ein schmales und sehr kurzes Gässchen gegen der Barfüsserkirche über, das hinten vom Hause zum alten Korb, der eine Thüre daselbst hat, geschlossen wird.

Lit. K. No. 153. Ist das einzige Haus in diesem Gässchen.

Kastengässchen.

Zur Zeit, wo die alte Barfüsserkirche noch stand, befanden sich zwischen der Barfüsser- und Wedelgasse zwei Durchgänge, die aber nur bei Tage geöffnet blieben. Der östliche hatte zwischen dem Chore und dem Schiffe gedachter Kirche durch den Kreuzgang und den Schul- oder kleinen Kastenhof statt. Der andere war durch das Kastenbackhaus und den Kastenhof, zwischen welchem an der Seite des hintern Baues der Gerichtskanzlei ein schmaler mit einer Thüre versehener Gang hinlief, und dieser war es, welchen die Leute das Kasten- oder Kastenhofgässchen zu nennen pflegten.

Platz bei der Barfüsserkirche.

Vor wenigen Jahren sahen wir noch das Chor der alten Barfüsserkirche und einen Theil des Kreuzganges mit seinem ehemaligen Garten an dem Orte stehen, der nun in einen offenen Platz verwandelt ist. Weil die neue Kirche die Länge der alten bei weitem nicht erhielt, so entstand dieser Platz, der sich einerseits mit der Barfüssergasse und andererseits mit dem Kastenhofe verbindet, der sonst geschlossen war, nun aber zwischen der Kirche und dem Senioratshause geöffnet ist. Der Platz hat noch keinen Namen. Man könnte ihn den Barfüsserplan nennen, um ihn dadurch von dem in der Nähe gelegenen Barfüsserplätzchen leichter zu unterscheiden. Wahrscheinlich wird das nun ganz zu entbehrende Kastenhofthor gegen dem Römer über nicht lange mehr stehen, und der innere Platz könnte alsdann auf dem Kastenhof heissen. Auf solche Weise würden diejenigen, welchen die Plätze vorher gehörten, einigermassen im Andenken erhalten werden.

Wedelgasse.

Die Gränzen dieser Gasse waren nach der Verschiedenheit der Zeit auch sehr verschieden, und ihr Name war nicht immer der nämliche. Wenn sie der vicus Poenitentum hiess, wovon wir Beispiele bei den Häusern zum Wedel und zum Löwenstein finden, reichte sie bis zur Weissfrauenkirche, und die Gegend hinter dem Römer, die Löweneckgasse und die Münzgasse waren folglich Theile von ihr. Dass die Alten alle diese Gegenden nur für eine Gasse ansahen, darüber gibt auch das Haus Nyde hinter dem Römer einen überzeugenden Beweis, das „in vico a domo ad arietem (zum Wedel) seu a monte Samizdagberg dicto ad penitentes descendente" beschrieben wird. Man theilte nachmals den vicus Poenitentum, und legte der obern Gegend vom Römerberge bis zum Kornmarkte einen andern Namen bei, welchen das Eckhaus zum Wedel (ad arietem) veranlasste. Sie hiess von der Zeit an vicus arietis oder die Widelgasse, und Baldemar in seiner Beschreibung der Strassen bestimmt ihren Anfang bei gedachtem Hause mit den Worten: „Arietis a domo dicta (ad) Arietem" und weiter unten sagt er von dieser und den übrigen fünf Gassen: „Hy sex ab oriente, et vico opidum dividente ad occidentem et vicum dictum Kornmertig sunt tendentes", woraus das Ende der Widdelgasse beim Kornmarkte erhellet. Hier könnte man die Frage aufwerfen: warum hat dann Baldemar bei den Häusern zum Wedel und Löwenstein noch den vicus Poenitentum beibehalten, da er doch in seiner Beschreibung der Strassen den vicus Arietis dafür setzte? Ich beantworte die Frage also: da Baldemar den Liber redituum verfertigte, bediente er sich der alten Zinsbücher, und er hielt es nicht für rathsam, in den Beschreibungen der Zinshäuser, die genau mit den Urkunden übereinstimmen sollten, etwas abzuändern; da er aber die Strassen beschrieb, beschrieb er sie nach ihren Gränzen und Namen, wie sie zu seiner Zeit von den Leuten allgemein anerkannt waren. Der vicus Arietis nahm gleich dem vicus Poenitentum in den ersten Zeiten auch die Falkengasse und die mittägige Barfüssergasse zu sich, bis diese ihre eigenen Namen erhielten. Er wurde zuletzt getheilt und man nannte die untere Gegend die Löweneckgasse und die mittlere Hinter dem Römer; dass also der vicus Arietis oder die Wedelgasse sich gegenwärtig nicht weiter, als vom Römerberge bis an das doppelte Eck zum Baum gegen dem Kastenhofe über erstreckt. Die Häuser hinter dem Römer sollen jedoch mit den Häusern der Wedelgasse vereinigt angezeigt werden.

Häuser auf der Südseite.

I.

Zwischen dem Römerberge und der Kerbengasse.

Das Eck. S. J. No. 156 auf dem Römerberge.

Löwenstein. Steht zwischen dem Ecke und dem Römer. Der Hof darin wird gemeiniglich der Löwensteinerhof und auch der Römerhof genannt. Das Haus gehörte zum Löwenstein auf dem Römerberge und wurde 1596 vom Rathe gekauft. Im J. 1750 befand sich die bürgerliche Einundfünfziger-Stube in demselben.[350]

Goldner Schwan. 1405. S. beim folgenden.[351]

Römer. Der hintere Theil des Rathhauses zum Römer gegen dem Kastenhofe über, welcher im J. 1731 neu aufgeführt wurde.

---

[350] In der Beed-R. von 1509 wird in der Wedelgasse neben dem H. Lewenstein, des Stadtschreibers uf dem Römer erwähnt. (Der also in diesem Theil des Römers seine Wohnung hatte.)

[351] S. G. P. 1382. H. zum gulden Swanen. F.

An dessen Stelle hat vorher der goldne Schwan gestanden, den der Rath sammt dem Römer 1405 käuflich an sich brachte. Chron. I, 264. II, 123. Im Jahre 1414 verordnete der Rath zwei Paniere (Fahnen) machen zu lassen, und eines vorn an dem Römer, das andere aber hinten an dem goldenen Schwanen in der Messe aufzustecken. *Orth* Zusätze zur Frfr. Reform. S. 306. Ich habe dieses blos darum bemerken wollen, weil hieraus die ehemalige Lage des goldnen Schwanen nicht misskannt werden kann.[352]

Frauenroth oder *Frauenrath*.[353]) War zwischen dem goldnen

---

[352]) In dem Kaufbriefe der hies. Stadt über die Häuser zum Römer und gulden Schwan vom Jahre 1405 heisst es: und sind die obgnant husunge gelegen mit namen der *Romer* vorn zu uf dem Samstagsberge zuschen den gesessen *Laderam* und *Lewenstein* und stosset hinden an *Frauwenrode*. So ligt der *guldin Swan* hart daran und stosset hinden uss in die gassen gein dem Gesesse zum *Buner* zuschen *Frauwenrode* und *Wanebach*. (Es ist erwiesen, dass das Haus *Wanebach* später mit dem Hause *Löwenstein* vereiniget wurde und den hintern Theil desselben in die Wedelgasse gehend ausmachte.) F.

[353]) G. Br. 1345. II. *alten Heldenberg* genant *Frauenrode*.

S. G. P. 1369. II. zu Frauenrodde. Ebenso 1384. 1393.

O. U. 1424 dom. die post fest. o. SS. Das Stift auf U. L. Berge bekennt, da ihr H. Frauenrode gelegen zwischen den Gesessen zum gulden Swan und der Violen, hinten stossend an die Gesesse zum Römer und Swarzenfels, vorn zu gein dem Buner über, baufällig sei und oft die darauf- liegende 10 Mark Gülte nicht ertrage, so habe es dieses H. an hiesigen Rath um 200 fl. verkauft.

Stdt. Rehnbch. de 1424. It ij c. han wir gegeben dem Stiffte zu vnserer Frauenberge zu Frankenford, als wir jn abgekaufft han das Gesesse Frauenrode mit seiner Zugehorunge nach Lude des Briefes daruber gegebin.

— 1425. It. iiij Gulden hat gebin Jeckil Heller zur Violen zu Zinse vor ein Jar — von dem Huse Frauen Rode mit Namen von dem Teile, das an die Schrybery stosset.

— 1426. It. iiij fl. für 1 Jare von Jeckil Heller vom Steinhuse zum Frauenrode.

— 1438. It. 1 ₰ 2 Gesellen daz alde Geholze zu Frauenrode zu hauwen.

— 1489. Des Rates Keller vnder Frauenrode.

O. U. 1498. Frauenrode zu einer Stadtstuben gemacht worden. F.

S. P. 1442. Die nuwe Badstoben unden im Romer.

— 1456. Der Hof den man nennet Romerhof. (Ob nicht ein Hof vor d. Stadt?)

Schwanen und dem Ecke zum Nyde gelegen, und lag an dem Ort, wo sich nun die unterste Rathsstube befindet.

Anno 1401 wohnte Johann von Rohrbach, ein Patrizier, in diesem Hause zum Frauenroth. [354]) Chron. II, 202.

„ij β den. ij pulli de domo zu Frauwenrode, dant domini decanus et capitulum ecclesie sancte Marie Franckfurd. Item iii β pro pullis." R. C. de 1438.

Weil das Liebfraustift den Zins bezahlen musste, so war es ohne Zweifel auch der Eigenthümer des Hauses, das nachmals dem Rathe überlassen wurde.

In dem Zinsbuche wird bemerkt, dass derselbe unserer Kirche schon damals den Zins entrichtete; und in einem jüngeren Zinsbuche von 1460, f. 124. ist zu lesen: xii ℔ hllr. de domo Frauwenrode ubi est iam domus consularis."

In einer Handschrift des hiesigen Stadtarchivs vom XV. Jahrhundert wird gesagt, dass Frauwenrode zwischen dem goldnen Schwanen und der Viole gelegen sei und hinten an den Römer und Schwarzenfels stosse. Des Hauses zum Nyde wird hier nicht gedacht, weil dasselbe mit der Viole schon vereiniget war.

Zum Nyde. Das Eck an der Kerbengasse, wo sich gegenwärtig die Rechnei befindet und wo der Frankfurter Adler oben in der Mauer zu sehen ist.[355]) Seine Bauart ist die des XV. Seculi.

„Duo pulli de domo dicta zum Nyde sita in antiquo opido Frankf. inferiore parte vico Arietis, latere meridionali infra plateam Samystagisberg et vicum Pistorum, in acie septentrionali respiciente occidentem et septentrionem vici Pistorum iam notati." L. V. B. Sec. XIV. Vic. X.

---

[351]) S. *Rohrbach* 5. 1. — Auch Chron. II, 3—2 sub 1345. F. [Vgl. Archiv für Frankf. Gesch. Neue Folge II. 406.]

[355]) Siehe später die in Betreff des Hauses *zur Violen* angeführten Stellen, woraus ganz deutlich erhellt, dass das Haus zum Nyde zwischen der Violen und Swarzenfels in der kleinen Strasse lag, die zwischen dem Römer und Gläsernhof hinläuft. Es ist also von Battonn seel. ganz unrichtig in die Wedelgasse gesetzt worden. F.

"Domus dicta zu dem Nyde sita vico a domo ad arietem seu a monte Samizdagberg dicto ad penitentes descendente, latere meridionali in acie prima occidentem et septentrionem respiciente primi vici a dicto vico ad vicum sancti Georgii descendentis. Contigua domui dicte Frauwinrade. L. C. B. lacer. Sec. XIV. Vic. S. Nicolai.

Das Haus legte den alten Namen ab, als es zur Viole gezogen wurde und kam nachmals an den Rath. Um welche Zeit dies geschehen, fand ich nicht aufgezeichnet.

II.

Zwischen der Kerbengasse und der Karpfengasse oder hinter dem Römer.

Lit. J. No 170. *Gläsernhof.* Vorher *Laneck.* [356]) Das einzige Gebäude zwischen den beiden Gassen, welches Peter Caspar

---

[356]) Urkundenauszüge die Häuser *Laneck* und *zum jungen Frosch* betreffend, aus denen nun der *Gläsernhof* besteht.

S. G. P. 1345 verkaufen Heinrich Alhard Katrine ux ihr H. zum jungen Frosch genannt um 1018 ℔ Heller an Sifried Frosch Else ux.

O. U. 1375. H. genant *Lanecke* hinden an *Limburg* gelegin etc.

S. G. P. 1380. H. und Gesesse Laneck hinden gegen Lympurg uber stoszet an den hof genannt der iunge Frosch.

— 1384. H. Lanecken.

— 1433 verkauft Caspar Zingel an Hartmann Becker Katrine ux. die Besserung des H. zum jungen Frosch und Laneck um 500 fl. Sie werden also beschrieben: „hof husung und Gesesse zum jungen Frosche vorn zu gen Swartzenfels und neben gen der alten Wagen und dem Gesesse zur Eck, und hinten gen der gulden Rosen. — H. Laneck gelegen zuschen dem iungen Frösch und dem Gesess Fulde.

— 1434. H. und gesesse zum iungen Froische vorn zu gelegen gea Swartzenfilsch uber und hinden zu gelegen gein der gulden Rosen, und dazu das H. u. gesesse genant Lanecke hart an dem vorgenanten H. zum iungen Froisch gelegen, und an einem teil daran stoszend, am andern teil stoazende an das H. genant Folde.

O. U. 1437. H. Hof und Gesesse zum jungen Froisch und Laneck, die nun zusammen gebrochen und in ein Husunge gemacht sein.

Gläser von Gläserthal und seine Frau Anna Maria Rasore im Jahre 1682 aufführten. Sie liessen ihre Wappen in den beiden Nebengassen über die Thore setzen, wo zuvor das Glauburgische Wappen zu sehen war. Der Ankauf des Hauses und die Baukosten beliefen sich auf etliche und zwanzigtausend Gulden. Chron. II, 26.

S. G. P. 1442 verkaufen Hartmann Becker Katrine ux. an Heinrich Rorbach Gudgin ux. ihr Recht an den H. zum jungen Frosch und Laneck um 3500 fl. Diese H. werden also beschrieben: H. hof und gesesse zum jungen Froisch und Laneck, als die nu zusammen verbuwet sin, gelegen an dem H. Fulde, gen den H. Limpurg und Swartzenfels vorn zu uber, neben gen dem H. zur alten Wagen und zur Ecken uber und hinden gen dem H. zum Weissen und zur gulden Rosen uber.

Stdt. Rchnbch. de 1444. It. xx fl. hat bezalt Heinrich Rohrbach als der Rad jm gegennet hat, seine Muren, die vor kromp waz, snore slicht zu machen an syme Husse zum Frosch.

S. G. P. 1476 verkauft Bernhard Rorbach seinem Bruder Heinrich Rorbach seine Hälfte an dem H. Lanecken und z. jungen Frosch nebst der Hälfte des Hausrathes um 1600 fl. Das H. wird also beschrieben: „H. vorn zu Laneck, hinten zum iungen Froisch genant, vorn gen Lympurg und Swartzenfels und der Fyolen neben der alten Wagen und zur Eck hinden gen der gulden Rosen uber."

Das H. Laneck war also der Theil des gläsernen Hofes, der an die Kerbengasse stösst (bei welcher Strasse es zu beschreiben ist). Es wird, da es die Aussicht auf den Römerberg hat, hier immer als das *Vorderhaus* angesehen, weshalb es auch nach der Vereinigung mit dem jungen Frosch dem Ganzen den Namen gab, obgleich das letztere Haus weit grösser an Umfang war.

O. U. 1565. H. — hinter dem Romer zum alten Frosch genannt neben der Behausung zur Gulden Rossen gelegen.

— 1579. H. zu Laneck und alten Frosch. S. *Glauburg* 71, 2.

— 1592. Eckhaus zum alten Frosch genant hinter dem Römer gelegen neben der Behausung zur guldnen Rosen.

Mspt. XVII. Soc. H. *zum alten Frosch* mit zum H. Laneck verbauet (soll wohl zum jungen Frosch heissen).

Ibid. H. *Laneck* ist aus den Häusern zum alten Wissen(?) und Frosch erbauet. — D. Luthers Haus. F.

III.
Auf der Abendseite hinter dem Römer.

Lit. J. No. 114. *Zum Mohren.*[357] Das doppelte Eck zwischen der Falken- und Löweneckgasse In dem hiesigen Intell.-Bl. von 1804, No. 26 wird es unter obigem Nummero im Mohren hinter dem Römer, dem Gläsernhof gegenüber, beschrieben.

Häuser auf der Nordseite.
I.
Zwischen den neuen Krämen und der Kaltenlochgasse.

Das Eck. S. Lit. K. No. 136 unter den neuen Krämen.

Monasterium minorum oder das *Barfüsserkloster*, welches vor seiner Aufhebung von dem Ecke zum Wedel bis an die ehemalige Froschbadstube oder das Haus Lit. K. No. 139 in der Kaltenlochgasse reichte.

Darin befindet sich das lutherische Gymnasium (zwischen Lit. K. No. 90 u 92) und die Stadtbibliothek, so im Jahre 1572 aus dem Hause zur Viol hicher verlegt wurde.

Lit. K. No. 137. Ein Kastenhaus, unter welchem sich ein kleiner Bogen befindet, durch den man in den kleinen Schulhof und von da in den Barfüsserkreuzgang kömmt. Ueber dem Durchgangsbogen (vielmehr neben) die Wohnung des Hrn. Rectoris Gymnasii.

Der *Kastenhof* mit dem Thore. Der Hof war sonst geschlossen, wurde aber bei dem neuen Kirchenbau hinten bei der Barfüssergasse geöffnet.

II.
Zwischen der Kaltenlochgasse und der Kälbergasse oder hinter dem Römer.

Das Eck zum Baum. S. in der Kaltenlochgasse.

Ein Haus, welches zu dem Ecke gezogen wurde. S. daselbst.

---

[357] Dieses Haus hiess noch im XV. Seculo *zum Wissen*. S. in voriger Note die Urkunde von 1442.
Mspt. XVII. Sec. Das H. zum alten Wissen am H. zum Frosch u. Laneck Ibid. H. zum weissen Mohren auf dem alten Kornmarkt. F.

Lit. J. No. 113. *Stadt Lyon.* [356])

Lit. J. No. 112. *Zur Eiche.* Der Name steht über dem Thore ausgehauen.

Lit. J. No. 111. *Zum Ecke.* [359]) Das Eck an der Kälbergasse.

Birnstein. „10 β Zins de domo Birnstein hinder dem Römer." R. Praesent. S. Leonardi de 1644.

Kaltelochgasse.

Da, wo die Wedelgasse aufhört, nimmt die Kaltelochgasse ihren Anfang, und läuft bis zum grossen Kornmarkte. Der Name ist auf dem angeschlagenen Bleche zu lesen, kömmt aber in keinem Zinsbuche vor. Er scheint demnach nicht gar alt zu sein und wir wissen nicht, was für ein Zufall ihn vielleicht veranlasste. Im Alterthum legten ihr die Zinsbücher den Namen vor dem Barfüsserkloster bei; weil aber die auf der andern Seite des Klosters gelegene Gasse auch von ihm den Namen trug, so war diese der vicus minorum meridionalis. Der deutsche Name Barfussengasse wird in dem Zinsbuche von 1438 gefunden. Es fügte sich nicht selten, dass man dieser Gasse, weil sie in gleicher Linie mit der Wedelgasse verbunden ist, auch deren Namen, und zwar anfänglich des vicus Poenitentum und nachher des vicus Arietis zueignete. Doch habe ich auch wahrgenommen,

---

[356]) Laut hies. Nachr. Blatt No. 68 de 1812 gehören noch zu No. 113 die beiden Nummern 106 u. 107.

[359]) Wfrkl. Z.-B. von 1480. Hinter dem Römer und by der alten Wagen: H. genannt zu der Ecken gelegen neben dem H. zu der alten Wagen gein dem Kornmarth zu und gein Rorbachs H. ober, gibt Engel Frosche.

G. Br. 1503. H. zur Ecken neben der alten Wagen, gein dem jungen Frosch über mit sampt zweien Husern hinden daran gein der Batstoben zum Frosch uber. (Dies Haus war also eins mit Lit. J. 107 in der Kaltenlochgasse: letzteres machte dessen Hinterhaus aus.) F.

dass keine Gasse in den Zinsbüchern so oft namenlos angezeigt wird, als eben diejenige, von der hier die Rede ist. Ihre Lage wird alsdann durch eine Beschreibung kenntlich gemacht, die aber nicht allemal so beschaffen ist, dass sie ohne Beihülfe besonderer Umstände mit Gewissheit auf diese Gasse angewendet werden kann. Solche Beschreibungen sind:

„vicus a domo dicta Widil usque ad curiam Goldstein." P. B. de 1356, f. 17.

„vicus descendens a vico penitentum seu ab oriente ad vicum Kornmarck vel occidentem." 1390. S. Froschbadstube.

„vicus a vico penitentum ad vicum Kornmarck descendens." R. C. de 1390, f. 83.

„vicus parvus, quo itur a vico Kornmart ad estuarium rane." R. C. de 1450, f. 39.

„vicus parvus retro domum der alden wagen." L. C. de 1452, f. 41.

„in via ducenti de prätorio dem Römer ad hospitium zum Strass (Straus) in foro frumenti." R. C. S. Leonardi de 1536.

„Parvulus vicus, quo itur ad Franciscanos." R. C. de 1581, f. 36.

Häuser auf der Südseite.

I.

Von der Wedelgasse bis zur Külbergasse.

Lit. J. No. 105. *Zum Baum*.[360]) Das doppelte Eck gegen dem Römer und dem Kastenhofe über. Es gehörte der Familie von Lersner, die es 1741 verkief. Frfr. Int.-Bl. vom g. Jahre No. LXI.

---

[360]) Dass das H. zum Baum ehemals *zum Buner* geheissen, ergibt die Urkunde von 1405, in Note 352.

Stdt. Rchnbch. de 1410. It. 26 ₰ vmb 12 stücke Bockenheimer Steine zum Borne an dem Buner zu eim Ringe.

O. U. 1482. H. u. Stallunge — hinden und vorn genannt zur alden Wagen zuschen dem Gesesse *zum alten Bun* und zur Ecken.

Stdt. Rchnbch. de 1544. Den Brunnen zum Bune zu fegen, zahlt der Rath 1½ Kosten und so forthin. F.

Lit. J. No. 106. Wurde vor ohngefähr 25 Jahren mit dem vorigen vereiniget. [*Zur alten Wage.*] [361])
Lit. J. No. 107. [*Zur Ecke.*] [362]).
Mittelburg. [363]) 13.. „Ormondrudis Stangendrägern iiij sol. den. de domo sua dicta Mittelburg sita ex opposito estuarii rane. Martini. Ex lib. Anniversar. Ser. III. No. 6.
„Sita ex opposito estuarii dicti zo demo Froysch." Ibid. de 5. Maji.
Ist vermuthlich das vorige Haus.
Das Eck. S. J. No. 108 in der Külbergasse. [364])

II.

Zwischen der Külbergasse und dem grossen Kornmarkte.

Goldstein. Ueber der Thüre steht: zvm mittleren Goldstein. S. Lit. J. No. 148 auf dem grossen Kornmarkte. In einem Insatzbriefe von 1435 lautet die Beschreihung eines Hauses: „gelegen by dem Schuszhanen zuschen den gesessen Eppenstein vnd Heuenberg vnd gein Goltstein.uber."

---

[361]) O. U. 1393. H. zur alten Wagen zwischen dem H. zur Ecken und zum Bunen.
O. U. 1459. H. zur alten Wage zwischen dem H. zur Bunen und dem H. zur Ecken.
S. G. P. 1463. Ebenso. Das H. zur alten Wage lag der Froschbadstube gegenüber. (Zwischen beiden Strassen, der Kaltenlochgasse, wo das Vorderhaus stand und der Strasse hinter dem Römer, wo es dem Gläsernen Hofe gegenüber angegeben wird. S. Urk. von 1442 in Note 356) F.
Mspt. XVII. Sec. H. zur alten Wag bei dem Römer gen dem H. Laneck über.
[362]) Dass dieses Haus im XV. Seculo *zur Ecke* hiess, ergibt die vorhergehende Note. F.
[O. U. 1556. Behausung zur Ecken hinten dem Römer neben dem Haus zur alten Wagen. Mittheil. II. 179.]
[363]) 1352. Hus daz gelegin gein des Froysches Badestobin ubir und genannt ist: *Mittelnburg.* F.
[364]) O. U. 1647. Eckbehausung beim Fladhauss neben der Behausung *zur kleinen gulden Wagen* genannt gelegen. F.

Häuser auf der Nordseite.

I.

Die vier Gewölbe zwischen dem Kastenhofthore und dem Gässchen hinter dem weissen Engel, welche dem Kastenamte gehören. [365])

Lit. K. No. 138. *Stadt- und Landgerichts-Gebäude.* Vorher bis zum Jahre 1806 die Gerichts-Kanzlei, oder auch die Gerichts-Schreiberei, welche der Rath im Jahre 1618 im Kastenhofe auf dem Grund und Boden des ehemaligen Barfüsserklosters erbauen liess. [366])

Badstube zum Frosch oder *die Froschbadstobe.* [367]) Aestuarium ranae. Stuba balnei ranae. In dem S. G. P. von 1340 kommt oleatrix apud Stupam ranae vor.

---

[365]) Die an die Strasse angränzende Theile sind:
I. Die 2 Gewölber neben dem Wedel.
II. Der Eingang zum Schulhof und Durchgang.
III. Gewölber.
IV. Der sogenannte Kastenhof. Chron. I, 220. 2. (1804 Durchgang abgebrochen.)
Münze 1530 im Barfüsser Kloster. Chron. II, 579, Col. 2.
Gymnasium und Kastenhof. Vid. *Müller* Beschr. p. 40 u. 293.

[366]) Stdt. Allmdbch. de 1688. Allmey neben der Gerichtsschreiberei und Mathheus Helden anderseits als Eckhaus, stosst hinten uff den Kastenhof.

[367]) O. U. 1322. H. — bi des Froischis Badstoben. S Frosch 1. 3.
S. P. 1340. Die Froischbadstoben. Auch 1372.
O. U. Wfrkl. 1366. Gülte gelegen uf *Switzers* Hauss des Snyders by Froisches Badstuben. (Von diesem erhielt also das Haus den Namen *zum alten Schweizer*.)
Beedbuch 1367. It. Foltze in des Froyschis Batstobin. (Häuser von Heylo Frosch selbst.) It. sin Gesinde.
S. G. P. 1386. Dyne Baderschen zum Froysche.
— 1397. Die Froschbadestoben. Ebenso 1404. 1466. 1471. 1473. 1480. 1484.
— 1400. Die Badstobe zum Frosch 1433. 1488.

„j sol. den. de Estuario rane, sito — in vico minorum meridionali, latere septentrionali, fossatum opidum transiens, retro tangens." L. V. B. de 1350, f. 70.

„Situm in antiquo opido inferiore parte vico descendente a vico Penitentum seu ab oriente ad vicum Kornmarck, vel occidentem latere septentrionali, seu latere contiguo claustro minorum quasi in medio retro tangens fossatum opidum transiens." L. C. de 1390, f. 86.

„vii¹/₂ ℔ cedebant quondam de estuario zum Frosch contigua curie monasterii fratrum minorum in via ducenti de pretorio dem Römer ad hospitium zum Strass in foro frumenti, nunc autem fecit ibidem construi Steffann Aurifaber domum novam de fundamento." R. C. S. Leon. de 1536.

Schon 1529 fer. quarta post Barnabae verkiefen Stephan Herdegen hiesiger Wardein und Agnes seine Frau an Johann von Glauburg und Anna seine Gemahlin die Froschbadstube, und von dieser wird in dem Kaufbriefe gesagt, dass sie auf der einen Seite neben dem Barfüsserkloster, und auf der andern neben dem Hause zum alten Schweizer gelegen sei, hinten aber auf den Stadtgraben stosse. Chron. I, 18. Der Stephan Her-

---

G. Br. 1455. Die badstoben genant zum Frosch hinden gein der alten Wagen ober.

S. G. P. 1476. Ein Orthus an der Froischbadstoben gen dem Fladehusse uber. Auch 1477. 1485.

O. U. 1483. II. gelegen an der Froischbadstuben, stosst hinten an unserer Stede Graben der durch die Stadt gehet, vorn zu gen dem Fladehuse über.

Stdt. Rchng de 1527. Der Rath verkauft die *Froschbaadstoben*, als eine wüste Hofstatt demselben damals zugefallen, um 40 fl.

O. U. 1529. II. genannt die Froschbadstuben neben dem Barfüsserkloster einer und dem H. zum alten Schweizer anderseits, stosst hinten auf unserer Stadt Graben.

Stdt. Rchng. de 1657. Der Rath erkauft von dem Kurmainzischen Geheimen Rath vnd Obermarschallen Joh. Christian Freyherrn von Boineburg, Amtmann zu Höchst und Hofheim, die Trotzische Behausung zum alten Schweitzer, *Badstube* vnd *Stögl* genannt, vmb 2300 Rthlr. = 3450 fl. F

degen war kein anderer, als der vorher in dem Zinsbuche von S. Leonard gemeldete Goldschmied Stephan, der das Haus von Grund aus neu baute, und vermuthlich damals die Badstube eingehen liess; dass aber die eigentliche Badstube nicht vorne, sondern hinten beim Stadtgraben gelegen war, und daselbst auf das Gässchen hinter dem weissen Engel stiess, ist aus dem Zinsbuche von 1452, f. 41. abzunehmen, wo sie „in vico parvo retro domum der alden wagen tangens fossatum" beschrieben wird. Dass die Froschbadstube und das Eck zum alten Schweizer endlich mit einander vereiniget wurden, gibt der Augenschein zu erkennen.

Alter Schweizer. [368]) 1529. S. vorher. „Ort an der Froischbadstoben gen dem Fladhauss ubir." S. G. P. von 1476.

„½ Marck de domo zum Alten Schweitzer contigua aestuario ranae vulgo der Frosch Badstuben versus occidentem, et est acialis." R. C. de 1581. f. 44. S. beim folg. Hause.

Lit. K. No. 139. *Zur alten Cöllnischen Post.* [369]) Das Eck am Gässchen, wo ehemals die Froschbadstube und der alte Schweizer gestanden. Am 13. Nov. 1669, Abends um 7 Uhr ging ein Feuer in der Cöllnischen Post aus, welches bis Mitternacht währte. Theatr. Europ. p. X. p. 175. Das Haus gab der Prae-

---

[368]) O. U. 1382. H. u. Gesess und die Kuchin daz darzu gehört, gelegen an des Frosches Badstoben, datz etzwann *Switzers* seelig was des Snyders. Vgl. vorige Note, Urk. von 1366.

S. G. P. 1429. Orthus by der Froschbadestuben uf dem Ort gen dem Fladen Becker über. Auch 1430.

[369]) Wfrkl. Zb. von 1480. Hinter dem Römer. Eck H. neben dem vorgenanndt H. (Eppstein) und ist ein cleyn Gesschin darzuschen.

G Br. 1526. H. hinter dem Engel in dem Fladengeschin gegen dem H. zum Bart über. (Es gehört jetzt Hrn. Catoir.)

Stdt. Rchng. de 1659. Der Rath verkaufte das Trotzische Haus, welches von Herrn von Boineburg umb 2350 Rthlr. erkauft war, wieder um denselben Preis = 3525 fl. an *Mattheus Heydten*.

NB. Dass dieser Postmeister der Cöllnischen Post gewesen und in diesem Hause gewohnt, sich meine Notate zu *von Heyden*: daher rührt der Name zur alten cölnischen Post.

Stdt. Rchng. de 1669. Feuersbrunst in der Cöllnischen Post. F.

senz auf Martini eine halbe Mark oder 45 kr. Grundzins, die von dem Ecke zum alten Schweizer herrühren.

II.

Zwischen dem Gässchen hinter dem weissen Engel u. dem gr. Kornmarkte.

Lit. K. No. 140. *Eppenstein*, sonst das *Fladhaus* genannt, ein Backhaus und das Eck an dem nun geschlossenen Gässchen. [370]

„Eppensteyn in antiquo opido in vico penitentum ad vicum Kornmart infra domum Schushanen et Estuarium ranae." L. C. de 1405, f. 83.

„H. gen dem alten Goldstein uber zwischen den Husern Eppenstein und Henneberg." S. P. 1392.

„13½ ß de domo dicta Ebstein alias Fladhaus sita infra domos Schausshonn."

In dem Zinsregister der Antoniter zu Höchst von 1771 wird dieses gegen der alten cölnischen Post über beschrieben. Es zahlte unserer Praesenz auf Johannis des Täufers Tag 33 kr. 3 hllr. Grundzins.

Lit. K. No. 141. *Zum Speer*, vorher *Eppenstein* und zum *Fladhaus*. [371] Ich glaube, dass dieses und das vorige Haus 1405

---

[370] S. G. P. 1404. H. Eppinstein by dem H. Goldstein gelegen.

Wfrkl. Zb. von 1480. Hinter dem Römer. H. das ist *Eppstein* steyn (sic) genannt, gelegen by der Froschbatstoben uf der Siten gen Mitternach gein der Wonung zu dem Goltstein vber, giebt Gültchin Fladenbekern.

Std. Allmdbch. de 1688. Allmey zieht hinter dem Flathaus her und geht vorn uff dem Kornmarkt zwischen dem Engel und dem Eck heraus.

[371] O. U. 1363. H. u. Gesess by Froysch Badestuben zuschen Eppenstein und Henneberg.

— 1372. Dom. die ante Barthol. verpfänden Conrad Galander et Christine uxor et Consorten die Besserung an *Galanders* Huss, gelegin an Eppinstein.

G. Br. 1391. Backhus gelegen uf dem Orte gein Frois Badestoben über hart an dem Gesess Eppenstein. Es verleiht dies Johann v. Glauburg an Bechtold Feldener.

O. U. 1433. Zwo Husunge und Gesesse — mit Namen das Fladhus, und das andere H. daran, beide gelegen by der Frosch-Badestuben.

S. G. P. 1444. Das Fladhus.

noch ein Haus waren. Nach der Theilung behielt eines wie das andere die alten Namen bei. In einem städtischen Verzeichnisse derjenigen Häuser, welche jährlich eine gewisse Abgabe zur grossen Andaue entrichten mussten, vom Jahre 1445, heisst es: „Das Fladehus. Das hus Eppenstein daran stet zum Fladehus." Und in dem Verzeichnisse von 1447 erscheinen die Häuser in der Ordnung, wie sie auf einander folgen: „des Fladebeckers huse, das hus Eppenstein daran. Item daran ein clein husegehin genannt clein Hennebergk. Item daran ein hus genant groszin Henynberg. Das huse zum Schuszhanen."

Lit. K. No. 142. *Klein Henneberg.*[312]) 1447. S. vorher.

Lit. K. No. 143. *Henneberg. Gross Henneberg.* S. in dem vorigen Häuserverzeichnisse von 1447.

„Hus Hennenberg uf dem Kornmarke hart an dem Hus zum Schushanen." S. G. P. von 1408.

„Henneberg sita latere septentrionali in vico parvo, quo itur a vico Kornmart ad estuarium rane ex oposito dem Goldstein." R. C. de 1450, f. 39.

„1 fl. de domo Limburg, dicta Henneberg neben dem Flathus." R. C. de 1644.

Die Praesenz erhielt von dem Hause auf Martini 4 fl. 30 kr.

Das Eck. S. Lit. K. No. 144 auf dem grossen Kornmarkte.

O. U. 1456. Zwey Huser — genant *zum Galander* und *Eppenstein* die man itzunt nennet *das Fladehus*, gelegen by der Froschbatstoben, unten das Hus zum Galander vff dem Ecke des Gessechins zum Smitzkylern und das Hus Eppenstein an Contze von Buchen snyder gein dem Gesesse zum Goltstein hinden über.

G. Br. 1470. Das Fladhaus by der Froschbadstoben.

S. G. P. 1484. H. by dem Fladenhus.

— 1486. Das Fladenhaus gen dem Goldstein über. F.

L. C. B. M. V. Sec. XVI. viii ₰ den. colon. fecit 1 fl. iij ₰ cedunt Nativitat. Christi de domo Galanders pistoris et est acialis domus respiciens orient. et merid. et est pistoria quasi circa Froschenbadstuben.

[312]) S. G. P. 1392. H. gen dem alten Goldstein über zwischen dem H. Eppenstein und Henneberg.

O. U. 1405. H. genant *Henneberg* gelegin uff dem Korn-Markte hart an dem *Schusshanen*.

Kälbergasse.

Diese senket sich von der Gegend hinter dem Römer in die Kaltelochgasse. Sie hat in der Mitte des XIV. Jahrhunderts die Goldsteynisgazze, oder nach unserer Art zu reden, die *Goldsteinsgasse* geheissen und unter diesem Namen hat sie Baldemar zwischen dem vicus arietis (der Wedelgasse) und dem vicus minorum meridionalis (der Kaltenlochgasse) beschrieben. Sicher hat sie diesen Namen vom Hause zum Goldstein erhalten; woher aber der neuere ihr nun eigene Namen herrührt, weiss ich nicht zu sagen.

Häuser auf der Ostseite.

Lit. J. No. 108. Das Eck an der Kaltelochgasse. [373])
Lit. J. No. 109. *Zum rothen Wiesbader*. Heisst sonst *im Treppchen*, welche Benennung die Treppe vor dem Eingange des Hauses veranlasste. [374])
Lit. J. No. 110.
Zu der Pritsche, vermuthlich das vorige Haus. [375])

— 1420. H. gelegen by dem Schusshanen, genant cleinen Hennenberg zuschen der Fladenbeckern und der Sydenstrickern.
— 1445. H. u. G. genant Hennenberg gelegen zwischen dem Schusshanen und Helffenstein gein dem Goltstein über und stossen hinden zu uff den Graben, der durch die Stadt gee. F.
[373]) S. G. P. 1481. Orthus gen der Froschbadstoben über. F.
[374]) O. U. 1501. Zweye Huser genannt zum Wiessbäder stossen hinden an das Huss zur Ecken neben dem H. zur alten Waagen und N. anderseits, gein Froschen Badstuben über.
— 1571. H z. Wissbäder. F.
[375]) S. G. P. 1393. Jeckel Snider zur Britschen.
— 1396. Johann u. Jeckel Gebrüder zur Britschen.
— 1414. Jekel Beyer zur Britschen.

„½ marca den. 'de domo dicta zu der Brixiner, sita in antiquo opido Frank. inferiore parte, vico dicto Golsteynsgazze latere orientali." L. V. B. Sec. XIV. Vic. X.

„zu der brittchin sita latere orientali ex oposito curie dicte der Golsteynenhoff." L. C. de 1452, f. 42.

In dem Vikariebuche von 1481, f. 117 heisst es de domo zu der Brixen.

Das Eck. S. J. No. 111 hinter dem Römer.

Auf der Westseite.

Der *Goldstein*. Der *Goldsteinenhof*. Jetzt steht über der Thüre: Zvm kleinen Goldstein. S. Lit. J. No. 148 auf dem Kornmarkte.

Lit. J. No. 151. wurde vor einigen Jahren zu dem Löwenecke gezogen.

Lit. J. No. 150. *Löweneck*. Wird in der Brunnenrolle beim Jahre 1751 das hintere Löweneck genannt. Es wurde vor wenigen Jahren mit dem Nebenhause vereiniget, neu gebauet und zum andern Löwenecke gezogen. An dem alten Hause stund auf den beiden Seiten des Eckes ein Löwe ausgehauen mit der Unterschrift: Zum Löweneck. Ein Stück Stein mit dieser Schrift ist in einer Mauer am Fusse des Riederbergs, cho man aus der . . . . kömmt, zu sehen.

O. U. 1479. H. zur Britschen auf einer Seiten und hinten an dem Gesesse zur Ecken; an der andern Seiten an Hanns von Ingeluheim, Seidensticker, gein der Gassen gein dem Goldstein über gelegen.

Wfrkl. Zb. von 1480. Hinter dem Römer. H. gelegen uf der Siten gen Ufgang der Sonnen neben dem H. zur *Britschen* gein der Froschbadstoben zu und gein dem hindersten Gehuse zu dem Goldstein ober.

O. U. 1493. 2 Husunge — an einander by dem Fladehuse gein dem Geseess zum Goltstein über gelegen, neben dem Gesesse zur Brutzsen und zur Saalenecken, stosse hinden an das Gesess zur Ecken .F.

Hinter dem Römer.

Die Nachrichten von dieser Gegend und ihren Häusern sind bei der Wedelgasse nachzusehen.

Herrnstubengasse.

Mit diesem Namen wird die Gasse auf dem Römerberge neben Alt-Limburg belegt, das sonst die Herrnstube pflegte genannt zu werden. Man sehe die Verordnung des Raths von 1773, laut welcher die Jobwächter einen Morgenstern von Posten zu Posten tragen mussten, in *Beyerbach* Samml. der Frf. Verordnungen IX, 1728. Sehen wir uns in alten Zeiten um ihren Namen um, so finden wir die *Alhardtgasse*;[376]) Handschriften aber, die jünger als das XIV. Jahrhundert sind, kennen diese schon nicht mehr. Der Name kam frühzeitig wieder in Abgang; denn man fing in gedachtem Jahrhundert schon an, die Alhardsgasse mit ihrer Nachbarin, der heutigen Kerbengasse, unter dem gemeinschaftlichen Namen des vicus pistorum oder der Bäckergasse zu vereinigen. Ausser der Baldemar'schen Beschreibung kann auch bei den Häusern Isenburg und Löwenstein auf dem Römerberge nachgesehen werden, um sich von der Wahrheit ihrer nun erloschenen Namen zu überzeugen. Bei dem Hause zum Nyde wird sie vicus parvus retro Ladarum (Lateran) genannt.

[Jetzt heisst sie *Limpurgergasse*.]

Häuser auf der Nordseite.

Das Eck. S. No. auf 153b dem Römerberge.
Silberberg. Vorher *Schwarzenfels*.[377])

---

[376]) Sowie die Strassen von den angesehensten Einwohnern den Namen hatten, so rührt der Name *Alhardtgasse* ohne Zweifel von jenem *Alhardt* her, der 1345 das Haus zum jungen Frosch besass und verkaufte; sieh daselbst O. U. ad annum 1345. F.

[377]) S. G. P. 1373. Else zu Swarzenfels — 1384 Grede zu S. 1392 Grede S. 1432 Henne zu S. 1438 derselbe, ihm gehört das H. dieses Namens.

Schwarzenfels [378]) nahm das Haus Nyde zu sich, und erscheint deswegen in dem Vikariebuche von 1453 unter doppeltem Namen.

„Swarzinfels sita in antiquo opido Frank. inferiore parte vico Pistorum latere septentrionali contigua habitationi Lateran dicte versus occidentem." P. B. de 1356, f. 17.

In einem Zinsbriefe von 1350 in Lat. C. II. ☉ No. 30 wird das Haus zu den alden Snabeln hindene an Ladrau beschrieben, auf der Rückseite der Urkunde aber ist der Name Schwarzinfels zu lesen. Und 1372 am 1. Oct. übergab Adelind Schnabelin, eine Convents-Jungfrau deutschen Ordens, dem Orden 2 fl. Gelds ewiger Gült auf dem Hause Schwarzenfels solche nach ihrem Tode zu erheben. Chr. II, 197.

„ij pulli cedunt Martini de domo dicta zum Nyde alias Swartzenfelsz sita in vico parvo retro Ladarum contigua domui zur Violen in acie respiciente occidentem et meridiem." L. V. de 1453, f. 115.

Das S. G. P. von 1435 erwähnt eines Hauses „zwischen dem Hus zur Fiolen und dem Hus Swartzenfels", welches kein anderes, als das Haus zum Nyde war, das neben dem Ecke zur Viole stund, und bald darauf mit Schwarzenfels vereinigt wurde.

Im Jahre 1528 gab Hammann von Holzhausen noch den Grundzins vom Hause an die Vikarie ab. Das Haus wurde endlich mit dem Ecke zum Lateran verbunden; aber nachmals

---

Schwarzenfels wird 1387 erwähnt. S. Laderan.
S. G. P. 1392. H. Schwarzenfels.
O. U. 1392. H. Swarzenfels hinden an Laderan.
Dass das H. Schwarzenfels nie Silberberg geheissen, s. Laderan. F.

[378]) Stdt. Rehnbch de 1498. It. xij hllr. zwo ome wyns us dem kellere zu *Swartzenfels* in den Tongeshoff nidderzulegen den personen die das spiel gehalten haben.

— 1542 erkauft der Rath das Haus *Swartzenfels* hinter dem Romer gelegen von Herrn Justinian von Holtzhausen als Curator Gilbrechts von Holtzhausen vm 640 fl. (= 768 fl.) F.

bei einer erbschaftlichen Theilung wieder von demselben abgesondert.[379]

Zum Nyde. Hat neben dem Ecke gestanden, wo gegenwärtig das Thor steht, durch das man in den Römer geht. S. Schwarzenfels.[380])

Lit. J. No. 154. *Zur Viole.* Das Eck an der Kerbengasse, das zum Römer gehört.[361])

---

[379]) Die Urkunden des Hauses Laderam beweisen, dass dieses einer Erbtheilung wegen in zwei Theile getheilt wurde; der vordere nach dem Römerberg zu behielt den Namen Laderam; der hindere wurde Silberberg genannt. Wie beide Theile wieder vereinigt wurden, nahm das Ganze wieder den Namen Laderam an und der Name *Silberberg* hörte auf. Das Haus Schwarzenfels war stets ein für sich bestehendes Haus, welches in der Folge von dem Rath erkauft ward und noch einen Theil des Römers ausmacht. (Siehe Lateram pag. 160 ad annum 1428.) F.

[380]) Hier ist bei Battonn seel. eine grosse Verwirrung. Das Haus Schwarzenfels war das Eck nach der Kerbengasse zu und stiess unmittelbar an das Haus Laderam oder Limburg. Das Thor des letzteren Hauses, durch das man hinten in den Römer geht, gehörte immer zu dem Haus Laderam. Das Haus *zum Nyde* lag um das Eck herum nach der kleinen Strasse zu, die zwischen dem Römer und dem gläsernen Hof durchgeht. F.

[361]) O. U. 1359. H. zum Nyde gelegen an Swarzenfels.

— H. etzwan genannt zum Nyde gelegen an Frauenrode.

— 1361. Zwei H. an einander gelegen genant zum Fyol und zum Nyde an Frauenrode.

— 1381. H. und Gesesse zur Fyole hinden an Swartzenfels gelegin das Orthus.

— 1405. H. gelegin hinten an Swarzenfels, genannt zur Viole, gein dem H. zur alten Wagen über.

— 1406. H. uff der Fyolen.

— 1409. H. zur Vyole gelegen an Frauenrode uf dem Orte an Swartzenfels und vorn zu gein der alten Wagen über und neben zu gein dem Frosch über.

S. G. P. 1435. H. zwischen dem H. zur Fyolen und dem Schwarzenfels.

O. U. 1438. H. uff der Fyolen gein der *alden Waage* über.

— 1510. for. 3. die Elisabethe verkauft Jacob Heller Schöff an hiesigen Rath die besserung seines H. genannt die Fyole hinten an Swartzenfels uf dem Orte neben Frauwenrode, da itzunt die under Ratstobe steet, gen dem Gesess zu der alten Wagen über, für 800 fl. und da er vermerkt, dass der

„iiij ₰ den. et ij pulli de domo zu der Viole retro Swartzenfels." L. C. de 1438.

„in acie respiciente occidentem et meridiem" 1453. S. vorher bei Schwarzenfels. Im Jahre 1410 verkief Jacob Heller, Schöffe, dem Rathe das Haus zur Viol sammt 6 fl. Zins, die darauf hafteten, für 300 fl. Chr. II, 123. In demselben nahm die Stadtbibliothek ihren Anfang, die endlich im Jahre 1572 von da in den Kastenhof verlegt wurde. *Müller* Beschr. der St. Frf. S. 184. Nachmals wurde das Gebäude zur beständigen Wohnung des Stadtschreibers bestimmt. Chr. I, 264. Und vor nicht gar langen Jahren wurde das Forstamt dahin verlegt.

Auf der Südseite.

Das Haus *Limburg* auf dem Römerberge nimmt hier die ganze Seite ein.

Rath willens sei, das H. zur Fyolen abzubrechen und uff den Flecken einen nuwen Buwe zu gemeyner Stadt Notze, ein Liberye, auch etliche sonder nottorftige gemach zu des Rats geschefften ufzurichten, so gibt er uns milter Bewegunge 50 fl. von deme Kaufgeld dazu zu Steuer.

Stdt. Rchng. de 1510. It. 50 fl. hait geben Jacob Heller Schöffe, dem Rate zu Sture, zu dessen Rats-Lyberye (Bücherkammer) so der Rat willens ist, buwen zu lassen hinden neben dem Römer in dem Huss zu der Violen, so der Rat kaufft hait (Sexta fer. post purificationem Marie).

— 1512. — Huss zur Violen neben Frauenrode uff dem Eck gegen der alten Wagen uber. F.

Register.

(Die Namen der Häuser sind mit *Cursivschrift* gedruckt.)

	Seite
A.	
Abentheurer, eine Bruderschaft	302
Ad Arietem	187
Adler, schwarzer	175
Albertus de Arca	55
Alchegasse	37
Albardsgasse	331
Almosen zu St. Nicolaus	125
Altlepper	119
Alttlimpurg	159
Alt Strahlenberg	166
Antorf, Stadt	185
Antwerpen, Stadt	185
Appenheimer	184
Arn, zum	91
Arthenstein	277
„ klein	297
Assenheim	245
Augsburg (alt)	270
„ klein	276
„ (neu)	269
Ave Maria Gotteshaus	299
B.	
Backhaus, altes	131

	Seite
Badstube am Fahr	111
„ zum Frosch	324
„ in der Hasengasse	107
Barfüssergässchen	293
„ gasse	300. 321
„ kirche, Platz bei der	313
„ kirchhof	180
„ kloster	302. 320
„ plätzchen	298
Barth	311
Baum	322
„ grüner	20
Baumeister	174. 204. 278
„ alter	277
Baumgarten	94
Becher, rother	199
Begynen	262. 280. 309. 312
Berlekin	137
Beutelkiste	202
Bichenthg	258
Biersack	270. 277
Bimbáules	200. 202
Birnstein	321
Blättner	199

	Seite
Blatteis, klein	277
Bleibrunnen	260
Bleidengasse	241
Bleidenhaus	246
Bleihaus	246
Blendefisch	99
Blideneck	246
Blidenhaus	246
Blumenstein	131
„ *kleiner*	82
Bockenheimer Pforte	242
Bommersheim	200. 250
Bono	154
Bornheim	39
Brabant	114
Brand, auf dem	242
Braunfels (grosses)	237
„ *klein*	236
Braunfelsgässchen	265
Braunheim	257
Brodbänke	98
Brodhalle	93. 96
Brodmarkt	64
Brodtische	96
Bruberg	34
Brunnen am Einhorn	313
Brüssel	77
Buche	148
Buchsbaum	66
Buner, zum	322
Buntschuh	90
Burkhard	251. 255

C

Calmeyhaus	306
Cantrum, ad	189
Capella S. Spiritus	63
Christofel	27. 86
Citronenbaum	256
Clause	211
Clobelauch, von	76

	Seite
Cochlaeus	223
Cöllnische Post, alte	326
Curia cerdonum	19
Cyphum, ad rufum	199

D.

Dachsberg	133
Dachsburg	133
Dannenbaum	20
Darender	95
Darmstadt, Stadt	19
Dausberg	133
Dechanei	230
Dillenburg, klein	311
Dividens	109
Domus consulum	145
Domus macellorum	92. 101
Domus panum	93. 96
Domus salsamentariorum	102
Drachenfels	167
Dreckgässchen	101
Drei Schinken	69
Dreschenkel	69
Drutmanns Gotteshaus	295

E.

Eck, zum	321
Ecke, zur	323
Eckhorn	72
Eiche	321
Eiche (hohe)	82
Eilner	245
Einhorn	311
Eisenburg	166
Eisenmenger	197
Elende Herberge	51. 56
Engel (grosser, vorder)	136
Engelapotheke	197
Eppenstein	327
Erbach	311

Register.

	Seite
Erbes Sack	273
Erlebach (klein)	294
Erlen	190
Euler	138
Eulner	137

F.

	Seite
Fahrthor	113
Fahrthor, am	110
Falke	309
Falkenberg	281
Falkenstein	273. 281. 308
Falkensteins Gotteshaus	281
Faustgasse	264
Fingerhut	90
Firnberg	198
Fischerbadstube	27
Fischerbrunnen	31
Fischergasse	15
„ enge	33
„ gegen dem Brückhof	33
„ kleine	32. 37
Fischerstube	23
Fischhaus	102
Fischmarkt	120
Fladhaus	327
Flarmaul	254
Flarmaulsgässchen	261
Fleischer	129. 259
Fleischhalle	151
Fligast's Haus	35
Flörsheim	258
Flösser	129
Frankenstein	75
Frauenberg	234
Fraueneck	234
Frauenroth	316
Frauenstein	143. 237
Frauenthüre, grüne	173
Frauenthürlein	173
Freudenberg	114

	Seite
Frienstein	7
Froschbadstube	324
Furth, zur	112

G.

	Seite
Galander	328
Garküche, kleine	131
Garnhaus	4
Geisseler	185
Geist, heiliger	71
Geisteck, heiliges	71
Geldhaus	89
Gemeiner Kasten	124
Gieseler	185
Gläsergässchen	104
Gläsernhof	318
Glaser, zum alten	36
Glauburgs Gotteshaus	299
Gleser, zum kleinen	89
Glesergasse	59. 61
Glocke, goldne	259
Gloderer	228
Goldenhorngässchen	106
Goldschmiedgasse	172
Goldstein	323. 330
„ (alter)	69
Goldsteinenhof	330
Goldsteingasse	329
Gotteshäuser	40. 280. 295. 299. 310
Gotzo Gleser	85
Grede von Speier Hof	7
Greif, goldner	135
Grimmvogel	204
Gumprachtsgasse	10
Gutenberg	308
Guttenberg	282

H.

	Seite
Häringshock, alte	101
„ neue	103
Hahn (weisser)	21

22

Register.

	Seite
Haltergasse	44
Hammelsgasse	44
Hand, hangende	74
Handelose	173. 237. 287
Hartenstein	277
Hausen, zum	71
Heidelberg	236. 258
Heiligergeistbrunnen	95
Heiligegeistgasse	49
Heiliggeistgässchen	57. 106
Heldenberg	316
Henneberg, gross	328
„ klein	328
Herrenstube	159
Herrnstubengasse	331
Herrgottshaus	57
Herz, goldnes	199
Heumarkt	172
Heusaame	285
Heustein	291
Hinter dem Römer	331
Hinterhorn	73. 107
Hirsch	87
Hirschberg	88
Hirschhorn, grosses	228
„ kleines	87. 229
Hirzhorn	150
Hohenberg	203
Hoehnfels gross	194
„ klein	194
Hohenhaus	174. 278. 296. 309
Holderbaum	89
Homburg, zum hohen	203
Homperg (hoher)	142
Horn	71
Horneck	85
Hospital z. h. Geist	50
Hospitalgasse	48
Hühnermarkt	118
Hunger, zum	94
Husengasse	106

I.

	Seite
Jäger	311
Infall	227
Isenach	173
Isenburg	166
Isenmenger	197. 245. 256
Juden	121
Judenbad	3. 30
Judenburg	308
Judeneck, kleines	20
Judengasse am Brückhof	33
Judenhäuser	6
Judenheckhaus	29
Judenkirchhof	17
Judenschule, alte	16
Judenspielhaus	11
Judenspies, II.	58
Judentanzhaus	11
Jungfrau	163

K.

	Seite
Külbergasse	239
Kälberschlachtshaus	19
Kaffeehaus	246
Kaiser	46
Kaltelochgasse	321
Kaltes Loch	102
Kanne	189
Kappe, böhmische	272
Kappe, rothe böhmische	41
Karpfen	16
Kastonamtshaus	308
Kastengässchen	313
Kastenhof	320
Kastenhof-Backhaus	301
Kastenmeister	174
Kastorhut (englischer)	139
Katharinenpforte	142
Katzenelnbogen	67

Register.

	Seite		Seite
Kaufhaus	151. 183	Laderam	333
„ altes	2. 183	Läden auf dem Weckmarkt	7
„ grosses	183	Landeck	87
„ neues	2	Landgraf, alter	39. 114
Kelsterbach	26	Landskrone	196
Kelterhaus	40	Landstrasse	260
Kibelersgasse	264	Laneck	318
Kirchhofgasse	64	Lateran	159
Kirschbaum	39. 47	Latrona	159
Kirschgarten	39	Laubenberg, (gross)	133
Kirschgarten, Platz und Gässchen	38. 39. 40	„ klein	131
		Lederhose, kleine	291
Kleeberg (kleiner)	249	Leiningen	84
Klein Falkenstein	178	Leinwandhaus	3
Klein Limburg	162	Leinwatwage	3
Knauf, rother	256	Leiter (goldne)	186
Knoblauch	77	Lichtenau	312
Knoblauchshaus	310	Lichtenberg	93
Köllner zum Römer	147	Lichtenstein	165
Königstein	259	Liebfrauberg	207
Kopenhagen, Stadt	248	„ brunnen	240
Kopf = Becher	199. 271	Liebfraueneck	234
Kopf, goldner	271	Liebfraukirche	212
„ rother	193	„ kirchhof	224
Kornschutte, alte	48	„ schule	211
Kranich	141	Limburg	159. 211. 328
Krebs	24	Lindenbaum	86
„ (rother)	113	Lörgasse	37
Kringe, zum	312	Lörhof	19
Krüglein	47	Lörhofplan	9
Kühlmei	288	Löwe, goldner	26
Kugel, böhmische	272	„ rother	176. 255
Kugelbrunnen	301	Löweneck	330
Kuhschwanz	39	Löwenstein	144. 315
Kummere, zum	146	Lüneburg	175
Kumpe	41	Lungenmus	29
Kumpengässchen	41	Lupurgergasse	263
Kumphaus	42	Lyon, Stadt	321

L.

M.

| Ladenberg | 183 | Mainmauer, Gässchen gegen der | 37 |

Mariengasse	241
Markt	199
Marstall, kleiner	210
Mauer, hinter der	36
Messbuden	120
Metz, Stadt	234
Metzgergasse	42. 48
Meylawe	311
Minne, grüne	297
Mittelburg	323
Mittelhorn	72. 109
Mönch	197
Mohren, zum	320
Mosemannsgasse	33
Mündle, grünes	297
Münz, alte	29
Mulichsgasse	261

N.

Neue Kräme	182
Neufalkenstein	281
Neuhäuser Beginnenhaus	309
Nicolausbrunnen	171
„ kirche	122
„ platz	121
Nürnberg, Stadt	28
Nyde, zum	317. 333

O.

Oberhorn	72. 109
Ochsenkopf	9. 57
Offenbach	26
Ortenstein	277
„ *klein*	297

P.

Pagane	141
Panzerloch	244
Paradeis, Sifrid vom	55

Paradies	204
„ *grosses*	232
Perdian	141
Peterweil	141
Pfannenschmied	193
Pfennigreich	46
Pforteneck	254
Platener	199
Praunheim	257
Pritsche	329
Prunheim	293

Q.

Quittenbaum	184

R.

Rabe	245
Rad (goldnes)	140
Radheim	225
Rathsmesse	124
Rattengebiss	129
Reichsstrasse	117
Ribischen, zu der	50
Rieneck	252
Ring, goldner	13. 83
Rittergässchen	289
Rodelewe	176
Römer	145. 315
Römerberg	116
Rose	239
„ *weisse*	177
Rosenbaum, grosser	47
Rosenberg	137
Rosenbusch	10
Roseneck	10. 278
Roseneckplätzchen	9
Ross (buntes)	234
Rossbühel	207
Rothelöwengässchen	263
Rusern	184
Rymps Gotteshaus	280

Register.

S.

	Seite
Saal	78
Saalgasse	59
Saalhof, (grosser)	80
„ kleiner	78
Sachsenstein, grosser	94
Säcklerzunftstube	25
Salatkopf	234
Salchöfshaus	46
Salmannsgasse	206
Salmenstein	21. 25
„ hoher	25
Salvator	226
Salzhaus	142
Salzwage	35
Samstagsberg	118
Samstagsbrunnen	169
Samuelsgasse	8
Sandborngasse	283
Sandbrunnen	288
Sandgasse, grosse oder weite	266
Sandgasse, kleine	283
Sandhof, kleiner oder vorderer	268
Sandhof, grosser	236
Selzer	139
Sensenschmied	200
Silberberg	160. 381
Silberger	159
Slaberg, auf dem	44
Studekopf	234
Soden Gotteshaus	280
Sommerhütte	180
Sommerlaube	180
Sommerwonne	177. 179
Sonne, goldne	244
Sonnenberg	94
Sonnenstein	94
Sossenheimergässchen	290
Speer	327
Sperwern, Haus der	86
Spessart alter	83
„ junger	83

	Seite
Spiegel (goldner)	68
Spitalgässchen	49
Springbrunnen	169
Stadtgerichtsgebäude	324
Stadtwage	2
Stalburg	251
Stallburgs Gotteshaus	299
Starkenburg	275
Starkenburg, Gässchen bei	291
Steinkopf	22. 25
„ (alter)	21
Stern (goldner)	195
„ kleiner	194
„ schwarzer	128
Stiefelgässchen	290
Stift	21
Storch (kleiner)	65
Storchgässchen	48
Storchgasse	12
Stork, kleiner	276
Storckenau	276
Storckenburg	275
Strahlenberg	166
Strassburg	235
Susenberg	23

Sch.

	Seite
Schaale, zur	7
Scharngässchen	101
Schaubruck	94
Schelhorn	231
Schellenberg	26
Scherern, unter den	121
Schieferstein	135
Schild, zum rothen	250
Schinken, drei	69
Schirnen, alte	43
Schlachthaus	45
„ neues	19
Schlachthausgasse	12
Schlange, weisse	277

Register

	Seite
Schlüssel	133. 185
Schmiede, zur	249
Schmiede (alte)	190
„ goldne	175
Schmiedhof	30
Schmiedstube	30
Schnabel	135
„ alter	296
Schnabelsgasse	293
Schneeberg	267
Schönau	284
Schönburg	26
Schönstein	168
Schornstein, alter	294
„ kleiner	294
Schreiber, alter	284. 298
Schreiberei, alte	13
Schrotamt	164
Schrothaus, altes	164
Schurberg	165
Schwalbach	192
Schwalbächer	192
Schwan, goldner	315
„ weisser	188
Schwanau	174. 267
Schwanenapotheke	188
Schwarzenfels	331
Schweinsberg	75
Schweitzer, alter	284. 326
Schweitzerhof	194
Schwindelbog n	48

T.

Taube (weisse)	140
Thierzeichen an den neuen Krämen	182
Treppchen	329
Trinkschenk	70
Tüchergasse	63. 80

U.

Ullnergasse	105
Ulmer Hof	278. 309

	Seite
Ulner, zum halben	88
„ alter	131
„ (kleiner)	137
Ulnern, unter den	105
Unter den neuen Krämen	172
Unterhorn	73. 120
„ (goldnes)	120

V.

Vicus arietis	314
„ dividens	109
„ lanionum	43
„ ollarum	90. 105
„ poenitentum	314
Vinum admissionis	123
Viol, Maler	156. 157
Viole	333
Virneburg	198
Vorderhorn	73

W.

Wage, alte	323
Wagebrunnen	35
Wageplätzchen	35
Waldeck, klein	94
Wantaube	156
Wartenberg	84
Weber Kaufhaus	183
Wechsel	136
Weckmarkt	1. 60. 61
Wedel	187
Wedelgasse	314
Weichsel	198
Weideller	178
Weidenbusch	256
Weilburg, (Stadt)	273
Weinsberg	75. 297
Weissen Gotteshaus	40. 299. 310
Weissgerberzunfthaus	21
Welt, neue	75

	Seite		Seite
Wernergüsschen	290	Wissen, zum	320
Werthheim	112	Wobelinsgasse	96
Weselin	198	Wolf	167
Widdel	187	„ bunter	284
Widder	67	Würtenberg	84
Wiesbader, rother	329	Wilrtzberger	245
Wiedgasse	34		
Wigelucapelle	212		

Y.

Wilberg	190	Ysenmenger	197
Wilder Mann	134		
Windfang (grosser)	285		

Z.

„ kleiner	286	Ziegenhain	243
Winterberg	260	Zwiebelhex	163

www.ingramcontent.com/pod-product-compliance
Lightning Source LLC
Chambersburg PA
CBHW032359230426
43672CB00007B/756